道德經新注釋

董海胜 著

中国文史出版社

图书在版编目（CIP）数据

《道德经》新注释 / 董海胜著. -- 北京 ：中国文史出版社，2024.3

ISBN 978-7-5205-4467-2

Ⅰ．①道… Ⅱ．①董… Ⅲ．①《道德经》-注释

Ⅳ．①B223.12

中国国家版本馆 CIP 数据核字（2023）第 219746 号

责任编辑：薛未未

选题策划：徐志平

书名题签：柳国庆

出版发行：中国文史出版社

社　　址：北京市海淀区西八里庄路 69 号院　　邮编：100142

电　　话：010-81136606　81136602　81136603（发行部）

传　　真：010-81136655

印　　装：北京新华印刷有限公司

经　　销：全国新华书店

开　　本：889×1194　1/16

印　　张：29　　　　　字数：426 千字

版　　次：2024 年 3 月第 1 版

印　　次：2024 年 3 月第 1 次印刷

定　　价：368.00 元

《〈道德经〉新注释》解释词

　　《〈道德经〉新注释》以还原非恒道的本来为切入点，书中所录《道德经》文本以通行本与帛书本为参照进行了二十多处的校正，与过往两千三百年以来的译注几乎完全不同。请读者对照诊辨。

　　《〈道德经〉新注释》从哲学的高度、文学的深度、民本的广度深入老子的内心世界，揭开文字背后的层层密码，从字句解析、要点综述、答疑解惑、热点话题全方位解读《道德经》的深刻内涵，用独特的视角赋予道、哲学、物质等新的含义，推动学术探索与理论创新，并对当前《道德经》版本与译文的不同作了校正后的说明；以通俗易懂的语言阐述《道德经》的卓越智慧，切实地与经济发展、社会实践相结合，成为人们学习、工作、生活的指南。放下贪婪与争斗，选择善良与奉献，人生会更有价值，那些道德高尚与担当使命的先辈们永远活在人民的心中。道德凝聚力量，道德促进社会和谐，人人从道德做起，以道德为标准，开创道德文明的伟大时代。作者以开放、虚心、处下的态度，欢迎读者的质疑、指正，检验《〈道德经〉新注释》的正确与否，为实现《道德经》的正本清源而携手奋斗！

学术研究需要不断正本清源 （序言）

　　《道德经》是中国乃至世界文明史上最伟大的传世经典之一，据联合国教科文组织统计，《道德经》是除了《圣经》以外被译成外国文字发行量最多的文化名著。我本人的研究领域主要是儒家哲学，但对道家哲学的研究现状也极为关注。受作者董海胜先生之托，为其新著作序。

　　日出江花红胜火，春来江水绿如蓝。继承与弘扬中华优秀传统文化的热潮如同万紫千红的春天激荡着中华大地，从开课、讲学到各种论坛，在乡镇与城市，在学校与各种团体中，传统文化以她的神韵与厚重展现出民族的自信与自强，以其独特的魅力吸引了越来越多关注的目光。传统文化涵盖养生治病、修身励志、军事谋略、治国理政等各个领域，凝聚着五千年的智慧与辉煌，是中华民族的基因与血脉。而《道德经》则是一部百科全书，以道德为中心，阐述人与自身、人与人、人与社会、人与自然的相互关系，表达处下不争、相容相生的和谐理念，揭示道生德养是万物生长发展的总规律。

　　老子从道德的高度观察与思考人类社会的发展状况，提出"圣人恒无心，以百姓之心为心"的重要思想，与当今倡导的以人民为中心的发展思想相一致，彰显出人民至上的价值取向；以"处下不争""少私寡欲"的人生观来处理人们交往中的利益问题，避免或减少社会矛盾的发生；强调人们要树立"既以为人己愈有，既以与人己愈多"的正确价值观，拥有"天之道，利而不害；圣人之道，为而不争"的高尚品格，努力实现"执大象，天下往"的社会理想。

《道德经》是一部人类历史上最早最完整的哲学著作，是蕴藏着人类无穷智慧的宝库。老子以辩证的哲学思维，运用矛盾运动的对立统一掀开宇宙、天地、万物的神秘面纱并揭示其运行规律，故老子曰：道生之，德畜之，物行之，势成之。是以万物莫不尊道而贵德。可道与非恒道，无与有，无欲与有欲，无为与有为，上与下，前与后，洼与盈，少则得、多则惑等等都是辩证哲学元素，深刻地揭示矛盾的对立统一是道的运行轨迹与方向，也是万事万物生长发展的总规律。宠辱若惊，贵大患若身，得与亡孰病等等是老子哲学智慧的教诲，提醒人们要正确对待名与利的问题，切不可误入歧途，以免给人生造成挫折与伤痛。

无论你有什么疑惑，或许在《道德经》中都能找到相应的答案，这就是《道德经》几千年来让人们不断追求与探寻的魅力所在。《道德经》经历了两千五百多年的风风雨雨，依然是世界最畅销的书之一，是国内外学者与读者的最爱。古往今来无数学者争相译注，试图阐述与还原老子《道德经》的真实面目，从河上公到当代的学者译注不计其数，至今没有一部获得全面认可的版本。目前的《道德经》译注也是众说纷纭、难有定论，譬如，第一章关于"非常道"与"非恒道"的争论便是如此，在今天，《道德经》研究仍需要正本清源，机遇与环境千载难逢，努力一点离梦想就更近一点。

《道德经》言简意赅、文意深奥、包涵广博，思想阐发空间巨大，具有强劲的释读张力。《〈道德经〉新注释》对《道德经》作了一种有创新意义的文本释读与思想阐发的尝试探索，以全新的角度全方位地译注，从哲学的高度、文学的深度、民本的维度，多方位深入老子的内心世界，感触老子的激情与壮志，体会老子的忧思与梦想，透过《道德经》文字的背后，揭开老子隐藏的层层密码。新书有如下特点：一是字句解析。对《道德经》五千言每一个字进行分析，每一句进行解释，做到解释无死角、无遗漏，不回避疑难字句的解释。二是要点综述。对《道德经》每一章中的重点与中心思想进行综述，分析每一章节老子的写作意图与他所要阐述的观点和表达的思想，或分析《道德经》的写作背景与当时现实的相互关系。三是答疑解惑。主要针对当前《道德经》学界存在章节字句解释的差异与观点上的分歧，提出自己鲜明的观点并进行有理有据的论证。如"常"与"恒"在不同语境中的用法等。四是热点话题。运用《道德经》的观点与现实生活相结合，对人们关心的社会生活热点进行分析与解读。新书还有很多新观点，有创新性思维，值得一看，也希望作者的新注释能够经得起时间与实践的检验。

不忘本来，才能开辟未来。中华文化源远流长，形成了不少远播海内外的不朽经典著作。经典著作是中国优秀传统文化的重要载体，期待出现更多的、有创新意义的经典译注作品，在多视角、多维度、多流派、多领域、多学科的交流互鉴中，不断赋予经典著作以新的时代内涵和当代表达，让优秀传统文化展现出永久魅力和时代风采，不断推进中国传统文化的创造性转化、创新性发展，努力铸就中华文化新的辉煌。

王杰

（王杰：中央党校哲学部教授、中国实学研究会会长、领导干部学国学组委会主任、全国儒学社团联席会议秘书长、央视百家讲坛系列特别节目《平"语"近人——习近平总书记用典》主要思想解读嘉宾）

目录

关于非恒道的论证

　　从河上公、王弼、憨山大师，到当代很多名家大师，都是用非常道来解读《道德经》，有两种主流版本："道，可道，非常道也"和"道可道，非常道也"，断句中标点有不同，但相同的地方都是非常道。有一次，"道教"微信平台上登出一篇文章，题目是：《道德经》被误传两千多年。文中指出《道德经》有700多处被修改，其中非常道是人为修改后的章句之一。现在市场上流通的大部分是非常道的版本，正确与否，值得推敲与深思。从古至今，众多译注者文化素质高度不同、解读角度不同，对《道德经》的译注就五花八门，解释都不一样，而且都自认为自己的译注是老子的真解。虽然帛书版本是"道，可道也，非恒道也"，但并没有对可道与非恒道进行概念解释。《道德经》是中华民族乃至人类社会发展史上最高智慧的结晶，却有非常道与非恒道两种以上版本之别之争。非常道与非恒道两者只有其中之一是老子的原著，而另外一个是错误的，不可能两者都是对的。有的学者认为常与恒意思相近，差别不大。常与恒是对道的定语，是对道内涵的界定。常与恒含义不同，用来修饰道，问题就相当严重。差之毫厘，失之千里。非常道与非恒道，哪一个正确？哪一个符合老子的哲学思想？以下是笔者从几方面进行的思考与论证。

一、道的概念解析

什么是道？道是万事万物生长发展客观规律的总称。道的概念有如下内涵：一、事物运行的主体并决定道的运行方向。二、事物运行主体自然而然所表现的状态、信息、特征等。三、事物运行规律的总称（包括个体事物），即为道。四、道是事物运行规律的语言表述。五、道受自身与客观环境的影响会发生改变。道的主要特征为中和、无为、自然，在人类社会中表现为处下、不争、公正、平等、和谐等。

老子曰：大道泛兮，其可左右，万物恃之以生而不辞。这句话的内涵是指万事万物有各自本身的生长发展之道。万事万物各显特点与神通，肩负并完成其使命，遵循其本身的生长发展之道。人的一生，从无到有再从有到无，一轮生命旅程的开始与终结，都是道的作用与指引。不同的人有不同的性格特点与理想抱负，各自有不同的运行规律，就会有不同的命运与结局，即不同的人有不同的本身生长发展之道。正确理解道在万事万物中的作用过程，就要正确地辨析什么是可道与非恒道，以及两者的区别与联系。道是事物（万事万物）客观规律的总结，那么这个客观规律在什么样的情况下是可以说得清楚与明白的，能够说得清楚与明白并被总结成规律，一定是已经发生过的，且不再被改变。已经发生过的事物客观规律就是可道。那么，什么是非恒道？非恒道则是事物现在及未来正在发生变化的客观规律。随着时间的变化与推移，道在可道与非恒道的不断转换中前行。非恒道转换成可道，可道是非恒道的基础，自始至终地贯穿于事物生长发展全过程之中。道就在身边，道就在眼前，迎之不见其首，随之不见其后，其上不徼，其下不昧。

可道是已经发生过的事物客观规律，是不再被改变的，是永恒的，所以说可道即恒道。用时间的概念对可道与非恒道进行划分与定义，更好地去认识或掌握事物从无到有的生长发展全过程，才能总结其客观规律，做到"道冲而用之，有不盈也"。可道与非恒道不断地变化与转换，就是道自始至终作用于万事万物之无穷魅力。

可道是已经发生过的事物生长发展的客观规律。如定理、公式、经验、书本还有人的性格特点等等都是在过往的时间里进行判断与分析的结果。只有对过往的事物进行分析与判断从而总结出规律，才能称为可道；而对事物未来的分析与判断只能在可道的基础上进行可能性预测，具有不确定性、变化莫测的复杂性，这就是非恒道。以现在为界，你过去所发生的一切都是可以说清楚的，过去的努力与付出决定了你今天所取得的成绩，或大或小，或成或败，这就是可道。每一个人是努力奋斗，还是蹉跎岁月，自己心里都十分清楚。努力奋斗，就会有机遇，就会有所成就；蹉跎岁月，就会失去机遇，就会一事无成。这一点其实每一个人自己心里比谁都清楚，这就是非恒道。非恒道是建立在可道的基础上，你的可道如何，非恒道是可以预测与判断的。

二、常与恒的区别

从程度副词上讲，常是指较短时间内发生频率较高的量度，可以是百分之九十以上，但不代表百分之百。常不仅是副词，而且是会产生变化的动词。常，或经常，或常常，是变化中的，有不确定性。

恒是不变的，不会发生任何改变，代表事物的结论。在程度上是百分之百，没有可以变化的因素，不具有动词的性质。

在日常生活中，在人们的习惯行为中，常与恒的区别是显而易见的，混淆使用其结果非常严重。比如，一对恋爱中的情侣，姑娘拉着小伙子的手含情脉脉地问：你会对我好吗？小伙点点头回答：我会常对你好的。姑娘听后甩开小伙子的手说：你原来对我不是真心的。小伙子赶紧赔礼道歉说：不，是真的；我对你的爱是永恒的。从这段对话中可以看出，常与恒差别有多大，结果有多严重。

对"道可道，非常道也"的结构解析，有的版本译注：第一个道是名词，第二个道是动词。这样解释就把道真正的内涵弄糊涂了，把道当"说"字解。道是事物生长发展过程中的客观规律，不是习惯中"道出来的道"。整篇《道德经》中道字约有七十六处之多，都是对道这一概念的阐述与论证，怎么可能有动词性质的道呢？道啊，窈兮冥兮，其中有精，其精甚真，其中有信，就是对非恒道概念的阐述。

非常道，有的译注是这样解释的：道是可以用言语来表述的，它并非一般的道。按照这样的解释，断句应该是：非常，道；把非常作为形容词去形容道。什么是一般的道，什么是并非一般的道？这概念稀里糊涂，又如何理解？道是事物生长发展的客观规律，怎么会有一般与并非一般之分？很多人反映《道德经》章句读不懂，看不明白，主要原因是译注本身解读就模糊不清，甚至错解。如果非常道是正确的话，从非常道结构来看，非是对常道的否定。那么可道就是常道。用常道来定义永恒不变的已经发生过事物的客观规律，当然是错误的。再从哲学的角度去分析，如果是非常道，所对应的就是常道。那么就是"道，常道，非常道"。什么是常道与非常道？两者的相互关系如何？是否能构成二元哲学的矛盾体？这个"常"字是一个有变化性质的动词，与没有变化性质的"恒"字差别就太大了，常道与恒道的定义就完全不同。恒道，是指事物生长发展过程中已经发生的客观规律，即可道。由此可以判断常道是错误的。所以说，用"道可道，非常道"的版本无法解释《道德经》。

以非常道或不一般的道去认识事物，让人们产生难以捉摸或模糊不清的错觉，削弱了人们的勇气与意志，导致人们迷失前行的方向，其结局不堪设想。一个人或一个社会首先一定要解决"我是谁，为了谁"的问题。我是谁，认清自己，是可道；为了谁，目标明确，是非恒道。只有目标清楚、方向正确，明确了前行的道路，人才有奋斗的动力。人没有目标与信念，看不清自己所要走的道，就十分危险。道是"是"，不道是"非"，道的正确与否，就是成功与失败的选择。人类社会的发展，人民是社会发展的主体，就是道之主体，为人民服务是道之方向与重任。历史实践证明，尤其是在历史重要的转折关头，依靠广大人民群众社会发展之主体，社会才能发展与进步。

有的学者说，道是说不清楚的或道不可言。老子曰：上德不德，是以有德；下德不失德，是以无德；宠辱若惊，贵大患若身；上善若水，水善利万物而不争；圣人恒无心，以百姓之心为心。试问，老子说得不够清楚吗？道生之，德畜之，长之育之，亭之毒之，养之覆之。生而不有，为而不恃，长而不宰，是谓玄德。这就是万事万物生长发展之道。老子说得如此明白，通俗易懂，一点都不玄乎。

三、非常道的缘起

从资料信息上获知，最先出现非常道的是河上公的版本。后面的王弼，到当今很多学者都延用非常道版本，已有两千多年，直到1973年长沙马王堆出土了帛书版：道可道也，非恒道也。也有的版本是：道，可道，非恒道也。两者标点断句不同。非恒道的出现，让学术界对非常道的正确性产生了疑虑，本来对与错明显是一道选择题，却因不知道如何选，而出现了和稀泥的解释，两者都对，意思差不多，都可以用。理由如下：一、河上公的译本处在汉文帝刘恒时期，因为避讳刘恒的原因将非恒道改为非常道。二、恒与常意思相近，恒常两者都可以用。避讳之说并没有历史资料作为证据支撑，恒与常意思虽相近，但不能等同，那么支撑非常道的两点理由只能是学者们妄加揣测了。从帛书版出现非恒道四十多年以来，非常道与非恒道之争成为学术界争论不休的焦点，有的学者认为，既然原本是非恒道，为什么不改回来？难道非常道与非恒道两者内涵完全相同？若有不同，其性质与内涵相差会有多远？事实上，非常道的解释没有一点非恒道的影子，也没有对非常道的精确解释，如：道是可以言说的，但不是人间常俗之道，便有了与之相对应的常道。有的学者对常道的理解是日常生活之道，非常道则是宇宙天地运行之道。日常生活之道与宇宙天地之道都是道的存在形式，是各自独立运行的主体，两者之间并不会相互制约与转化，更不是矛盾运行的两个对立面。非常道的解释不能牵强附会，要有足够的论据作为成立的基础。再比如：道如果可以说出来，它就不是那个永恒不变的道。请问不是那个永恒不变的道，是什么道？还有：可以用言辞表达的道，就不是常道。不是常道，是什么道？这两种解释内容含糊，表达不清，不知所云。

如果非常道成立，与之对应的是常道，还是一般的道？一定要搞清楚，这是哲学的要求。非常道在《道德经》译本及学术界广泛使用，却又不能给予完整清楚的解释，是否有误导或错解之嫌？再加以传播，其正确性要引起高度重视，糊弄或逃避是学术不严谨的表现。论坛与学术交流会频繁召开应当以正本清源为责任，而不是热热闹闹宣传就行，有什么样的学术成果才是目的。《道德经》如若进课堂，进教材，是用非常道，还是用非恒道？这才是问题的关键。《道德经》版本可以不同，解释可以有分歧，但文字应该相同，否则就失去了标准与是非。

四、非恒道的论证

道，分恒道与非恒道，可道即恒道，与非恒道形成对立统一的矛盾体，贯彻于万事万物的生长发展之中。老子思想中的哲学体系在《道德经》中体现得淋漓尽致。天与地、无与有、上与下、难与易、前与后、多与少等等都是哲学的一分为二，那么道的概念应该也是这样分的。老子为什么把"恒"字改成"可"字？这就要正确理解什么是恒道。恒道是指事物生长发展过程中已经发生的客观规律，这个客观规律是永恒不变的，可以传诵或讲解，即称为可道。只有过去发生的事物，才能去总结其规律，才能去传播去学习。非恒道则是事物现在及未来生长发展过程中正在变化的客观规律，是在可道的基础上变化中的非恒道。可道是认识非恒道的基础；非恒道是发展变化中的可道。可道不能代替非恒道，将可道照搬应用到非恒道中去，这是人们认识中容易常犯的错误。故曰：道，可道也，非恒道也。这才是对《道德经》的正确解读。

可道与非恒道是事物生长发展过程中一对相互依存的矛盾体。可道与非恒道有什么关联？有什么区别？对道的认识是至关重要的。把可道与非恒道混为一谈，是极其致命的错误，对事物发展会产生严重的偏差，导致事物命运的改变与误判。认识万事万物之道的关键，是要理顺可道与非恒道的相互关系，正确认识把握道的演变方向并及时总结成客观规律，将道的概念运用到世界万物与社会实践中去，方可做到无为而无不为。要正确认识可道与非恒道，这两者的概念没弄清楚就无法解读《道德经》的真正内涵。

与此对应的，名，可名也，非恒名，而不是非常名。可名是事物过去已经发生的客观规律的名称。非恒名是事物现在及未来正在发生变化的客观规律的名称。道无名有，道〇德一，无中之有，有中之无，万事万物不断地螺旋式地发展，生生不息而前行，构成了人类乃至宇宙伟大的历史长河，一代又一代，岁岁年年。湛兮，似或存，吾不知其谁之子，象帝之先。有词曰：此去经年，应是良辰好景虚设。便纵有千种风情，更与何人说？

在可道的基础上正确地把握非恒道的发展方向。道生之，德畜之，物形之，势成之，是以万物莫不尊道而贵德。如何去认识事物的生长发展之道，就应该"常无欲，以观其眇"。在人类社会发展过程中，人民是道之主体，一切有利于广大人民群众的方针与政策及行为，就是道的运行方向。如果违背人民的意志，损害人民的利益，就会造成社会的腐败与倒退。相对地，每个人在社会生活中如何把握道的方向，实现自己的梦想，在物质上要"去甚、去奢、去泰"，在精神上要"少私寡欲，见素抱朴"，才能做到"修之于身，其德乃真"，方可达到"爱以身为天下，若可托天下"。依照可道的足迹，找寻未来非恒道的发展方向，及时做出正确的决策，就能达到无为而无不为的最高境界。

每一个人都有自己的本身生长发展之道，从家庭条件、教育程度、社会环境、兴趣爱好与奋斗信念，可以判断其生长发展之道。如果能掌握自己的本身之道，就明确了自己努力的方向，不再迷茫徘徊。实践证明，一个成天赌博的人，不可能有所成就；一个游手好闲的人，肯定一事无成；一个没有品德的人，其行为就是损人利己之事；一个自私自利的人，不可能会去帮助别人。什么样的人庸碌一生，什么样的人成就一生，其实都十分清楚明白。一个乡镇，一个城市，一个国家，各自有不同的生态环境、不同的地理位置、不同的资源特色，即不同的可道，就会有不同的经济发展方向、社会制度体系，即不同的非恒道。

可道是事物过去已经发生的客观规律，非恒道则是在可道基础上事物现在及未来正在变化的客观规律。万事万物都是在可道与非恒道的变化与转换中生存与消亡。通俗地理解，可道是一个人过去式的总结，非恒道是一个人现在将来式的走向。一个人的过去、现在及将来构成了道的运行轨迹与方向，即人生的命运。从可道的基础上，能够预测非恒道的发展方向，其命运如何都是由自己奋斗与汗水的多少来决定的。道生德养万物长，前程是自己把握的。故老子曰：夫唯无以生者，是贤于贵生。

有的学者认为《道德经》原本就是非恒道，是因为避讳刘恒而改成非常道。那么既然非恒道是对的，现在就应该纠正。《道德经》千人千解，到底听谁的？难道"指鹿为马"，也能宽容与理解吗？你讲你的非常道，我说我的非恒道，听者糊涂，学者迷茫，不利于《道德经》的传播与弘扬，必须要有统一的观点与版本，正本清源是当务之急，共同努力还原老子真实的思想与理想，是责任与使命。《道德经》是治国之本、修身之要，它全面阐述了人与自身、人与人、人与社会、人与自然的相互关系，是一部社会生活百科全书与人类智慧的无穷宝藏。

第一章　众眇①之门

道，可道也，非恒道也。名，可名也，非恒名也。无，名万物之
始也；有，名万物之母也。故常无欲，以观其眇也；常有欲，以观其
所徼也。两者同出，异名同谓。玄之又玄，众眇之门。

［字句解析］

道，可道也，非恒道也。道，是事物（包含宇宙、天地、万事万物等）生
长发展客观规律的总称。可道，已经发生的不变之道，可以传播之道。非恒
道，现在及未来正在发生变化的可变之道。解读：道是事物生长发展客观规律
的总称，分为已经发生的不变之道，可以传播之道，即可道；现在及未来正在
发生变化的可变之道，即非恒道。

名，可名也，非恒名也。名，事物客观规律的名称即道的名称。可名，可

_____

① 笔者认为"妙"应为"眇"，是指用眼睛认真观察后反复得出事物的客观规律，
下同。

道的名称。非恒名，非恒道的名称。解读：名是事物规律总结后道的名称，分可名，即可道的名称；非恒名，即非恒道的名称。

无，名万物之始也。无，事物尚未形成时的状态。名，命名。万物，指包含宇宙、天地、事和物等一切事物。始，开始。解读：无是一切事物尚未形成时的状态，这种事物的状态命名为一切事物的起始。

有，名万物之母也。有，事物已经形成后的生命体。名，命名。万物，指宇宙、天地、事和物等一切事物。解读：有是一切事物已经形成后的生命体，可作为母体繁衍生育出新的生命，这就是万物之母。

故常无欲，以观其眇也。故，所以。常，经常或通常。无欲，没有欲望（私欲）。以，可以或用来。观，观察或分析。眇，事物的规律。解读：所以人们在没有欲望（私欲）的状态下，经常性地观察与分析，可以得出事物生长发展的规律。

常有欲，以观其所徼也。常，经常或通常。有欲，有欲望。以，可以或用来。观，观察或分析。徼，边际、边界，引申为事物的特点、性质。解读：人们在有欲望的状态下，经常性地观察与分析，可以得出事物之间不同的特性与差别及其用途。

两者同出，异名同谓。两者，有与无、道与名等。同出，同出于一个事物的主体。异名，不同的称呼。同谓，针对同一事物的主体运行规律而言。解读：无与有、道与名、无欲与有欲、眇与徼都出于事物本身的同一个主体，是不同阶段的不同认知与称谓。

玄之又玄，众眇之门。玄，高深。又玄，高深而难以捉摸。众，万物。眇，事物的客观规律。之门，研究事物客观规律的必经之路。解读：道的玄之又玄是指事物生长发展过程中客观规律的高深莫测，因不断变化而捉摸不透，但又是掌握事物发展规律的钥匙，是必经之路。

〔要点综述〕

道的概念有如下内涵：一、指事物（万事万物的总称）运行的主体。二、指事物运行主体自然而然所表现的状态、信息、特征等。三、指事物主体运行规律的总称（包含每一事物的个体），即为道。四、道受事物自身及客观环境等综合因素的影响，会改变其运行轨迹与方向。五、事物运行被总结出来的道，只能是规律，所以说道是事物生长发展的客观规律。

老子开门见山地阐述道是事物的形成与发展及其变化的特征并总结成规律。道是宇宙的起源，是万物的起源，是一切生命的起源。对道如何认识与掌握，老子如是说：道分可道与非恒道，名分可名与非恒名。道的起始是处在无的状态，正在衍化之中，所以说，无是万物之始。道形成后处在有的状态，有了新的生命就能繁衍生息，所以说，有是万物之母。对道的研究与观察，通常在没有欲望的情况下，可以得出事物生长发展的客观规律，故常无欲以观其眇。通常在有欲望的情况下，能够发现事物之间不同的差别与特点，从而使事物为人所用，故常有欲以观其徼。道与名，无与有，道无名有，无欲与有欲，均是出自对同一个事物主体的认识，是事物不同发展阶段的不同称谓而已，故两者同出，异名同谓。事物的客观规律总是随时空改变而转化，高深莫测，捉摸不透，往往是刚刚掌握一点，却又发现不是这样，似是而非，这就是道的神奇魅力，故玄之又玄，众眇之门。

对道的认识，一定要区分什么是可道，什么是非恒道。如果这两者混淆不清，道的概念就无法弄清楚，谈道论道修道，方向不明确，就没有什么实际意义。

本章中"故常无欲，以观其眇也"，这里的"常"为什么没有改成"恒"字？从本句上分析，是指人对事物客观规律分析与总结，这个过程中时间前后有变化的因素，是在"无欲"与"有欲"之间的变换。"常"与"恒"在短期的时空中含义有重叠性，恒，恒定不变，但对未来发生的过程中有变化的因素，不能用"恒"，故用"常"更为贴切一点。

本章争论的焦点，除了"非常道"与"非恒道"之外，还有：是"无，名万物之始"，还是"无名，万物之始"。无名是无对名的修饰或定义，无则是道尚未形成时的状态，两者表达的内涵完全不同。另外，是"常无，欲以观其眇"，还是"常无欲，以观其眇"。这句话是老子从客观世界向主观世界的跨越，主要是指人类社会通过无欲来观察事物自然规律与有欲来运用事物自然属性，无欲者无私，有欲者有私，是人类社会经常要面对的艰难抉择，故曰：玄之又玄。如果是故常无，欲以观其眇；常无，理解为虚无之中，欲以观，则为有，两者之间有自相矛盾之嫌。

[答疑解惑]

道德是人类社会和平的基石

人类社会五千年以上的历史，写满了争斗与战争的血雨腥风，第二次世界大战最为惨烈，至今战争之箭仍在弦上。世界呼唤团结和平，更需要遵守道德，道德是人类社会和平的基石。老子曰：道之尊，德之贵，夫莫之命而常自然。并写下了一部影响千秋万代的作品——《道德经》。《道德经》由两部分组成，一部分是道经，另一部分是德经，其实这两部分的区分不是很明显，道经中有德，德经中有道，两者如影随形。道经揭示宇宙、天地、万物及人类社会的生长发展规律，其主旨提示人类社会要修道、守道、尊道不可逾越道的防线，中气以为和是社会发展之道的根本。德经主要阐述人如何处理与自身、与人、与社会、与自然的相互关系。德，是人之道，也是道经。老子分开来说，是为了让人们更好地理解与学习，强调德的重要性。

老子所阐述的道德，是万物生长发展的密码，是人生事业走向成功的钥匙，是人类社会和平发展的基石。道德是放之四海而皆准的真理，尤其是在世界事务或社会生活中，如果离开了道德，那么大千世界与人类社会的状态就无法想象。在现实世界中，一切乱象的产生，都可以归根于失去道德。

道德不是学者理论中的玄妙高深，不是人们想象中的遥不可及，更不是传说中得道成仙那种虚无缥缈。老子曰：大道泛兮，其可左右，万物恃之以生而不辞；又曰，迎之不见其首，随之不见其后。道德就在身边，就在眼前，无时不在，无处不有。在我们社会生活中各个领域各个方面，在我们的一言一行中，在世界和社会每一个事件中，都贯彻着道德的尺度与准则，都是由道德决定一切事物的走向与发展。

在个人生活中，道德的体现是懂礼貌，守法规，有爱心，老实做人，踏实做事。在社会事务中，道德的体现是一切方针与政策都服务于广大民众，遵从广大民众的意志，为广大民众幸福生活而设计与实践。在世界事务中，道德的体现是和平相处，和谐发展，共容共存，不能为自身的利益而损害他国的利益，不能搞强权霸权，不能以大欺小，以强凌弱。平等相待，互惠互利，才是世界和平发展之道。

在现实生活中，有多少人违背道德，使诸多社会不良现象频繁发生，尤其是那些污染江河之水的人，那些生产伪劣食品药品的人，那些贪污腐化的人，那些发动战争的人，有没有想过违背道德给人类社会带来的严重后果？在世界事务中，强权政治笼罩，威胁世界和平，西方的政治结盟与军事霸权造成世界动荡不安。道德，熟悉而又陌生，却是人类社会和平的基石。道德离我们有多远？如果你遵守道德，道德就离你很近；如果你违背道德，道德离你就越来越远。

人类社会对物质财富的追求，方便生活与享受生活可以理解，但追求的狂热不能超出道德的底线。两千五百多年以来，老子《道德经》提供给人类社会和平的密码，并没有被真正地重视与使用，人类社会自身的争斗仍在继续与蔓延。人类社会如果不遵守道德的准则，迟早都要背负沉重的代价与后果。道德是公正平等、和谐共存的基石与法则，人类社会只有在道德的基础上才能真正地走向和平发展，所以道德的复兴才是人类社会面临的当务之急与各国人民努力奋斗的方向。

第二章　无为之事

　　天下皆知美之为美，斯恶已；皆知善，斯不善已。故有无之相生也，难易之相成也，长短之相形也，高下之相盈也，音声之相和也，前后之相随也，恒也。是以圣人居无为之事，行不言之教，万物作而弗始，为而弗志，成功而弗居。夫唯弗居，是以弗去。

[字句解析]

　　天下皆知美之为美，斯恶已。天下，天下人或大多数人。皆，都是或普遍性。知，认可或赞同。美，好看或漂亮的人和物。恶，罪恶或讨厌。已，已经产生。解读：天下人对美的人和物产生普遍的认同，对美的认可，就是对非美的厌恶，那么人们对非美的人或物的讨厌感早就已经存在了。

　　皆知善，斯不善已。皆，都是或普遍性。知，认可或赞同。善，有品德的言行。斯，这或这个或这里。不善，没有品德的言行。解读：当人们都认同一种有品德的言行时，其实没有品德的言行早就客观存在了；或当人们感知到善

15

时，这不善早就发生了。

故有无之相生也，难易之相成也。有无，事物的生长与孕育。相生，相互依存与转化。难易，事物成与败的难度系数。相，相互。成，事物发展程度与状态的量度。解读：有与无是事物生长与孕育的两端，相互依存与转化；有走向无，无中生有。难易是指掌控事物发展的难度系数；难，掌控不了就难，能掌控就易；懂了，难也变成易；不懂，易也变成难。相成是指人们掌握事物发展程度与状态的量度。

长短之相形也，高下之相盈也。长短，物体横向的量度。相，相互。形，物体的差异性。高下，物体纵向空间的量度。盈，充满。解读：物体横向之间的相互比较，可知外形的长短，有了比较才知形的特征；物体纵向之间的相互比较，可知空间的高下，相互参照，才知物体的空间方位，即盈满的程度。

音声之相和也，前后之相随也，恒也。音声，声是物体与物体之间碰撞或敲击发出的声响，音是物体自身内部发出的音响，声音是人类社会生活中的两个主要音符。和，融入。前后，时间上方位的比较。随，随时变化。恒，永恒。解读：音声两个主要音符相互映衬融为一体，才有悦耳动听的音乐；时空的节点会随时发生改变，前后不是一成不变的。以上六对矛盾运动都是二元哲学相对的概念；矛盾运动是永恒不变的，故曰：恒也。

是以圣人居无为之事，行不言之教。是以，所以。居，保持。无为，自然而为。行，言行。不言，默默无闻的行为。教，教育。解读：所以圣人明白一切都是相对的，会随时空的变化而发生改变，一切都应顺其自然而为，用自己的言行去影响他人，达到教育他人的目的。

万物作而弗始，为而弗志，成功而弗居。万物，一切事物或万事万物。作，劳作或从事社会事务。弗始，没有起始。为，行为。弗志，没有自己的心智。成功，结果或成绩。弗居，没有占为己有。解读：圣人从事社会事务只有始终如一，没有起始，一切社会行为没有自己的心智，以民为本，获得的成就不占为己有，没有私心杂念，为民众服务。

夫唯弗居，是以弗去。夫，你或圣人。唯，只有。弗居，不占为己有。是以，所以。弗去，不会失去。解读：取得的成就你只有不占为己有，身先力行，才会受到民众的爱戴与尊敬，就不会失去民众的信任与支持。

　　〔要点综述〕

　　这一章是对上一章的补充，进一步说明矛盾运动的相对性与绝对性的相互关系，阐明矛盾双方相互依存与制约是认识事物的基础。同一时空的绝对性、不同时空的相对性是认识事物矛盾运动的钥匙，也是哲学二元对立辩证法的核心思想。在上一章中，谈到道的划分、无与有的相互关系，以及对事物规律的把握，是对宇宙世界总体纲要的阐述。本章的补充是对人类社会生活中较为具体的哲学认识。美与恶、善与不善这两方面的区分与认知是普遍存在的社会现象，常常给人们造成困惑。人们如何认识事物生长发展的规律，有无、难易、长短、高下、音声、前后这六个方面的矛盾运动贯彻于社会生活的各个方面，认识矛盾双方的相互关系是掌握矛盾运动规律的前提。

　　再进一步谈到社会和谐的问题，首先是对圣人的严格要求。老子曰：是以圣人居无为之事，行不言之教，万物作而弗始，为而弗志，成功而弗居也。夫唯弗居，是以弗去。通俗地理解，就是圣人处理社会事务一定会按客观规律办事，不会随心所欲，不做违背广大民众意愿的事，严格要求自己，以身作则，不忘初心，牢记使命，自始至终地贯彻为广大民众服务的思想，取得成就一定会以民众为先，不会居功自傲。同样，这里面包含深刻的哲学理念，社会治理就是处理好圣人与民众的关系，圣人是民众的表率，民众是圣人服务的对象，两者相互依存与影响是社会前行的动力，其关系如何影响社会幸福指数的大小。

　　人类社会如何和谐发展，老子说得十分清楚，一点都不难懂吧！

做一个有道德高度的人

　　道为万物之源，德为立人之本。老子曰：道之尊，德之贵，夫莫之命而常自然。道德是人类社会和谐与否的关键因素，人类社会道德素质的高低决定其社会的文明程度尤其是精神文明程度。社会发展的车轮往哪儿走，取决于全体国民的道德素质，每一个人都应从自身的道德修养做起，成为社会发展的奉献者。人的一生，有自己的梦想，有很多重要的事业需要去努力奋斗，但一定要做一个有价值的人，做一个有道德高度的人，做一个有利于人民的人。道德素质在社会生活中主要体现在以下几个方面：

　　一、人要经得住利益的诱惑，不因利益而失去道德。常常与利益发生纠结，因利益而产生思想斗争是生活中无法避免的。利益是考验自己意志坚定与否的试金石，一念之差可能是人生的转折，迈进利益的陷阱就无法自拔。很多人因利益而丧失良心、违背道德，有的甚至触犯法律。无论在什么样的情况下，不是自己的劳动所得就绝对不能得，与他人共享的劳动所得，自己绝对不能多得，非法所得是万万不能得。该得就得，不该得就不得，这样的人生平安无忧。如果一个人总是不怀好意地想从别人的口袋中获得利益，今天可能行骗得手，但迟早会付出代价，如果自己的行为触犯法律，定会把自己送进监狱；身后有余忘缩手，眼前无路想回头，到那时就后悔莫及了。不贪不骗不犯法，人生靠自己的诚实劳动，相信一定会风调雨顺、平安幸福。老子曰：见素抱朴，少私寡欲。做一个有道德高度的人，经常为民众、为社会做好事、谋福利，定会获得人们的称赞与爱戴，这样的人生同样精彩。

　　二、企业家要经得住利益的诱惑，不因利益而失去道德。企业家是社会经济发展的主体，是社会生活中不可缺少的重要力量，是与人民物质生活息息相关的产品提供者与制造者。企业家的道德素质不仅决定企业的兴衰，其产品的质量与性能，尤其是与广大民众的健康生活联系紧密的食品药品，不能有丝毫的闪失与差错。如果企业家道德素质出了问题，生产出伪劣的食品药品，对民众的生命健康带来伤害，这极为恶劣的后果是不能原谅的。企业家不仅是利益的创造者，也应该是道德的践行者。当利益与道德发生冲突时，千万不能被利益冲昏头脑，利令智昏，生产出危害广大民众健康的食品药品。老子曰：智慧出，有大伪。企业家要站在道德的制高点，宁愿少赚或不赚，也不能丢失做人的道德底线，让广大民众对产品用得放心，吃得安心，睡得舒心。

　　三、领导干部要经得住利益的诱惑，不能因利益而失去道德。老子曰：上善若水，水善利万物而不争。领导干部要一心为民，心里装着人民，全心全意为人民服务，这是新时代的要求。领导干部的一言一行，都是民众的表率与引领，所以说领导干部的道德素质要过硬，不能心存私念与杂念，更不能以权谋私，徇私枉法。在利益面前要敢于吃亏，在困难面前要敢于吃苦，在工作中要敢于担责与创新。领导干部要以自身的实际行动，居无为之事，行不言之教，让广大民众亲眼看到、切身体会到领导干部的无私品格与奉献精神。制定法律与规定要体现人民的意志，法律要有温度，规定要有情感，一切工作的出发点都是为广大民众服务。尤其是基层领导干部，与民众朝夕相处，一言一行，都要接受民众的监督，特别是在处理个人利益与民众利益的得失上要经得住考验。老子曰：夫唯不争，故无尤。

　　人要讲礼貌，守信用，伸张正义，广施仁爱，积仁成德，厚德载道，这就是道德的基本要素与内涵。道德不是虚无空洞的说辞，而是具体行为的真实反映。一个人有没有道德，从他的言行中可以得出结论。无论是普通百姓、企业家，还是领导干部，都要以道德为准绳，用实际行动做道德楷模的带头人。坑蒙拐骗、以次充好、贪污腐化等社会不良现象都将在道德的感化与滋润中迎刃而解。社会生活中的每一个国民都应该力争做有道德高度的人，家庭和睦，同事互助，朋友真诚，人人做道德的拥有者与践行者，用道德凝聚力量，将社会努力建设成一个和谐美丽的家园，共同享受生活的和平与快乐。正如老子曰：执大象，天下往。往而不害，安平太。

第三章　不见可欲

不尚贤，使民不争；不贵难得之货，使民不为盗；不见可欲，使民不乱。是以圣人之治也。虚其心，实其腹，弱其志，强其骨。常使民无知无欲也，使夫知不敢。弗为而已，则无不治矣。

〔字句解析〕

不尚贤，使民不争。不，不要或不需要。尚，推崇或宣扬。贤，贤士或比他人能力强的人。使，促使。民，民众。争，相争或争斗。解读：如果社会对有能力或有本领的人不过于宣扬或推崇，平等地对待每一个人，那么民众之间就不会有相互争斗，以免产生矛盾与冲突。

不贵难得之货，使民不为盗。不，不要或不需要。贵，贵重或昂贵。难得，稀有。货，物品。使，促使。民，民众。盗，盗窃或偷窃。解读：如果人们对稀有物品不抬高价格或视为贵重或盲目追捧，那么有的民众就不会去偷盗，以免扰乱社会正常秩序。

不见可欲，使民不乱。不，不要或不需要。见，看到或摆在眼前之物。可欲，引起人们可以看得见的欲望。使，促使。民，民众。乱，混乱。解读：如果没有引起人们可以看得见的欲望，就没有人会心生邪念，就不会有相互争夺，那么就不会扰乱心智。

是以圣人之治也。是以，所以。圣人之治，治理社会事务的英明方法与决策。解读：所以说这就是治理社会事务的英明方法与决策。

虚其心，实其腹，弱其志，强其骨。虚，虚空。心，欲望。实，温饱。腹，肚子。弱，憨厚。志，有为之心智。强，健壮。骨，身体。解读：人的一生要少一点欲望，让心得到虚无的宁静；当然要吃得温饱，不能饿着肚子；做人要老老实实，不要去投机取巧，不要要小聪明；每天可以锻炼身体，让身体强壮起来，延年益寿。这样的生活简单而快乐！

常使民无知无欲也，使夫知不敢。常，经常。使，促使。民，民众。无知，没有投机取巧之本领。无欲，没有贪欲。夫，百姓。知，知道。不敢，不敢去做。解读：经常性地促使民众不要有投机取巧之本领，不要有贪欲，使民众知道投机取巧与贪欲对自身没有什么益处，民众明白这些道理，所以再也不敢去做违反道德之事。

弗为而已，则无不治矣。弗，不或没有。为，有为。而已，已经是这样了。则，就。无不治，任何事务都能治理得很好。解读：民众已经没有刻意的有为之事，一切都遵守道法自然，社会治理各方面都风调雨顺，没有什么事做不成，任何事务都能治理得很好。

[要点综述]

什么是圣人之治？这一章给出了答案，清楚明白，通俗易懂。老子眼中的圣人之治主要有三个方面的内容：一、不尚贤，使民不争；二、不贵难得之货，使民不为盗；三、不见可欲，使民不乱。做到以上三点，民众变得淳朴、善良、勤劳，社会就达到和谐与安宁。老子接着补充说，做一个合格的公民其要求是：虚其心，实其腹，弱其志，强其骨。这句话的内涵其实就是老实做人、踏实做事，不要投机取巧，不要耍自己的小聪明，少一点欲望，不要为私心所困；人的一生吃饱睡好，有一副健康强壮的身体是最大的幸福。在社会事务中，对民众要经常性开展道德教育，提示人们要遵纪守法，不要触犯法律的红线，更不要自认为比别人聪明或自认为有多大的本事，为了自己的欲望铤而走险，最后的结果是作茧自缚，把自己推向犯罪的不归之路。关于圣人之治，老子言而未尽，进一步强调：常使民无知无欲也，使夫知不敢。如果法律没有人触犯，坏事也没有人做，那么这样的社会有多么的美好，人民有多么的幸福。达到这一点，是人类社会追求的共同理想与奋斗目标，老子最后说：弗为而已，则无不治矣！

这一章，其实就是老子对美好社会的向往，阐明自己治理社会的主张与圣人之治的理想。

[答疑解惑]

老子眼中的圣人之治

老子身兼柱下史与守藏史两个重要职务，一方面说明他对国家事务了如指掌，对社会治理有了自己的主张；另一方面说明他博览群书，通晓前人的智慧。《道德经》的诞生，就是老子总结前人的智慧并结合自身的领悟碰撞出的人类历史上最灿烂的智慧光辉。对于圣人之治，老子提出主要从三个方面入手加以引导与宣传。

一是不尚贤，使民不争。在社会生活中，人的能力有大小，性格有差异，特长有专攻。每个人有优于他人的一面，同时也有弱于他人的一面，不能以自己的优势去与他人的弱势相比。人与人之间应该取长补短、优势互补、团结合作，共同构建和谐社会。当然，有的人通过自己的努力，的确有优于他人的能力或特长，称为贤人。贤人有能力与特长不应只为了自己去获得利益，而是应该为社会服务。如果一个贤人只是为了自己的利益而掌握赚钱的能力，那么对社会对民众有何益处？如果对贤人或有本领的人过于宣传或推崇，甚至给予奖励，那么普通的人或相对能力不强的人又如何对待？本来普通的人能力有限，又没有人去推崇或关照，其结果是强者更强，弱者更弱。其实弱者才是最应该被关心的群体。一个社会是一个整体，只有整体平等与协调，社会才能更好地前行与发展。人与人之间差别的产生，就有了争斗与矛盾。所以老子主张：不尚贤，使民不争。

二是不贵难得之货，使民不为盗。在现实生活中，难得之货就太多了，如古董、字画、玉石、黄金等，更难得也是人们最喜欢的当然是金钱。人们每天的辛苦与劳动，目的就是赚钱。盗，不仅是指偷盗，也指监守自盗或掩耳盗铃，其实以权谋私就属于监守自盗的范畴。盗，也指来路不明或不正当的所得。金钱是贵重的，没有人不喜欢，但正当劳动所得才是自己的。当人们把金钱视为交换的手段而不再被人们所重视，不再显得贵重时，那么偷盗的人是不是就会越来越少？不再炫耀财富，不再崇拜金钱，人们不为财富所动，不为金钱所惑，就没有人会偷盗。人们没有烦恼，就没有矛盾与争斗，人们重新回到纯洁善良之时，伟大的道德时代就会来临。

三是不见可欲，使民不乱。可欲，是实实在在可以看得见的欲望，就在身边，就在眼前，这种欲望包含珠宝、金钱、权力、美色等等。在社会生活中，欲望诱惑让人们难以克制与冲动，千方百计去获得权力、财富与美色，不惜一切手段与代价，甚至触犯法律的红线。那些走上犯罪之路的人，被关进监狱里的犯罪分子，就是无法抵挡欲望的诱惑，事后的忏悔有什么用呢？有多少人还是在欲望的驱使下，为了自己的私利，沉浸在纸醉金迷的腐化生活中。不见，不是不可以看见，而是看见等于没有看见，视金钱如粪土，视权力为义务与责任，那么就不会被扰乱心智，不会有贪求与欲望。人们自觉地尊道贵德，遵纪守法，社会就会呈现和谐和平安宁团结的环境。

圣人之治在民众中的具体体现：虚其心，实其腹，弱其志，强其骨。常使民无知无欲也。努力将全社会打造成一个平等、公正、和谐的生活环境，人人努力劳动，财富人人共享，没有争斗与冲突，这就是老子对人类社会最美好的理想。

第四章　和光同尘

　　道冲而用之，有弗盈也。渊兮！似万物之宗。锉其锐，解其纷，和其光，同其尘。湛兮！似或存。吾不知其谁之子，象帝之先。

〔字句解析〕

　　道冲而用之，有弗盈也。道，指万物处于正在衍化生成时的状态。冲，指事物在二元对立统一中相互作用相互制约的纠缠过程，如阴阳、正反、善恶等。用之，道在社会实践中的应用。有，掌握。弗盈，不能盈满。解读：道冲是指万物生长发展在二元对立统一中相互作用与制约不断变化的纠缠过程，掌握道衍化生成过程中的变化规律为人类社会所用，但一定要掌握弗盈这个尺度，因为盈满之后意味着衰退。

　　渊兮！似万物之宗。渊，深渊无穷或难以揣摩（纵向）。似，像是。万物，一切事物。宗，源头。解读：道的运行规律像一潭深渊的古井难以揣摩，却又像是一切事物生长发展的源头。

锉其锐，解其纷。锉，铲平或磨平。锐，指锐角。解，化解或清除。纷，纷争或纠纷。解读：人们掌握道的力量可以磨平锐角化解纷争，使万物驶入正常的发展轨道，尤其指人类社会。

和其光，同其尘。和，融入。光，社会环境。同，接纳。尘，社会风俗。解读：道的使者或圣人能够融入社会环境之中，并能接纳社会风俗，与民众和谐共处。

湛兮！似或存。湛，辽远而不能穷尽（横向）。似，模糊。存，存在。解读：道的运行规律就像远远望去辽远而不能穷尽，模糊不清却又真实存在。

吾不知其谁之子，象帝之先。吾，我或老子。不知，不明白。其，指道。谁之子，从哪儿来，万物是谁繁衍出来的子孙？象帝，万物之象；帝，象之源头。先，早期或祖先。解读：我不知道是从哪儿来的，万物是谁繁衍出来的子孙，应该是在世界万物生长之前早就有道的存在，道是万物的祖先。

〔要点综述〕

世界万物如此繁茂，生生不息，都是道的作用与指引。万事万物在道的二元对立统一相互冲撞与互抱中生长发展，开始与终结，不断地循环往复，构成岁月的历史长河。现在，是过去的延续，又是走向未来的桥梁。一切事物的生长发展都是对现在的把握，即道的盈满尺度。只有不盈，才是事物发展的永恒动力。不盈是二元对立相冲时的状态，是一个动态的概念，是道不断地演变与创新，做到不盈才能防止盛极而衰，这才是事物发展的关键。观察与判断道的运行轨迹与方向，并且及时修正，才能立于不败之地，但要做到这一点，是非常不容易的。

本章中"光"与"尘"分别用了"和"与"同"进行修饰，显然二者的内涵有较大的差别。和，是指与社会融进或融入成为一体，是息息相关的一个整体。人与人之间，和不一定是志同道合，但可以和平共处。"同"相对

"和"来说融洽程度要弱一些，同不代表融洽，可以相同，但不一定要融合为一体，求同存异。这样分析才能辨清"光"与"尘"的内涵是不同的。在社会生活中，光是指社会环境，人一定要适应其社会环境，和其光，才能更好地展现自己并实现自己的理想。尘是指社会风俗，各个地方风俗不同，可以认同，可以遵守，同其尘，但不一定要融合在一起。

渊与湛，是从两个不同的角度分析道的高深莫测及探索道的起源，一个是纵深方向，道像是千年的古井捉摸不透；一个是横向的辽阔，道像是无法穷尽的远方，让人迷茫不解。道不知从哪儿来，是遥远遥远的从前，或许在万物存在之前早就有道的主宰？所以老子曰：吾不知其谁之子，象帝之先。道，就是宇宙、天地及一切万物的祖先。

锉其锐，解其纷，和其光，同其尘。在本章与第五十六章出现同样的章句，从内容上看，在渊与湛的角度阐述道的奥秘之时，中间插入如何解决人与社会相处的问题，不符合本章的中心主题，应该删除为好，但考虑到很多版本流传已久，还是保留下来了。

[热点话题]

和光同尘你不一定做得到

和光同尘，在人们日常生活使用时成为一个表示消极态度的感叹词，或许是一种无奈，混于世俗之中；或许是一种失落，蹉跎岁月。好像和光同尘是一种被动的人生观。这种错误的理解与《道德经》中老子所阐述的"和其光，同其尘"内涵完全不同，对《道德经》的传播有负面的影响。

《道德经》中的"和其光，同其尘"简称为"和光同尘"，是更为超人的智慧与能力；这种智慧与能力表现在不损害道的运行轨迹的前提下，与社会环境融为一体，与社会风俗共存，能做到和光同尘就是老子眼中的圣人。

社会生活决定个人命运，尤其是在春秋战国，个人的力量是弱小的，受社会环境的影响，往往会随波逐流而淹没在历史的尘埃之中，但是一个有智慧的人，不会被社会环境所左右，而是始终坚持自己的理想，朝既定的目标前行。圣人在社会生活中努力适应社会环境，或通过自己高尚的品德去影响社会环境。和其光，与社会环境融为一体，更彰显一种超然的智慧。

一个人不是生活在真空中，无论你有什么样的抱负或理想，都与社会生活发生千丝万缕的联系，尤其是家庭生活中的种种烦琐事务，无法回避。与人交往，面对各种各样的人，品德差异，性格差异，尤其是各个地区的风俗差异，发生的各种问题如何处理？这需要自己的适应能力，同其尘，接纳与共存是一种最好的选择。

和光同尘，是一种智慧与能力，一般人是无法达到的。拥有这种能力的人一定是无私无畏的圣人，不为名利所动，不为金钱所惑，有远大理想，有一心为民众服务的情怀。然而在现实生活中，有多少人迷失在名利之中，有多少人失足在金钱诱惑之中，还有多少人在吃喝玩乐中虚度自己的一生？

老子曰：用其光，复归其明，无遗身殃，是谓袭常。似莲花出淤泥而不染，和光同尘，其实你不一定能做得到。

第五章　虚而不屈

　　天地不仁，以万物为刍狗；圣人不仁，以百姓为刍狗。天地之间，其犹橐龠乎！虚而不屈，动而愈出。多闻数穷，不若守于中。

［字句解析］

　　天地不仁，以万物为刍狗。天地，拟人手法，或指上天。仁，偏爱之仁。万物，自然界或地球上的万物。刍狗，稻草扎成的狗，祭祀之用。解读：天地或上天没有偏爱之仁，对一切事物都是平等相待，视自然界的万物如同祭祀用的刍狗一样看待。

　　圣人不仁，以百姓为刍狗。圣人，德高望重之人。仁，偏爱之仁。百姓，民众。解读：圣人没有偏爱之仁，无论是谁都是公正公平相待，民众之间没有区别对待，就像看待刍狗一样平等。

　　天地之间，其犹橐龠乎！天地之间，指天地之间的虚空或空间。其犹，就像是。橐龠，古时候助燃用的风箱。解读：天地之间的虚空，就像风箱的原理一样，是万物生长发展之源之根。

虚而不屈，动而愈出。虚，虚空。不屈，不止或不竭。动，运转或流动。愈出，越来越有活力。解读：世界上的万物是在虚空中孕育，不会歇息，永无止境地生长发展，天地的运转，循环往复，物种繁茂，使这个世界充满活力，无穷无尽。

多闻数穷，不若守于中。多，过度。闻，寻找或追求。数穷，穷尽。不若，不如。守，坚守。中，中和。解读：过度地寻找或追求靠上天解决矛盾或所面临的困难，就会造成山穷水尽的困境，不如在上天与人类之间找到中和的原则；这个中和的原则是不要过度地依赖上天，更要靠人类自身的勤奋努力，依靠自然顺应自然，是解决一切问题的根本所在。

〔要点综述〕

在人与天地自然的对话中，由于上古及春秋战国时期的科技比较落后，对天地运行的自然规律无法掌握，人在自然灾害面前束手无策，洪灾与旱灾等自然灾害给人类社会带来了极大的困扰。在这样的情况下，人们通过各种祭祀或祈祷等方式来寻求上天的保佑，所以用刍狗来祭祀。其实，自然规律不是祭祀与祈祷能够改变的，上天难道能像人一样有仁爱之心吗？在社会生活中，古人们通过祈祷圣人，希望他们能够给予智慧与力量，或保佑一生平安、万事如意。实际上，人们不通过自身的努力而获得财富是不符合实际的。这两种现象在当时的社会生活中是普遍存在的行为与想法。故老子曰：天地不仁，以万物为刍狗；圣人不仁，以百姓为刍狗。

天地之间的运行，不以人的意志为转移，春夏秋冬，寒来暑往，电闪雷鸣，永不停止。天地之间就像一个大风箱一样，运转有序，活力无限。

人类面对自然灾害显得力不从心，无所适从，想方设法地寻找或跪拜神灵来获得风调雨顺，一些祈祷与祭祀等活动频繁发生。如刍狗、祭酒等祭品的出现，其实都是无济于事的。人类要想丰衣足食，还是要通过社会实践掌握自然规律，遵循自然规律，努力奋斗才是唯一的出路。这个自然规律就是人与自然的中和，即坚守自然与人类社会的和谐发展。所以老子曰：多闻数穷，不若守于中。

有的版本是：多言数穷，不若守于中。从整章的内容上分析，没有谈到关于"言"的内容，而这一章主要是谈自然规律与人类社会治理之间的关联，与"言"无关。因此，"多言数穷，不若守于中"，不能作为这一章的总结性句子。所以说，"多闻数穷，不若守于中"，才是老子真正的创作本源。

[答疑解惑]

关于"多闻数穷，不若守于中"的论证

在《道德经》的各种版本中，本章最后一句话有的版本是：多言数穷，不若守于中。两个版本哪个更符合老子的原意呢？以下是我的个人观点。

从资料上查找证据，难度很大。当然，如果能找到老子的手稿，是最有力的证据，但这几乎是不可能的。而不是老子的原稿，其他年代的手抄稿或其他版本都有可能会产生偏差，与老子的原意不相符。争论版本，不是离老子年代越近的就越接近真相，真相与年代的早晚没有必然的联系。

不能把名人的注释作为判断对错的标准。有的人把名人译注《道德经》的原文当作证据来论证观点的对错，这样把名人的观点当作标准或证据容易导致一错再错的现象。如果名人的译注是错的，就是误导或以错传错，这个现象在学术界十分严重。有的学者在讲台上谈《道德经》，对错他自己都搞不清楚。那么在本章中，"言"与"闻"哪一个是对的？

　　译注要从章节所阐述的内容上分析，才有可能更接近老子的原意。老子为什么要写这一章，写这一章有什么目的？在当时的年代，由于科学技术落后，人们对天地运行的规律掌握不够，面对天旱或水灾等自然灾害，人们找不到解决问题的方法。在这样的情况下，人们通过祭祀活动来祈求老天的保佑，实际上是一厢情愿。老子针对这一现象指出：天地不仁，以万物为刍狗。在当时的经济条件下，民众感觉到生活的艰难，种了庄稼却收成不好，在事事不顺的情况下，总是祈望圣人的仁慈与垂爱，但是圣人面对广大民众，即使有仁慈之心，也是力不从心。老子接着说：圣人不仁，以百姓为刍狗。老子说完这两句话后感叹说：天地之间，其犹橐籥乎？虚而不屈，动而愈出。天地运行，就是一个很大很大的风箱，虚实相映，运转不止，不以人的意志为转移。人们无奈地、刻意地寻找天地的保佑或圣人的仁慈，总是想通过各种祭祀途径来祈求平安与富足，实际上没有一点作用。关键还是要靠自身的劳动与智慧来改善生活条件，与自然相适应，遵守自然规律。只有人与自然的和谐，即"中和"，才是人们的生存法则。所以老子最后总结说：多闻数穷，不若守于中。

　　从《道德经》本身寻找证据，在第四十一章中"上士闻道，勤而行之；中士闻道，若存若亡；下士闻道，大笑之。不笑不足以为道"，这里的"闻"也作"寻找"解，与本章中的"闻"内涵一致。本章中，没有涉及"言"的内容，所以说"多言数穷，不若守于中"不符合本章的原意，应该是误抄或误传所造成的。"多闻数穷，不若守于中"，应该才是老子的原意。

第六章　玄牝之门

谷神不死，是谓玄牝。玄牝之门，是谓天地之根。绵绵呵！其若存，用之不堇。

[字句解析]

谷神不死，是谓玄牝。谷，低处，指母体。神，灵性。谷神，指万物生长发展各自有不同的生命特性或灵性。不死，不竭。是谓，称谓。玄牝，指物质世界尤其是阴阳特征明显的生命体中包含阳性融入等各种综合因素共存的母体或雌性体。解读：世界万物尤其是动物的生长发展，来自不同的母体，各自有不同的繁衍生长的源头，各自有不同的生命特性或灵性，岁岁年年，绵绵不竭。这种母体是阳性融入后各种因素共容相生的综合体，是道生的开始，称玄牝。

玄牝之门，是谓天地之根。玄牝，指阳与阴交配后的母体。门，指生命诞生之门或雌性生殖器。是谓，称谓。天地之根，指万物之源。解读：万物都是由阴阳相交而生，通过阴性的生殖器之门，生命的诞生，是一切生命（尤其指动物）之源。

绵绵呵！其若存，用之不堇。绵绵呵，漫长的岁月长河。其若存，虚无中的真实存在。用之不堇，道生万物，生命无限。解读：在漫长的岁月长河中，一切的生命都是在虚无中阴阳相合而生，这就是道的玄机，玄牝使万物竞相生长，永无止境。

〔要点综述〕

谷神如何理解，是本章的重点，从资料上查寻，找不到一个满意的答案。解读《道德经》参考历史资料有不足之处，尤其是一些学者的观点不能作为论据去证明自己的论点。学者的观点有自身的局限性或者仅是个人观点，只能参考与阅读。解读《道德经》，从《道德经》本身找出论据应该是正确的选择。谷神不死，是谓玄牝。这句话说得很清楚，谷神就是玄牝。玄牝又如何理解？玄牝，特指物质世界里有明显阴阳特征的生命体中阴阳正在相冲相生的母体，是新的生命即将诞生于万物世界之中的母体。牝是母体，玄指公体的阳性与母体的阴性相冲后的未知，玄在其中。世界万物就是各自通过玄牝之门来繁衍生息，一代又一代，无穷无尽。故曰：玄牝之门，是谓天地之根。老子有超越人类的智慧，他对客观世界进行观察与思考，发现与阐述万物生长发展的普遍性规律。老子的意图就是说天地之间的万物都是通过玄牝之门而来到世界之上的，玄牝之门是万物之源。玄牝之门，是指万物由阴阳相交而生，或是阴阳两性于一体而自生，但都有玄牝之门。门是指母性生殖器，也是一个综合的概念，是母体中的生殖器。有母体才有生殖器，只有通过这个门，才能产生新的生命，万物才得以循环往复。所以老子接着感叹说：绵绵呵，其若存，用之不堇。绵绵呵，是指世界万物的岁月长河绵绵不竭。其若存，指谷神的虚无而真实存在、若无若有的状态。用之不堇，就是生息不止，人类社会则是利用谷神的特性，为人类社会所用而没有穷尽。

谷神，是一个复合词。老子观察世界，如河谷、山谷、海谷，这些地方是生命最茂盛的场所，从而悟出这个道理。谷也，生命之所。神，则是赋予万物生命的灵性，区别于其他物体，或许来自另外一个世界，来与谷相合相生。谷与神的相生相合，万物得之以生，世界万物得之灿烂而繁荣。老子从谷神的灵感中，转移到有阴阳特征的生命体，尤其是人类社会的繁衍生息，玄牝是多么的伟大与神秘。

[热点话题]

无为在应用中的辨析与判定

《道德经》不是一门空泛的理论，而是能够在自然及社会各个领域中广泛地应用及实践指导，起着开灯明路的重大作用。理论如果不应用于实践、就是空洞的、没有价值的，《道德经》只有在社会实践中应用于指导人们对事物发展的认识及走向，才能显示其文化的高度与无限的智慧。理解与辨析《道德经》章句中的内涵与哲学思想，做出正确的判定，是灵活应用及指导实践的关键。

无为，历来是学者们译注与争论的焦点，如何解读取决于学者们对《道德经》的理解深度以及本身的文化功底，但有一种错误观点认为无为是消极对待，不努力，不作为，这种从字面上理解无为的内涵完全是歪曲老子的哲学思想，应该得到纠正。无为是顺其自然努力而为，遵循事物发展规律尽力而为，主观上不妄为不违背自然而为；但要在应用中真正把握无为的内涵，必须要用全面的、运动的、发展的观点去掌握无为在不同主体不同时空中针对不同的事物有不同的内涵，不能用片面的、静止的、教条的观点对无为的内涵进行结论性判定。辩证地分析无为在事物发展过程中不同的内涵，是掌握老子无为哲学思想的灵魂。

一、老子无为思想的起源

老子是人类社会发展历史进程中最伟大的思想家，以道的高度洞察宇宙、天地、万物及人类社会的生长发展规律，《道德经》五千言所关注的重点无疑是人类社会的和谐发展。在当时的社会背景中，老子感受到广大民众的疾苦与艰难，其根本原因是：民之难治，以其上之有为，是以难治。有为是指统治者过多地对民众生活的行政干预，发号施令，包括苛征杂税等违背自然发展的行为，导致民众生活的疾苦与艰难。带着这样的困惑，去寻找解决的答案，老子发现天地的长久以其不自生故能长生，自然界的"万物并作，吾以观复，夫物芸芸，各复归其根"，为什么会如此繁茂呢？有谁在主宰呢？没有。一切都是自然而然的行为，自然的繁华没有任何有为的行为，正是无为而为的结果，老子称为无为；反之，违背万物自然生长发展的行为就是有为。老子无为的思想起源正是对当时社会治理以及对民众生活关注所激发的灵感。其次，老子是一位伟大的哲学家，他以哲学的思维寻找捕获事物生长发展的规律，二元的不断对立与统一，在对立中相互依存，在统一中发展前行。由天地、自然的无为联想到人类社会的和谐，也应该以无为的方式去治理才能实现。天地、自然与人类社会并不构成二元对立关系，只是触发老子的联想；人类社会治理中的无为与有为构成二元的对立关系，然而老子思想中的有为却刻意回避在事物发展过程中与无为的转化与统一，而是强调有为与无为对立双方在事物已经发生后即可道中不可调和的矛盾体。对民众有益的行为是无为，对民众有害的行为是有为，这大是大非的问题是基于可道中的辨析及判定。可道中的有为是不变的，而非恒道中的有为是变化的，两者的内涵是不同的，不能相提并论。老子曰：道恒无为无不为，侯王若能守之，万物将自化。老子旗帜鲜明的为民情怀特别强调侯王无为而为在社会治理中的重要作用，也是无为思想的重要起源。无为是自然的行为，也可以说是有为的行为，有为的行为符合自然是无为，这两者的统一老子称为无不为。

二、无为与有为在应用中的辨析与判定

不可否认，无为与有为是事物发生过程中一对相互转化二元对立统一的矛盾体，但如何辨析及判定无为与有为之别，在不同的时空不同的主体中有不同的内涵。

在社会治理中，方针政策的制定要体现人民的意志，一切从人民的利益出发，为人民幸福安康的行为才是自然的无为；反之，违背人民的意志，损害人民的利益，影响人民幸福生活的行为是不自然的有为。老子曰：以正治国。何谓正？正义正气、公正平等，站在人民的立场，体现人民的意志与利益。以正治国是无为的行为；反之，就是有为的行为。方针政策有强烈的时代背景，要适应时代的发展，适时地做出调整与修正；现在的时空中是无为的行为，或许在未来的时空中因不能体现人民的意志与利益，就会转化成有为的行为。经济发展的目的是有益于人民生活的提高，而采取一系列改革措施克服前行中的障碍与困难，人民是欢迎的；但措施不能以发展为借口来增加人民的负担、减少甚至损害人民的利益。有些方针政策的执行，一定要在实践中检验其是否切身符合人民的利益以便做出及时的改正。故老子曰：爱民治国，能无为乎？无为与有为的转化，可以从人民大众根本利益与幸福生活的立场去辨析，判定检验一切方针政策是否符合无为的尺度与标准。广大人民是社会前行的主体，只有充分发挥人民的力量，依靠人民，才是战胜一切艰难险阻的动力之源泉。无为是道的性格与过程，无不为是道的使命与成果。

在社会事务中，上下级关系无为的体现是上下和谐团结凝聚力量，共同奋斗面向未来。老子曰：行不言之教，无为之益，天下希及之。不言之教是无为行为的最好表达，上级榜样与示范的作用，是激发下级工作热情的催化剂、调动积极性的动力，如果上级的道德存在问题，自私自利，有便宜就占，有利益就拿，而且多拿多占，反而要求下级讲奉献，努力干活，利益少占一点，那么

上下级矛盾就会经常发生，这种没有道德的行为就是老子眼中的有为，特别是在春秋战国时，侯王们的有为以及对民众的剥削与掠夺让老子耿耿于怀、寝食难安。上级要充分发挥下级的潜能与智慧，给予其足够的空间与时间，调动其主观能动性，但不是不管或任其肆意妄为，有理有节有度的管理才是无为的真实内涵。俗话说上梁不正下梁歪，讲的就是上行下效，如果上级行为不端正，那么下级也会跟着不端正，所以说上级的榜样与示范影响着下级世界观、人生观及价值观的走向。无为与不为要严格地区别开来，无为是积极的行为，不为是消极的行为，要从"三观"的角度加以辨析与判定。老子曰：上德无为而无以为。火车跑得快，全靠车头带，上级的无为才能带动下级的无为，上下同心同德才是无为的特征，否则是不道的有为。

在企业单位尤其是特大型企业如何体现集体意志共创共享地面对错综复杂的经济环境，找到一条适合自身特点的企业发展壮大的无为之道。企业内部的利益分配与企业外部的激烈竞争，这两方面的矛盾能够化解，才能使企业充满发展的活力。内部的利益分配就是领导与员工如何分享发展成果，用什么样的股份或比例能够激发整个企业的创新发展动力是企业兴衰的关键。老子曰：法令滋彰，盗贼多有。这句话从后往前解，盗贼多有就是一个企业出现以权谋私、以职谋私、以岗谋私，是一种监守自盗的盗贼行为，使企业的利益遭受严重的损害或使企业走向衰败；那么企业为了避免利益遭受损害，就会制定各种各样的制度与规定来约束盗贼行为的发生，故曰法令滋彰。企业的发展对内要实现利益分享的公正平等，才能调动全体员工的积极性，以企业为家，以企业为荣，以企业为重，让全体员工以一种自觉自愿自律自强的精神状态投入到企业的创新发展中去，激发无为而治的强大动力。对外一定要结合经济环境，准确预测未来的发展方向，量力而行，切不可盲目求大求强，超越自身的能力就是违背自然的行为，即是有为。无为是根据企业的特点与能力大小，做出合乎自身发展的规划与前景。企业在发展过程中必然是全体员工共享经济增长带来的利益，只有公正与平等才会有和谐，是符合自然的规律，是无为的体现，否则就是有为的。老子曰：取天下常以无事，及其有事，不足于取天下。无事是无为的表现特点，有事是有为的表现特点，今天定这个制度，明天又出那个规定，尤其是利益分配差距太大，会严重挫伤企业的创新与发展，是企业走向衰退的标志。

三、无为在自我修身中的辨析与判定

老子曰：修之于身，其德乃真。是要求人们从自我做起，修身是人生的起点，没有修身就没有齐家，没有治国，更没有平天下。一个人面对与自身、与家庭、与社会各种复杂的关系，如何做到无为防止有为，实现其人生的最大价值？

树立人生理想。一个人来到世界上，不是索取而是奉献，只有用自己的力量为社会、为民众服务时，才能显示其无为的价值，否则一切行为都是自私自利的有为。人生没有理想就像大海中的小船没有航行的方向，虚度一生。理想要针对自己能力的大小、社会环境的不同，树立可以实现的理想。理想不是梦想，没有不通过奋斗坐享其成的理想。如果树立与自身能力不相符的理想，是不切实际的有为的梦想。人类社会发展的历史不断向前，谁能做到"不失其所者久，死而不忘者寿"，才是真英雄。理想可大可小，不向社会索取，不危害社会，努力做个有益于人民的人，不枉人世，也是无为光荣的一生。

在通向理想的征途上，人们要克服自身很多的弱点，有的是天生带来的，有的是环境造成的，自私、贪婪、懒惰、狭隘等特性在每一个人的身上或多或少地存在，会严重阻碍前行的脚步。老子曰：为学日益，为道日损，损之又损，以至于无为。学习是日益增加与成长的过程，而学道则是日益检查与对照自己的不足与弱点并将其克服的过程。人们在社会生活中，与家庭与同事与朋友与社会日日发生千丝万缕的联系和利益的冲突，如何把握自己的角色与作用，或许只有无私者无为方能化解一切。在家庭关系中如何爱妻子爱亲人获得家庭幸福，在同事关系中如何相处愉快地工作，在朋友关系中是否能在他人困难之时施以援手成为真正的朋友，在社会关系中是否乐于公益勇于承担社会责任，等等，这些纷纷扰扰的关系如何处理与应对，需要崇高的道德品格才能达

到人生的完美。少壮不努力，老大徒伤悲。人生有多少感叹，其实都是自己的错。老子曰：无为而无不为。只有善于掌握与践行无为而为，才能赢得无不为的美丽人生。你是无为还是有为，如何区分无为与有为？最简单的方法就是道德。有道德的行为是无为，没有道德的行为是有为，你是否有道德呢？

在物质世界的层面上，人们面对权势与金钱的诱惑及其崇拜导致人们价值观的扭曲与变形，富贵贫贱、宠辱若惊、上尊下卑等潜在意识在人们自觉或不自觉的有为中悄然形成，自然与平等的无为早已被人们遗忘。人们早晨起来的第一个欲望就是如何赚钱，为自己为家庭的物质财富而费尽心机奔波忙碌，这藏着私欲的行为就是有为，然而有为的行为虽然会赚得物质财富，但其负面作用与危害也在积累。故老子曰：名与身孰亲？身与货孰多？得与亡孰病？是故甚爱必大费，多藏必厚亡。故知足不辱，知止不殆，可以长久。人们的有为并没有带来社会的和谐，而是带来了不断的争斗与矛盾，只有无为而为才是社会共创共享的基石。名、货、得、爱、藏等都是人们私欲的狂热追求，但其结果是病、大费、厚亡。老子洞察人生，对人们发出这样的警告与呼唤，无疑是当时社会状况的客观反映。老子曰：少私寡欲，见素抱朴。人们如何面对物质世界的绚丽多彩，老子给出了答案。少私，私而不危害他人，是无为之私；寡欲，不是没有欲望，欲而不触犯他人，是无为之欲。素，自然，遵守自然而为；朴，纯洁，心灵要有婴儿般的无私无欲。这就是老子无为之有益的最好解读，人们却很难做得到，于是老子又发出感叹：无为之益，天下希及之。

四、无为与不为之别

学术界长期以来误解老子思想的人不少，认为老子消极避世就是以无为作论据，将无为理解成不为或不作为。这种从字面上简单地解读其结果是误人子弟，对《道德经》产生严重的危害。老子曰：道恒无为而无不为。无为是手段、方法、过程，无不为是成效、目的、结果。有的学者强调老子无为而治的重要性，其实老子对事物生长发展所产生的结果无不为才是无为的终极目的。无为是顺应自然规律主动而为，不为是消极、懈怠、放任失去道德的行为，这两者的区别几乎近似于二元对立，要么无为，要么不为，是一个原则性的大问题。

不为与有为之别从主观行为上加以辨析与判定，不为有放弃、抵触、被动、消极等特点，而有为有故意、妄为、主动、积极等特点，两者的行为都是不遵守道德或违背自然的行为，这两种行为有明显的目的性或自私性或公开性，在社会生活中人们很容易辨析与判定。在《道德经》中，有为是贬义词，老子眼中的有为是违背自然与道德的行为。老子曰：人之所教，我亦教之，强梁者不得其死，吾将以为教父。从这句话中可以看出老子对强梁者的有为可谓是恨之入骨。

不为如果与无不为构成一对矛盾体，不为也有积极的因素，比如，违反民意、法律、道德等行为是不能为的，可以说不为。在事物生长发展的过程中，主体不同客体不同时空不同都将发生变化，有所为有所不为，其目的是无不为。不为与无不为如何辨析与判定，不是没有标准，不能借不确定性来混淆视听，以掩盖自己不可告人的意图。行为是人们一种有意识有目标的活动，其动机的来源是可以判定的。老子的《道德经》整篇谈道德二字，旗帜鲜明地阐述道德是检验一切真理与是非的标准。行为是道德的，不为就是无为，无为是为了无不为，人民的眼睛是雪亮的，可以辨析出其中的是非。什么是道德的？为人民利益的行为是道德的，是无为；反之，是不道德的，是有为。

无为与有为，不为与无不为，其实是二元哲学的矛盾体，在不同时空是可以转化的，但老子《道德经》中的有为与不为是在可道中辨析与判定的，在非恒道中的辨析与判定只能借助道德来进行，但这不是老子阐述的重点，这是老子内心世界所深藏的秘密。

无为在应用中的辨析与判定，因时空不同主体不同客体不同其内涵都不相同，不是固定不变的；理论上是抽象的，但在应用中是具体的。老子的无为主要是指治国理政，侯王对民众、上级对下级的管理方式，是主体对客体的态度，当然也包含主体与客体各自本身的无为。无论在什么样的情况下，辨析与判定无为的标准唯有道德；道德的行为是无为，不道德的行为是有为。以人民的利益为上是道德的，是无为的行为；损害人民的利益是不道德的，是有为的行为。关于无为的争论是学术界长期存在的焦点，但不能离开老子道法自然的思想，自然以及自然行为才是无为的灵魂。

第七章　天长地久

　　天长地久。天地之所以能长且久者，以其不自生也，故能长生。是以圣人后其身而身先，外其身而身存。以其无私邪？故能成其私。①

[字句解析]

　　天长地久。解读：自从道生育天地以来，地球存在约 45 亿年之久，这漫长的历史长河中，天地日月运转从不歇息，也没有停止运转的迹象，实在是太长太久或永恒不变。

　　天地之所以能长且久者，以其不自生也，故能长生。解读：天地为什么会这么如此长久，原因是天地从来不为自己而生，而是奉献与付出，抚育万物的生长发展，只有这种无私精神的天地及圣人，才能生命永存，长久不息。

----

　　① 非以其无私邪？故能成其私。"非"在本句中意义不明，整句上解为应该或不仅，与老子的语言习惯不符，如圣人终不自为大，故能成其大，"非"则应删除。

是以圣人后其身而身先，外其身而身存。解读：凡是圣人都不会先考虑自身的利益，将自身的利益抛至脑后；相反，在困难之时或挫折之中总是身先士卒，将自己的一切置之度外，这样优秀的品格在广大民众心里将会永存。

以其无私邪？故能成其私。解读：圣人不会以自己的利益为重，而是有一种全心全意为民众服务的无私精神，这种精神将使广大民众获得幸福的生活，先人后己，圣人是从民众获得的幸福中才感受到自己的幸福，故能成其私。有的观点认为以无私的手段而获得自身的利益，这是自私之人的狭隘偏见。

〔要点综述〕

本章的重点从天长地久，谈到圣人后其身而身先，外其身而身存，以其无私，故能成其私。天地为何长久？以其不自生，故能长生。不自生，简单地理解，就是不自私，与圣人的无私相提并论。不自私，才能长久，故能成其私。这里面的私，不是私利的私，而是指圣人的奉献精神所产生的个人独有的价值以及对后人的启迪，是他人不能替代的。

天地的存在几十亿年，而人类存在的历史是短暂的，相对来说，一个人的生命只有几十年，更是极为短暂的。在这几十年的光阴中，其风风雨雨、坎坷不平、艰难曲折等，这些困难的产生不是别人带来的，而是人类的自私性所衍生出相互斗争相互伤害，给人类自身造成的苦果。直到今天，世界各国之间的政治角力、军事竞赛、战争风云从未停歇，人类的历史就是在这样无情的你争我夺血雨腥风中一路走来，而且在继续进行中。人类不是最先存在的生命，自私性是天生带来的，还是后天的？或许将来的科学能够检测到人类生命基因中自私的密码。

从现实生活中可以感觉到人的自私性，其表现是社会财富不能共享，而是个人独有。所以，这世界上有很多富人，但更多的是穷人。富人越来越富，主要根源是私有财产的合法化。世界财富的分配体系也是强者恒强，用法律来保护自己的财富，这就是私有制带给人类社会的严重后果。人不得不自私，为了生存，为了获得财富，为了所谓的幸福生活，自私可能是唯一的手段与选择。

圣人之道与天地同存，这里的圣人是一种理想的寄托，是对未来的憧憬。当然，在现实生活中，具有圣人品格的人也有，却是少数，希望像圣人一样的人越来越多。

〔热点话题〕

关于微信交友的利弊

科技使千里之外变成一点就通，遥远的朋友不再陌生，距离不是问题，微信让人们交流畅通起来，但隔着屏幕终究不知对方的性格、年龄甚至性别，人们往往会宣扬自己的优点隐藏自己的缺点，功利性交流是通常易见的，但信任是人们交流中最大的障碍，利弊共存。

微信群中时常发生吵架事件，使我对微信的兴趣越来越淡漠，另一端的你可能从微信好友降级为网友，正是因为我担心自己的真诚被你所伤害。你是一个什么样的人，网上并没有标注，相反，你会用美丽的网名去掩饰，你会找机会关心故作真诚，你会拐弯抹角地欺骗，你会假装道德，一旦不如你所愿就会原形毕露，甚至在网上吵架骂人。你会自以为是，想方设法抬高自己，标榜自己而容不得他人。微信本来是相互交流的平台，可以促进友谊，共同进步，然而你却会利用这个平台宣传自己，目的就是想获得更多的利益。另一端的你让我十分失望，或许你早已不是我想要交的微信好友，所以我要加固防线，远离伤害。老子曰：信不足焉，有不信矣。

新书出版后，那时候股市也不错，手头上有点余钱，故网友要我的新书，我有求必应。刚认识的网友只要开口我就会给，大概寄出有一百多本，邮费花了上千元；就这一百多个网友中，有的因书而产生了隔阂，有的早已没有联系了。其实，网友要书，他并不一定想要看，而是不要白不要，反正不花自己的钱。记得当时，一位网友也是研究《道德经》的学者，通过电话，他说要买我的新书，而且发了红包给我。我不好意思收，就把书寄给他了。两三个月之后，我打电话给他想听听他对我新书的意见，结果他的回答是：最近非常忙，还没有时间看。还有一个网友，想要我的书时，说一定认真拜读，结果他光对我的书提意见，说错别字的问题。这一百多个网友基本上没有联系，后来我的朋友道出问题的真相，他说：现在人势利得很，如果你有权有势，就是一本烂书，他也说好。名人放屁都是香的。你的书再好，没有名气，人家也要说三道四。

通过微信我认识了很多网友，而且很多都是研究或喜欢《道德经》的朋友，来自全国各地，有的网友成为好朋友。关于道文化方面的微信群发展到五六十个，刚开始还好，但交流一直很少。后来建群的人越来越多，有时手机突然噼噼啪啪地响，我就知道又有人建群把我拉进去了。你建一个，他也建一个，群就越来越多，弄得我的手机工作吃力。为了手机的正常运转，我只好选择退群。可退群不是容易的事，有的群主不高兴，认为退他的群就是看不起他，还弄出矛盾来，好事就变成坏事。后来微信群里吵架的事经常发生，都是研究《道德经》的文化人，怎么跟菜市场吵架一个样呢？虽然我不参与吵架，但我见证了吵架，所以我在微信群里的交流越来越少，越来越提不起兴趣来。

人会因经济问题而无奈，股市里亏损，我的新书就无法再送了，夫人也有意见。国庆长假期间，还有一些余书没有卖完，那就国庆特价，30元一本包邮，比成本还要低6元左右，在微信群里发消息，以生意的方式。有的朋友点赞，有的朋友发红包买书，算不上热闹，但也感觉到一点人间冷暖。有的网友是真心，有的网友是假意，好像一面镜子，照得一清二楚。这里面发生的一些事让人费解，就不再叙述。长假就要结束了，我的感慨又变成了文字，记录这一段国庆假期自己的卖书经历。也正是有了这段经历，才有这篇文章的题目。

　　微信是通信技术高度发展的产物，的确带来了交流上的方便，正是有了微信的原因，我很荣幸地认识了几位全国著名的老师。他们的工作很忙，有自己的专访专栏，还要回答微信朋友的问题，与其说是交流，实则是打扰。我以作家的视线与敏锐的观察力，感觉到他们的一言一行都融进道德的元素，有行不言之教的圣人品格。他们卓越的智慧与厚重的道德感染力，深深地印在我的记忆里。这个时代，有的人很快被遗忘，有的人总是被记起；有的人不愿意提起他，有的人成为最好的朋友。微信群是社会的缩影，有利就有弊，人生百态尽在其中。或许我已经厌倦了自大自狂甚至吵架式的微信交流，越来越少在微信中与人交流，好友就更少了；但我会从微信中捕获很多优秀的文章，也能从中认识到优秀的老师，使自己的生活充实而有意义。

第八章　上善若水

　　上善若水；水善利万物而不争，处众人之所恶，故几于道。居善地，心善渊，与善仁，言善信，政善治，事善能，动善时。夫唯不争，故无尤。

［字句解析］

　　上善若水。上，相对下，指领导者，哲学用词。善，运用自然适应自然的能力或行为，这里指顺应民众意志服务民众的品格。若水，像水一样。解读：领导者的一切行为要有顺应民众意志服务民众的品格，尤其是对待与处理民众的社会事务要有水一样透明、柔和与宽容的胸怀，不能高高在上，要处下不争。

　　水善利万物而不争，处众人之所恶，故几于道。水善，指水的品格。利，有利于。万物，自然界的一切。处，位置。众人，很多人或民众。恶，不喜欢或讨厌。故，所以。几于道，相当于道的品格。解读：水的品格有利于自然界的万事万物，而从来不与谁相争，默默无闻地奉献着自己的一切；水往低处流，是很多人不喜欢或讨厌的地方，所以说相当于道的品格。

居善地，心善渊。居，居住。善，适应与应用自然的能力或行为。地，地方。心，心灵。渊，博大深远。解读：作为一个领导者，一定要善于选择较好的地方，居住方便，与民众朝夕相处；同时在社会事务中要有博大深远的心胸，去容纳与化解社会矛盾。

与善仁，言善信。与，相处。仁，仁慈的人。言，说话。信，信用。解读：作为一个领导者，要时刻注意自己的言行，与有仁慈之心的人相处；同时说话一定要算数，不能失信于民。

政善治，事善能，动善时。政，政务。治，治理。事，行业或事务。能，能力。动，行动。时，时机。解读：作为一个领导者，在治理社会事务中，要以法治国，以德养民，善于处理各种矛盾与拥有创新发展的能力；同时，在复杂的社会环境下，无论遇到什么事，发生什么情况，要具体问题具体分析，有区别处理问题的能力；任何事物的生长发展都有一个适合的时机，抓住机遇及时行动是成功的关键。

夫唯不争，故无尤。夫，指领导者或你。唯，只有。故，所以。无尤，没有忧虑与怨恨。解读：只有领导者或你有高尚的品德，以身作则，吃苦在前，享受在后，不争名夺利，广大民众才会效法你的一切，向你学习，久而久之，就形成了良好的社会风气，社会治理就没有任何的忧虑与怨恨。

〔要点综述〕

本章强调了八个善字，上善是最重要的，其余七种善都是上善应该具备的品格。如果没有这七种品格，就不能称为上善，作为一个领导者，应该去反思与检查自己的不足，努力做到一切从民众的利益出发，为民众服务。

水的品格就是处下不争，不像人一样喜欢往高处走，而总是在最低处滋润着世界上的一切。没有水就没有人类，也就没有自然界的一切生物。离开了水，生命就没有存活的可能。地球上三分之一都是水，水可以调节地球的温度，通过天地之间的循环达到万物生长发展，欣欣向荣。然而，在人类社会中，人们喜欢争斗，喜欢显示自己，或位高权重，或荣华富贵，或骄傲自满，或骄奢淫逸，人性的弱点数不胜数。针对人类社会的种种弊端，老子呼吁领导者首先要有上善若水的品格与胸怀。

上善的七种品格分别是：一、爱民之心，让民众居有定所。二、心胸宽广，容纳一切。三、与品德高尚的人相处，避免走错路。四、说话要算数，不能失去信用。五、治理社会事务，要有高度的责任感。六、遇到困难，要有处理社会问题的能力。七、做任何事都要抓住机会，不可错过。做到以上七点，你就是一个合格的领导者。

在现实生活中，有些领导者不是上善若水，而是多拿多占，千方百计地为自己捞好处，甚至损害民众的利益，将民众的财富占为己有，民众则会怨声载道。这种现象两千五百年前就存在，或许是老子写"上善若水"的真正原因吧。

［答疑解惑］

"善" 的概念浅析

"善"的概念是动态的、变化的，不同的条件下其内涵不同，但通常是指人们顺应自然行为能力所产生的过程与结果。

善人者，不善人之师；不善人者，善人之资。善者，吾善之；不善者，吾亦善之。在《道德经》中，"善"的概念究竟如何解读，不同版本有不同的解释，译注者的文化功底是关键；好与坏，对与错，还要读者自己擦亮眼睛，不可依葫芦画瓢。网上有一解：善为最好最良之事物。这种解读就当参考吧。善是一种能力或行为，这种能力或行为能够达到完美直至成功；那么成功的取得一定要依照自然规律的变化而为之。所以，善是指运用与适应自然规律的能力或行为。善，老子的真正意图是指顺应民众意志服务民众的品格。

善人者，这里肯定是指一个人有良好的品德与行为，赢得人们的尊重。行为是一个人能力的体现，是遵循自然规律的结果。善人的行为，是不言之教，是不善人学习的榜样。不善人者，是指这种人常被自私冲昏了头脑，因利益而掠夺他人财富，表现在财富分配上不劳而获或剥削他人的劳动果实而获得财富的最大化，但这种人会陷入因果相报的循环之中，导致灾难的发生。不善人之果，使善人从中吸取经验教训，及时修正自己的言行，以达到人生完美之境界。善者，吾善之；不善者，吾亦善之。其中"吾亦善之"中的"善"同样是指善人对待不善人的能力及行为。

人们通常指的"善举"包含"善言"与"善行"两个方面，其实都是人们的行为能力，这种行为能力与自然相适应并遵循自然规律，能够取得较好的成就。如果有违背自然规律的行为，就不能取得较好的成就，相反，一个人如果其能力会给社会造成一定的危害，就通常称为不善者。判断一个人善与不善，主要的标准是他的行为能力是否给社会带来利益或是否为民众服务。如果是为自己的利益而损害他人的利益，这肯定是不善人者。

善与不善，是一个人世界观的问题，世界观决定人生观，人生观决定人的行为方式。有的人平常做一些善事，不代表就是善人。善人之所善，是人生观决定其一以贯之的行为能力为人民大众所带来的贡献与福祉。

第九章　功遂身退

持而盈之，不如其已；揣而锐之，不可长保。金玉满堂，莫之能守；富贵而骄，自遗其咎。功遂身退，天之道也。

[字句解析]

持而盈之，不如其已。持，持续。盈，盈满或圆满。不如，放弃。其，指事物的发展。已，停止或足够。解读：如果在事物的发展过程中，不断地去追求盈满或圆满或利益最大化，这样的想法应该停止与放弃，留有余地才是对的。

揣而锐之，不可长保。揣，磨刀的行为或过度的追求。锐，锋利。不可，不可能。保，保持。解读：任何事物都有一个度，如锋利的刀口，不可能是越磨越锋利的，相反，过度的追求容易导致刀口损伤，锋利不能保持。

金玉满堂，莫之能守。金玉，金银与玉石等珠宝。满堂，厅堂里堆满了宝贝。莫之，不一定。能守，守护。解读：当人们的珠宝、金钱等财富聚敛到非常富有时，不一定能守得住，会千金散尽人亦去。

富贵而骄，自遗其咎。富贵，富有而自显高贵。骄，骄傲。自遗，自己留下很多遗憾。其咎，错误或过错。解读：当人们富有时，总是骄傲自满，做任何事就目中无人，会遭受挫折与失败，给自己留下许多过错与遗憾。

功遂身退，天之道也。功遂，事业有成。身退，退下来或辞退。天之道，自然规律。解读：事业无止境，当你从事业有成感到力不从心时，不要再去追求，应该退下来，这是自然规律。

〔要点综述〕

从观察自然现象联想到社会生活，老子从四个方面做了分析与总结。一只空茶杯倒水，当快要盈满时，就不能再倒了，这本来是很简单的道理，谁都知道快盈满了就不能再倒，但在人性贪婪的问题上很难做到适可而止。人总是希望钱越来越多，权力越来越大，永远无法满足。在现实社会中，有钱的人不会因为钱多而停止赚钱的步伐，反而会变本加厉去赚钱，结果会造成损失或亏钱，这就是违背自然规律。有权的人，当了科长希望当处长，当了处长希望当厅长、当省长，总是想官越当越大，没有满足的时候，就违背了自然规律。官能当多大，顺其自然，能当多大就当多大，当一辈子的科长也无妨，只要问心无愧就好。老子曰：持而盈之，不如其已。做任何事都要有个度，越过这个度，就朝相反的方向转化。只能挑一百斤重的东西，就不要挑一百二十斤，一百二十斤超过了一百斤这个度，会对自身造成伤害。凡事要量力而行，才可善始善终。老子曰：揣而锐之，不可长保。

人的一生，莫不是为了物质财富，这是大多数人的追求与梦想，所以在现实社会中，有钱的人钱越赚越多，其实就是一个保管员，几十年后就转给别人保管了。历史上，有钱的人太多了，富可敌国的和珅，财富能保管到现在吗？那些皇家贵族的财富又去哪里了？老子曰：金玉满堂，莫之能守。相反，有钱的人，自以为有钱，骄傲蛮横，从不把别人放在眼里，胡作非为，甚至违法乱纪，导致千金散尽或面临牢狱之灾，这样的事例在社会生活中屡见不鲜。老子曰：富贵而骄，自遗其咎。

老子从四个方面告诫人们在社会生活中要遵循自然规律，要知足常乐。做任何事，劳苦功高是辞退的最佳时机。人的能力是有限的，能做成一件事就足够了。故曰：功遂身退，天之道也。

［**热点话题**］

你应该明白的因果

世事洞明皆学问，人情练达即文章。这句话是指一个善于思考、爱学习的人能够达到的境界，而有的人一辈子几十年怎么活过来的都不知道，一生也不会写什么文章，更谈不上有学问了。郑板桥说难得糊涂，是指生活的态度，人不要太聪明，自以为是，处处算计他人，最后把自己算计进去了。人糊涂一时是可以的，但不能一生都糊涂。人的一生要明白因果，什么是因？什么是果？这估计大多数人都不曾思考过。今日之果来自昨日之因，自己昨天做了什么，今天就会有什么结果。比如说，昨天去菜地里种了南瓜，过一段时间就有南瓜吃。昨天夜里去偷了东西，过几天警察就会找你。这简单道理容易懂，生活中有很多道理就是这么简单，可真正懂的人不多，付出行动的就更少了。

在家庭生活中，夫妻和谐才是幸福，可有多少人认为自己家庭是幸福的？为了一件小事或意见不统一，沟通不顺畅，夫妻之间吵架或打架在现实生活中是经常发生的。吵架当然难以避免，但不能经常吵，时间久了，夫妻感情就越来越淡。有的夫妻连散步牵手的习惯都没有，说明感情有问题。民间有句俗话：老婆是别人的好，儿子是自己的好。这就说明夫妻之间出现了裂痕，久而久之，分手都有可能了。夫妻感情不好是因，最后导致分手是果，这就是因果。夫妻感情是需要经营的，要懂得对方的感受与需求，宽容与理解对方，分析问题出现的原因，找到夫妻共同的融合点，幸福家庭生活是可以实现的。

在社会生活中，经常会有人铤而走险，触碰法律的红线，在电视上网络上常常看到贪官受审的报道，还有违法乱纪的事件频频曝光。这些人明知犯法却还要为之，就是不明白因果，总认为能够菩萨保佑蒙混过关。老子在两千五百多年前就说过：天网恢恢，疏而不失。难道这些人没有文化，连这最基本的常用语都不清楚？当然不是，是贪婪与利益的诱惑，使这些人走上不归之路。尤其是违法乱纪的贪官们产生的恶劣影响，会波及他的子孙，潜移默化，其后果不堪设想。

因果关系是哲学范畴，是一对相互依存的矛盾，贯彻于事物的发展过程之中。有因就有果，什么样的因结什么样的果，就看你的道德如何。德不配位，功将不成。凡事都有因果，前因后果，每一个人做人做事之前都要想到有什么果会发生，不要一时冲动，不要以身试法，不要触碰道德的红线，做事踏踏实实，做人老老实实，平庸和谐的一生也是不错的选择。

老子曰：吾言甚易知，甚易行；天下人莫能知，莫能行。就是指世人知而不行，明知有错却不改过，知法犯法的种种行径，不顾因果，终将自食其果。

第十章　生而不有

　　载营魄抱一，能无离乎？专气致柔，能如婴儿乎？涤除玄鉴，能无疵乎？爱民治国，能无为乎？天门开阖，能无雌乎？明白四达，能无知乎？是以圣人①生而不有，为而不恃，长而不宰，是谓玄德。

〔字句解析〕

　　载营魄抱一，能无离乎？载，承载。营，营生，指灵魂。魄，精神。抱一，整体或不分离。离，脱离。解读：在纷纭复杂的社会生活中，面对利益诱惑的人们是否能做到灵魂与精神的统一、行为与道德的统一，不会分离，不会口是心非？

　　专气致柔，能如婴儿乎？专气，意志。致，努力达到。柔，柔和。婴儿，

---

　　① 本章与第五十一章出现同样的句子，两者互换更为适合。从内容上看，这一章是讲人性的缺点与存在的问题，然后以提示人们圣人是如何做的作为总结，这是老子的写作特色，应将第五十一章中的"是以圣人"与本章的"生之畜之"进行互换。出现这样的问题，估计是口传之过。

刚出生的小孩。解读：在处理社会事务中，人们的意志是否能够达到柔和有力、与世无争的境界，能像婴儿一样纯洁无私吗？

涤除玄鉴，能无疵乎？涤，洗净。除，去除。玄鉴，分别或争执。疵，瑕疵或缺点。解读：每一个人都有很多不足或缺失，是否能够做到经常性地反思自身的行为，消除与他人的矛盾或缓解利益上的纷争，能不留下缺点与遗憾吗？

爱民治国，能无为乎？爱，热爱。治，治理。无为，自然而为。解读：处理一切社会事务是否将以民为本、爱护民众的利益作为治国的优先原则，能做到自然而为吗？

天门开阖，能无雌乎？天门，智慧之门。开阖，开启与关闭。雌，雌性，与雄性相对应。解读：在日常生活中，人们自我意识是否太强或自以为是，是否善于用自己所谓的聪明才智对任何事情都要分出一个是与非、雌与雄、好与坏，来显示自己，能做到没有分别心吗？

明白四达，能无知乎？明白，了解或清楚。四达，四面八方。知，己见或拙见。解读：人们知道或了解来自各方面的事务，是否能做到没有自己的拙见或愚见，能虚怀若谷吗？

是以圣人生而不有，为而不恃，长而不宰，是谓玄德。是以，凡是或所以。圣人，德高望重的人。有，占有。为，行为。宰，主宰。是谓，所以。玄德，相容相生的品德。解读：凡是德高望重的圣人，认为世界万物的生长发展，都是自然的给予，即使自己的种植与收获，也要与他人分享，不能自己占有；自己努力得来的成果，也不能自己独自持有；万物生长，顺其自然，不要轻易去改变它，更不能拔苗助长。所以说，这就是圣人奉行与坚持人与人、人与自然万物相生相容的原则，称为玄德。

[要点综述]

本章老子从社会生活的各个方面，提出了六个问题，都是人性共同的弱点，造成了人类社会错综复杂的矛盾与利益冲突，是导致当时社会文明进步举步维艰的原因。在社会生活中，人们面对欲望与利益，心里想的与做的自相矛盾，仿佛是不由自主的无可奈何，一边是灵魂的救赎，一边是精神的折磨。人们为了利益整日心神不定，魂不守舍。无论做什么事，人没有足够的耐心与毅力，缺乏坚韧不拔的意志，或一时之勇，或一时冲动，事倍功半，达不到婴儿那样持久的恒力。人的知识是有限的，但又不愿意去学习文化，粗俗而自大，对问题喜欢说三道四，固执己见；与人相争，又不能自我检查来化解矛盾，常常是冲突不断。在治国理政方面，要以民为本，以百姓为先，爱民才能治国。民为国之基，没有民哪有国，这么简单的道理应该懂得。离开民众的利益，脱离民众的生活，一切行为都与人民意志背道而驰。

"天门"是指人体头脑中用来思考问题的某个部位，是人们习惯中容易产生灵感的地方，决定人们的思维及行为方式。天门开阖，指人们处理与思考问题时的开启与关闭，或指思考问题时一张一弛，忽而明白又忽而模糊的状态，往往是非好坏不分或雌雄善恶不清，但文中引申义是指离道失德的人在处理社会事务时，总是自以为是，误认为自己比别人聪明，实际上是目光短浅。大道至简，人们在社会生活中，容易把自己的短见或拙见误认为是聪明才智而带到实际应用中，往往会产生挫折与失败。

老子在文中最后指出，万物都是自然的赋予，财富的获得应该是人人共享，而不是谁做得多一点或辛苦一点，就应该得到多一点，这与公正平等的自然法则不相符。每一个人的能力有大有小，贡献有大有小，只要人人都努力奋斗，财富就应该共享，人人平等就是公正，这就是玄德的品质。

通行版与帛书版均为：天门开阖，能为雌乎。应该是手抄笔误所致，将"能无雌乎"抄写为"能为雌乎"，本章前后是无疵、无为、无知，为排比句，所以"无雌"才符合文章逻辑的一致性。因此还其原本为：天门开阖，能无雌乎。无雌解读为没有分别之心。

三面镜子照人生

老子曰：不失其所者久，死而不忘者寿。人性的弱点或许与生俱来，如不自我修身或受外界环境负面因素的影响，弱点就会扩大甚至走向违法乱纪，给自己的人生带来挫折与失败。人想要度过平安幸福的一生，一定要使用三面镜子来检查自己，反思人生，以史为镜，以他为镜，以身为镜，才能做到有所作为。

一是以史为镜，纵观要树立人生理想。在漫长的历史长河中，什么样的人是你最尊敬的人，你就可以学习他的奋斗经历，借鉴他成功的经验，量身定做自己的奋斗目标。如果想成为学者，集大成者当数老子，向他学习，他博览群书，通晓古今，关心民生与社会发展，善于思考与分析，创新他的道德之学，并著有《道德经》，享誉人类历史几千年。如果想当诗人，那这方面有才华的人就多得很，如屈原，豪气澎湃，以民族兴旺为大任，一首《离骚》名扬千古。历史上有杰出成就的人很多，你可以找一个出来做镜子，对照自己，好好学习，有可能成就一番事业，实现人生理想。

二是以他为镜，横观要有正确的世界观。在社会生活中，身边的朋友与同事，他们的言行要看得清，对与错要有个分别，不能糊涂地跟着学。与什么样的人做朋友，你一定会成为什么样的人。如果你的朋友喜欢打麻将赌博，那么你也一定会染上打麻将赌博。如果你的朋友喜欢学习，这样的朋友可以交，慢慢地你就是一个有文化的人。与正能量、有理想的人在一起，对照自己的言行，就是进步与成长。人的一生很短，学好不学坏，是非要分明，选择的机会不多，成功的机会就更少，有大成就者少之又少。如果你有足够的信念，有战胜困难挫折的勇气，事业有所成就值得期待。身边的人或朋友，一定要从他们身上吸取对自己有价值的经验教训，缺点或优点都是一面镜子，经常对照一下，防止犯错或及时改过，有益于自己的人生。

三是以身为镜，微观要重视人生价值观。每一个人身上都有很多缺点，改正缺点就是进步。人生最大的敌人是自己，战胜自己的缺点，就变成了优点。二元哲学认为，内因是变化的根据，外因才是变化的条件。一个人如果能够对自己的所言所行所思进行检查与反思，及时校正自己的人生方向，就能避免走弯路走错路。每一个人都要思考自身在人生旅程中的价值，做一个什么样的人才有利于社会，有利于广大民众。如果别人有钱有势，违法乱纪，贪污腐败，你羡慕不已，那你迟早会走上犯罪之路。在现实社会中，不随波逐流，不阿谀奉承，不吹牛拍马，不碰法律红线，即便是一个普通的人也是有价值的。因为你的一生对得起自己的良心，没有伤害过任何人，没做过坏事。

老子曰：执古之道，以御今之有；能知古始，是谓道纪。三面镜子，纵观历史以史为镜，横观他人以人为镜，微观自己以己为镜，经常性对照看一看，时时改正自己的缺点，发挥自己的优点，勤勤恳恳，努力奋斗，在短暂平凡的一生中，或许也能做出一番成就来。

第十一章　无中生有

三十辐共一毂，当其无，有车之用。埏埴以为器，当其无，有器之用。凿户牖以为室，当其无，有室之用。故有之以为利，无之以为用。

[字句解析]

三十辐共一毂，当其无，有车之用。三十辐，类似自行车轮上的钢丝。共，共同。毂，轮轴。当其无，车没有被使用。有车之用，可以用车去拉物品或有车可用。解读：一辆车是由三十辐线状木条或钢丝来支撑车子所承载的重量，当车子没有被人使用时或没有载物时，你就有车使用了。

埏埴以为器，当其无，有器之用。埏埴，指用瓷土做成的碗状之物，其工序复杂。器，装物的用品。当其无，器物没有装着物品。有器之用，器物可以使用了。解读：在日常生活中，人们常用瓷土来做成碗状的器物，用来装物品，当器物没有人使用时或没有装物时，你就可以使用了。

凿户牖以为室，当其无，有室之用。凿户牖，古时候在石壁上凿出一个空间居住或建房子。室，空间或房间。当其无，没有人住进去或空房子。有室之用，有房可住。解读：采取一些手段与方法把房子建造完成后，当房子没有人居住或空闲时，你就可以住进去了，有房可住，便有室可用。

故有之以为利，无之以为用。故，所以。有之，指产品形成之后的物。利，利于生活或利益。无之，指产品未形成之前或正在建造之时。用，起什么作用或用途。解读：所以说当产品形成后，利于人们的生活或可以利用物品来获得利益，产品没有形成时或建造之时，就应该考虑到要完成或建造的器物有什么功能与作用。

〔要点综述〕

车子制造出来，方便人们乘坐或载物之用。碗做出来，方便人们吃东西或装物品之用。房子建造出来，人们用来居住。这三个方面是日常生活中经常发生的行为，给予的启示就是有与无之间相互关系的转换。世界万物都是从无中来，无中生有，制造出来的产品利于人们的生活需求，不断地循环与创新，推动社会向前发展。

如何理解"当其无"，是本章解读的关键，有的译注认为"当其无"是指轮轴上的圆孔；圆孔与圆轴的形成，是车本身的构造部分。如果"当其无"是指圆孔的话，那么它的对立面是"当其有"，这又是指什么呢？再结合下面两句：埏埴以为器，当其无，有器之用；凿户牖以为室，当其无，有室之用。当其无，很显然是指器物空闲的时候，或没有被使用的状态。

"无"之用，就是创新创造，利用自然给予的资源，设计与研究适应社会生活需求的产品，方便衣食住行，改善广大民众的生活质量与幸福指数。"有"之利，创造出来的产品，有利于百姓的生活，而不是用来投机取巧，私占社会资源，成为获取暴利的工具。无与有，是器物的两极，都是服务广大民众的生活，而不是利用权力与金钱的手段去占有物质资源。在当时的春秋战国，物质财富两极分化，一方面，财富集中在侯王贵族们手里，他们的生活骄奢淫逸；另一方面，广大民众物质匮乏，艰难度日。老子针对这一现象，喊出了自己内心的声音：有之以为利，无之以为用。

[热点话题]

关于人性弱点的思考

老子曰：夫礼者，忠信之薄，而乱之首也。老子写这句话可能与当时的社会现实有密切关联，应该是社会现实的客观反映，是一个时代的缩影。礼者，无忠信可言，而且是社会混乱的首要原因，老子给"礼者"这样的定论，是他长期对社会生活进行观察与思考的结果。礼，非礼也，私欲至，这恐怕是礼者的真正意图。人，逃不脱私欲的羁绊，惹上一大堆人性弱点，在社会生活中淋漓尽致地展现在人们面前，与己同存，与人同在，与岁月相伴久远。

人的自私性与生俱来，从孩儿开始起，他眼里只有抱他喂他的母亲而拒绝他人的善意，只要回到母亲的怀抱就会停止哭泣，这可能是出于人性的本能与自卫。人要生存，首先是要对自己进行保护，不能让自己置于危险与困难之中，物质需求成为第一意识的反应。这个反应过度会伤害到他人的利益，自私性就自然天成了。人的自私性，在不伤害他人的情况下是合理合法的。生活中的人们由于物质条件的匮乏，不能满足基本生活需求，人们之间的争斗就产生了。长期的争斗，历史的沉淀，人的自私性成为天性而难以改变。以至于当物质生活富足时，人们的自私性变成澎湃的欲望无法停止，争斗继续进行。人的自私性最容易以自我为中心，对他人说三道四，尽挑人家的毛病，看不到自己的问题，反而表扬自己如何优秀如何高尚，自我欣赏，没有人相信他的谎言。人们都在围绕自己的利益而奔波忙碌，这似乎是无可非议的，但有多少人越过了道德的防线，为了自己而损害他人，这就有可能逃脱不了"天网恢恢，疏而不失"的惩罚。

人的双重性格在长期的社会影响中潜移默化，已经自然成为人性基因。社会生活在金钱与权力的双重崇拜下运行，干扰与左右人们的世界观。没有金钱，人们无法生活；没有权力，生活同样艰难，这迫使人们追逐金钱与权力。人们追求金钱，向往权力，金钱与权力能使自己的生活更加富足，这样的人生观本身没有过错，错就错在这样的人生观造成了人们的双重人格，其表现为对贫穷的漠视与对富裕的羡慕、对下级的强势与对上级的顺从。嫌贫爱富与阿谀奉承，人的双重性格在不知不觉中沉淀成为人们生活中的习惯，转而深入人性、基因。朝为读书郎，暮登天子堂，人们做梦都想当官，可见当官的诱惑力有多大。且看席中杯中酒，杯杯先敬有钱人，可见有钱就能获得尊重，有钱多么令人向往。人的双重性格或许你有却没有关注到，但在你的人生观中早已存在，在你的日常行为中自然不自然地都表现出来了。如果你说自己没有，那就祝贺你的人生快乐幸福。

人的虚荣性是一个人长期压抑形成的，一旦有点成绩就会为自己找到高兴骄傲的理由。一个人尤其是极为平凡普通的人，生活或许没有什么精彩之处，也没有什么长处或优势，一旦自己在哪一个时间点上比别人强一点，觉得荣光就太正常了。比如，在酒桌上，他的酒量好，别人都不如他，他就能从中找到让自己虚荣的理由。酒量大的人嗓门高，为什么会嗓门高？就是有酒量，比别人厉害有本事，有理由为自己感到自豪一回。日常生活中，人们习惯叫人的官职，官职代表荣誉与地位，人家乐意听。公共汽车上，上来一个局长，你叫他一下，他感到自己有面子，别人都向他投以羡慕的目光，他就更感到自己非常了不起。不要说自己有钱有势感到荣光，就连自己认识有钱有势的人也能感到无比荣光。一个人的虚荣，是处于弱势地位所引发的。

人的不相容性使本来一个整体处于隐藏矛盾危机的分散状态，被表面的和谐所掩盖，当某个人发生困难的时候，很难得到他人伸出的援手与帮助。夫妻之间的不相容，因一点小事吵架，吵架后发现找错了对象，容忍不了对方，生活过不下去，选择离婚，在社会生活中十分普遍。一个单位同级或上下级之间不相容性表现在权力的争斗，表面的和气下潜伏着相互算计或猜疑的危机。上级对下级的批评指责与下级对上级的怨恨，不和谐的现象在各个单位各个领域广泛存在。不相容性，只要有人群相处的地方就会存在。比如集会或集市上，因口角或一点小利就打架斗殴的事经常发生。在现实生活中，或许因你多看了我女朋友一眼有起色念，或许我发了一点小财你看得很不舒服，或许你的官当得比我高半级神气活现，或许我日子比你过得宽裕一些起嫉妒心等，这都是社会生活中不相容的表现。人与人相处，动不动就比，比个高下，就是容不下对方。

人的贪婪性是致命的人性弱点，直接导致命运的改变，或有牢狱之灾，或成为历史的罪人。人不能知足，贪婪便永远无止境。老子曰：少私寡欲，见素抱朴。两千五百多年过去了，可有谁听进去了？知法犯法的人由于贪婪无度而损公肥私，掠夺人民财富，最后葬送自己的前程。人没有当官之前，总希望自己有个科长当就好，当了科长就想处长，当了处长又不满足，又想当厅长，当了厅长以后再努力一把想当个省长该有多好。欲望没有满足，贪婪没有止境，就会不择手段地行贿受贿，违法乱纪，丧失道德的底线，最后落得身败名裂的下场。人有钱希望更有钱，一百万不算少，一千万不算多，有几个亿也不满足。钱从哪儿来？不诚实劳动不遵守道德，只有犯法一条路可走，就不顾一切地铤而走险。不懂因果报应，不管自己以后的命运，违反道德违法乱纪的行为，迟早都会受到惩罚的。人的贪婪就是越过度的防线，自己的东西想要是合理的，不是自己的东西想要就是违法的，这简单的道理很多人是知而不行，最后伤害的还是自己。老子曰：吾言甚易知，甚易行；天下人莫能知，莫能行。

人性的弱点归根于人的自私，由于自私，财富不能与人分享，只想独食；由于自私，天平就失去了平衡，矛盾频繁地发生。由于自私，破坏了社会公正，阻碍了社会和谐发展。人有时总责怪命运的不公，或对社会失望，就没有反思过自己为社会做过什么贡献，有没有付出；没有付出，就想轻易地得到回报，这也是自私的表现。其实，人生最高的境界就是战胜自我，克服自私，改变自己，享受快乐的人生。要想改变他人，就一定先要改变自己；自己都改变不了自己，又如何去改变他人？没有付出就永远没有回报。优秀的品德，不是自己给自己的评价，而是他人对你无私品格的感动与崇敬。

第十二章　去彼取此

　　五色令人目盲，五音令人耳聋，五味令人口爽。驰骋畋猎，令人心发狂；难得之货，令人行妨。是以圣人为腹不为目，故去彼取此。

〔字句解析〕

　　五色令人目盲。五色，指多彩的花色或多姿的男男女女。令人，使人。目盲，眼花缭乱。解读：在社会生活中，五颜六色总是吸引人们的目光，让人们流连忘返，目不暇接，迷恋其中眼花缭乱而分不清颜色，尤其是青春多姿的男女们，更使人们难以抵制其美丽的诱惑而丧失良心与道德。

　　五音令人耳聋。五音，指优美的音乐或娱乐节目。令人，使人。耳聋，听不清或沉浸于优美的音乐之中，过着两耳不闻窗外事的纸醉金迷生活。解读：人们尤其指皇家贵族们整日沉浸在优美的音乐之中，欣赏娱乐节目，过着富丽豪华的生活，听不见百姓的呼唤，看不见百姓的疾苦。

　　五味令人口爽。五味，丰盛的菜肴。令人，使人。口爽，味道鲜美。解读：丰盛的菜肴，使人们尤其是皇家贵族们垂涎欲滴，味道鲜美却不理睬百姓的饥寒交迫。

驰骋畋猎，令人心发狂。驰骋，奔跑。畋猎，田野上打猎。令人，使人。心发狂，心潮澎湃或激动不已。解读：人们尤其是皇家贵族在田野上打猎，喝彩声、欢呼声此起彼伏，其场景使人激动不已、心潮澎湃。

难得之货，令人行妨。难得，贵重。货，物品。令人，使人。行妨，抵制不住诱惑。解读：贵重的物品，在现实生活中总是人们追逐的目标，所以人们难以抵制其诱惑而陷入其中不能自拔。

是以圣人为腹不为目，故去彼取此。是以，凡是。圣人，德高望重之人。腹，肚子。目，眼睛。故，所以。去彼取此，舍去这个推崇那个。解读：凡是圣人都是生活至简，一日三餐，素食淡饭，而不会去追求类似美色情调鲜美等感官刺激。所以，圣人要求自己舍去荣华富贵，推崇少私寡欲，生活简朴，为广大民众的幸福生活而鞠躬尽瘁。

〔要点综述〕

老子为什么要写这一章，其中的意图十分明显。在当时的社会状态下，谁能达到像目盲耳聋口爽这样高层次的生活？那就只有侯王贵族们。侯王贵族们三妻四妾，珠光宝气，听音乐、喝酒、打猎等，享受着骄奢淫逸养尊处优的生活，而生活在底层的普通百姓却食不果腹衣不遮体。面对社会这种极不公平的现象，老子只有奋笔疾书了。

关于"腹"的解读，有的译注是类似"满腹诗书"或"腹生丹气"等角度不同的解释，但单纯从本章的内容上讲，"腹"应该是指生活简朴，素食淡饭满足肚子的要求即可。"腹"所对应的"目"是指人通过眼睛对物质视觉所产生的感官刺激，并非是指文化或修身方面。在物质上，圣人的要求是简单的，不会为自己的富足而考虑，更多是在精神上的追求，为广大民众服务才是终极目标。五色、五音、五味都是泛指，当然也可以解读成五种颜色、五个音符、五种味道，但不改老子泛指的意图。

一方面，老子对侯王贵族们的生活极为不满，但又无可奈何；另一方面，老子又没有能力救百姓于危难之中，社会的两极分化无法解决，只好借助于文字来警示侯王贵族或警告以后的人们。在现实生活中，人们对财富的追求如同驰骋畋猎，令人心发狂；难得之货，令人行妨。人们陷于感官刺激之中，利令智昏，物欲横流，却不知罗绮千箱，只有一暖；美味万千，只是一饱。人生之短，过眼烟云，从哪儿来，又回哪儿去，终究是荒土与野草相伴。如果像圣人一样为广大民众服务，还能留个美名在人间。

[热点话题]

关于《道德经》问世之谜的探讨

有关《道德经》问世之谜的探讨或争论在学术界沸沸扬扬，各路学者纷纷登台阐述己见。有文字与版本的考证，有怀疑《道德经》不是老子一个人完成的，还有通行本、帛书本、郭店本等争论溯源的问题。诸多问题不清不解，对《道德经》正本清源会产生不利的影响。

一、《道德经》是一部完整的文学巨著

老子自幼受名师指点、学习勤奋、善于思考，长大后任守藏史，通晓前人圣贤的智慧，又任柱下史，见证了权力相斗利益相争带给民众的疾苦，其独特阅历与文化沉淀无数次碰撞出灵感的火花，激发出卓越的智慧，书写出人类历史上最伟大的作品《道德经》。以道德为中心，用散文诗歌的形式阐述与憧憬

人类社会的理想蓝图，其哲学思维的完整与语言结构的严谨，是老子在"致虚极守静笃"的静悟中创作出的，达到了无人能及的哲学高度与文学深度，是一部完整的文学巨著，所以说《道德经》是老子个人的独创智慧。学术界有人质疑《道德经》是由老聃、老莱子、太史儋三人合著而成是不成立的，三个人不可能拥有同一的文化内涵、同一的文化功底，就不可能完成同一篇文学作品，而另一种观点认为，《道德经》是由老子及后来的学者们在历史流变中共同完成的，这种说法则属无稽之谈，后来的学者们没有老子的文化高度，要想改动《道德经》只能是画蛇添足。两千多年以来，后来的学者们无法达到老子的文化高度，只有从文字上浅尝辄止地解读，又怎能理解老子《道德经》文字背后的层层密码？自河上公、王弼到今天的学者对《道德经》进行的译注，并不代表老子的水平，而是反映译注者自身文化素质的高低或自己的学习心得；有的学者连一篇诗歌与散文都写不好，没有深厚的文学功底，更谈不上哲学的高度，对《道德经》错解或误解在所难免，造成了译注的乱象丛生。

二、《道德经》版本的争议不止

从通行本到北大本，除近代学者的版本以外，版本就有十多种，如帛书本、郭店本、清华本等，版本的争议无非是谁更接近老子的原著，其实都是后人的手抄本。通行本与帛书本是争议的热点，但从这两个版本上不难发现都来自同一个母本，是两个手抄本后的改动，都具有相同的特点。如：帛书本第六十六章与通行本第二十四章中都有相同的文字，其意旨表达不清楚：其在道曰。还有帛书本第三十三章与通行本第六十八章也有相同多余的文字"为"：善为士者不武。所以可以判断版本的源头都属于同一个母本，争议没有任何意义，只是后人手抄时的改动而已。

帛书本与通行本的差异很大并不代表更接近老子的原本，而是手抄者的随意篡改，如第五十二章中：上善治水。上善治水如何解？与整章的要义是否一致贯通？只有上善若水才符合老子写五十二章的要旨，把上善若水改成上善治水是手抄者极其不负责的行为。所幸无论是通行本还是帛书本，文字上的改动都没有影响到《道德经》哲学思维与文章结构的完整性，或许是无人能改的缘故。

三、避讳之说要有真凭实据

《道德经》中有些字与帝王的名字相同就要改动，如恒、盈、邦与帝王名字相同则改为常、倾、国，便有了避讳之说，但也不排除有人蓄意篡改。自河上公本起就是非常道，直到帛书本出土的非恒道，便有了非常道与非恒道之别，是什么原因呢？河上公本当时的帝王是刘恒，为了避讳把恒改成常是一种推测，若当成证据是站不住脚的。如果河上公本之前就有人把恒改成常，这种可能性也是存在的。那么这个把恒改成常的人从根本上就没有读懂老子的《道德经》，常与恒是不能替代的，差之毫厘，失之千里，一字之改误解两千多年，造成学术界至今对非常道的定义仍糊涂不清，尤其是对道的解读已经面目全非。

避讳之说成为一种证据，非常道就是非恒道，于是有了恒常的组词，恒常：常常，不变。如果非常道按非恒道去解释倒可以谅解，但却不是，非常道解读：道是能说的但不是一般的道；这里没有恒的影子。非常道是后人改的，非恒道才是正本。

司马迁说：老子出西关，著书上下篇，言道德之意五千余言而去。但不排除老子创作《道德经》之前有过类似《道德经》的心得或札记，比如，两千多字的郭店本就有可能。《道德经》的问世凝聚着老子一生的智慧，是老子无比深厚的文化素养与社会现实无情的交汇与撞击所迸发出的泉涌般的灵感，再以灵感为中心进行章节构思与布局，明确要阐述的对象与宗旨，用或直接或间接的语言完成人类历史上最壮丽最辉煌的诗篇。《道德经》是老子为人类社会发展开出的治世救世良方，从领导到百姓，从修身到做人做事，从宇宙、天地、万物到社会治理，从人与自身、人与人到人与社会、人与自然以及国与国之间的相互关系都描绘出一幅幅美丽的画卷，章章句句的谆谆教诲都闪烁着永恒真理的光辉。

第十三章　宠辱若惊

宠辱若惊，贵大患若身。何谓宠辱若惊？宠为下，得之若惊，失之若惊，是谓宠辱若惊。何谓贵大患若身？吾所以有大患者，为吾有身；及吾无身，吾有何患？故贵以身为天下，若可寄天下；爱以身为天下，若可托天下。

〔字句解析〕

宠辱若惊，贵大患若身。宠，荣誉或成就。辱，平庸或挫折。若惊，惊心或伤心。贵，珍惜。大患，困难或疾病。若身，缠身。解读：如果一个人总是在荣誉中骄傲，在挫折中懊恼，患得患失，心神不宁，一旦困难或疾病缠身时，才觉得生命的珍贵。

何谓宠辱若惊？宠为下，得之若惊，失之若惊，是谓宠辱若惊。何谓，什么是。宠为下，上级对下级的表扬或褒奖为宠。得，成绩或荣誉等。失，失败或挫折等。解读：什么是宠辱若惊？宠是上级对下级的褒奖或偏爱，使下级感到荣幸，如上级对下级的提拔重用，使下级受宠若惊；如果下级没有受到上级的肯定反而受到批评与指责，同样会遭受耻辱或失败的打击。这就是得之高兴，失之伤心，两者都让人心惊肉跳，对人的自身产生不利影响甚至伤害。

何谓贵大患若身？吾所以有大患者，为吾有身；及吾无身，吾有何患？何谓，什么是。贵，珍贵。大患，困难或疾病。吾，我自己。有身，有私心。无身，无私心。解读：为什么会遭受困难挫折或疾病缠身，是因为我自己的私心太重；如果我没有私心，那我就不会有什么困难挫折或疾病缠身了；当困难或疾病的发生威胁到生命，才觉得生命的珍贵。

故贵以身为天下，若可寄天下。故，所以。贵以身，像珍爱自己的身体一样。为天下，治理天下。若可，就可以。寄，寄存，这里指一段时间的暂时管理。解读：所以说如果像珍爱自己的身体一样去治理天下，天下事务可以让你暂时管理一下。

爱以身为天下，若可托天下。爱以身，像爱惜自己的身体一样。为天下，治理天下。托，委托。解读：像爱惜自己的身体一样去治理天下，天下事务就可以放心委托给你管理了。

〔要点综述〕

春秋时期，社会分化与等级十分明显，人的名利得失是衡量人生价值的重要尺度。或腰缠万贯，或家徒四壁，或流离失所，人虽然都是人，却有天壤之别。所以说，人生的悲欢离合艰难曲折都是人类自身设计的。人总是在得失之间，不能控制自己，或贪得无厌，或怨天尤人，一生都处在惊心与伤心之中，长此以往，必将有大患，或困难重重，或大病缠身，人生的每一步都是自己精心设计的。昨日之因，今日之果。其实每一个人都有自己的本身之道，该怎么走，自己心里要有方向与目标。

关于本章"大患"的解读，除了困难挫折之外，生病或重病的意思更贴近老子的原意，老子眼睛所看到的人们奔波劳碌得失之后最后是疾病而终。"宠辱若惊，贵大患若身"这句话中，前为因，后为果。得之若惊失之若惊是因，导致大患若身是果，有因才有果。"宠为下"的意思是下级受到上级的褒奖或表扬，即为宠爱。宠，受宠者实际上是地位低下之人。在当时的等级社会中，人有三六九等，都在追名逐利中赛跑与争夺，能够得到上级的赞誉是何等的荣幸。那么在争名夺利中的失败者，则是垂头丧气，觉得耻辱地生活在暗无天日之中。人生迷茫，该如何度过？老子曰：及吾无身，吾有何患？这就是说人生如果放弃私心杂念，放弃功名利禄，那么你的人生就会一帆风顺，一生平安幸福。再进一步讲，如果你能做到贵以身为天下，就可以有管理天下的资格；如果你爱以身为天下，则可以把天下交给你治理了。这当然是老子所寄托的一个梦想。贵以身与爱以身，相对应为寄天下与托天下，是一种递进关系，显然是说给侯王或君王听的。老子的哲学思维，在《道德经》中处处清晰可见。

[热点话题]

我的 2017

2017 年的最后一天，我坐在桌旁写本章话题，却不知写些什么，灵感不像往日一样泉涌而出，或许是感叹时间的无情，理想仍在梦中，或许是还没有看清未来前行的方向。无论如何，只要坚持再坚持，理想就会靠近一点，即使理想很遥远。

正本清源《道德经》公益课堂开讲以来，我收获了很多，一是对《道德经》再次解读，更加通俗易懂，贴近生活实际，许多网友听后给予肯定。二是我自己的语言水平提高很快，与厦门大学学生们一起交流效果很好。这一年以来，虽然没有取得什么成绩，但对我个人来说，充实而快乐。从传播的效果来说，网上可能没有多大的效果。尽管群里有不少人，但收听的人不多，点评的人更少。线下的传播更艰难，个人力量的推广，没有单位或社会的支持，寸步维艰。任何事情都是不历风雨，不见彩虹，只有努力，不问前程，继续前行。

一个人的力量是渺小的，能够做一点力所能及的事而且把它做好，就是最大的成就。在这个世界上，不要把自己看得太重，更不要以为自己多么了不起，千万不能目中无人，把自己看成伟人。即使没有你，世界照样运转；即使没有你，太阳依然灿烂。《道德经》译注，两千五百多年以来，误解错解又能如何，与社会的发展进程关系不大。当今世界格局仍然在冲突与对抗中，丝毫没有影响到春夏秋冬日月运行周而复始的脚步。人在地球上是渺小的，地球在太阳系中是渺小的，太阳系在宇宙中是渺小的。所以说，人生一世，数十个秋冬，何必在得失上斤斤计较，何必要冤冤相报？

人虽然是渺小的，但能为社会奉献自己的一份力量就是伟大的。有的人不仅不为社会奉献，反而危害社会，损害广大民众的利益，这样的人就一文不值了。在我们的社会生活中，甚至在整个世界上，如果每一个人都能够为社会、为世界奉献自己的力量，千万人力量汇聚起来就是伟大的，和谐的世界、幸福的生活就会到来。两千五百年前，老子就是这样想的，我今天只不过再重复一次。

正本清源《道德经》高峰论坛的召开是中国文化乃至世界文化历史上的一件大事，是《道德经》文化发展史上的里程碑。这不是我一个人的梦想，期待2018 年及未来更长时间内能够实现。老子曰：慎终如始，则无败事。坚持是人生实现梦想的唯一选择。

第十四章　是谓道纪

视之不见，名曰微；听之不闻，名曰希；搏之不得，名曰夷。此三者不可致诘，故混而为一。其上不皦，其下不昧；绳绳兮不可名，复归于无物。是谓无状之状，无物之象，是谓惚恍。迎之不见其首，随之不见其后。执古之道，以御今之有。能知古始，是谓道纪。

[字句解析]

视之不见，名曰微。视，观察或注视。不见，没有看见。名曰，可以说。微，微弱模糊。解读：道在努力的注视观察中，却什么都没有看到，可以说微弱模糊。

听之不闻，名曰希。听，耳听或倾听。不闻，没有声响。名曰，可以说。希，声音稀少。解读：道在寂静中仔细倾听，却听不到任何声音，可以说声音稀少或近似没有。

搏之不得，名曰夷。搏，寻找或捕获。不得，没有收获。名曰，可以说。

夷，远而无边。解读：道始终无法捕获与寻找，没有一点收获，可以说极其深远而无边。

此三者不可致诘，故混而为一。此三者，以上三点。致诘，追问或究竟。故，所以。混，统称。一，道体。解读：以上三点，用不着去刻意地追问探究出一个物形或结果，所以统称为一，即道体运行规律所表现的特点或状态。

其上不徼，其下不昧；绳绳兮不可名，复归于无物。其上，往上看。徼，边际或边界。其下，往下看。昧，模糊或愚昧。绳绳，捉摸不定。名，命名。复，回归。无物，什么都没有。解读：道如果往上探究，仿佛没有边际，往下探究，仿佛又不模糊，捉摸不定很难命名，最终还是回归到仿佛什么状都不像，什么物都没有。

是谓无状之状，无物之象，是谓惚恍。是谓，所以。无状，没有形状。无物，没有物形。惚恍，糊涂又清楚。解读：所以说道还是没有形状的状态，没有物形之象，所以说一会儿糊涂一会儿清楚。

迎之不见其首，随之不见其后。迎，从前往后看。首，眉目。随，从后往前看。后，影子。解读：从前往后看，不见道的眉目，从后往前看，也不见道的影子。

执古之道，以御今之有。能知古始，是谓道纪。执，秉持。古之道，古时沿续下来的道，指优良的传统或规则。以御，用于。今之有，今之用。能知，知道。古始，远古万物的演化及其规律。是谓，所以。道纪，道的主旨与纲领。解读：道从远古而来，其优良的传统与规则，对今天的社会生活有很强的指导意义，可以从中领悟出远古万物的演化及其规律，所以说一定要明白万物之道的主旨与纲领。

〔要点综述〕

道从遥远的远古而来，又奔向遥远的未来，是宇宙的起源，又生育万物，它到底是个什么样子？视之不见，听之不闻，搏之不得，却能真实地感觉到它的存在。其实老子在这一章中用微、希、夷来形容道的运行状态与存在形式，已经能够听到、看到、搏到道的轮廓或模样。为什么这样分析呢？微、希、夷的内涵是微弱、稀少、深远，是"有"的范畴，而不是指没有或处于一种"无"的状态。只是这种"有"迎之不见其首，随之不见其后，不代表一点都没有。所以说，老子不是一般的人，他以超越的智慧，洞察道的存在以无状之状无物之象的真实客观性，却又捉摸不定，只能说是复归于无物，这里的"物"是指有象之物。

道是以一种虚无的形式存在，实际上是物质世界里阴阳两性中的阴性物质。阴性物质就是无形无状，无物之象，是一种信息或以能量的形式存在。所以说在三维空间的阳性物质世界里，人类对阴性物质是无法感知的。老子其实已经发现另外一个三维空间的阴性物质世界，而这个阴性物质是通过阳性物质来展现它的存在。万物之所以千差万别各有各的特点，其实是以一种阴性物质通过阳性物质来展示其灵性与特点。

如果说阴性物质就是目前科学发现的暗物质，那么老子在两千五百多年前，就已经发现暗物质的存在，而这种暗物质很可能是道的存在形式。道以事物生长发展的规律而展现其无穷的魅力，而这个规律的未来走向是通过可道的足迹，捕获到一种信息的预测或某种迹象，来判断未来非恒道的运行轨迹与方向。

〔答疑解惑〕

老子的思想是永不熄灭的明灯

在人类社会的历史长河中，老子的思想无疑是永不熄灭的明灯，为人类社会的和谐发展指明了前行的方向。《道德经》的伟大智慧以前无古人后无来者的唯一性屹立在灿烂的世界文化殿堂之上。

老子先天聪明超人，自幼年勤奋好学，经名师指导，长大后一心传播道德之学，历尽风雨，任守藏史通读天下奇书，又被重用任柱下史，熟知天下风云变幻，通晓万物生长发展规律，集前人智慧于一身，领悟道德之真谛。唯有道德之学普及于人类社会，才是人类社会和平共享发展之根本。

自汉代以来，学者们就一直使用"非常道"来解读《道德经》，这其中就包括王弼、河上公、憨山大师，当代的国学大师们都在用"非常道"的版本来解读《道德经》，却不知混淆了道的概念，使人们看不清道的运行轨迹与前行的方向，对《道德经》的传播带来极其严重的不利影响，导致脱离广大民众的现实生活，成为少数人研究的文化古董。据统计，在德国每五个人就有一部《道德经》，是最热销的书之一；然而，中国作为《道德经》的诞生地，这本书却没有走进千家万户，普通百姓对《道德经》更是陌生或根本就不读或读不懂。

《道德经》以高远的哲学思维、深厚的文学底蕴、强烈的民本思想，赢得世界人民的爱戴与尊重。一些国家的元首、政治名人及著名学者都纷纷引用《道德经》的章句，给予高度的评价。老子在世界文化学者的排名中始终在第一位。

然而，《道德经》译注五花八门，乱象丛生，不仅章句文字不同，相同的章句其译注也不相同，尤其是网上对《道德经》的解读，更是极为不负责，错解乱解现象令人担忧。相同的章句，却有不同的译注，会给《道德经》的传播与弘扬带来极为不利的影响，所以说《道德经》正本清源是一切研究学者与爱好者不可推卸的责任与使命。

第十五章　微眇玄通

　　古之善为道者，微眇玄通，深不可识。夫唯不可识，故强为之容：豫兮若冬涉川，犹兮若畏四邻，俨兮其若客，涣兮其若凌释，敦兮其若朴，旷兮其若谷，混兮其若浊。孰能浊以静之徐清？孰能安以动之徐生？保此道者，不欲盈；夫唯不盈，故能敝而新成。

〔字句解析〕

　　古之善为道者，微眇玄通，深不可识。古之，古时候。善，顺应自然的能力。道者，圣人或尊道贵德之人。微眇，言行适当。玄通，相生相容。深，高深。不可识，难以辨识。解读：古时候德高望重的圣人，一言一行都恰好适当或微妙细致，而且做人做事善于相生相容；他的思想高深莫测，理想远大，仿佛让人难以感觉或辨识出他到底是个什么样的人。

　　夫唯不可识，故强为之容。夫，你或圣人，可双解。唯，只有。不可识，难以辨认。故，所以。强为，勉强。容，模样。解读：圣人的行为习惯或高尚

81

品格难以辨认捉摸，所以只有勉强来形容一下他的模样。

豫兮若冬涉川。豫，小心谨慎。若，如。涉川，过河。解读：冬天的河水结冰，圣人做事做人就像冬天过河一样小心谨慎。

犹兮若畏四邻。犹，迟疑不决。若，如。畏，生怕。四邻，邻居。解读：圣人在管理社会事务时，有时候行为会迟疑不决，生怕影响或损害到周围邻居的利益。

俨兮其若客。俨，严肃。若，如。客，客人。解读：圣人处理社会事务或与人相处，像客人一样严肃认真。

涣兮其若凌释。涣，娱乐或社交活动。若，如。凌释，冰化消融。解读：圣人与民众一起参加社会活动纯朴可爱，就像是冰化消融一样自然流淌。

敦兮其若朴。敦，老实。若，如。朴，朴素。解读：圣人在社会生活中处理问题敦厚老实，如同婴儿一样朴素纯洁。

旷兮其若谷。旷，博大。若，如。谷，宽广深远。解读：圣人面对困难挫折或复杂的社会事务或矛盾胸怀博大，如山谷一样宽广深远。

混兮其若浊。混，糊涂。若，如。浊，是非不分。解读：圣人有时候与民众相处装糊涂，处理问题好像是非不分的样子，其实心里很清楚。

孰能浊以静之徐清？孰能，谁能。浊，指复杂的社会事务或现实。静，冷静。徐，慢慢地或有条不紊。清，自身洁白。解读：谁能在复杂的社会事务或现实中，保持冷静的人生态度，有条不紊或慢慢地追求自己的人生理想，护自身洁白，处红尘而不染。

孰能安以动之徐生？孰能，谁能。安，生活安宁。动，追求事业。徐，有条不紊或慢慢地。生，生机勃勃。解读：谁能在追求生活安宁的同时，又不断追求自己的事业，有条不紊、慢慢地使自身生活充满生机与活力。

保此道者，不欲盈。保，守护或坚持。道者，圣人。不欲盈，不能太圆满。解读：在复杂的社会现实中，能够像圣人一样，处红尘而不染，又能实现自己的伟大理想，就要时时刻刻地保持均衡的动力，不能急功近利，不能追求超越自己能力之外所谓的圆满。

夫唯不盈，故能敝而新成。夫，你或圣人，可双解。唯，只有。不盈，保持恒力。故，所以。敝，旧事物。新成，新的事物或成果。解读：圣人在处理社会事务时，只有坚定理想信念，保持恒久的动力，克服困难，才能够在各行各业中继承、创新与发展，取得新成就。

〔要点综述〕

关于圣人（道者）的性格特点，老子从七个方面进行阐述，以便人们对一个人的好坏进行对照与判断。人是人非，坐在你对面的人好坏不清，或上当受骗，或错失交友良机，难以判断。在现实生活中，各种各样的人都有，要识别起来的确不容易，尤其是对方说辞中的真真假假实在难以分辨。有的人伪装得很好，说话看起来和气谦虚，彬彬有礼，想与你成为真心朋友，骗取你的信任，一旦发现你没有什么利用价值或捞不到好处，便傲慢无礼，放你鸽子，让你不知所措。有的人做事容易冲动，不计后果，不顾他人感受，为了自身的富贵巧取豪夺而损害别人的利益。有的人利用手中的权力，到处伸手，以关照关心为名，要利要钱，大搞金钱交易，贪污腐败。有的人利用手中金钱，恣意哄抬物价，低买高卖，扰乱市场秩序，实际上是掠夺社会资源与财富的行为表现。有的人口若悬河，谎言脱口而出，无中生有，豪言壮语，不知天高地厚。有的人趋炎附势，嫌贫爱富，自己看不起自己，低三下四，没有一点尊严。有的人狂妄，有的人自大，有的人自卑，有的人虚伪……形形色色的人无处不有，无时不在。有的人做坏事没有做不到的，只有你想不到的，总是在你的意料之外。有的人做好事却总是默默无闻，地位不高甚至是最普通的人，却很伟大。不管什么样的人，如果与老子说的圣人七种性格特点不相符合，就要谨慎小心。把老子说的话当成一面镜子，对现实生活有很强的指导意义。

世界上的人千差万别，千种万种，各有各的打算与目的，但你自己是什么样的人一定要清楚。如果你连自己都不清楚是什么样的人，说明你从来没有检查自己、反思自己的人生。你与什么样的人相处，你就是什么样的人。你是一个成天赌博的人，身边的朋友就是赌友，希望赌友成为你的真心朋友是不现实的。你是一个自私自利的人，身边的朋友也一定是自私自利的，希望一个自私自利的人成为你的真心朋友，是一个梦想。你对别人不是真心，别人对你也不可能真心。你对别人真心，别人也有可能对你不真心。鉴别人的好坏最简单的方法，就是看一个人有没有私心，有没有牺牲自身利益的勇气与格局。

［答疑解惑］

老子眼中的圣人

在《道德经》中多次提到"圣人"这个名词，老子如何定义圣人的概念？老子曰：是以圣人居无为之事，行不言之教。凡是按照自然规律去努力而为，用自己的行动、高尚的品德去感化他人的人，都可以称为圣人。老子又曰：是以圣人去甚、去奢、去泰。凡是生活简朴、勤劳善良、少私寡欲的人也可以称为圣人。所以说，圣人的概念不一定就是指高层领导或侯王，也可以指普通的领导或民众。在社会生活中，只要你起带头作用，品德高尚，一心一意为民众服务就是圣人。老子曰：圣人恒无心，以百姓之心为心。无论哪一个人或领导或民众，只要你以百姓之心为心，就是圣人。

每一个人都能够成为圣人，关键是看你是否为民众服务，是否有优秀的道德品质。如果你位高权重却自私自利，一心为自己升官发财，那么不仅不是圣人，而且是腐败分子，是小人或社会的蛀虫。如果你是一个村长，官虽然很小，但总是为百姓办事，为民众排忧解难，大公无私，带领村民走向幸福的生活，那么你可以称为圣人。老子曰：是以圣人处上而民不重，处前而民不害。

当然，老子眼中的圣人主要指领导干部尤其是高层或更高层的领导干部，不仅要有德，也要有才，如果没有才就没有服务百姓的能力，在困难或挫折面前不能把握道的运行方向，无法战胜一切艰难险阻，为百姓谋求幸福。老子曰：受国之垢是谓社稷主，受国不祥是谓天下王。人的才能可大可小，但一定要有德，如果没有德则不能成为圣人，德比才更加重要，有才没有德的人更危险更可怕，如果领导干部没有德，就会与民相争，危害社会。

在社会生活中，尤其是有钱的大佬们，频频出现在报纸或电视上，看得出他们的脸上充满自信与自傲，对自己的创业过程津津乐道，自己是多么的有眼见有胆识，克服过多少艰难曲折，通过实践证明他是世界上最聪明的人、最成功的人，却从来不说他为广大民众做过多少好事或奉献过什么，这样的人绝对不是圣人。在现实生活中，有钱的人算是有成就的人，被人追捧与羡慕是一种社会现象，如果说是圣人，就要看他的道德素质如何。历史上有钱的人很多，如果是损害广大民众的利益而获得财富，那么再有钱也没有人会喜欢，还有可能受到道德的谴责与法律的制裁。圣人不是名人，更不是有权有钱人，但一定是有道德的人。

有的人成功了，是一个人的成功。有的人有钱，是一个人的财富。有的人有权，却不为民众服务，迟早会失去的。有的人默默无闻，却为民众奉献了一生，这样的人即使是环卫工人，也可以称为圣人。所以说，圣人不是指官的大小，不是指钱的多少，而是指你是否有一颗为广大民众服务的心与奉献精神。如果你是为人民服务的人，人民不会忘记你。老子曰：生而不有，为而不恃，长而不宰，是谓玄德。玄德实际上是指圣人的高尚品格。圣人之道，为而不争，这就是老子眼中的圣人。不是圣人，你到底是一个什么样的人？

第十六章　知常曰明

致虚极，守静笃；万物并作，吾以观复；夫物芸芸，各复归其根。归根曰静，静曰复命。复命曰常，知常曰明。不知常，妄作凶。知常容，容乃公，公乃全，全乃天，天乃道，道乃久，没身不殆。

[字句解析]

致虚极，守静笃。致，进入或到达。虚，空无。极，至极。守，坚守。静，静穆。笃，深沉持久。解读：探寻与掌握事物发展的规律，人的思维活动一定要进入或到达一种空无至极的状态，而且要驱除一切私心杂念，坚守一种静穆持久的思索，方可领悟其中的真理。

万物并作，吾以观复。万物，自然界的一切物体。并作，并行不悖。吾，指老子或思维主体。观，观察。复，循环往复。解读：当你驱除一切杂念进入禅定时，久而久之，你会领悟到万物并行不悖，相生相长，循环往复，和谐繁荣，与世不争之真理。

夫物芸芸，各复归其根。夫物，万物。芸芸，繁荣昌盛。各，各种各样的万物。复，回归或复还。根，轮回的原点。解读：万物繁荣昌盛的景象，成熟以后，结下种子，各自回归又重新开始新的生命轮回。

归根曰静，静曰复命。归根，回归到种子的状态。静，萌芽期。复命，新的生命。解读：万物轮回都要回到生命最初的原点，叶落归根，在天地的怀抱之中萌芽与孕育，重新焕发出新的生命。

复命曰常，知常曰明。复命，新的生命。常，自然常态或规律。知，知道或懂得。明，原理或规律。解读：自然界的万物循环往复是生命不断轮回的自然常态，只有了解或掌握其中的运行规律，才能明白万物为什么有如此繁荣昌盛的景象。

不知常，妄作凶。不知，不知道或不了解。常，运行规律或常态。妄，乱为或主观作为。凶，灾害。解读：如果不懂得自然万物的运行规律，恣意妄为，就会带来灾害。

知常容，容乃公，公乃全，全乃天，天乃道，道乃久，没身不殆。知，掌握或懂得。容，容纳或包容。公，公平或平等。全，万物或品种齐全。天，世界万物于同一天空。道，自然规律。久，长久。殆，停止或消亡。解读：掌握万物的自然常态及生长发展规律，就是万物之间的相容相生，相容相生的原则是公正平等，只有公正平等才有万物的繁荣与和谐共生；万物生长发展共同拥有一方天空，天下万物的共生共荣才是天道。只有按照自然规律之道，方可永生永远，世界万物就可以生生不息，永不停止。

〔要点综述〕

关于生命的轮回，这一章说得清楚明白，世界万物都是这样循环往复的，才有当今世界的丰富与灿烂。无论是植物，还是动物，都是一代接一代，岁岁年年，构成漫长的岁月长河。

然而在社会生活中，因浮躁与欲望，人们往往在探寻事物发展规律时迷失方向，沉浸在得失之间，纠缠在美色之中，争斗在利益之上。人生易老，弹指一挥间，多少人消失在历史的尘埃之中。人类社会发展至今，多数人口仍然在贫穷线上徘徊，贫富差距、相互争斗、武装冲突等仍存在，人类社会通向和平之道，努力仍在路上。

致虚极，守静笃，老子要求人们探寻事物的规律一定要在无私无欲虚极静穆即禅定之中坚持不懈地努力，如此方可发现其中的真理。知常容，容乃公，公乃全，全乃天，天乃道，道乃久，没身不殆。这虽然说的是自然万物的生长发展，但老子的真正意图是希望人类社会也像自然万物一样相容相生，并行不悖，相互支持，共创共享，赢得人类世界的永久和平。

大道与天地同存，道法自然，人类社会应该在相互平等的基础上制定法律法规，建立公正公开公平的社会财富分配体系，实现人人平等、天下为公的和谐社会。

本章中有的版本是"公乃王"，王是一个特指概念，如侯王或君王，是少数群体；而"公乃全"，全是指包含人类在内所有万物的概念，符合"全乃天，天乃道"的逻辑推理，应该是老子的本意。"公乃王"，有意拔高王的地位，或许是等级思维下的产物。

〔热点话题〕

关于科学之我见

不是一种发明就叫科学，也不是一项技术比别人先进就称为科学，更不是一种威猛的武器就是科学。科学是一种生产力，是代表广大民众利益，为人类社会服务，改造自然的方法与技术，有利于提高社会生活的质量与幸福感；而一切违背广大民众的意志、损害广大民众利益的技术发明都是伪科学。科学的概念是动态的，不是一成不变的，会随着时空的变化与使用者角色的转换而发生质的改变，始终围绕服务于广大民众这个主题，是判断科学与否的依据。

一项技术的发明其本身没有是非之分，使用者不同决定角色不同，性质不同，科学的概念也随之发生改变。一项技术的发明是否科学，除了技术本身的先进与否外，还有使用者对这项技术合理化的应用。构成科学概念的两大因素，一是技术本身的先进与否；二是使用者利益取向是否符合广大民众的意志。

老子曰：夫兵者不祥之器，物或恶之，故有道者不处；又曰：是以圣人处上而民不重，处前而民不害。老子以民为重以民为先的大道思想正是《道德经》的灵魂，可以作为判断科学属性的重要理论依据。科学是人们通过自身的努力或多人共同合作研究发明的有利于广大民众生活条件改善、生活幸福的创造性成果。科学成果是社会发展过程中以人民利益为主体之道的完美创造与终极体现，道的人民性是科学发展中的灵魂。

第十七章　功成事遂

太上，不知有之；其次，亲而誉之；其次，畏之；其次，侮之。信不足焉，有不信矣。悠兮其贵言。功成事遂，百姓皆谓我自然。

[字句解析]

太上，不知有之。太上，指最高层领导或帝王。不知有，不太了解或不太清楚。之，指民众。解读：最高层领导对民众生活或民情不了解，对民众所思所想所盼不太清楚。或解读：民众不清楚最高层领导是谁，对其行为或外貌都不太了解或民众对最高层领导的品格不清楚。

其次，亲而誉之。其次，是指与太上相比低一级的官员。解读：这级官员有机会与民众接触，体察民情时相对较为和蔼可亲，对民众时而亲之，时而誉之。或解读：这级官员处理民众的问题时常客观公正，所以会受到民众的亲近与赞誉。

其次，畏之。其次，指与上面的官员相比又低一级的官员。解读：这级官员与民众接触较多，对民众通常是不理不睬，高傲自大，盛气凌人，民众见到这级官员时常会感到畏惧。

其次，侮之。其次，指与上面的官员相比更低一级的基层官员。解读：这级基层官员经常与民众接触，侮辱民众，欺负民众，或打或骂，民众深受其苦，敢怒不敢言。

信不足焉，有不信矣。信，诚信。不足，不讲诚信。解读：在当时的社会生活中普遍存在着不守信用、不讲诚信的现象，所以，经常会发生没有诚信的事件，社会矛盾的产生就是从没有诚信开始的。

悠兮其贵言。悠，放松或轻闲或减少。其，指领导阶层。贵言，少言或宝贵的意见。解读：领导阶层应该放手让民众发挥自己的才能，遵从民众的意愿，尽量少干预，少发号施令，更不能指鹿为马。

功成事遂，百姓皆谓我自然。百姓，民众。皆谓，都说是。我，多解，倾向于指有所成就的人，或指圣人或指老子自己。解读：圣人做事做人以民众为先，无私无欲，功成事遂，百姓都知道是圣人遵循道法自然自然而然努力的结果。

〔要点综述〕

这章解读与很多译本的解读切入的角度不同，所得出的结论当然不同。《道德经》中存在一章多解，角度不同，一字多义都是正常的。在文学中，尤其在诗歌中，多种意境并存是诗歌的魅力。这一章中老子或许就是要表达多种意境，给人思考。在"太上"之后，接着用了三个其次，应是指官员的等级之分，四个级别，其实还有一级就是信不足焉，有不信矣，这一级是指百姓阶层。老子所处的时期，社会生活中阶层划分大概有五个级别。在当时的社会，由于信息相当落后，最高层领导是谁，百姓当然不知道。其次一级官员会到基层中走访，考察民情时处理问题相对客观公正，或会解决一些民众的实际困难，尤其是民众的冤假错案，有时会得到纠正，容易受到民众的亲近与赞誉。或这级官员对民众时而亲之，时而誉之。再其次的官员府难进、脸难看、事难办，民众感觉到畏惧与害怕。接下来这一级官员经常性地侮辱民众，欺负民众，蛮横无理，或打或骂，民众深受其害。最后一级就是民众本身，在基层民众中经常会发生诚信问题，没有诚信是社会生活中普遍存在的大问题。针对当时的社会状况，老子从上到下分析总结出五个层次的人群，阐述了当时的社会现实中普遍存在的矛盾，指出了道法自然的重要性。

功成事遂，百姓皆谓我自然，是一个假设句，阐明如果一个人想要取得成功，心想事成，就必须遵循客观规律。更通俗地理解，你去采访一个有成就的人，问他有什么成功的秘诀，他就回答说：道法自然，我是按照自然规律努力去做的。实际上，老子所指的自然是顺应民意为民众服务的品格。

从当时的社会结构分析，太上不知晓或不了解民众的艰难与困苦是客观事实，之当民众解，"不知有之"，方为原本。有的版本为"下知有之"，故不宜。

[答疑解惑]

《道德经》中的文学体系

《道德经》是人类历史上最长最优美的散文诗，围绕道与德进行展开，阐述万物的起源、生长、发展及人类社会治国理政的普遍性规律，所展现的文学手法之多之美，是任何文学作品都无法相比的。在两千五百多年前，老子杰出的文学才华，超越古今，令人叹为观止。

一、《道德经》以诗歌的形式，又是散文体，分出八十一章节，围绕道与德采用比喻、排比、拟人、递进、推理等文学手法，努力地将道与德阐述得清楚明白。如，绝圣弃智，民利百倍；绝仁弃义，民复孝慈；绝巧弃利，盗贼无有。这是排比的手法，用绝圣、绝仁、绝巧分别代表社会生活中的治国理政、人际情感、生产技术三个方面，老子认为应该遵循见素抱朴、少私寡欲的人生态度，社会才能和谐发展，方能达到绝学无忧之境界。道恒无为而无不为，侯王若能守之，万物将自化。这就是借喻的文学手法，万物实际指民众。侯王如果能像道一样，遵循道法自然，那么万物将自化。化而欲作，吾将镇之以无名之朴，镇之以无名之朴，夫将不欲。不欲以静，天下将自定。一步一步地进行逻辑推理向前，这又是文学手法的递进关系，最后得出的结论是天下将自定。

二、一字多义，一章多境，是文学中常见的手法，尤其诗歌作品中意境重叠，多义更为常见。谷神不死，是谓玄牝。这里的谷神，是指所有处于低下的方位，如山谷、河谷、海谷等。神是灵性。谷为阳，神为阴，阴阳相合则万物生。进一步推演到母性，生儿育女之奥妙，是谓玄牝。又联想到万物之源，故曰：玄牝之门，是谓天地之根。这意象就像一条条绵绵不绝的河流，似乎看不到，却又真实地存在。老子发出感叹：绵绵兮！其若存！用之不堇。一章多境，在本章中体现出来，故不再重复讲解。

三、逻辑关系是文学一种推理的重要手段，是寻找事物规律的必要途径。道生之，德畜之，物形之，势成之。是以万物莫不尊道而贵德。道之尊，德之贵，夫莫之命而常自然。故道生之，德畜之，长之育之，亭之毒之，养之覆之。生之畜之，生而不有，为而不恃，长而不宰，是谓玄德。这一章严格的逻辑推理，是文学手法最优秀最绝美的章句。从道生到德畜，到物形，再到势成，原因是什么？是尊道贵德的结果。万物只要遵循道尊德贵这个原则，一切事物就能够生长发展，周而复始，绵绵不绝。再进一步推理到圣人之治，就应该生而不有，为而不恃，长而不宰。老子极其严密的逻辑思维，是文学历史上的里程碑。

所以说，老子极其深厚的文学功底，给后来的译注者带来重大的难题。译注者很难达到老子的文学深度，其译注牵强附会，不达其意，误解其旨，《道德经》的译注千差万别，解读五花八门，便是现状。

第十八章　六亲不和

大道废，有仁义；智慧出，有大伪；六亲不和，有孝慈；国家昏乱，有忠臣。

〔字句解析〕

大道废，有仁义。大道，指人类社会发展方向之道或人间正道。废，消失或丧失。有，出现或存在。仁义，偏爱或狭义上的义气。解读：在社会生活中，由于离道失德，社会发展之道偏离了正确的方向，人类社会的和谐或人间正道被打破，产生利益群体之间的矛盾对抗，而在群体内部之间就出现了仁义，作为一个衡量群体内的是非尺度，仁义的出现，正是偏离道德的结果。

智慧出，有大伪。智慧，指用来巧取他人财富的手段与方法。出，出现。有，存在或出现。大伪，假、差、乱的社会现象。解读：人们为了自己的利益，不择手段想方设法地获得财富，或骗或欺，以假乱真、以次充好的商品在市场上大量地出现与泛滥。

六亲不和，有孝慈。六亲，泛指亲戚。不和，发生矛盾。有，出现或存在。孝慈，小辈对长辈为孝，长辈对小辈为慈。解读：在和睦的家庭生活中，尊老爱幼、相互关爱本来是一种正常的社会关系，但由于道德丧失，出现了打骂或争斗的现象，长辈对下辈漠不关心甚至使用家庭暴力，更有下辈对长辈不孝不敬或无人关心与照顾的现象，家庭内部不和，亲戚上下辈之间出现矛盾冲突，孝与慈出现分化与分裂。

国家昏乱，有忠臣。国家，指一个国家的社会治理。昏乱，治理混乱。有，出现或存在。忠臣，与奸臣相对，忠于国家的官员。解读：当一个国家治理混乱时，主要在政治层面上，有贪污腐败的官员利用手中的权力巧取豪夺，作威作福的奸臣危害百姓，这时候当然也会出现为人民为国家效力的忠臣良将。

［要点综述］

本章老子从四个方面剖析当时的社会生态，忧国忧民的爱国情怀体现得淋漓尽致。大道废，有仁义，是从当时社会的主要运行方向来分析，占山为王，割地封侯，私欲纵横，离道失德，失去了社会整体性的和谐，远离了人间正道。人们在小团体或群体之间，只有仁义可讲，来维护他们的共同利益。仁义是在侵占他人利益的基础上维护另一方的权利。群体之间的仁义之争是社会矛盾产生的根源之一。这里肯定包含着当时社会生活中村与村、乡与乡、邦与邦之间的矛盾斗争，甚至打架斗殴与局部战争。智慧出，有大伪，是从当时社会的经济生活来分析，为了自己的利益，以次充好、以假乱真等各种各样欺诈或拐骗的现象频繁发生，失去了道德，什么事都有可能发生，人们绞尽脑汁，没有做不到，只有想不到。六亲不和，有孝慈，是从当时的家庭生活中来分析，不孝的子孙，不慈的长辈，父与子、兄与弟等六亲之间的矛盾也是为了自己的利益而相互争斗，这都是普遍存在的。国家昏乱，有忠臣，是在当时的政治状态中正义与邪恶的较量，一方面有忠君报国的热血将士，另一方面也有贪污腐败的官员。忠臣与奸臣之间的明争暗斗血雨腥风给国家造成混乱不堪的政治状态，百姓生活在水深火热之中，民不聊生。

〔热点话题〕

双十一引发的关于诚信的思考

人无信不立，企业无信必败，自古以来关于诚信的问题一直困惑着人类社会。诚信的重要性应该是妇孺皆知，却为什么明知故犯？如商业广告，故意夸大其词，名不副实。

双十一，又名光棍节，被商家炒成促销商品的大联欢。还没来到时，点开网页，大开页的广告写着：不止是五折、快抢红包等等，就是为了吸引消费者的眼球，赶快掏钱。现在这个"抢"字到处都有，抢楼盘，抢商品，只要是促销类的广告都离不开"抢"字。估计这个"抢"字的内涵早已变味了。变味的不仅仅是"抢"字，还有很多，就说几个例子吧！

对于上班族，工资不高，能在双十一捡到便宜又好的商品是一次难得的机会，一年一次确实值得珍惜。因为业余经常出外参加一些活动，注重外表形象，给人们一个较好的印象，是一个人应该有的礼节。我经济不宽裕，思来想去，外出穿得最多的是衬衣。上网淘宝，找了半天还是折后价每件99元的杉杉衬衣，名牌，挺心动，穿出去有面子。杉杉平常价是几百元，今天99元就能买到了，这要感谢淘宝网给我们一次捡便宜的机会。这一天，捡便宜的人很多，信息显示，不到一个小时就突破多少多少亿，不过广告与宣传，水分有多少，不得而知。

双十一，前两年一共买了两次衬衣，而且都是杉杉的，是不是真的杉杉，只有天知道。给人的感觉是假的，质量不好，但又没有穿过真的杉杉，反正99元便宜货，故不计较，但也不会再买了。

今年的双十一，不能置广告与宣传不理吧，不止是半价，多么有诱惑力的广告，捡便宜的心态又上来了。经过一番思考，根据经济条件，我反复琢磨，决定买一盒茶叶，而且决定买金骏眉红茶。立即在网上搜索，又反复遴选，终于选上了一款武夷山的红茶，价格才123元，又捡到便宜了。美滋滋地等待几天，快递小哥就送来了武夷山的金骏眉红茶，心里着实有点高兴。拆开一看，包装一般，而且是筒装的茶叶，与理想中的锡纸包装有很大的落差，俗话说：便宜无好货，只怪自己贪便宜，来一个阿Q式的安慰就算是翻过去了。可后来，就在我无意间点开红茶的网址时，意想不到的事发生了。原来平常价卖也才129元。双十一不是半价吗？才降了6元，这算是一种欺骗吗？

老子曰：夫轻诺必寡信，多易必多难。人不守信则无德，企业无信则无道。老子又曰：道，可道，非恒道也。依照可道的足迹，可以判断非恒道的发展方向。你的可道如何？非恒道是可以预测的。双十一如何发展，请拭目以待，祝双十一继续好运！

诚信，是入世之本，却行之艰难。亲戚、同事、朋友、上下级、社会生活中各个行业各个领域无不时刻发生着诚信的基础问题，关系着社会的和谐与稳定。诚信，是道德的原点，是做人做事最开始的关键品格。

第十九章　绝学无忧

绝圣弃智，民利百倍；绝仁弃义，民复孝慈；绝巧弃利，盗贼无有。此三者以为文不足，故令有所属：见素抱朴，少私寡欲；绝学无忧。

〔字句解析〕

绝圣弃智，民利百倍。绝，最好或独一无二。圣，指最好的领导或社会治理。弃，放弃。智，损人利己投机取巧之类的智商。民，百姓。利，有利于。百倍，百分之百的益处。解读：最好的领导在治理国家的社会事务中，要求人们放弃功名利禄，不要投机取巧损人利己，更不要争名夺利炫富笑贫，做到公正平等，一视同仁，民众才能幸福百倍，健康快乐。

绝仁弃义，民复孝慈。绝，最好或独一无二。仁，指意识形态中人与人之间的情感教育。弃，放弃。义，维护局部利益的信用或行为。民，百姓。复，恢复或返回。孝慈，指家庭关系中尊老爱幼的日常行为。解读：最好的教育在意识形态方面尤其是处理人与人之间的情感关系中，放弃个人或局部群体的利益，要有人间大爱的情怀，舍小家顾大局，人人都是亲人，都是兄弟姐妹，只有在这样的生活环境中，人们才会自觉地尊老爱幼，父慈子孝，达到社会的文明和谐。

绝巧弃利，盗贼无有。绝，最好或独一无二。巧，指生产工艺或制造技术。弃，放弃。利，利益。盗贼，偷盗。无有，没有。解读：最好的生产工艺或制造技术，要放弃利益为先的原则，一切技巧都是为改善生活状况服务于民众所采用的，而不是为利益而故意彰显其特点与个性，不招引人们的欲望，就不会导致盗贼的发生。

此三者以为文不足，故令有所属。此三者，以上三点。以为，认为。文不足，文中表达还不够清楚。故，那么。令，另外或其实。有，重新。所属，属于。解读：以上三点如果还没有表达清楚的话，那么其实也可以用另外一种表达加以说明。

见素抱朴，少私寡欲。见，看见。素，原本或自然属性。抱，拥有或追求。朴，朴实或纯朴。少，很少。私，私心。寡，单或少。欲，欲望。解读：在社会复杂的事务中，社会管理、人际情感、生产技术等各个方面，人们都应该保持朴素自然，追求善良纯洁，为自己同时也要为他人着想，尽可能地减少欲望，避免社会矛盾与对抗，和平共处，共享共赢才是真正的人类社会。

绝学无忧。绝，最好或独一无二。学，治理社会的学问，包括绝圣、绝仁、绝巧等政治、经济、文化及社会关系的各个方面。无忧、和睦、团结、安康、天下太平，故没有忧愁。解读：整个社会如果人人都能够做到见素抱朴、少私寡欲，那就没有什么可以忧愁了。

〔要点综述〕

本章老子从社会治理、意识形态教育到生产科学技术三个方面阐述自己治国理政的方略，治理要弃智，教育要弃义，技术要弃利，使人们纯朴善良、少私寡欲，方能风调雨顺，国泰民安。

不尚贤，使民不争。每一个人都有自己的特点与优势，不能因为某个人有一定的能力或才华就加以推崇与宣传。宣扬个性，而忽视共性，不符合社会共同进步与发展之规律。独木不成林，一花不是春。社会治理应该从社会整体利益出发，考虑全体民众的利益。在处理群体利益与家庭关系的意识形态教育中，教育人们重信用讲义气，不能只顾局部，而要维护大局。尤其是在家庭关系中，孝慈是相对的，相互平等的，不能因孝敬自己的父母而伤害他人的利益，父母在关心自己孩子的同时，也应该关心他人的儿女。在社会大家庭中，团结互助、尊老爱幼是全体民众共同的职责。在生产技术方面，一切技术都是服务于百姓，提高百姓的生活水平与质量，而不是某个单位或公司用来获得利益的手段与目的。技术是大家共享的，而不是赚取财富的机器。老子说，以上三点说得不够清楚的话，那就归纳为：见素抱朴，少私寡欲。如果能做到这一点，整个社会就达到了最好的治理状态，还有什么忧愁呢？故曰：绝学无忧。

[热点话题]

关于哲学概念的新思考

有关哲学的话题近段时间很热，从上次北京大学的世界哲学大会把孔子说成哲学家及其主题"学以成人"，引起人们的质疑，到民间哲学大会微信群里有关哲学的辩论，大家都很关注。什么是哲学？这个概念首先应该要搞清楚，才能去谈哲学或运用哲学。谈到什么是哲学，有的学者从网上找，找西方所谓的名家对哲学的定义。如果没有正确的答案怎么办？事实上真的没有正确答案。答案不在西方那些所谓的名家，而在东方哲学之祖老子的《道德经》中。《道德经》没有直接回答哲学的概念，或者说"哲学"二字是从国外引用过来的，但这并不影响老子首先应用哲学思维写成的哲学著作《道德经》的历史地位。

一、对西方哲学定义的质疑

从网上搜索，关于哲学的论述几乎都是西方学者对哲学概念的见解与体会，没有明确清晰的定义，是西方学者对哲学概念的一点探索。西方的哲学著作大部分是对某一领域的思考与探究，如通过对心理、人性、道德等的分析与研究，形成自己的心得体会，并非是真正意义上的哲学。比如，大多数学者都认为哲学是探寻客观事物规律的学科，但如何去探寻客观规律，则没有涉及具体的定义。如，哲学是有严密逻辑系统的宇宙观，它研究宇宙的性质、宇宙内万事万物演化的总规律。这是哲学的外延而并非内涵。哲学是用什么样的方法或方式去发现探索事物的客观规律，这才是哲学的内涵。西方学者未能阐述哲学的内涵，停留在对哲学表象上的认识与思考，才有唯物论与唯心论两大对立阵营的争论不休，足以证明西方哲学的致命硬伤。唯物论与唯心论都是以片面的、静止的、绝对的观点去认识世界，相互对立显然不是哲学的本质，统一才是哲学的内涵。只有唯物论与唯心论统一，合而为一，用全面的、运动的、相对的观点去认识世界，才是真正的哲学。老子曰：道生一，一生二，二生三，三生万物。万物负阴而抱阳，中气以为和。是用哲学探寻万物发展规律之最完整最完美的诠释。爱因斯坦说：哲学显然就可以被认为是全部科学之母。用运动变化的观点去认识世界，这才是哲学的灵魂。

二、哲学的起源

哲学起源于伏羲，但真正形成文字或体系是老子的《道德经》，所以说老子是哲学之祖。整篇《道德经》，老子运用哲学思维，探索了宇宙的起源、天地的奥秘、万事万物之道，深刻地揭示人类社会只有人们拥有道德才能真正获得世界的和谐和平。

《道德经》开篇第一章，老子用"可道与非恒道"的二元哲学发现了道的运行轨迹与方向，任何事物都是在"可道与非恒道"的完美统一中发展前行，大曰逝、逝曰远、远曰反，完成一次事物生命的轮回以至于循环往复无穷无尽。接着，老子又用"无与有"的相互关系，无为始，有为母，无中生有，有生万物，生生不息，揭开了万事万物的生长发展之道。无欲观眇为用与有欲观徼为利，老子由客观世界进入主观世界，阐述人类社会如何把握客观世界的规律并广泛应用到社会实践中去。老子始终运用事物的正与反、过去与未来、相对与绝对的二元哲学元素在万事万物中相互交替与转换，螺旋式地发展前行，来敲开万事万物"玄之又玄"真理与奥秘的大门。

《道德经》的创作构思，老子全篇运用二元哲学的两个方面，找到事物的对立面，这个对立面触及老子的灵感，从而找到自然规律与社会发展的相互关系及必然联系，通过自然和谐的无为，来改变人类社会的有为，为人类社会设计美好的蓝图，并寄托自己"往而不害，安平太"的终极理想。自然的无为与人类社会的有为如何衔接与实现？人类社会应该做到少私寡欲、见素抱朴，有处下不争之德。圣人要以百姓之心为心，上善若水，以正治国，以无事取天下；百姓要虚其心、实其腹、弱其志、强其骨，常使民无知无欲也，使夫知不敢，弗为而已，则无不治矣。面对当时种种违背自然的社会现实，人与人之间争名夺利到了你死我活的地步。一方面侯王们财货有余，驰骋畋猎令人心发狂，五味令人口爽；另一方面民之饥，民不畏威，民不畏死。侯王与百姓之间的矛盾日益激化，使社会处于灾难与困苦之中。自然界的无为和谐与人类社会的有为争斗，这两者之间的鲜明对照是老子道法自然最原始的灵感。老子身为柱下史，对百姓的疾苦感同身受，与广大百姓心心相连，他写道：道恒无为而无不为，侯王若能守之，万物将自化。老子胸怀天下，慷慨激昂，以道德为中心，以民为本为主题，写下了人类发展史上最高的智慧宝藏——《道德经》。

万事万物本身中的二元哲学元素是推动事物发展前行的动力，由二生三，三生万物，构成丰富多彩的物质世界。二元对立统一是创新发展的动力，是认识与发现事物客观规律的必要条件与基石。在《道德经》中，无与有，无为与有为，无欲与有欲，上德与下德，处上与处下，难与易，前与后，奢与俭等等，都是从二元的角度去探索事物的真理与规律。

老子运用二元对立统一去探寻事物发展规律，这个规律称为道。道是事物发展规律的本身，哲学则探寻事物发展规律的方法，二者之间密不可分。哲学与道的关系，道是万事万物发展的主体，哲学则是认识道的方法。哲学是道的理论，道则通过哲学才被发现。哲学是运用二元对立统一，由二元推演至多元，再回归为一，去开启探索事物发展规律及其真理与直达事物本原真相的学说。哲学是一切学科之母之源，事物的二元对立统一则是道的运行轨迹与方向。将二元对立统一称为二元归一更符合老子的哲学思想。

三、老子的哲学思想

《道德经》是老子哲学思想的集中体现，从开头到结尾，章章句句无不是运用二元哲学智慧剖析万物的形成、生长、发展，从无到有，再从一生二、二生三到三生万物，从演化、预测、验证到结果，一切皆有道可循，尽在道中，故曰：大道泛兮，其可左右，万物恃之以生而不辞。宠辱若惊，贵大患若身。争名夺利的人们，其结果何尝不是疾病缠身与面临牢狱之灾呢？祸兮福之所倚，福兮祸之所伏。社会生活中祸福转换又有谁能真正明白？物壮则老，是谓不道，不道早已。对未来的预见与老子的教诲，今天的人们是否懂得？功遂身退，天之道也。有多少名家大咖会读懂老子的进谏而急流勇退？面对社会现实的贫富矛盾，老子感叹：孰能有余以奉天下？唯有道者。从自然到社会的思考，从无为到有为，从社会争斗到民众疾苦，他运用二元哲学的探索、推理，最终发现只有道德才是治世良方，故曰：以道莅天下，其鬼不神。圣人恒无心，以百姓之心，与全心全意为人民服务的宗旨完全吻合，也是老子哲学思想的内涵与灵魂。

四、哲学在社会生活中的应用

一直以来，哲学的概念模糊不清，就更谈不上在社会实践中的应用，因而成为一门空泛的理论。哲学是方法论并推动世界观的形成，运用二元对立统一在社会生活中去探寻与发现真理，创新创造，赢得商机，占领先机。相反，如果不懂哲学在社会实践中的应用，挫折与失败、困难与艰险就在所难免。每一个人各有自身的生长发展之道，要根据自身的条件与社会环境，扬长避短，从二元哲学的角度思考自己所要走的路，明确前行的方向，克服困难与挫折，坚信成功与光明。一个企业的发展要紧跟时代发展的步伐，运用二元哲学中正与反、可道与非恒道等矛盾体之间的相互关系来判断未来的发展趋势，及时调整企业的经营方向，做到领先时代潮流，方可立于不败之地。老子曰：夫唯不盈，故能敝而新成。

西方哲学的排他性与东方哲学的相容性，是世界观与价值观的冲突与博弈。世界格局走到今天，尤其西方哲学的排他性，非此即彼的对抗，不断地制造矛盾与冲突，霸权主义行径依然是世界和平最大的威胁。伤害他人的同时也伤害到自身，这就是哲学的观点，物极必反，盛极而衰，是哲学给予的提示，应该引起重视，否则将自食其果。相反，东方哲学的二元对立统一，统一就是中和，倡导世界发展中的求同存异，构建共创共享的命运共同体，必将赢得世界人民的支持与尊敬。

社会生活中处处有哲学，只是哲学往往被人们所忽视，就更谈不上哲学的运用。其实困难与挫折，不是天生的，而是自己给自己设置的。不明确自己要走什么样的路，看不清前行的方向，当然与困难失败相伴随。用哲学的观点去指导现实生活，领悟二元哲学中的相互关系及其变化，对个人或企业或社会发展十分重要。道的运行轨迹与方向是二元哲学在万事万物对立统一规律中最切实的反映与诠释。《道德经》中的哲学，系统地全面地阐述了道的形成与发展及其运用指导，才是真正的世界哲学之源。

第二十章　唯之与阿

唯之与阿，相去几何？善之与恶，相去若何？人之所畏，不可不畏。荒兮其未央哉！众人熙熙，如享太牢，如春登台。我独泊兮其未兆；沌沌兮如婴儿之未孩；儽儽兮若无所归。众人皆有余，而我独若遗。我愚人之心也哉！俗人昭昭，我独昏昏。俗人察察，我独闷闷。澹兮其若海；望兮若无止。众人皆有以，而我独顽且鄙。我独异于人，而贵食母。

[字句解析]

唯之与阿，相去几何？唯之，遵循或承诺。与，或。阿，附和或违背。相去，差距。几何，多少。解读：道法自然是社会治理的发展之道，遵循与违背，承诺与失信，差距会有多大？敷衍附和，南辕北辙，会造成难以想象的后果。

善之与恶，相去若何？善之，心地善良或表面上的。与，或。恶，恶贯满盈或实际上的。相去，差距。若何，多大。解读：在人类社会生活中存在心地善良与恶贯满盈两种截然不同的群体，一个有利于社会，一个有害于社会，好与坏，善与恶，差距会有多大？恶，造成了人间的悲欢离合、坎坷磨难。

人之所畏，不可不畏。人，人们。畏，害怕。不可不，不得不。解读：春秋战国时，统治者们为了满足自身私心与欲望，不顾民众的利益，横征暴敛，欺压民众，根本就不会遵循道法自然之道，造成社会治理混乱，百姓生活在水深火热中，敢怒不敢言，人们不得不面对统治者的威胁与恐吓。

荒兮其未央哉！荒，荒凉。未央，看不到尽头。解读：在当时的社会状态下，混乱不堪，怨声载道，民不聊生，民众对生活充满了失望与无奈，这种混乱的强抢盗掠的社会状态何时才会有尽头？

众人熙熙，如享太牢，如春登台。众人，民众。熙熙，人群密集。如享，如同享受。太牢，集市。如春，如同春天。登台，楼台上欣赏美景。解读：在当时的社会状态下，民众为了生活不得趁早赶集，四处奔波，到处都是密密麻麻的人群，就像是春天里的人们纷纷去楼台登高望远，拥挤地欣赏美丽的景色一样。

我独泊兮其未兆。我，指老子。独，独自。泊，淡泊安静。未兆，未出现任何迹象。解读：我独自保持淡泊安静，不为外界所动，没有任何私欲的念头。

沌沌兮如婴儿之未孩。沌，混沌或糊涂的状态。未孩，指未长大的婴儿。解读：我就像没有长大的婴儿一样，混沌未开，糊涂无知的样子。

傫傫兮若无所归。傫，疲惫的样子。归，家或安居的场所。解读：为传播道德之学我整天忙碌，仿佛疲惫的样子，到处是家，随意随地而安，就像没有家的感觉。

众人皆有余，而我独若遗。众人，民众。余，剩余。遗，抛弃。解读：民众的生活看起来还不错，有节余，唯独我没有跟随社会潮流而奔波，仿佛被人们所抛弃。

我愚人之心也哉！我，老子。愚人，纯朴。解读：世人以为我愚昧，却不知我纯朴之心、善良之心、为民之心也。

俗人昭昭，我独昏昏。俗人，普通百姓。昭，明白或彰显。昏，糊涂。解读：普通百姓为了生活而赚钱，其目的非常清楚明白，毫不掩饰，而我却对赚钱没有兴趣，一副糊涂的样子。

俗人察察，我独闷闷。俗人，普通百姓。察，寻找商机。闷，没有心机。解读：普通百姓为了生活总是想寻找赚钱的机会而奔波忙碌，而我却没有什么心机或目的，憨厚老实。

澹兮其若海。澹，恬静安然、辽阔深远。海，大海。解读：世人怎么能了解我宽广的胸怀，如大海一样恬静安然、辽阔而深远。我根本就不会为自己而活，我所思考的一切，就是探寻人类社会的发展之道，给民众带来幸福。

望兮若无止。望，对理想的期望。无止，无止境。解读：对人类社会达到和谐安定的理想，我始终没有停止过期望与奋斗。

众人皆有以，而我独顽且鄙。众人，民众。有以，有剩余或有一技之长。顽，调皮的样子。鄙，人们不理解或鄙视。解读：在社会生活中，人们都有自己的特长或财物有余，唯独我却像个调皮的孩子一样，有时候还会遭到他人的鄙视。

我独异于人，而贵食母。我，老子。异，不同。贵，珍惜。食母，依偎在母亲怀里吃奶的样子。解读：只有我与他人不同，常常怀念或珍惜婴儿时依偎在母亲怀里吃奶的样子，那是人生最幸福的时光。

〔要点综述〕

本章是老子面对当时复杂的社会现实，观察社会，思考人生，表达自己鲜明的世界观，与社会格格不入，与众不同，却又忠心爱国、忧国忧民、心系天下的人生写照。

文章一开始就揭示当时社会统治阶层打着为民众服务的旗号，实际上是维护自身利益的真实面目。唯之与阿，阿有表面上承诺或应付或唱高调的含义，其实统治阶层根本就不会为民众着想；不仅不为民众的利益，反而变本加厉地剥削与压迫民众。这样的反差就是天地之别。善之与恶，表面上的善，实际上的恶；语言上的善，行为上的恶；这种伪善的行为，善与恶差别有多大？民众怎么会有幸福的生活？社会现实是无情的，不是老子理想中的那样。贫富差别天地之间，尊严等级悬殊，各种社会矛盾与冲突，世态炎凉，人情冷暖，悲欢离合，却又看不到尽头。老子感叹：人之所畏，不可不畏；荒兮，其未央哉！出淤泥而不染，老子并没有跟随现实生活的潮流，他有与世人截然不同的人生观，不为名所困，不为利所累。俗人昭昭，我独昏昏。俗人察察，我独闷闷。在他人的眼里，老子独顽且鄙，好像不食人间烟火。

我独泊兮其未兆；沌沌兮如婴儿之未孩；傫傫兮若无所归。这就是老子不断地感叹与独白：我是一个纯洁善良的人，没有任何欲望，没有私心，淡泊名利，就像婴儿一样无欲无求。我四处奔波，只求人间大道真谛，为社会寻找和谐的法宝，虽然显得疲倦，又居无定所，仿佛没有家的感觉，不过天地之大，就是我的家。我这样做，有谁理解我的理想呢？

老子无我的崇高理想、人间大爱的情怀，在当时的社会里，孤独寂寞与他相伴，他却不断地探索宇宙、天地、社会、人生等大道之真理，他独异于人，与众不同，与道德相通，与天地同存，才能写出《道德经》这人类社会历史上最伟大的著作。

[热点话题]

心与心的独白

不听掌声的虚荣/不看鲜花的美丽/开始没有先后/坚持决定成败/步履蹒跚/背负千年的沉重/滴水穿石/通往哲学的高度/慎终如始/领

略寂寞的顶峰/无人陪伴/只想收获自己的感动/经受住风雨/赚一笔财富的珍贵/纯朴的善良/便是拥有精神不朽/物质满足一种欲望/抗拒诱惑/奉献才是人间真爱/努力追寻/没有人在乎/自己是最忠实的观众/没有人欣赏/孤独是最美丽的风景。

前不久，我写了这首给自己的诗。为什么要给自己写诗？当然是抒发自己的思想与理想。人生很短，想做的事很多，但要做成一件事却很难。我是一不小心跌进《道德经》里不能自拔。我是一个作家，写诗写小说写剧本，没想过要做一个学者，而且是研究《道德经》。起初我看了好几个版本，译注总是不尽如我意，很多地方是错解，甚至乱解。我的新书《〈道德经〉新译注》就是在这样的情况下出版了。后来，我又发现《道德经》大多数人不看不读，便不懂。为弘扬《道德经》文化，我不得不去讲课。正本清源《道德经》高峰论坛群微信课堂，就是在这样的情况下开课了。开课时，还算热闹，群友们也积极参与，后来，我讲完课后，很少人在听，就变成了我一个人的课堂。我这个人有个习惯，只要我开始做，就一定会坚持下去。

我本来是个诗人，意象言表，朦胧隐志，弘扬正气，抒情人生，是我写诗的风格。这首诗与《道德经》第二十章会有什么样的联系呢？诗曰：不听掌声的虚荣/不看鲜花的美丽。一方面我的课堂没有掌声，也没有鲜花，更谈不上虚荣与美丽。另一方面我也需要掌声与鲜花，这是社会的认可与支持。其实，这两方面都没有，没有人在乎。这是我一个人的舞台，一个人的寂寞，一个人的世界。老子不也是这样感叹：众人皆有余，而我独若遗。我愚人之心也哉！

诗曰：开始没有先后/坚持决定成败。我做事不会半途而废的，坚持是我一贯的性格，近四十年的文字生涯从未间断，不畏世俗，不慕金权，在冷嘲热讽中孤独前行。至于努力的结果如何，成与不成都是天意。按我的预测，《道德经》正本清源是很难做到的，谁会伸出援手来？诗接着说：步履蹒跚/背负千年的沉重。《道德经》两千多年来错误的解读，非常道其义不明，哲学上不能成立，怎么能够解读《道德经》呢？要改变，会有多难。诗曰：滴水穿石/

通往哲学的高度/慎终如始/领略寂寞的顶峰/无人陪伴/只想收获自己的感动/经受住风雨/赚一笔财富的珍贵。我就是这样走上了一条让自己感动的艰难之路，没有掌声与鲜花，不畏惧挫折与失败。这样的感受老子也有亲身体验，他说：俗人昭昭，我独昏昏。俗人察察，我独闷闷。

在社会现实中，物质诱惑与人情世俗，每一个人都无法躲避。我在干好工作，使生活获得基本保障之外，就是在不足之中的自我满足。诗曰：纯朴的善良/便是拥有精神不朽/物质满足一种欲望，抗拒诱惑/奉献才是人间真爱/努力追寻。我的努力追寻，是对一种理想的渴望，是对社会和谐的憧憬，老子写《道德经》其实也是对人类社会理想的寄托。

本章是老子的人生自述，难道不是吗？我写给自己的诗也是自述。诗曰：没有人在乎/自己是最忠实的观众/没有人欣赏/孤独是最美丽的风景。老子曰：众人皆有以，而我独顽且鄙。我独异于人，而贵食母。这两句话有何不同？意义非常相近。只不过两千五百多年之后，我与老子同样写诗发出的人生感慨，或许是我们有相同的呼唤，那就是道德的回归。

第二十一章　惟道是从

　　孔德之容，惟道是从。道之为物，惟恍惟惚。惚兮恍兮，其中有象；恍兮惚兮，其中有物。窈兮冥兮，其中有精，其精甚真，其中有信。自古及今，其名不去，以阅众甫。吾何以知众甫之状哉！以此。

[字句解析]

　　孔德之容，惟道是从。孔，生命体内的空间，这里指茂盛或高大。德，指万物。容，繁荣的景象。惟，好像或惟有。道，客观规律。是从，遵从。解读：万物有各自不同的运行规律及不同的存在形态，世界如此繁荣茂盛，美丽而壮阔，无边无涯，好像都是遵循道的指引与作用，遵从道法自然的天地运行之规律。

　　道之为物，惟恍惟惚。道，指事物主体运行所承载的客观规律。物，指阴性物质，看不见摸不着，却又真实存在。惟，好像或似乎。恍，突然出现或明白。惚，忽然消失或模糊。解读：事物主体运行所承载的客观规律，其实也是物质的反应，这种物质称为阴性物质，好像忽然出现或消失，又忽然明白或模糊。

惚兮恍兮，其中有象。惚，忽然模糊。恍，忽然明白。其中，里面。有，存在。象，轮廓或特征。解读：事物主体运行所承载的客观规律，好像忽然模糊，又忽然明白，难以捉摸，但可以肯定，其中一定有什么样的轮廓或特征。

恍兮惚兮，其中有物。恍，忽然明白。惚，忽然模糊。其中，里面。有，存在。物，物质的内核。解读：事物主体运行所承载的客观规律好像是忽然明白，又忽然模糊，非常神奇，这里面肯定有什么东西决定物质的内核与性质。

窈兮冥兮，其中有精，其精甚真，其中有信。窈，辽阔，指横向。冥，深远，指纵向。其中，里面。有，存在。精，主要内核与性质。真，真实存在。信，显示的信息。解读：事物主体运行所承载的客观规律辽阔而深远，博大精深，但里面一定有事物的内核及性质，这内核不仅有，而且真实存在；不但真实存在，而且会显示其信息，这信息就是事物之间相互区别开来的主要标志。

自古及今，其名不去，以阅众甫。名，事物主体运行所承载客观规律的名称。阅，观察或思考。众甫，万物。解读：从古推及至今，这万事万物的客观规律各有各的信息与特征，各有各的名称，是用来观察或思考万事万物的主要区别与标志。

吾何以知众甫之状哉！以此。吾，我或指老子。何以，为什么。知，知道或了解。众甫，万事万物。状，形状或特征。此，指规律。解读：我为什么知道万事万物的特征，就是用万事万物各自运行的客观规律来判断的。

〔要点综述〕

本章从天地之间万事万物繁荣昌盛、生生不息、循环往复的景象中观察与思考，得出万事万物都是道的作用与指引。这具有神奇之力量的道，究竟是何物？道之为物，老子旗帜鲜明地指出道是物质的，而这个物质的概念在人们的习惯思维中就要重新认识了。道，忽然明白，又忽然模糊，一定有什么特征，像什么物体呢？道，一会儿模糊，又一会儿明白，它并不是虚幻的，而是真实存在，只是无法将它描述得清楚。道的存在，感觉到它辽阔而深远，在时空的演化中，辽阔无边，深远无尽。道，是万事万物生长发展的客观规律，每一事物都有它的实质与内涵，真实客观，而且每一事物都有各自的信息与特点。从古及今，万事万物都各自主体运行的规律，各有各的名称，永恒不变。只有各自有不同的运行规律，才能区分每一事物的特征与作用。我就是通过对事物主体运行规律的观察，才能了解每一事物生长发展之道。

孔德之容，指世界万物之状，万物各自的生命体内都有各自的虚空使生命体生生不息，虚空即为孔。德，指生命体本身；容，指生命体的形态。这一章实际上是通过对"恒道"的认识，试图对"非恒道"的概念进行阐述。

"自今及古"，从文法上不通，应是手抄之误，故改为：自古及今。

〔答疑解惑〕

存在就是物质

物质的概念需要重新认识，从狭义到广义，从阳性到阴性，从绝对到相对，我的新观点是：存在就是物质。

记得几个月前，在微信群中有一次争论：道是不是物质的？我说是的。有位群友要我拿出证据。我当时没有回答这个问题，为什么？因为证据就在《道德经》里，《道德经》第二十一章说得很清楚，所以没有回答。其实，这位群友关于物质的概念与老子关于物质的概念是认识上的不同，是对物质定义的角度不同，实际上是认识的高度不同。通常认为或狭义上的观点，物质是指构成宇宙万物的具体实物，例如空气和水、食物，其物质的特点是客观存在性，能够感觉到并为意识所反映。老子曰：道之为物，惟恍惟惚；惚兮恍兮，其中有象；恍兮惚兮，其中有物；窈兮冥兮，其中有精，其精甚真，其中有信。这里的"物"显然也是指物质。因此，物质的概念并不是单指客观实在看得见摸得着的物质存在形式，也指主观存在看不见或摸不着的物质存在形式，如思想、意识形态等。道之为物，惟恍惟惚。这里的"物"就是指事物客观规律的信息反映。惚兮恍兮，其中有象。象是指忽然模糊又忽然清楚的状态下客观规律的轮廓与初形。恍兮惚兮，其中有物。物，是指万物客观规律内涵与实质的信息反映。窈兮冥兮，其中有精，其精甚真，其中有信，其内涵是指道的辽阔而深远，万物都有各自的内核真实存在，各自有本身区别于其他事物的特点与信息。这里的"物"就应该是指物质的灵性或阴性。

道，一阴一阳谓之道，阴阳转换是道的主要存在形式。世界是物质的，万物皆有道。道的阴阳两极，其物质表现形式就是阳性与阴性，构成物质存在对立统一的两个方面，相互作用与依存，相互制约与发展。而我们通常的认识中总是强调物质的阳性，而忽视了物质的阴性。认识物质的阴性，就要刷新我们对物质概念的定位与再认识。现代科学声称发现了暗物质，这种暗物质就是阴性物质，阴性物质或许是物质真正的本源。

第二十二章　夫唯不争

曲则全，枉则直，洼则盈，敝则新，少则得，多则惑。是以圣人抱一为天下式。不自见故明，不自是故彰，不自伐故有功，不自矜故长。夫唯不争，故天下莫能与之争。古之所谓曲则全者，岂虚言哉！诚全而归之。

[字句解析]

曲则全，枉则直。曲，困难或曲折。则，转变。全，圆满或成就。枉，委屈或冤枉。直，正直或清白。解读：一个人的努力奋斗，不是一帆风顺的，要经得住困难曲折，才能有所成就；一个正直善良的人，不是人人都能理解或肯定，往往要经得住委屈或误解，才能被人们认可与赞美。

洼则盈，敝则新。洼，低洼或虚空。则，转化。盈，饱满或充满。敝，陈旧或守旧。新，新生或创新。解读：世界万物的发展都是从低洼到饱满、虚空到充满、陈旧到新生，推陈出新的发展过程；一个人也是这样，克服自身的缺点与不足，谦虚才能博学，创新才有进步。

少则得，多则惑。少，缺少或贫穷。则，应该。得，赢得或拥有。多，富有或剩余。则，产生。惑，迷惑或麻烦。解读：在社会生活中，公正与平等是社会和谐发展的法宝，贫穷的人生活应该给予保障，也要通过自身的努力去获得。富有的人财富太多会产生困惑，富则生乱，会带来意想不到的麻烦或祸患。

是以圣人抱一为天下式。是以，凡是。圣人，德高望重的人或英明的领导者。抱，坚守。一，公正或平等。天下式，一样的法则。解读：凡是德高望重的人或英明的领导者，都应该坚持公正平等的原则，来处理社会事务，为广大民众谋幸福。

不自见故明。自见，狭隘的观点。明，明白。解读：人们不能有自己狭隘的观点，要广泛地吸取民众的智慧，才能明白事物发展的规律。

不自是故彰。自是，显示自己的能力。彰，声望或名气。解读：人们不要去故意显示自己的能力或本领、好高骛远，低调做人做事，才能更好地获得人们的尊重或好评。

不自伐故有功。自伐，炫耀自己的特长或骄傲自满。有功，有成绩。解读：人们不要去炫耀自己的特长或骄傲自满，有没有成绩与功劳，民众心里自然十分清楚，努力工作是最好的回答。

不自矜故长。自矜，处理事务保守。长，进步。解读：人们处理社会事务不能保守落后，要锐意进取，才能与时俱进。

夫唯不争，故天下莫能与之争。夫，你。唯，只有。争，争名夺利。故，所以。莫能，不能。解读：只要你不争名夺利，为民众所想，你一定会功成名就，谁也不能与你相争。

古之所谓曲则全者，岂虚言哉？诚全而归之。古之，古时候。所谓，称为。全者，成功者。岂，不是。虚言，虚假。解读：古时候一些有成就的人，都是经过许多的困难与挫折才能成功，这不是虚假的谎言，努力奋斗就一定会有圆满的结果。

〔要点综述〕

　　本章从自然规律联想到人类社会，运用二元哲学中量变质变之规律，得出圣人之治抱一为天下式的结论。曲则全，枉则直。在复杂的社会生活中，人生漫漫长路并不是一帆风顺，而是磨难与风雨、曲折与委屈相伴随，往往都是来自人类自身的矛盾斗争。事实证明，几千年来的人类社会无数次争斗与冲突，都是人类本身制造与导演的。自然界的洼则盈，日常生活中的敝则新，观察下雨时，洼地渐渐地装满了水，而日常用的东西，旧了才能换新的，也可上升到推陈出新或创新。联想到人类社会也应该这样，那就是少则得，多则惑。贫穷的人应该得到社会的支持，给予一定的财物以确保生活的需求。富有不一定是好事，财富多了会带来困惑或麻烦。总结以上三点，圣人之治，处理社会事务应该以公正平等的法则，是自然法则也是社会法则，即抱一为天下式。如何做到圣人之治？必须要放弃自己的偏见、狭隘的观点，到社会实践中去，到民众中去，才能明白什么样的政策或方针是符合民众利益的，做到不自见故明。不自是故彰，这就要求圣人做事一定要默默无闻，不要雷声大雨点小或光打雷不下雨的虚假作风，事情做得好，自然会受到民众的拥护与赞美。不自伐故有功，功劳不是自己去要来的或别人给予的，而是自己努力奋斗的结果。人的自私性往往是急功近利，浮躁不安，生怕自己没有得到功劳，事情总是事倍功半，这就是人们好高骛远的表现。不自矜故长，在处理社会事务时不能因循守旧，故步自封，要大胆创新，敢于为天下先，才能进步与发展。事实证明，一切功成名就之人，都要经历住风风雨雨，方能见到美丽的彩虹。

〔答疑解惑〕

你的努力不一定会取得成功

　　老子曰：曲则全，枉则直；洼则盈，敝则新。这是典型的二元哲学思维，阐述事物发展从量变到质变的演化过程，但这可能是一个缓慢的、长远的过程，由事物的大小或难易程度来决定。如果是关于一种理想的实现，则是几十年或几百年，甚至上千年的量变，才有可能发生质变。在人类社会的历史长河中，两千五百多年前老子所寄托的道德改变人类社会的理想至今还需要努力，奋斗仍在路上。世界格局很清晰地表明离道失德所带来的严重后果，冲突与战争不断，恐怖袭击的频繁发生，使这个世界变得不安宁。文明的进程、和平的梦想，量变缓慢，质变还很遥远。量变到质变在自然界发生是遵循了自然的规律，而在人类社会进程中明显与自然规律相违背，冲突与战争不断，处处事在人为或人定胜天，和平发展共存共享的梦想其量变非常漫长，较长的时期内不一定会发生质变。人的一生是短暂的，几十年的光阴很短，即使你非常努力，所期望的成功也不一定会到来，当然这也与你期望的目标或理想的大小有关。如果你的理想是通过自己的力量可以达到的，那么这个理想只属于自己狭小的范畴。如果你的理想超出你的能力范畴，而需要更多人的帮助与努力，那么就不是你的能力可以左右的，理想的实现发生质变需要更长的时间或周期，在你短暂的一生中不一定会到来，或许你只是接力赛中的一个重要成员。

期望《道德经》正本清源，这个理想太大了，根本不是我一个人的努力可以做到的。我今天要做的就是将《道德经》语言通俗化，全方位地分析与阐述老子的创作意图，力争还原老子真实的思想与他的伟大理想；把老子的观点阐述清楚、表达明白，尽我所能。《道德经》是否能够形成统一的版本，有利于传播与弘扬，需要大家的努力。这个理想的实现漫长而遥远，但我的解读或许能起一个促进的作用，或许让未来的正本清源有一个参照的版本，足矣。

越王卧薪尝胆，最终实现了梦想，是时间与坚持的力量，让他成为奋斗的典范；而岳飞精忠报国，非但没有实现自己的梦想，反而遭受奸臣秦桧的陷害。一个梦想的实现与自己的奋斗有关，更与社会环境有关，相同的梦想在不同的条件下结果是不同的，如果是为自己升官发财的梦想，即使实现了也不值一提，这种梦想没实现或许更有利于社会。你的努力不一定会取得成功，但你不努力就绝对不会成功。所以，当机会来临时，你的努力会遇到机会，成功就有可能。量力而行，给自己一个成功的理由，给自己一个努力的机会。只要你的梦想不属于自己，而是为他人、为民众，即使今生没有实现，历史也会证明你的人生像成功一样的精彩。

第二十三章　希言自然

希言自然。故飘风不终朝，骤雨不终日，孰为此者？天地。天地尚不能久，而况于人乎？故从事于道者同于道，德者同于德，失者同于失。同于道者，道亦乐得之；同于德者，德亦乐得之；同于失者，失亦乐得之。信不足焉，有不信矣。①

［字句解析］

希言自然。希，少或珍贵。自然，自然法则。解读：该说的时候说，要说得合理，该做的时候做，要做得得当。多说无益，多做无利，这就是自然法则。

故飘风不终朝，骤雨不终日，孰为此者？天地。飘风，刮风或大风。终朝，整个早晨。骤雨，大雨或暴雨。终日，一整天。孰，哪一个。为此者，有

① 信不足焉，有不信矣。解读：在当时的社会现实中，普遍存在信任的危机，说话、做事、为人等各个层面上都产生了信任危机，是一种你不相信我、我也不相信你，相互猜疑的社会状况。此句在第十七章有，有重复之嫌，不太符合本章的内容，应删除。

这个能力的使者。解读：大风不会刮整个早晨，暴雨不会下一整天，天地的能力也是有限的，天地也不过如此，谁能与天地相比呢？

天地尚不能久，而况于人乎？尚，都或也。久，持久。况于，相对于。解读：天地都不能持久，那相对于人来说更是有限的，人又何必自是、自负、自大呢？一切事物包括权力、财富、成就、荣誉等都是过眼浮云，不能长久。

故从事于道者同于道，德者同于德，失者同于失。故，所以。从事，志向或事业。道者，懂得自然法则的圣人。德者，行善积德的善人。失者，失去道德，属于仁义礼智信之范畴的普通人。解读：在社会生活中，不同的人具有不同的人生观与不同的信仰，道者始终坚持天下为公的信仰，站在民众的立场，为民众利益而奋斗，始终在路上；德者有自己的人生目标，为社会做出自己的一份贡献，品格可贵；失者则以私益为先，欲望牵引，人生之路总是风雨交加，困难挫折，命运多舛。

同于道者，道亦乐得之；同于德者，德亦乐得之；同于失者，失亦乐得之。解读：人生观的不同，对生活的态度与要求及精神上的层次不同，但各司其乐，各得其所。道者自有精神上的享受与快乐，德者则有精神与物质两方面的享受与快乐，而失者则注重物质上的享受与感官刺激，及时行乐，甚至违背道德，触犯法律。

［要点综述］

本章老子对复杂的社会群体进行层次划分，道者、德者、失者三大类构成了社会整体。道者为圣，德者为贤，失者为失去道德者，又分为仁、义、礼、智、信等五个层次。老子曰：圣人不仁。仁，已经产生了偏爱之心。老子又曰：上仁为之而无以为。说明上仁与德相近。老子曰：希言自然。故飘风不终朝，骤雨不终日，孰为此者？天地。天地尚不能久，而况于人乎？这另一层内涵也有对人生短暂的伤感与叹息。

人生太短，就像早晨一阵飘风匆匆而过。人生太苦，就像暴雨袭来，满地狼藉，匆匆而去。人生虽短，但人类社会中不同的人演绎着不同的人生。不同的人生观在不同的领域或相同的领域都有不同的结局，这就是错综复杂的社会现实。从事于道者同于道，德者同于德，失者同于失。有为人民服务的道者，他不争名不争利，一心为解决民众的困难而奔波劳碌，为谋求民众的幸福生活而鞠躬尽瘁。有做善事布施给贫穷民众的德者，他尽自己的力量为社会做一份力所能及的贡献。更有许多争名夺利、贪赃枉法、自私自利的失者，他们只为自己的物质享受和感官刺激而争斗不息。同于道者，道亦乐得之；同于德者，德亦乐得之；同于失者，失亦乐得之。在人类社会的汪洋大海中，潮落潮涨的人流中，他们持有各种各样的人生观，付出各种各样的行动，享受着各种各样的人生快乐。人类社会几千年的历史，老子就是用这样精辟的语言、预见性的哲理阐述了人类社会运行轨迹与文明进步程度的走向。

关于"故飘风不终朝，骤雨不终日"，可以有多种解读，这符合老子的创作意图，也是一个作家或诗人借景抒情的手法，或含蓄或所指或重叠。在当时的社会现实中，一方面，统治者与民众的矛盾不可调和，欺压民众的行为时常发生，但这种行为不可持续或不能长久，老子说：天地尚不能久，而况于人乎！另外一方面，民众的生活常处于困难与挫折之中，这种状况也是不能持久的。老子曰：故飘风不终朝，骤雨不终日。困难是暂时的，只要你去努力就能看见光明。更为贴近老子真正意图的可能是第一种，因为"飘风"与"骤雨"之后，带给民众的是灾难。当时统治者对民众的压迫，老子实在看不过去，就写了这段文字给予警告。

[答疑解惑]

高度决定深度

从一个支点上，往上看是高度，往下看是深度。这里的高度决定深度，是指什么样的文化高度，看问题或做学问就有什么样的深度。文化高度是指一个人长期的文化沉淀与累积而形成的自身的世界观，其宽阔的视野让他对事物的发展有比他人更深更远的认识与判断，因此准确把握事物的正确方向与未来。老子曰：上士闻道，勤而行之；中士闻道，若存若亡；下士闻道，大笑之，不笑不足以为道。间接地说明了高度决定深度，什么样的人就会做什么样的事。善人做善事，恶人做恶事。

从一楼到十楼需要一步一步走上去，这是视觉上的高度。从小学读到博士，这是文化上的高度。经常在公交车上看到一群背着书包的小学生，在公交车狭小的空间内玩纸牌，争输赢，这是他们的乐趣。同学们结伴而行，是因为他们有相同的视觉与文化层次，就会有共同的兴趣与爱好。物以类聚，人以群分，说的就是高度决定深度。

文化高度相同，就会产生相近或相同的观点，而在日常生活中容易产生争辩或争论不休的原因，其实就是文化高度不同而导致的。历史上的鹅湖之辩，是个没有结果没有赢输的争论。陆九渊说朱熹文化支离，朱熹觉得陆九渊功底不深，一个是本心，一个是天理，高度不一样，视角不一样，争辩就没有实质的意义。如果这两人是同班同学，共同学习与进步，或许就不会有鹅湖之辩了。当今，学术界经常争论不休，与学者们的文化高度不同有关。一个人站在六楼看风景，与站在十楼看风景，那感受会一样吗？

喜欢争辩的人，与争强好胜的性格有关，与自以为是有关，不相容他人说明其本身的文化高度不够，修养不够。学者之间，更多的是宽容与包容，求同存异。对于一个学术问题有不同见解，尽量摆明自己的观点与论据，用事例来证明自己观点的正确性。如果他人不认可，说明就是文化高度不同，也没必要争辩。

文化高度包括一个人的文化素质，如人生观、文化构成、写作能力等诸多因素，决定对问题或学术认识的深度，什么样的高度就有什么样的深度。老子曰：道者同于道，德者同于德，失者同于失。如此清楚地判断一个人的高度，你是失者就不可能有德者或道者的高度与深度。谈到《道德经》的译注问题，为什么会乱象丛生，各说各有理？说到底就是每个学者的文化高度不同，译注的深度就不同。如一个人的穿着，表明他的经济状态，什么样的经济状态就有什么样的穿着。一个人的文化涵养可以看出一个人的文化高度，什么样的文化高度就会有什么样的涵养。老子曰：辩者不善，善者不辩。

第二十四章　道者弗居

企者不立，跨者不行，自见者不明，自是者不彰，自伐者无功，自矜者不长。其古道曰①：余食赘行，物或恶之，故有道者弗居。

[字句解析]

企者不立，跨者不行。企，踮起脚跟。立，站立。跨，大踏步。行，行走。解读：踮起脚跟站立不能保持，是不会长久的；大踏步走路是短暂的，不能坚持，故人们取得的成绩也是暂时的，不可炫耀；或指人们急于求成，好大喜功，更符合老子的意图。

自见者不明，自是者不彰。自见，自己狭义的观点或目光短浅。明，清楚明白。自是，认为自己的行为应该得到认同。彰，扩散与宣扬。解读：如果以自己狭义的观点看待问题，就不能清楚明白地看到问题的实质；如果总认为自

_____

① 其在道曰，这句有误抄之嫌，故解读有点牵强附会，其意是承前启后，应改为：其古道曰，会更贴近原意。有的版本：其在道，曰余食赘行。意思不明，不妥。

己的行为应该得到认同，反而得不到人们的扩散与宣扬。

自伐者无功，自矜者不长。自伐，自认为做出成绩或骄傲自满。功。功劳或成就。自矜，守旧或固执己见。长，进步或发展。解读：自认为做出了成绩或骄傲自满，却得不到人们的认可，但实际上是没有做出一点成绩；固执己见或守旧的人，不爱学习他人的长处，不接受新生事物，便没有进步与成长，其事业也得不到发展。

其古道曰。其古，上古。道曰，道者或圣人之言。解读：其实上古的道者或圣人善于总结人生或社会之道的运行规律，在现实生活中的表现可归纳如下。

余食赘行，物或恶之。余食，富有或吃不完的食物。赘行，负重而行。物，物品或财富。恶之，讨厌。解读：有的人（指贵族或侯王）拥有吃不完的食物，还要搜刮更多的财富搬运回家，这种人不仅没有道德而且令人讨厌，就连他的财物也是可恶的。

故有道者弗居。有道者，圣人。弗居，不占有。解读：所以说圣人不会占有财富也不会首先自己富裕，而是让民众先富起来，与民共享。

[要点综述]

本章从企者不立、跨者不行作为切入点，阐述自然规律与人性弱点的必然联系。踮起脚来与大踏步跨行是短暂的行为，不能坚持与长久。企者与跨者是社会生活中经常可以见到的不善人。人性弱点中存在局限性或主观性的偏见，经常会出现个人的认识与见解，从而产生对事物发展的误判，故而不能掌握或明白事物的发展方向。人性的弱点常常会使人固执己见或骄傲自满，总以为自己的观点或行为是正确的，加以宣扬，但这种错误的己见不会被人们接受与认可。人性弱点还表现在好高骛远、急功近利，喜欢在人们的面前展现自己的才能或本领，却又不会被人们接纳，白费功夫。抱残守缺与目光短浅，这种守旧的观点也是人性的通病。以上四点其实都是人性致命的弱点，这种弱点普遍存在于社会群体中。人性的弱点主要体现在与自然规律的背道而驰。在当时的社会现实中，贫穷的人越穷，连饭都吃不饱；富有的人却越富有，享乐无度，体态丰满，不仅有吃的，而且手里还提着美酒等众多食物招摇过市，引起人们的厌恶与不满，就连他手里的食品也是令人讨厌的。老子洞若观火般的思考，其实是一种无声的谴责。所以老子的结论是，凡是圣人都不应该也不会将财富占为己有；圣人的品格是以民众为重，以民众为先，如有任何食品或物品，都会与民众共享。故曰：有道者弗居。

[热点话题]

你无法战胜自己

在现实生活中，很多人总是把自己的同事或相处的人作为一个假想敌，揣摩对方的意图与行为是否对自己的利益或安全构成威胁，从而采取对策与手段加以防范。这是人们通常的逻辑思维，然而从哲学的角度看，任何事物的发展与壮大都是从内因变化开始的；外因只是变化的条件，内因才是变化的根据。在对敌斗争中，失败是因为自己的力量不够强大，没有保护自己的本领，而让对方有可乘之机，这才是问题的实质。

人与人之间为什么会存在各方面的差别，尤其是人生命运的复杂性，成功与失败、富有与贫穷、幸福与痛苦、健康与疾病等构成人类社会生活的风风雨雨。对于差别的产生，更多人责怪于命运的不公平或老天爷的无情，却不知人的命运都是自己一手造成的，是你把自己的前程送上失败与痛苦之路，为什么？因为你离道失德，所以无法战胜自己。

　　每一个人都应该深刻反思自己，检查自己的弱点或不足，自己的弱点与不足，才是导致人生命运曲折的始作俑者。在现实生活中，人性通病第一点就是自私。早晨起来第一个念想就是如何赚钱，生意该如何做，想方设法与领导搞好关系，得到领导的重用，才可以拿到更多的钱。与什么样的朋友相处或采取什么手段，获得其信任与支持，才可以赚取财富。与什么样的人关系好，就要看能不能赚到钱，获得更多的利益，有好处的或能赚到钱的，来往密切，关系就是哥们儿、兄弟。人性通病第二点就是懒惰。不通过勤奋努力可以获得财富是最好的选择，赚轻快钱，耍嘴皮子赚钱；这种钱很难赚，赚不到就骗、偷、抢，走上犯罪之路。在工作中投机取巧，不脚踏实地，不勤奋工作，善于钻空子碰运气，能偷懒就偷懒，能不做就不做，怀着侥幸心理避开领导的眼睛与检查，事实上，群众的眼睛与领导的心里都有一杆秤，久而久之，先进与提干都没有希望，这就是自己害自己。第三个通病就是自大。人往往本事不大，总认为自己了不起，好像世界上就他的能力最大，什么本事都有。酒桌上，认识几个朋友或领导，就误认为自己很荣光很骄傲，认为没自己摆不平的事，好像朋友与领导是他的手下，一个电话就可以把事办成。在工作中，认为自己的本事是最大的，工作干得最好，别人都不如自己；或许真有点本事，那就更了不得，目中无人，仿佛没有他天就会塌下来。现实生活中说大话吹大牛的人不是很多吗？滔滔不绝，没有一句话值得信赖。以上三点是人性通病，还有其他弱点就不一一道出，希望对号入座。

　　老子曰：自见者不明，自是者不彰，自伐者无功，自矜者不长。讲的就是人性无法战胜的弱点。因为名利得失，人性才有许多弱点，但不是每一个人都能认识到的。不仅没有认识到，反而把自己的挫折与失败归于命运与他人之手。人首先要战胜自己的弱点，才能强大自己。如果你不自私，就会获得更多的利益；如果你不懒惰，就会学到真正的本领；如果你不自大，就会得到更多人的帮助。一个人的力量是弱小的，只要获得更多人的力量，合力而行，成功就在前方招手。

第二十五章　道法自然

有物混成，先天地生。寂兮寥兮，独立而不改，周行而不殆，可以为天地母；吾不知其名，强为之名曰道；强为之名曰大，大曰逝，逝曰远，远曰反。故道大，天大，地大，人亦大。域中有四大，而人居其一焉。人法地，地法天，天法道，道法自然。

〔字句解析〕

有物混成，先天地生。有，存在。物，这里指宇宙之道。混成，宇宙空间能量多种物质的混合体或是阴阳混合的生命体。先，早。生，形成。解读：宇宙之道的形成，或是宇宙空间能量多种物质的混合体，或是无极状态下的阴阳混合的生命体，比天地的生成还要早得多。

寂兮寥兮，独立而不改，周行而不殆，可以为天地母。寂，空阔。寥，深远。独立，唯一或不受外界影响。不改，不发生任何变化或不改变其运行轨迹。周行，年年或四季运行。不殆，不会停止。可以，应该。母，母亲或生育。解读：道运行在空阔而深远的宇宙之中，不受外界任何影响而孤独地前行，从来就没有改变过自己的运行轨迹与方向，岁岁年年，一年四季，轮回运转，从来也没有停止过，并生育天地及万物，是一切万物之母。

吾不知其名，强为之名曰道。吾，我或老子。知，知道或懂得。名，名字。强，勉强。曰，命名。解读：我真的不知道应该叫什么名字，就勉强起名为道吧。

强为之名曰大，大曰逝，逝曰远，远曰反。强，勉强。名，命名或名字。曰，称谓。大，大而无边或重要。曰，将会。逝，前行或流逝。曰，并且。远，无穷无尽。曰，复。反，同返，返回或周期运行。解读：勉强取个名字称为道，道是万物之主宰却大而无边，其运行永不停止，将会随时光流逝并且越来越远，但又会复还以此轮回循环往复，周而复始，构成宇宙、天地、万物及人类社会伟大的历史长河。

故道大，天大，地大，人亦大。故，所以。道，运行规律。天，天空或日月星辰等。地，地球或春夏秋冬等。人，指人类或人的智慧。大，重要且伟大。解读：所以说道主宰万事万物运行之规律是重要且伟大的，天有日月星辰运行之规律是重要且伟大的，地有春夏秋冬运行之规律是重要且伟大的，人类社会有和平发展运行之规律是重要且伟大的，唯有这四大之重要且伟大。

域中有四大，而人居其一焉。域，指宇宙或天地。有，存在。居，占有。解读：宇宙天地之间有四大，分别是道、天、地、人，人占有一席，是非常重要且伟大的。

人法地，地法天，天法道，道法自然。法，效法或遵循。自然，自然而然的运行规律。解读：人类社会应该效法或遵循地球的运行规律，春夏秋冬适时而行；地球则应该效法或遵循天的运行规律，日月星辰适时而变；天则应该效法或遵循宇宙大道的运行规律而运转有序，道尤其是人类社会的发展之道则应该效法或遵循自然而然的运行规律而生生不息。

〔要点综述〕

本章老子再次对道的起源以及道的角色进行阐述，并对道与天地人相互之间的从属关系作了具体的说明。人在自然界应该扮演的角色是排在道、天、地之后的，表明人类社会遵循天地运行之道的重要性。

道从遥远的远古走来，生育了天地，生育了人类及世界万物，寂兮寥兮，独立而不改，周行而不始，可以为天地母。道到底是什么？有物混成，这个混成或是宇宙空间能量多种物质混合体或是无极状态时的阴阳混合的生命体。天地形成之前也是个混合体，或能量碰撞或阴阳相冲相交之后产生天地。天之阳，地之阴。这宇宙世界及人类社会都是道的作用与指引，尤其是天地之间有了优于其他物类灵性的人类，给这天地之间以生命的活力，并在人类社会相互斗争与和谐中前行，构成了古往今来波澜壮阔的历史长河。

逝曰远，远曰反，周而复始，道大、天大、地大、人也大，这其中相互之间的关系与运行法则一定要弄清楚，是不可以违背的。老子告诉我们纲领性的天地运行规律，人法地，地法天，天法道，道法自然，这就是宇宙世界及人类社会运行的总法则。

这宇宙世界伟大而神秘，人类社会所能认知的或许是冰山一角，种种信息暗示我们所能看见的物质或许是短暂的，是浮云一现，而我们不能看见的物质才是长久的，是永恒不变的。

从语法的角度，吾不知其名，强为之名曰道，紧接着，强为之名曰大，大曰逝，逝曰远，远曰反，更符合老子的写作习惯。曰其实是个连词，起转折的作用，去了曰也可，道大、逝矣、远矣、反矣，如第六十五章。

〔答疑解惑〕

道离我们遥远却又很近

道离我们很近，是因为其贯彻于我们日常社会生活之中，无时无刻不在左右我们前行的方向，但又遥远，是因为我们难以捉摸其运行轨迹，仿佛又遥不可及。

一谈到道，许多人就认为是宇宙的起源，仿佛觉得虚无缥缈或玄之又玄，呈现一种远古遥远而神秘的色彩。道不仅是宇宙的起源，是天地的起源，是人类及万物的起源，而且是宇宙天地人类及万物现在及未来的主导者。道从远古走来又走向遥远的未来，自始至终是宇宙天地人类及万物运行的主宰者。同时，道无时不有，无处不在，就在我们身边，随之不见其后，迎之不见其首。

道在天地之间，在万物之中。道就是万物之间的区别所在，不同事物有不同的特性，就有不同的道。有的学者把道分成种类，天地的万物有多少种，又如何分得清楚？很多学者把道分为养生、心理、修身、治国、军事等方面，道涵盖一切领域，又怎么分得明白？道实际上是指不同的事物有不同的特性就有各自的运行规律，道所寄托的事物是道的运行客观主体，这个客观主体所展现的状态、信息、特点就是道的特征，从而加以分析与判断道的运行方向，区分事物之间的差别。在过去的认识中，学者们认为道是宇宙的起源，离我们很远，以至遥不可及，说得玄乎高深。这没有什么不对，过去怎么来，当然重要，但我们更应该注重道的现在与未来。道如果不能运用到社会实践中去，指导我们前行，道的存在就没有什么实际的意义。在学者们的理论中，在口头与书面闲聊时，浪费精力与时间，不为社会生活所用，不为创新发展所需，谈道就没有任何意义。道的应用与实践，指导社会生活与人生方向，才是我们学习《道德经》的根本目的所在。

老子曰：大道泛兮，其可左右，万物恃之以生而不辞。万物有各自本身的生长发展之道，其特点、性质、属性各不相同，万物千差万别，构成了丰富多彩的世界。地区、国家、人口等不同的特色与位置都有不同的本身之道。道离我们很近，就在身边，一言一行之中。出言不逊，行为不端，因失道可能招致灾祸。学生要努力读书，农民要种稻谷，工人要出产品，知识分子要著书立说，角色不同道不相同，但都是道之主体，主宰着道的运行方向及未来。道离我们很远，是指我们对未来之道难以判断与把握，陌生迷茫，甚至可能会痛苦失败，但只要坚持道德的底线，守好道德的护身符，道路虽然曲折，但前景一定平安。老子曰：不善人者，善人之资。我们要从那些犯罪分子腐败分子身上吸取经验与教训，不可重复因道德缺失而惨败的人生，不要进了监狱而后悔人生。

什么是道？道的概念如何解释？道是万物生长发展的客观规律，规律之名曰道，是万物主体发展规律的语言表述。两千五百多年以来就一直没有搞清楚这个概念，所以《道德经》被学者们推上玄学。《道德经》一开头，老子就说：道，可道，非恒道。道，分为可道与非恒道。什么是可道，什么是非恒道，二者的关系与联系如何，是认识道的基础。这个问题上迷惑不解就很难解决当前《道德经》译注中乱象丛生的问题。"非常道"版本混淆了道的概念，使人们对道的认识越来越远。"非常道"与"非恒道"两种版本是当前主流译本，同时存在不利于弘扬道德文化，容易产生误读或让人模糊不清，所以说，《道德经》正本清源任重道远，使命在肩。

第二十六章　重为轻根

重为轻根，静为躁君。是以君子终日行不离辎重，虽有荣观，燕处超然。奈何万乘之主，而以身轻天下？轻则失根，躁则失君。

[字句解析]

重为轻根，静为躁君。重，指广大民众。轻，指领导阶层。根，根本。静，民众生活安静的状态。躁，领导阶层浮躁的状态。君，主宰者。解读：广大民众是领导阶层服务的根本，是为政者的衣食父母；广大民众生活安静，默默无闻地劳动奉献，相反，领导阶层发号施令却显得浮躁不安，广大民众才是为政者的君主，是社会发展的主要力量。

是以君子终日行不离辎重，虽有荣观，燕处超然。是以，凡是。君子，指领导阶层或高层领导。终日，一整天。辎重，出行所需要的车辆或粮食物品等。荣观，气派或高贵的样子。燕处，指车辆上的装饰物。超然，随行人员车马高出百姓想象的气势或规格高。解读：凡是出行考察的高层领导，都离不开随身人员、车辆及物品，显得高贵气派，富丽豪华。

奈何万乘之主，而以身轻天下？奈何，无可奈何。万乘之主，高层领导。以身，鞠躬尽瘁。轻，不重视。天下，指治国理政。解读：高层领导出行虽然显得荣华富贵，车辆随从浩浩荡荡，仿佛是无奈之举，不辞辛苦，奔波劳累，请问是为天下百姓鞠躬尽瘁吗？实际上是轻视民众的疾苦，这万乘之主，谁又能奈何？

轻则失根，躁则失君。轻，轻视。根，根本。躁，为政浮躁。君，指广大民众或主宰者。解读：领导阶层要时时刻刻地牢记广大民众的利益，如果违背民众的意志，就会失去民众的支持；轻视民众的支持与利益，就失去了执政的根本。领导阶层为政时要保持与民众的血肉联系，不能浮躁地决定与决策，损害民众的利益；如果不顾民众的感受，违背民众的意志，就会失去社会发展主宰力量民众的拥护。广大民众是社会发展的主体，当家作主，是建设国家的强大动力。

〔**要点综述**〕

老子是一位伟大的诗人，本章其实像是一首诗歌。诗歌的特点是往往有所指，故意将主要思想隐藏，用一种含糊不清的手法，阐述内心的表达。重与轻是对事物的多少或程度进行判断，静与躁是对人的行为进行判断。借重与轻、静与躁的关系，这就超越了字汇本身的内涵，来阐述自己的观点与立场，是一位伟大诗人的情怀。如果还原老子隐藏的内容，本章的前面就应该加上，民为重，君为轻，重为轻根；民为静，君为躁，静为躁君。老子用这样的方式表达对高层领导的劝告与质询。老子民重君轻的思想，强调民众为重，君子为轻，民众为君子执政之根本（根）、服务之主体（君）的重要思想。

奈何万乘之主，而以身轻天下？这是一个疑问句，表达老子的心中所问。在那个年代，高层领导坐着马车去民间考察，车辆随从，浩浩荡荡，富丽豪华，仿佛一路上风尘辛苦，奔波劳累，老子质问：你是真心实意地为广大民众服务吗？对高层领导这种借为民众服务的幌子来显示自己的权力与尊严，实际上是掩盖自己享受荣华富贵的真实目的，老子的内心感到十分不快与焦虑，但又无可奈何，只有借助诗歌的力量来发泄自己的心中情感。

在当时的社会政治形态，领导阶层与广大民众的矛盾是显而易见的，这二者的关系对立是社会动荡不安的根源。老子警告说：重为轻根，静为躁君。领导阶层总是把自己的意志强加于广大民众之上，打着为民众利益的口号，口是心非，说一套做一套，掩盖自己掠夺财富的真正意图。广大民众才是领导阶层的衣食父母，是社会的主体，是社会发展的主宰力量。如果失去广大民众的支持与拥护，就失去了社会发展的基础与根本。

〔热点话题〕

再不能上当受骗

诚信是做人最基本的素质、与人交往的最基本条件。老子曰：信不足焉，有不信矣。两千五百多年前，《道德经》中多次提到诚信的问题。然而在当今社会生活中，诚信仍然是个大问题，仿佛是习以为常的现象，让人们感到困惑不解。

双十一买茶叶之事，上了一次当。双十二又是铺天盖地的广告，还是那一套快抢红包之类。就是上凤凰网看新闻，也难逃双十二大幅度的广告。我上了一次当，就不会再有第二次了。当然，线下去熟人或所谓朋友的店铺买东西，上当也是经常发生的。一个没有诚信的商人或企业，说得难听点就是个骗子，将来的结果如何，我们将拭目以待。

　　企业诚信经营是最起码的道德，是一个企业立足成长发展之本，这基本常识都被利益架空了。有的企业或个人只要赚到钱，连诚信都不要，随意编谎言，根本就不考虑诚信问题。诚信就是一个人的面子，一个连面子都不要的人，即使赚到钱也是不光彩、不道德的。日常生活中发生诚信问题，使人们互不信任互相猜疑，诚惶诚恐。一朝被蛇咬，十年怕井绳。

　　近几年以来，有陌生电话不停地打，一天三到四次，从浙江、山东、河南到陕西等不停地变换地点，打个不停。一接通就是问你的股票怎么样，向你推荐股票，还要证明他的实力如何，但最终目的是向你收钱，一个月付多少钱。有时候，电话打来我就想骂他骗子，但还是挂断算了。这样的人不是骗子是什么呢？更谈不上诚信二字了。

　　社会生活中，有的人赚钱靠诚实劳动，有的人赚钱靠实业投资，有的人玩什么网络金融平台，有的人走上行骗犯法之路。天上不会掉馅饼，只要你不贪便宜，不想着不劳而获，就不会上当受骗。现在骗子的花样多，假的都能说成真的，甚至发起温情攻势，以关爱为幌子，还是要多多提防。道德的缺失，让他们什么样的缺德事都能干得出，骗兄弟、骗同学、骗朋友、骗亲戚等现象时常发生，看好自己口袋，是防骗之要务。

　　在一些社交活动中，经常能接触到吹大牛说大话的人，这些人根本就不考虑诚信的问题，图一时嘴快，想说什么就吹什么，与某某领导关系好，与某某大老板是兄弟，其实就是瞎吹。吹牛的人是经常可以遇见的，就在你的身边，都是没有诚信的结果。

　　学者或专家在讲台上文质彬彬，儒雅十足，妙语连珠，看似博学识广，台下的听众时不时鼓掌叫好，其实不然，尤其是在《道德经》的课堂上，许多人打着弘扬国学和传统文化的旗帜，实际上是为自己谋取功名与财富，华而不实，蹭热闹。很多学者解读《道德经》自称真本、真经、正本、正解等，自以为是，大言不惭。微信上的视频、录音，讲《道德经》的学者个个认为他人的不对，自己的解读才是最正确的。文化也有诚信的问题，不懂装懂糊弄观众，现学现讲，不知对错，这是没有诚信的表现。

老子曰：信言不美，美言不信。诚信依然是个令人头痛的问题，人会上当，是因为骗子太多，防不胜防。想要不再上当是很难的，因为很难分清真假，骗子说谎比真的还真。如廉价旅游、促销商品等。不过，只要相信天上不会掉馅饼，上当的几率就可以减小。

第二十七章　虽智大迷

　　善行无辙迹，善言无瑕谪，善数不用筹策，善闭无关楗而不可开，善结无绳约而不可解。是以圣人常善救人，故无弃人；常善救物，故无弃物，是谓袭明。善人者，不善人之师；① 不善人者，善人之资。不贵其师，不爱其资，虽智大迷，是谓要眇。

〔字句解析〕

　　善行无辙迹。善行，指顺应自然自然而然的行为或掌握事物发展规律的能力。行，指行为。无，否定词，作没有解。辙迹，印迹或留下来的足迹。解读：圣人做任何事都是勤奋努力，默默无闻，不虚张声势，不惊动百姓，不会留下任何的印迹或足迹，让民众无法觉察，使百姓们更加尊重与敬佩。

　　善言无瑕谪。善言，应用语言的能力。言，说话。瑕谪，瑕疵或缺点。解

---

　　① 故善人者，不善人之师。在句首出现"故"字，不太符合写作规律，或手抄或口传之误，应删除。

读：圣人传授道德文化，说有理话有道，以百姓的意愿为准绳，以百姓的利益为先，找不到任何瑕疵或缺点，是德高望重之人。

善数不用筹策。善数，谋划事物走向的能力。数，计划。筹策，事前准备。解读：圣人做任何事都是按照事物的客观规律而为，顺应自然，用不着精心筹备与策划。

善闭无关楗而不可开。善闭，指守护家庭财物的方法。闭，关起门来。关楗，家用门闩之类的构件。不可开，用不着开或不可能开。解读：圣人之家，没有什么可以值得偷的财物，没有什么类似门闩之类的关楗，所以用不着关闭或用不着开。

善结无绳约而不可解。善结，临时保护财物的办法。结，打结。绳约，临时用绳子约束某物的方法。不可解，用不着解。解读：圣人之物，百姓可以用之，用不着绳约，无绳约所以用不着解。

是以圣人常善救人，故无弃人。是以，凡是。常善，经常性的善良行为。救人，指帮助有困难的民众。故，所以。弃人，有困难而被抛弃之人。解读：圣人常关心民众疾苦，尤其是对有困难的民众更是体贴关怀；无论富或穷都是一样对待与关照，所以没有谁会被遗忘、被抛弃。

常善救物，故无弃物。常善，经常性的善良行为。救，爱惜或捡起。弃物，被人抛弃的东西。解读：有些物品用过之后，被人抛弃，但这些物品实际上还是有用处的，圣人捡起后，也爱惜之，可以回收利用，所以没有任何被遗弃的物品。

是谓袭明。是谓，所以以上几点。袭明，沿袭下来清楚而明白的道理。解读：所以以上几点如关于如何对待弃人与弃物，是很早时期古圣人传下来的优良传统，为后人清楚地指明了方向。

善人者，不善人之师。善人者，乐善好施、心系百姓的德高望重之人。不善人，有缺点或品德不好之人。师，老师或榜样。解读：品德不好或有缺点的人应该向品德高尚的人学习，学习他为百姓服务的奉献精神。

不善人者，善人之资。资，资源或样本或对象。解读：品德不好的人像是一个样本，从中吸取失败的经验教训，是品德好的人修行参考的对象，或可以理解为不善人是善人要帮助的对象。

不贵其师，不爱其资。不，否定。贵，珍惜或贵重。不贵，不要刻意地珍惜。爱，爱惜或爱抚。解读：善人虽然是不善人的老师，但不应该就显得其珍贵；不善人虽然是善人救助的对象，但也不应该就加以格外的爱护。

虽智大迷，是谓要眇。智，智慧。虽智，既然是智慧。迷，糊涂。大迷，装糊涂。要，要点。眇，事物的关键或规律。解读：有智慧的人表面上看起来笨拙，实际上是明白装糊涂，顺势而为，这才是处理一切事务的要点或关键，也是把握事物规律的方法。

〔要点综述〕

本章的分析，从善行、善言、善数、善闭、善结，依次排列是从抽象到实象，都是人们日常生活中经常发生的行为。行、言、数到更为具体的闭、结涵盖现实生活中的各个方面。关于善的解读是指顺应自然自然而然的行为或掌握事物规律的能力。拥有这种行为与能力之人一定是圣人，普通百姓很难做到。老子所阐述的实际上是一种理想的生活状态。我们不能把理想的状态照搬应用到现实生活中去，这样就会曲解老子的哲学思想。圣人救人与救物，处理善人与不善人的关系，是一次世界观与人生观的再教育，给我们提供了明确的答案。作为一个普通人，尤其是奔波于生计中的百姓，为生活所累，很难达到圣人之思想境界或修身之高度，但可以作为参照或指导性的目标，引领努力的方向。在我们的现实生活中，遇到不善人是经常发生的，对我们的容忍度会产生极大的考验。

善行，是我们每天生活中所发生的行为，或所遇到的他人的行为，纯朴与善良的品格是每一个人行为的基础，决定其行为的结果，即人生的命运。

善言，当然是指人们交流时的语言，通过语言的交流了解对方或表达自己的思想，或倾吐自己真诚的情感；但在现实生活中尤其谈到人际关系时，很少听到善言的一面，更多的是经常有人理直气壮地对他人说三道四，这样不好那样很坏，顺便夸自己又是如何的优秀。一个人好与不好，其实自己心中有底，做了什么亏心事或缺德事，隐瞒与伪装都逃不过人们的眼睛，只是不想揭穿其真面目罢了。说别人坏话的人是一个自私自利的人，不是一个好人，老子说这种人是不善人。不善人生活中常有，就在身边，或是你的亲人，或是你的同事、朋友等。如何鉴别：一、经常说别人坏话的人一定是不善人；二、说自己好话的人，也是不善人。

写有所指，是老子常用的手法之一，本章运用了五善，善行、善言、善数、善闭、善结，再升华到善人，其实是对当时社会现实生活的客观反映，因为老子所看到的社会状况，是人们没有做到善行善言等人性应该具有的基本品格；相反，不善人的普遍存在，给社会造成困惑与不安，才呼唤善人的普世价值。善闭与善结，是对不善人的行为而言，偷盗、抢劫、斗殴等属于不善人的范畴。人们总是通过善数、善闭、善结来谋取或保护好自身的利益与安全。不善人是社会的负担，但又不能抛弃与区别对待，作为一个善人，应该帮助其改邪归正，与善人享受同等的尊严。老子是这样想的，但现实却不如他所愿，才发出"不其贵师，不爱其资"的感叹。

[答疑解惑]

关于"贵师"之我见

教师节之际，在微信群里看到一则信息，老子是提出"贵师"的第一人，理由是本章的：不贵其师，不爱其资。后来也有朋友提出类似的观点。我有不同的观点，理由如下：

一、不贵其师。不，是否定词，是对全句的否定。不贵其师的含义：善人虽然是不善人之师，但没有显得格外珍贵。善人者，不善人之师，没有单独指教师这个职业。教师是值得被尊重的职业，是非常重要的岗位，但在社会生活中，哪一个职业或岗位又不重要呢？为什么会设定教师节？这可能是因为过去对教育重视程度不够，人们对教师的尊重不够。教师节是提醒人们重视与尊重教师，不是说教师就比其他职业更贵重。

二、老子曰：不尚贤，使民不争。这是一种人人皆平等的朴素价值观，对一个职业与行业的偏爱或贵重有失于平等的公正，不符合老子的思想。在我们的生活中，有很多优秀的人才，其能力比普通人强很多，尊重人不是为了贬低他人，其实不够优秀的人或能力差的人，更是应该关注或扶持的对象。杨巨源有一首诗：诗家清景在新春，绿柳才黄半未匀。若待上林花似锦，出门俱是看花人。我们不仅要当赏花人，更要当栽花人。

三、不要被名人所困。名人只能说明其在某个方面有特殊之处，不是什么领域都有才能，我们要有判断力，不能攀炎附势，以免误导他人。有的名人拿《道德经》说事，只是想图个虚名罢了。现在很多人都想借《道德经》扬名，尤其是一些学者站在门外说道解道。现在学术界有"非常道"与"非恒道"之争，解读《道德经》首先要把这两者的概念搞清楚，不能是非不分，稀里糊涂。

天地不仁，以万物为刍狗；圣人不仁，以百姓为刍狗。不仁其实就是博爱，一切都是平等的。所以说，老子是提出贵师的第一人之说，我不同意这个观点。不贵其师，不爱其资，是老子告诫人们一种和谐平等的处世态度，我们多读几篇，认真领悟，或许能再次感受到老子《道德经》所阐述的平等博爱之伟大情怀。

第二十八章　恒德不贰

　　知其雄，守其雌，为天下溪；为天下溪，恒德不离，复归于婴儿。知其白，守其黑，为天下式；为天下式，恒德不贰，复归于无极。知其荣，守其辱，为天下谷；为天下谷，恒德乃足，复归于朴。朴散则为器，圣人用之，则为官长，故大制不割。

〔字句解析〕

　　知其雄，守其雌，为天下溪。知，知道或了解。其，这里可特指人类。雄，雄性或男性。守，坚守或守护。雌，雌性或女性。天下，人类社会。溪，繁衍生息，如溪流不绝。解读：天下万物尤其特指人类社会雌雄两性相交相生繁衍生息构成了人类社会的延续与发展；知道或了解雄性即男性的特点，如阳刚健壮等，知道或了解雌性即女性的特点，如娇羞温柔等，要格外地加以守护，只有这样人类社会的历史长河才能像溪流一样绵绵不断。

　　为天下溪，恒德不离，复归于婴儿。为，是或如果。天下，指人类社会。

溪，像溪流一样。恒德，永恒不变繁衍生息的法则。不离，坚持不懈或不能分离。复归，返回或回归。婴儿，指婴儿及婴儿时的纯朴。解读：如果天下万物特指人类社会像溪流一样繁衍生息，就要永恒不变地坚持无私无欲的优秀品格，男女相爱永远不分离，回归到如婴儿一样的纯朴。

知其白，守其黑，为天下式。知，了解或明白。其，指天地运行。白，白天。守，坚守或守护。黑，黑夜。为，是。天下式，天下万物共同的生活方式。解读：知道或了解白天是工作学习劳动的时候，黑夜是休息养精蓄锐的时间更为重要，一定要了解白天与黑夜之间的转换是天下万物唯一相同的生活方式。

为天下式，恒德不贰，复归于无极。为，如果。天下式，天下万物共同的生活方式。恒德，永恒不变共同遵循的自然法则。不贰，唯一性。复归，回归。无极，混沌之状即道。解读：天下万物尤其是人类社会要遵循白与黑的转换、劳动与休息的交替，这共同的生活方式是唯一性的，要永恒不变坚守共同的自然法则，即白与黑回归到阴阳混沌的无极之中以循环往复。

知其荣，守其辱，为天下谷。知，知道或了解。其，指个体或社会事务。荣，荣誉或成就。守，坚守或守护。辱，负重或挫折。为，是。天下谷，天下人共同拥有处下不争的品格。解读：每一个人都要知道或了解荣誉是通过努力奋斗而获得的，奋斗就要克服困难，不畏挫折，忍辱负重，天下人都应该共同拥有处下不争的品格。

为天下谷，恒德乃足，复归于朴。为，如果。天下谷，天下人处下的品格。恒德，永恒不变和谐共享的法则。乃足，丰满或高尚。复归，回归。朴，纯朴善良。解读：如果天下人拥有处下不争的品格，达到人人品格高尚的社会环境，就要永恒不变坚守和谐共享的法则，回归到人最初纯朴善良的状态。

朴散则为器，圣人用之，则为官长，故大制不割。朴，纯朴的品德。散，广泛或演变。则，制造。器，器物或用具。用之，使用或履行。则，推荐。官长，领导。故，所以。大制，制造较大的器物或社会大家庭。割，分割。解读：圣人坚守纯朴善良的品格，在社会生活的各个领域中广泛地实施或散布符合民众的政策措施，包括制造各种器物或用具，深受民众的支持与尊敬；正因为圣人优秀的品格，民众推荐圣人为自己的带头人，领导民众参与社会实践；圣人总是按照与遵循自然规律去处理问题，尤其是制造大器物时，不会轻易地破坏与分割自然的原形，因势利导，适应自然道法自然而为之。另一层更深的内涵极有可能是指一个和谐的社会大家庭，不要因争名夺利而四分五裂，处于激烈的矛盾对抗之中，是老子不愿意看到与担忧的，故曰：大制不割。

〔要点综述〕

本章老子从三个方面阐述天下万物尤其是人类社会生活中经常发生的问题或矛盾。知与守，实则为递进关系，守比知更为重要，在认识动物世界阴阳两性中，阴性比阳性更为重要。雌与雄、黑与白、荣与辱，都是一对二元哲学矛盾体，相互制约与发展。但哪一个更为重要，老子给出了自己的答案。《道德经》是写给人看的，不是天书，人文关怀是主要的内涵之一。在男女关系上，男性要知道或了解，女性就要坚守与守护，女性比男性更重要，人类才能像溪流一样繁衍生息。在白与黑的关系上，黑夜是休息养精蓄锐的时间，有了充沛的精力，白天才能更好地工作，太极不断地复归于无极之中，才能循环往复。在荣与辱的关系上，不畏困难挫折，忍辱负重，处下不争，才能获得荣誉。天下人都处下不争，这世界就迎来了和平的阳光。

理想与现实有太远的距离，而要缩短距离，不知还需多少年多少代的努力。男女平等基本实现，但在传统的观念上，男主女次的观念依然存在。在家庭关系中，妻子的角色如何，是一个家庭兴衰的关键。俗话说：一个成功的男人，背后一定有一个优秀的女人。故曰：知其雄，守其雌，为天下溪。在日常生活中，在白与黑的转变中，有的人工作起来不分白与黑，经常熬夜，对身体有极大的损害。天下万物都要遵循这个生活方式，人为什么不能遵守呢？故曰：知其白，守其黑，为天下式。还有荣辱的问题，没有风雨，没有困难挫折，成绩不会从天上掉下来；但是有了成绩，不能骄傲自满，不能据为己有，要有处下不争的胸怀，要有与民众共创共享的情怀。故曰：知其荣，守其辱，为天下谷。

在社会现实生活中，人们总是难遂人愿，或许是无可奈何，为了工作颠倒黑白，现实生活中男尊女卑，个人得失上宠辱若惊，是人们面临的三大问题，却无法改变自身的弱点。两千五百多年前，老子运用二元哲学论证自己的观点，是一种忠告，也是对一种理想社会的寄托。

〔热点话题〕

你是否虚度此生

五千年的历史长河，古往今来，有多少帝王将相权势显赫，又有多少达官贵人金玉满堂，都淹没在历史的尘埃之中，人们不曾记起。"先天下之忧而忧，后天下之乐而乐"的千古名句，范仲淹仿佛还活在身边。人们怀念的不是你的权势与财富，而是你有一颗装着百姓冷暖的圣人之心。你是否虚度此生？你的理想与行为便是答案。

人生很短，要做的事很多，往往一件事还没做好，就已白发苍苍了。曹操说：譬如朝露，去日苦多。面对人生，有多少人会发出虚度人生的感叹。人生无非是生儿育女、健康养生、立志创业三件大事。如何处理这三件事，老子说得非常清楚明白，可是《道德经》被一些冒牌的学者推上玄学的高度，再加一个"非常道"的解读，《道德经》基本上已经远离广大民众的现实生活，成为少数人故弄玄虚或获取荣誉的资本。

关于健康养生的问题，这本来是人生的第一要务，却被人们轻易地抛弃

147

了。老子曰：知其白，守其黑，为天下式。这句话说的是学习工作与休息睡眠的关系，通俗地理解，是在劳动工作的同时，一定要休息好，睡好觉。如果休息不好，睡不好觉，身体容易发生故障，生病住院。身体不好，劳动工作就做不好，生活的质量就变得不好，劳动工作是为了更好地享受生活，这样简单的问题，很多人知道却装着糊涂不清。经常可以遇到一些人拼命似的工作，身体爱管不管，常带病坚持工作、熬夜工作、疲惫工作，好像这世界没有他的工作，就会停止运转。我身边有几个朋友就是这样的，虽然短期内身体可能不会出现故障，但长期这样下去，出问题或生病是迟早的事。

人们轻视身体，当然不是故意的，或许是生活的压力太大，赚一点钱也舍不得花在看病上，能扛过去就扛。赚钱不容易，不是不注意身体，带病坚持工作也是没有办法的。现实生活的无情，一天不干活就没有收入，没有收入生活就没有保障。住房、养老、看病、读书，还要养儿育女，这些都要靠工作赚钱来维持，赚钱是多么的重要啊！但有些人的情况不是这样，不是没有钱，而是想越赚越多，欲望无止境，没时间没精力顾及身体的好坏。这两种人占了社会的大多数而且是以中青年人为主，倒是年纪大的老年人对身体会更加重视一些。

有钱的人总以为自己的一生很有意义，自认为了不起，比别人高一等。有势的人以为自己的一生很有光彩，光耀祖庭，比他人更胜一筹。这两类人的人生观不是少数而是多数。其实，每一个人都是历史长河中的一粒尘土，不知道百年之后会消失在哪一个角落。何况有的人想干一番事业，目的不是为别人，而是为了自己或家人，总是想留更多财富来保佑后代的幸福。从古到今，有多少人的财富能够留到现在？富可敌国的和珅，财富今天在哪里？家财万贯的商人或达官贵人会记入史册吗？谁有这个资格？其实，人生如流水，终究是虚度此生，不要把自己看得多么重要、多么伟大。回忆历史，那些被人民怀念的人都是为人民大众谋幸福的；为人民服务才是光荣的伟大的，你是不是这样的人？

做人先积德，生儿育女要修身示范，立志创业更要以德经世。老子曰：善建者不拔，善抱者不脱，子孙以祭祀不辍。不知道这句话有多少人明白其中的含义。人生是否虚度，多读一读《道德经》就找到了答案。而现实生活中有的人总是拿金钱、权势或虚荣来炫耀自己的人生，私欲澎湃，正是失道离德，是人性最丑陋的表现，这种人终究是虚度此生。

第二十九章　天下神器

将欲取天下而为之，吾观①其不得已。天下神器，不可为也，不可执也。为者败之，执者失之。是以圣人无为故无败，无执故无失。夫物或行或随，或歔或吹，或强或羸，或载或隳。是以圣人去甚、去奢、去泰。

[字句解析]

将欲取天下而为之，吾观其不得已。将，即将或将要。欲，意图或实施。取，获得。天下，世界各国或疆域。为，指战争行为。观，观察与研究。其，指某一方。不得已，不得不采取的行动。解读：为维护广大民众利益的正义之战，我的观察与研究是不得不采取一切手段包括军事力量来战胜邪恶的一方，达到保卫社会和平安定的目的。

---

① 见应改为观。见，看见，感性之浅；观，观察与研究，理性之深。如第十六章，吾以观复；第五十四章，以身观身。吾观其不得已，更符合老子的原意。

天下神器，不可为也，不可执也。天下，指世界各国。神器，武器或先进武器。不可，不可以或不可能。为，制造。执，执掌或拥有。解读：世界各国都要制造先进的武器，用来对付敌国，但先进的武器是用来屠杀对方无辜生命的，视士兵的生命如草芥，所以说不可以制造，也不可以拥有。

为者败之，执者失之。为者，制造者。败之，不会成功。执者，拥有者。失之，必将失去。解读：先进武器的制造，加强彼此之间的竞赛，一物降一物，都会以失败而告终，即使拥有先进的武器，因为是非正义之战，最终都将失去，退出历史舞台。

是以圣人无为故无败，无执故无失。是以，凡是。圣人，德高望重之人。无为，没有神器与战争。故，所以。无败，没有失败。无执，没有拥有。无失，没有失去。解读：凡是圣人，根本就不会去发动战争，用不着制造与拥有什么先进武器，无为而为，所以没有失败之因，没有固执的行为也没有失去的理由。

夫物或行或随，或歔或吹，或强或羸，或载或隳。夫物，万物。行、随、歔、吹、强、羸、载、隳等指万物的特性或用途。解读：世界上的万物是为人类社会服务的，不是在战争中屠杀生命的。有的物体用来行走，有的物体用来生活；有的物体用来观察，有的物体用来吹乐；有的物体强硬，有的物体柔弱；有的物体用来承重，有的物体用来损毁或卸装。大千世界的物质多种多样，千奇百怪的特性，只为人类社会和平所用。

是以圣人去甚、去奢、去泰。是以，凡是或所以。去，减去或少量。甚，过多。奢，奢侈。泰，积蓄。解读：所以圣人都能自觉地遵守朴素节约的原则，不会过多地享受，不会奢侈，更不会积蓄财物或霸占财富。

〔要点综述〕

春秋战国，诸侯混战，正是老子所处的年代。老子面对这样的社会现实发出无尽的感叹。一方面，正义之战在所难免，不得已的战争行为同样会带来生灵涂炭，非正常的社会生活秩序与保障无法满足广大民众的基本需求；另一方面，因战争需要大量的物资，制造先进的武器及军事装备，耗尽民众的财富与人力，造成饥寒交迫的生活窘境。所谓的"天下神器"是对生命的屠杀，无非是统治阶级维护自己利益、争夺势力范围的工具，而无辜的民众却为此付出生命的代价。

任何一次侵略战争，无论有什么样的天下神器，都是以失败而告终。强大的德国战车与日本帝国主义在第二次世界大战中以失败而告终的历史就是证明。老子对人类社会战争的预言：为者败之，执者失之。只是贪婪的人类目光短浅，利令智昏而发动战争，却看不到自己失败的命运。

世界万物各有特点与灵性，丰富的物质世界是大自然给人类社会最宝贵的财富，各种各样的物质被人类社会用来或衣或食或住或行，为人们生活提供便利，让人们的生活多姿多彩。可这本来简单的生活需求却因战争烽烟而无法得到保障，反而民众却要为战争付出生命与物质的代价，而处于水深火热之中。丰富的物质世界本来是为人类社会服务的，却演变成为人类社会发动战争相互之间屠杀的工具，这所谓智慧的人类社会实为愚蠢至极。

〔热点话题〕

谁切走了你的奶酪

如果你觉得生活如此艰难，那么是谁切走了你的奶酪？

人类社会的历史记载只不过几千年，从江西万年稻作文化的历史研究来看，再往前推，人类的祖先活动迹象是一万多年或近两万年而已，与地球约45

亿年的历史相比，实在是太短。有学者发现人类有史前文明，或许在人类出现以前，有与人类相近的生命出现，而且有过高度发达的物质文明。如果这样的推断成立的话，那么，他们是以什么样的特性出现，是善还是恶？人之初，性本善还是性本恶？

私欲膨胀，独食霸权，互不相容，这些人类的特性注定人类自身的矛盾不能调和，所构成的社会必将动荡不安。有位哲学家说过：人类社会产生一切矛盾的根源就是富人不能把财富与穷人分享。有钱的人开豪车、开游艇、开飞机，穿着珠光宝气，有几个亿几十亿上百上千亿的财富，而有的穷人却穿不暖，吃不饱，家徒四壁。两极分化，贫富差距如天壤之别，是世界各国共同存在的普遍现象。自然界丰富的物质，如矿产、石油、树木、动物等让人类可以平等自由地享受快乐幸福的生活，然而穷人为什么会穷，是谁切走了他们的奶酪？几千年以来，这以感官刺激、物质诱惑、自大虚荣、自私自利、独裁专横等人类特性组成的人类社会，冲突不断、战争不断、矛盾不断，是人类自身在抒写血雨腥风的历史。老子曰：夫物或行或随，或歔或吹，或强或羸，或载或隳。是以圣人去甚、去奢、去泰。人类社会要走向和平，必须要克服自身最丑陋的人性特点，和谐共生，共享共荣，才是人类社会的唯一出路。

人们的奶酪是被谁切走了，不是某一个人，而是人性的自私、排斥、争斗造成的。老子曰：天下神器，不可为也，不可执也。为者败之，执者失之。

老子曰：民之饥，以其上食税之多，是以饥；民之难治，以其上之有为，是以难治；民之轻死，以其上求生之厚，是以轻死。谁动了你的奶酪，老子说得很明白。地球上丰富的物质，应该是全人类共享的，而不能凭手中的权力或掠夺财富的能力变成私有财产。地球上的奶酪是共享，而不是霸占与独有。

第三十章　物壮则老

以道佐人主者，不以兵强天下，其事好还。师之所处，荆棘生焉。大军之后，必有凶年。善而有果，毋以取强。果而毋矜，果而毋伐，果而毋骄，果而毋强，果而不得已。物壮则老，是谓不道，不道早已。

〔字句解析〕

以道佐人主者，不以兵强天下，其事好还。以，用或按照。道，社会发展的规律。佐，辅佐。人主，指君主或帝王。不以，不用或放弃。兵强，军事霸权或侵略战争。天下，指世界。其事，社会事务。好还，友好来往或关系和好。解读：辅佐君主管理国家的人，不能建议用军事手段或侵略行为去征服世界，在国内外事务的交流与合作中尤其是民族与宗教的差异等方面，即使发生误解或矛盾，也可以彼此用真诚或信任去赢得对方的谅解，彼此友好来往，关系和好，唯独战争会带给民族之间永久的仇恨。

师之所处，荆棘生焉。师，军队。所处，军事驻地。荆棘，野草之类的灌木。生，生长。解读：和平年代驻兵的军事驻地，没有战争，就没必要练兵，驻地四周长满了野草之类的灌木。

大军之后，必有凶年。大军，军队或战役。凶年，灾年或灾荒。解读：两军大战之后，耗尽了人力物力，农田无人耕种，肯定是一片荒芜的灾年景象。

善有而果，毋以取强。善，指顺应自然而为的能力。果，重大成就。取强，逞强或侵略。解读：任何一方治国理政方面如果遵循自然法则，肯定会取得重大成就，但不能以自己的成就逞强威胁或侵略他国。

果而毋矜，果而毋伐，果而毋骄。果，成就。毋，不要或不能。矜，守旧而停止不前。伐，显示或耀武扬威。骄，目中无人或自高自大。解读：在成就面前，既不能守旧而停止不前，也不能显示自己或耀武扬威，更不能目中无人或自高自大。

果而毋强，果而不得已。果，成就。强，逞强或侵略。不得已，通过努力获得大自然的给予。解读：任何重大成就的取得都是自己的努力与大自然的给予相结合的产物，只要顺应自然法则，成就会不得不来，但有了成就，不能逞强自傲自大或侵略他国。

物壮则老，是谓不道，不道早已。物壮，强盛之时。则，变得。老，衰退。不道，不在道上。早已，早就开始。解读：一个人或一个集团或一个国家处于强盛之时，总是骄傲自满或蛮横无理，到处惹是生非，就一定会衰退走向没落，这就是失去道德的象征；其实，这种失去道德的迹象，不在道上早就已经开始了。

〔要点综述〕

春秋战国，诸侯混战，民不聊生，但有一批所谓的能人志士懂得一些门道或有一点军事策略，并游说诸侯，说自己如何有本事，能帮助诸侯赢得战争或有治理国家的方略。这一批所谓的能人志士不仅没有给天下带来和平，反而加剧了诸侯之间你争我夺的混乱局面。老子针对这一现象提出了自己的观点与忠告。

一个人是否有能力，不是如何有谋略会打仗，不是如何为自己捞取一官半职，不是如何赚钱巧取豪夺，而是要纵观天下大局，以民为重，以民为本，给民众带来切身的利益。当时的现实就是，有一批人想升官发财，溜须拍马，投其所好，捞取财富与政治资本；这样的人越多，能力越强，对广大民众的危害就越大。所以老子曰：以道佐人主者，不以兵强天下，其事好还。在整个社会生活中，什么是道？道就是维护广大民众利益的方针政策及其行为，用战争手段来解决纷争只能破坏民众的幸福生活，就是不道。

当然，在当时的状态下，有些能人志士帮助侯王治理国家或在保卫国家的军事方略上取得了一定的成就，但这样的人容易骄傲自满，夜郎自大，长久下去也会危害国家的利益。有的国家本来丰衣足食国泰民安，却自恃强大，有侵略野心。老子针对以上现象及时指出：善而有果，毋以取强。果而毋矜，果而毋伐，果而毋骄，果而毋强，果而不得已。和平的环境来之不易，保持长久的和平，就要有谦虚处下的品格，不能恃强欺人或侵略他国，维护共生共享、天下大同的发展理念才是道的方向。任何一个强大的国家，如果没有谦虚处下的胸怀，到处侵略扩张，耗尽财力物力及国力，就难逃衰落的命运，老子曰：物壮则老，是谓不道，不道早已。其实是对当时霸权主义行径的严重警告。

[热点话题]

《道德经》与养生的关系

《道德经》是一切文化的源头，是哲学之祖之源，是世界观与方法论，对养生的指导意义当然有理论支持。如，万物负阴而抱阳，中气以为和。身体的阴阳相冲相抱平衡为中，才能达到中和。阴阳失衡，或少阴，或阳亢，都会对身体造成不利的影响。中和，是阴阳矛盾体找到了平衡的支点，平衡就意味着气血的运行平稳，身体健康。

前不久，有个朋友问我《道德经》与养生的关系，她的意思是说读《道德经》对身体有什么好处。我的回答是坚持读《道德经》能够百病不生。她很迷惑地望着我，似乎觉得我有点迷信。为什么？就是看问题的高度不同所产生的迷惑。我就谈一下《道德经》与养生的关系：一是《道德经》的韵律符合阴阳之道，如轻重一吐一纳、如递进阳中之阳，如哲理登高望远气凝丹田，使气血运转有序、通畅，活力无限。二是《道德经》的正能量，我们人体的小周天，通常由下丹田、会阴、尾闾、命门、大椎、玉枕、百会、上丹田、中丹田构成，打通这些穴位是要靠正能量的凝聚。常读《道德经》，正能量一点点凝聚，时间长了，穴位被打开，小周天就通了，则百病不生。三是《道德经》的智慧，《道德经》是世界观与方法论，能够帮助我们树立正确的世界观，辨清人生方向，明白做一个什么样的人才是有意义的人生。只有正确的人生观，才能使我们克服私心杂念，才能让我们摆脱欲望束缚，我们才能有健康美丽的人生。坚持读《道德经》，清静少欲，宠辱不惊，养生就是一件轻而易举的事。通过学习与领悟《道德经》的智慧，就能获得《道德经》中丰富的营养，不仅能养生，而且能开智慧，使你的人生变得灿烂辉煌。

老子曰：得与亡孰病？直指人们对物质利益的追求会影响到身心健康，甚至导致疾病的发生。在现实生活中，经常看到一些企业家或明星因过度劳累而导致出现健康问题。财富多了，身体垮了，多少金钱都无法买回健康的身体。如果人们有空或潜心下来读一读《道德经》，就能吸收到丰富的营养与智慧，放下欲望与追求，给自己一个轻松快乐的人生。老子又曰：宠辱若惊，贵大患若身。明确地告诉人们争名夺利如若过度，一定会大患若身。从这个角度看，《道德经》与养生的关系也十分重要。老子再三告诉人们：功遂身退，天之道也。如若不退，其后果如何？请读《道德经》。

第三十一章　胜而不美

夫兵者，不祥之器，物或恶之，故有道者不处。君子居则贵左，用兵则贵右。兵者不祥之器，非君子之器，不得已而用之；恬淡为上，胜而不美，而美之者，是乐杀人。夫乐杀人者，则不可得志于天下矣。吉事尚左，凶事尚右。偏将军居左，上将军居右。言以丧礼处之。杀人之众，以悲哀莅之，战胜以丧礼处之。

〔字句解析〕

夫兵者，不祥之器，物或恶之，故有道者不处。夫，你或凡是。兵者，指兵器或用于军事的物品。不祥，不吉祥的预兆。器，器械兵器。物，军事用品。恶之，讨厌或厌恶。故，所以。有道者，指尊道贵德之人或圣人。不处，不使用或不认同。解读：凡是用于军事打仗的人或物，都会给社会带来不祥的预兆，刀剑等之类的兵器是令人厌恶的，所以得道的人或圣人绝对不会使用或认同用兵器来解决社会矛盾与国际争端。

君子居则贵左，用兵则贵右。君子，最高级官员或天子。居，站位。则，就。贵左，站在左边。用兵，带兵的官员或将军。贵右，站在右边。解读：在战事发生的时候，最高级官员或天子站在队列前的左边，而带兵的官员或将军则站在队列前的右边商议军务及决策。这应是当时一种战时朝政的议事习惯或规则。

兵者不祥之器，非君子之器，不得已而用之。兵者，军队或武器。不祥，不吉祥之物。非，不是。不得已，不得不使用。解读：军队或刀剑之类的武器，就是一个不祥的预兆，圣人是绝对不会使用的，但是反对敌人侵略或正当防卫时，军队或武器在没有办法的情况下不得不使用。

恬淡为上，胜而不美，而美之者，是乐杀人。恬淡，低调或淡化。为上，最好的选择。胜，获胜。不美，不宣扬。美之者，宣扬者或庆功者。乐，乐于。解读：对于一次战役，即使取得胜利，低调处理是最好的选择，不宜宣扬与庆祝，因为战争是以牺牲生命为代价的；宣扬自身杀敌本领的，是喜欢杀人者。

夫乐杀人者，则不可得志于天下矣。夫，你或凡是。乐，喜欢。则，就。得志，实现志向。解读：凡是喜欢发动战争、以杀人为乐的人，不可能得志赢得天下。

吉事尚左，凶事尚右。偏将军居左，上将军居右。吉事，好事或喜报。尚，推荐或推崇。凶事，不好的事或败事。偏将军，辅佐将军或低级别的将领。上将军，统领或高级别的将领。解读：在战事发生时期，统帅的军营里分吉事或凶事两个处置方式，好事或喜报由偏将军负责通报，不好的事或败事由上将军负责处理或向君子汇报。这应是当时战争状态下的一种习惯或规则。

言以丧礼处之。言，将军的训令。丧礼，祭祀。解读：对于战争中的牺牲者，一定要举行悼念仪式，以示人性的关怀与悲痛。

杀人之众，以悲哀莅之，战胜以丧礼处之。众，多。悲哀，沉痛之心。莅之，处理。战胜，战胜者。解读：在战争中杀敌人多而取得胜利，也应该以悲痛对待战争，战胜者对敌方被杀者应该以沉痛之心悼念生命的离世。

[要点综述]

老子当过柱下史，亲见朝堂处理战争时的情景及君子与将军们讨论军政的

159

习惯与规则，如尚左或贵右，这不是本章的重点，重点是老子在本章中表达对战争的看法与态度。战争始终留给人类社会最惨烈的伤痛，以牺牲生命作为代价的战争伴随着人类社会漫长的历史长河，从远古到今天叙利亚的战火，战争从来就没有停止过。老子所处的春秋战国，他面对诸侯混战，亲历战争厮杀给社会及民众带来痛苦的印记，不得不阐述自己对战争的鲜明立场。他强烈呼吁：兵者，不祥之器，非君子之器。

战争，其实就是利益集团假用国家名义对弱小的一方实施非正义的侵略，达到获得利益的目的。发动战争的一方，无论有什么理由或名义，都是非正义的一方。翻开战争的历史，都是以牺牲广大民众生命为代价的悲惨壮歌。近代的两次世界大战，成千上万的生命在炮火中消亡，是最惨痛的历史教训。侵略与反侵略之战，有谁是真正的赢家？对生命的离世，无论胜与败，都应该言以丧礼处之。如果是杀人之众，以悲哀莅之，战胜以丧礼处之。这是老子鲜明的态度与立场。老子又曰：恬淡为上，胜而不美，而美之者，是乐杀人。夫乐杀人，则不可得志于天下矣。正义之战，是不得已而为之，绝不可因为胜利或打赢一场战争而沾沾自喜，一定要明白杀敌一千自损八百，胜利是用生命为代价换来的。

战争是人类社会自身带来的灾难，是利益争夺导致的人祸，是非正义一方违背道德的侵略行径。一个国家没有与他国和平相处的道德素质，迟早要付出沉重的代价。

[热点话题]

和老子一起中秋赏月

人生跨越五十六载中秋之夜，还是热切地期望欣赏圆月的美景。圆月升起的时候似乎不太情愿，或许是受到云层的包围，不多久，圆月就被云层挟持与囚禁而不见踪影，但不影响我与老子再次相约。与上次我梦中进入仙境约会不同，这回是老子亲临，重返人间，就相约在我家旁边的翠湖公园。我刚到凉亭里，老子从天上飞一样飘落下来，彼此点头问好，两人不语，沉默了很久，气氛有点凝重。近两年不见，两千五百多岁的老子比上次还略显年轻一点，只是脸上和我一样沾上不少的忧思。

圆月之夜不见月。我打破沉默。

该圆的时候不圆，难遂人愿，这就是自然。天地不仁，以万物为刍狗；圣人不仁，以百姓为刍狗。老子起身长叹。

您这句话另一层意思是抒发自己的抱负无法实现，空有满腔的豪情壮志，却没有谁能支持与理解。天地，不会因你的豪情壮志而感动，也不会因你的挫折施以恩赐。圣人，不会因你的真情实意而偏爱，也不会因你的困难伸出援手。不要指望天地，不要祈求圣人的帮助，而是依靠自己的力量与智慧战胜困难，迎接未来。仿佛一切都是命运，就像今晚的圆月，不会因中秋节就应该圆月当空照。我感慨一回。

你这样深入理解也有道理，我承认当时自己有这样的心态，现在轮到你了。你的心态正是我当年的心态，你甚至比我还要艰难得多，我是为你现在的心情所忧，你的努力不一定就有回报，包括将来很长的一段时间。《道德经》从字面上理解难免会产生误解，一定要追溯我的本意，你做得非常好。任何一篇文章，都是有感而发，写有所指，文字背后的意义深远。我之所以再次应约，是因为你近两年来触及我的内心深处，的确与我心心相通。你关于"上善若水"的解读是正确的，两千多年以来，你化解前人们对此章的误解。你从哲学的高度与文学的深度剖析《道德经》，再次译注《道德经》，对《道德经》的普及与推广意义重大。但是，你一定要明白前面我说的"天地不仁"，是对你的提示，希望不要因《道德经》而增添你的忧思，还有你其他方面的困惑，也是我替你所担心的，朝向更高更遥远的未来吧。我是虚拟的你，你是真实的我，感谢你的译注与努力，或许在可能预见的将来会有所成效。老子鼓励我。

我记得去年的中秋节下雨，第二天才看到圆月，十五的月亮十六圆。我是极为普通的人，喜欢月光如水的宁静，万物在月光下是那么的和谐而美丽，使我的心找到片刻的归宿与享受。今天的圆月或许像去年一样，明晚会更圆。我不该这时候约您下凡赏人间圆月，让您失望了。

站在地球的角度，圆月是人间的专利，日出日落、阴晴圆缺是人间独有的。如果从宇宙的角度看地球与月亮，就是另外一番景象了。太阳是永恒的，星星是永恒的，当然永恒也是相对的概念。大宇宙之道是能量演化与裂变、碰撞与聚散，阴阳之道更适合地球尤其是有生命特征的万物。地球上很多物体都是演化与裂变而来，不一定都是阴阳互变的。一个光秃秃的石头，如何去辨阴阳？是分子的聚合体。生产出来的产品与食品药品，如何去认识阴阳？阴阳之道是道的一部分，不是道的全部。我在第一章讲得很清楚，道分可道与非恒道，两者是道运行中的矛盾统一体。《道德经》是写给人看的，不是写给天看的。人类社会就像一架天平，平衡是和谐的根本。侯王与百姓是天平的两头，两头是利益的筹码。平衡才是人间的硬道理，而道德是维持平衡的唯一要素。失去道德，就失去了平衡。《道德经》阐述道德在社会治理中的重要作用，几千年过去了，效果你也有切身的感受，这可能就是人性。老子感慨万分。

道德是检验一切真理的标准，这是我的感悟。我有一个疑惑，不知道可以请教吗？

相互交流。你中有我，我中有你；你是现在的我，我是过去的你，我与你本为一体。老子开玩笑地说。

我是刚才听您说圆月是人间独有的，是从地球的角度看月亮，才有阴晴圆缺。我突然想起海水的潮汐与月亮圆缺的变化有关，地球自转与阴阳有关，春夏秋冬与太阳有关，地球实际上是一个自我繁衍自我更新自我循环的系统，包括地球生命体中的能量轮回，只是存在的形式不同而已。人性是天生的，不是轻易可以改变的，这就是几千年来人性未改的原因，《道德经》中的圣人，实际上是你理想的化身，赋予道德的因子从而改变固有的人性，达到理想的社会状态。道德改变人生，如果人们能够做到从修之于身到修之于天下的超越，和谐社会就一定会实现。我的感悟请您指正。

　　老子点点头后又摇摇头，不知何故，不等我开口，他解释道：你说得没有错，所以我点点头，但我又摇摇头，是因为人性难以改变。道德是一种奉献的牺牲精神，能做到的人少之又少，就是我所说的圣人。你谈到地球自身的轮回系统，尤其是能量轮回以不同的生命而存在，能量的密码就是道德。人与动物的区别就是能量的差别，而差别的源头就是道德。

　　我听后有点迷惑，好像以前也有过这样的认识。我感觉到人性的差别就是道德素质的差别，与一个民族文化传统元素中的道德价值观紧密相连。有什么样的文化传统就有什么样的人性，有什么样的人性，就可以判断社会和谐程度与发展状态。怪不得老子开篇第一章中把"恒道"改成"可道"，原来秘密就藏在这里。有什么样的可道，非恒道是可以预测的。如果非恒道超越可道的运行轨迹，那就是质的飞跃。我在心里想，转头再看了看老子，我又一次惊诧他天下第一的智慧。他似乎察觉到我的表情，读懂了我的心思。

　　那么，两千五百多年以来，您对人类社会的发展有什么好的建议？我莫名其妙地冒出这个问题。

　　老子曰：还是离不开道德。人类社会应该建立公开透明平等的财富分配体系，贫富差距在合理的范围内运行，建立一系列法律法规来保障财富的平衡，平衡财富需要人们奉献的精神与高尚的品格，这就需要道德的力量。道德在人类社会广泛普及与实践，人人遵守道德，人人崇尚道德，和谐的人类社会才能真正地实现。

　　圆月挣开云层的束缚，月光水一样洒在人间，一会儿又钻进厚厚的云层，今晚的中秋之夜有点失望，但我对一年最美的圆月之夜有所期待，早已储存了诗的激情。时间不早了，我提议各赋诗一首。"天上千年月，地上人变迁；道德通天地，天堂似人间。"我随即吟出。

　　你还是没有超越地球的视角，其实我的《道德经》也是对人间的美好憧憬。人生就是人生，思考的角度离不开人的情感，我也说过圣人以百姓之心为心，这正是你我道德品格的独白。说完，老子腾空而去，一道紫光消失，传来充满磁性的声音：本性皆前定，因果主命运；道德来相助，万世可太平。

我听后，感慨不已，老子还是两千五百多年前写《道德经》的老子，他没有忘记他的理想与情怀，始终怀着对人类社会深深的眷恋与美好的祝福。我思考着，阵阵微风吹来，睡意正浓，不由自主地进入梦乡，仿佛跟随那道紫光而去。

第三十二章　知止不殆

　　道恒无名，朴虽小，天下莫能臣。侯王若能守之，万物将自宾。天地相合，以降甘露，民莫之令而自均。始制有名，名已既有，夫欲将知止;① 知止可以不殆，譬道之在天下，犹川谷之于江海。

〔字句解析〕

　　道恒无名，朴虽小，天下莫能臣。道，这里指生命（或事物）完成衍化孕育已经形成的状态或诞生之后。恒，不变。无名，没有名称。朴，生命刚刚诞生之后的状态。小，生命之初。天下，天下的人。莫，不能。臣，臣服或遵从。解读：生命体完成衍化孕育已经形成或诞生之后的阶段，是没有命名的，像婴儿一样还没有名字，处在生命之初，正是生命最纯朴最无私之时，天下的人却不能拥有或臣服像婴儿般纯朴无私的品格。

――――――――――

　　① "亦"与"已""欲"语音相近，可能是口传之因。名亦既有，不太通；夫亦将知止，也不通。始制有名，名已既有，夫欲将知止，更符合原本，应改之。

侯王若能守之，万物将自宾。侯王，领导阶层。若，如果。守之，坚守纯朴的品格。万物，一切事物。将，必将。自宾，自化有序。解读：领导阶层如果能坚守纯朴无私的品格，那么一切事物都将自我感化而并行有序地生长发展，尤其是人类社会。

天地相合，以降甘露，民莫之令而自均。天地，天与地。相合，阴阳相生。降，降生。甘露，晨露或指万物生长所需营养。民，民众。莫之令，不违背或遵从四季运行规律。自均，自我调节或有序生活。解读：天地运转阴阳相生，降生如甘露般万物所需要的一切营养，而民众则遵从与依照四季变化之规律，自然地种植所需之物，均等地调节物质分配而获得快乐生活。

始制有名，名已既有，夫欲将知止。始制，万物丰富各有其特点都已记录在案。有名，万物各自的名称。名，万物。已既有，已经存在。欲，欲望。将，即将。知止，适可而止。解读：丰富的自然世界提供给人们所需要的一切，吃喝住行等等一切物质都已提供，人们各尽所需，什么样的物质都有，人们还有什么不能满足的，所以人们的欲望将会适可而止。

知止可以不殆，譬道之在天下，犹川谷之于江海。知止，适可而止。不殆，不会停止。譬，譬如。道，规律。天下，天下的一切。犹，就像。川谷，山川或溪谷。江海，大海。解读：人们要懂得知止才是生命发展的动力，譬如天下之道无处不在无时不有，就像溪谷一定要奔向大海一样永不歇息。

[要点综述]

文章的特点就是虚实相合，相生相映，从虚到实又回到虚中，主要是表达老子心中所想或寄托自己对生活规律的感悟。道恒无名，有的版本是道常无名，为什么要改成恒字？这里道的概念是指生命体完成衍化孕育已经形成之后，还没有命名的阶段。母体怀胎尚不知男女之别无法命名，与已经形成生命体之后已知性别但没有命名，两者要加以区别认识；生命尚未形成的道属于

"无"的阶段，到已经形成生命的道是属于"有"的阶段，是同一生命主体由无到有两个不同的发展阶段。朴虽小，是指生命之初天然的纯朴，其形体较小，如婴儿一样；朴则指在生命诞生尚未命名的起始阶段，没有受到外界的任何影响，是最纯洁无私的生命之光。所以老子发出感叹：道恒无名，朴虽小，天下莫能臣。侯王若能守之，万物将自宾。在生命诞生之后，道本来就处在无名的状态，是永恒不变的，所以不能用道常无名。

侯王若能守之，万物将自宾。这才是老子要表达的重点。实际上老子的主要目的是阐述人类社会的和谐要从侯王开始做起，侯王带头做好了，包括百姓们等一切万物都将自宾。自宾就是人与人的和谐、人与社会的和谐、人与自然的和谐。那么在社会和谐的情况下，又有天地相合，以降甘露，万物生长，物茂繁华，春华秋实，一切万物都始制有名，能够满足人类社会衣食住行的支配与使用，让人类享受幸福的生活。有这样的生活还有什么不满足呢？人一定要知止，知止就是防止跨越度的红线，偏离道的运行方向。知止方可保持活力，才能更好地长久地去享受生活，就像天下之道一样无处不在，像川谷一样奔向大海永恒永远。

〔热点话题〕

《道德经》与金钱的关系

前不久，与网友聊到《道德经》与赚钱有什么关系，这是十分敏感的话题，很容易引起误解。有的网友认为用《道德经》的智慧去赚钱，似乎会亵渎《道德经》的神圣与纯洁。这样的观点是把金钱看得有罪或罪不可恕，不能与《道德经》相提并论。那么《道德经》与金钱有什么关系呢？

金钱有罪吗？当然没有。金钱是市场商品交易的媒介或称通用货币，是人们生活必需的基本要素之一，本身没有是非的属性。金钱的强大功能涉及现代生活的各个方面，成为人们争先恐后奋不顾身去努力的原因。没有金钱，生活就会寸步难行，谁也离不开金钱，少了就要去赚。在社会生活中，有些人通过不正当的手段，或通过犯罪行为获得社会财富。如制假售假、以假乱真、以次充好，甚至行贿受贿，利用手中的权力等等来获得社会财富。在现实生活中，的确存在有些人是通过"为富不仁"或"心不黑家不发"或"马无夜草不肥"等方式达到发财致富。种种社会不良现象是有些人不道德的行为，亵渎了金钱的概念，使金钱成为替罪羊。金钱本身没有问题，是人们的品德出现问题。一个赌徒有钱就会去赌博，一个品德高尚的人有钱就会去帮助他人。其实，老子也曾说过：物或恶之，故有道者不处。

《道德经》是世界观，也是方法论。世界观告诉人们如何树立正确的人生观，做什么样的人才是有价值的人生。老子曰：生而不有，为而不恃，长而不宰，是谓玄德。告诉人们，庄稼长势喜人，是自然的赋予，不应该占为己有，即便努力劳动得到的成果，也不能自己独有，自然界的一切都是人类社会共同的财富，不能成为自己的私有财产，这是人们应该共同遵守的原则与基本的道德素质。而在社会生活中，财富差距越来越大，与共享共荣的原则背道而驰。如果社会失去了道德，就失去了公正与平等。正确的世界观是和谐社会的基础，方法论则是告诉人们如何去掌握适应社会、改造自然的方法；什么方法才是正确的，让人不走弯路或走错路，避免挫折与失败。万事万物的生长发展都有其本身之道，掌握其运行轨迹，总结其规律，方能战而胜之。有了正确的世界观，掌握正确的方法论，才会有正确的金钱观及人生观。

《道德经》的智慧可以帮助人们去获得财富，通过对事物运行规律的观察与把握，准确地发现商机，适时地抓住良机，成功地运用机遇。比如，股票的K线运行规律是股票的性格特点，掌握其特点，赚钱也是有可能的。有的股票很容易上涨，而且起伏很大，而有的股票却始终涨不上去，这就是股性。股票上涨与宏观面资金的供求、行业的景气度、资金介入的深度等都有关系。其实，做一只股票或两只股票上下来回赚差价，亏钱的可能性不大。老子曰：为之于未有，治之于未乱。任何事物都有其运行规律，处理好可道与非恒道的相互关系，对规律的准确把握是成功的关键。

在光绪年间，有一个管家年底收了一千多块银圆租金，休息喝茶时不小心丢在茶馆里，被即将渡江回家过年的贾先生捡到，贾先生一直等到管家回到茶馆里找，便误了船。管家为了感激贾先生要重谢，被贾先生拒绝，由于天晚，只好相约第二天一起喝杯茶。第二天，贾先生一见到管家就先点头握手致谢，管家觉得纳闷，应该是自己先向贾先生致谢才是。贾先生说：若不是你丢了银圆，我这条命就没了，昨晚那条船在江中被大风吹翻了，无人幸免。管家才恍然大悟。管家回到东家家里，东家说要见贾先生，说贾先生品德好。后来贾先生做了东家的女婿，很多商人都愿意与贾先生做生意，贾先生自然是财运亨通，富甲一方。这个故事说明道德与财富之间有必然的关联。如果你没有品德，谁敢与你做生意？那自然就赚不到钱了。

如果有品德的人有钱，就会帮助穷人，人们就会走向共同富裕。如果《道德经》走进千家万户，走进每一个人的心里，千千万万个人的品德高尚，就形成一个和谐幸福的社会。当然这是理想中的结果，只要共同努力，百年千年之后，或许这就是现实。

第三十三章　知人者智

　　知人者智，自知者明。胜人者有力，自胜者强。知足者富，强行者有志。不失其所者久，死而不忘者寿。

[字句解析]

　　知人者智，自知者明。知人，了解他人。智，胜人一筹的智慧。自知，对自身的了解。明，清楚明白。解读：能够了解他人是胜人一筹的智慧，但对自身更应该清楚明白；对别人的了解，还不如明白自己。

　　胜人者有力，自胜者强。胜人，比较中有优势的一方。有力，能力。自胜，自己战胜自己。强，强大。解读：两者比较，胜者一方相对有能力，而能够战胜自己的人才能使自己真正地强大。

　　知足者富，强行者有志。知足，感到满足。富，富有。强行，充满信心。有志，志向。解读：能够从现实生活的不足中感到满意并找到生活的乐趣，感觉生活其实很富有，而对生活充满信心与理想，这算是一个有志向的人。

不失其所者久，死而不忘者寿。失，失去。所，寄托或服务民众的理念。死，生命终结。不忘，没有被人忘记。解读：只有始终坚守自己为民众服务的固有梦想，才能获得生命的活力与长久，即使离世也能获得人们的深深怀念，让人们永生不忘，这样的人生才有价值。

〔**要点综述**〕

面对复杂的社会，人们常会感到困惑与迷茫，陷于世俗名利之中而疲惫不堪。争强好胜，相互攀比，金钱与权力的魔咒是人类社会和平挥之不去的绊脚石。这些有权有钱的人，经常成为媒体的焦点，吸引人们羡慕的目光。老子正是为解答人们的疑惑，才写出这一章，不知人们是否读懂。

人性有太多的弱点，许多人不知自身的弱点，反而在弱点中扬扬自得。人们喜欢对别人高谈阔论，或指指点点，或自以为是，贬低他人，抬高自己，这样的人生活中屡见不鲜，在大街小巷，在菜市场，在公共厕所里等，都能听到他们指责别人的不是，甚至伴有粗鲁难听的脏话。老子对这种人的告诫：知人者智，自知者明。这句话真正的内涵是知道别人的弱点或许算你聪明，但要知道自己的弱点才是真正的智慧。解读这句话一定要从老子哲学的二元思维中找正确的答案。

在两者的比较中，或经常看到两人或多人的相互比试中，胜者一方为胜过对方而感到自豪与荣光。社会生活中，人们就是喜欢攀比，比权力、比财富甚至比女人等，权力比别人大一点脸上光荣，财富比别人多一点无比骄傲，女人比别人漂亮一点笑容可掬。人为什么要比？这就是人性的弱点。老子曰：胜人者有力，自胜者强。比别人力量大一点不算什么，只有战胜自己才是真正的强者。

财富不是越多越富，而是与你对财富的态度有关，与你参照值的大小有关。对一个农民来说，农作物丰收，有饭吃，丰衣足食就是最大的财富。对一个工人来说，工资以外有点奖金，足够养家糊口，外加一点积蓄就满足了。财富的内涵不是数字越大越有财富，而是与你的欲望大小有关。老子曰：知足者富，强行者有志。对财富的态度决定生活的态度，对财富执着只能说明你是一个执着于自己欲望的人，对梦想执着追求说明你是一个有理想的人。

一个人要始终坚持自己的理想，朝既定的目标前行。这个目标与理想不是为了自己贪图享受，而是为了广大民众的利益与幸福。人一定要明白心中所想，解决为了谁的问题。只有在短暂的人生中，做出自己的贡献，留下自己的足印，才能不枉此生，人民将永远记住你的名字。故老子曰：不离其所者久，死而不忘者寿。

[热点话题]

捍卫自己的尊严

老子曰：天下有始，以为天下母。既得其母，以知其子；既知其子，复守其母，没身不殆。人分男人与女人。男人与女人的结合繁衍一代又一代的人，构成了人类社会的历史长河。人与人之间本应该平等，相互尊重，共同享受人生的天伦之乐。地球提供给人类社会极为丰富的物质财富，衣食住行根本没有问题，可进入 21 世纪的今天，穷人依然是个庞大的群体。从穷人到富人，从普通民众到高层领导，从弱国到强国，不仅财富与权力存在差别，更主要的是，尊严也存在等级差别，这或许是人类社会不断发生矛盾与冲突的根本原因。

一、人穷志不短，尊严是自己努力赚来的。人一定要树立平等意识，不管你是穷人，还是富人，尊严是相等的。人穷可以通过努力去改变，不是向富人乞讨而获得幸福生活。在现实生活中，有的人巴结富人，或嫁给富人，或替富人鞍前马后，过着低三下四没有尊严的生活。这样的人或许物质生活有所改变，但精神上压抑，显然是一种折磨。一个人一定要相信自己的努力，而不是期待别人的施舍，与他人共同享受平等的尊严，才能实现真正的人生价值。

二、普通民众是社会的基石，更需要捍卫自己的尊严。人的一生不在于官的大小，而在于对社会贡献有多少。现实生活中，有的人总是把做官作为人生的动力与目标，当了科长，想当处长；当了处长，想当厅长、当省长。这样的人当官不是为民众服务，而是想升官发财，为自己捞取政治资本，从而获得更多的私利。吹牛拍马，点头哈腰，用尊严换取一官半职，这样的人生有意义吗？腐败分子就是这样把自己送进监狱的。一个人无论在什么岗位或做什么工作，都要有一种奉献精神，即为民众服务的人生观。这样的人无论是环卫工人、大学教授，还是领导干部，在不同的岗位与职责上，干一番事业，都能获得有价值有意义的人生。如果没有环卫工人的付出，城市有这么干净、这么美丽吗？

三、弱国无外交，也就是无尊严。一百多年前，英法联军侵略中国，因为当时的中国是大国中的弱国，打不过英法，才有不平等条约。中华儿女团结就是力量，建设好自己的国家，强大自己的国家，才能让国家有尊严。国家强大了，才有话语权，才能获得世界的目光与尊重。

一个人强大，才能被人尊重，活着才有尊严。一个国家强大，才能被世界人民尊重，说话做事都有尊严。有的人为了功名与利益，阿谀奉承，指鹿为马，虚情假意，没有一点做人的尊严。如有的歌迷、影迷、粉丝等对明星的崇拜与追逐，就疯狂到不要自己的尊严。尊严不是傲慢，不是强权，更不是侵略。尊严是理解与尊重，是公正与平等，是和谐与共享，是勤奋与奋斗。一个人或一个国家只有遵循道德，弘扬道德，实践人间正道，赢得广泛的支持与力量，才能捍卫自己的尊严。

第三十四章　大道泛兮

　　大道泛兮，其可左右。万物恃之以生而不辞，功成而不处①。衣养万物而不为主，恒无欲，可名于小；万物归焉而不为主，可名于大。是以圣人终不自为大，故能成其大。②

〔字句解析〕

　　大道泛兮，其可左右。大道，天地万物各自运行之道的总称。泛，广泛而无处不在。其可，真实存在。左右，身边。解读：天地万物各自的运行之道无处不在，在水中，在空气中，在每一秒中，在每一事物中，真真实实地就在你的身边左右。

　　万物恃之以生而不辞，功成而不处。万物，一切事物。恃之，恃有。生，

---

　　① 功成而不处或功成而弗居，是《道德经》中的原始句型，功成而不有则有点不太相符。

　　② 按照老子的写作规律，一般后一句是总结与概括，所以本章与其他版本有区别，加上主语：是以圣人终不自为大，故能成其大。与帛书版相同。

生长发展。辞，离开。功成，成就。不处，不独有自傲。解读：世界一切事物各自恃有道的运行规律，生长与发展，与道同存，绝没有离开道而存在的事物。道成就了天地万物，不独有自傲却无私地奉献，进而推演出圣人的优秀品格，功成而不处。

衣养万物而不为主，恒无欲，可名于小。衣养万物，指道供给人类社会衣食住行的作物。不为主，不主宰。恒无欲，指事物或生命之初时一种没有欲望的状态。可名于小，生命或事物之初时可以总结的规律不多，像一张白纸，其可名为小。解读：万物都是在道的作用与指引下，包括人类社会衣食住行的一切物质生长发展，却又看不到道的刻意主宰，尤其是在事物或生命之初，仿佛不见道的踪迹与效果，可言的很少，其可名当然于小。

万物归焉而不为主，可名于大。万物，一切事物。归，事物或生命最后的阶段即将回归自然原点。不为主，不主宰。可名为大，当事物或生命的一次轮回归于无，其阅历丰富，这时候有很多可以总结的经验与规律。解读：当一切事物或生命回归自然原点都将功成名就之时，也看不到道的主宰；生命一次轮回的开始与终结，有丰富的阅历，一定有很多经验与成果并总结成规律，可以盖棺论定的，其可名当然于大。

是以圣人终不自为大，故能成其大。是以，凡是。终，自始至终。自大，自傲。故，所以。大，成就。解读：凡是圣人，自始至终贯彻谦虚谨慎从易从细开始而不自傲的处世态度，默默无闻，低调做人，用心做事，所以必将成就一番功业，获得广大民众的称赞，成为民众心中的圣人。

〔要点综述〕

宇宙世界万物都是在道的引领下生长发展，包括世界一切社会事务都各自有道的运行方向与轨迹。道不是离开事物的主体而独立存在的，是与事物的主体相互依存共同生长发展的。在同一事物生长过程中，既有内在规律的道，又有外在客观规律的道，各种因素的影响与制约同时作用于同一事物的主体，形成道的运行方向与轨迹。老子明确告诉我们，道生德养是一切事物生长发展的总规律，尤其在人类社会的发展中，道德决定了社会的运行方向与文明程度。

在《〈道德经〉新译注》中有过对可名的解释，这里就不再重复。本章中的可名于小与可名于大是指同一事物开始之初与终结之尾两个不同的阶段。在事物之初刚刚起步时，如一张白纸，可以说的道很少，故恒无欲可名于小；在事物终结之尾时，有丰富的阅历与经历，应有太多的故事可以说道，故万物归焉可名于大。生命与事物的轮回就是这样循环往复的，可名从小到大，人从年少到年老，岁月如梭，一江春水东流不复回。

对万物生长发展的观察，可名从小到大，老子用了"恒无欲""而不为主"等，字面上是对自然万物观察得出的优秀品格，品格是说给世人听的，实际上是对人类社会的一种警示。老子又联想到上古时期的圣人，有着从不自傲、谦虚处世、一心为民的优秀品格，所以说，圣人终不自为大，故能成其大，这才是写本章的意图。

〔答疑解惑〕

你一定要把握本身之道的运行方向

老子曰：大道泛兮，其可左右，万物恃之以生而不辞。这句话的内涵就是万物各自有其本身之道的运行轨迹与方向，贯彻于万物生长发展的始终。在现实生活中，每一个人都有自己固有的本身之道的运行轨迹与方向。把握自己的本身之道，是人生成功的钥匙。一个人的本身之道，除环境外界因素影响之外，自身的内在因素起决定作用，外因与内因的相互制约是矛盾运动的对立统一规律。一个人的本身之道不是孤立的，受各种因素的影响尤其是受社会生活环境的左右，要用全面的、发展的、变化的观点去把握本身之道的运行轨迹与方向。

一个人的性格特点与理想抱负，尤其是人生观决定本身之道的运行轨迹与方向。现实生活中人的差异性，不是服装穿着的不同，不是财富多少的差异，实际上是性格特点的差异、奋斗意志的强弱、道德与理想的有无等构成人生观的基本要素，决定一个人的命运与前途。有的人喜欢读书写字，有的人喜欢唱歌跳舞，有的人喜欢吃喝玩乐等，其人生的本身之道千差万别，命运结局精彩纷呈。每一个人都应该在遵循道德的前提下根据自身的特点与理想，规划一条可行的本身之道，把握本身之道的运行轨迹与方向，坚持不懈，努力奋斗，实现自己的人生价值。本身之道的可变性，要求每一个人及时地校正道的轨迹与方向，防止脱离原有的轨迹与偏离正确的方向。一定要在有道德的前提下才能有正确的人生本身之道。没有道德的人，就是歪门邪道，更没有什么光明的前途。

正确处理本身之道与家庭关系，是人生成功的重要因素。在现实生活中，每一个人都与家庭生活息息相关，衣食住行都是在家庭生活中进行与发生的。拿一个成年男人来说，有妻子与孩子，还有父母及亲朋好友等，都有要面对与处理的家庭事务。一个成功的人生，一定要有一个和谐的家庭环境做支撑。事业与家庭相互促进。事业是动力，家庭是推动力，形成前行的合力，一个人的本身之道将会功成名就。有的人一心忙事业，而不顾家庭，甚至认为家庭是阻力，这样的人走的可能是一条自私自利之道。现实生活中，很多名人尤其是明星，成名之后抛家弃子，与原配妻子离婚，另找新欢，这种人的本身之道就是离道失德，一定会受到社会的批评与指责。

本身之道受社会环境的影响是不可估量的，甚至社会环境的状况决定了人生的命运。处于不同的社会环境就会有不同的人生，时代的印记会深深地影响每一个人本身之道的前行轨迹与方向，尤其当一个人意志薄弱或前途迷茫时，徘徊在十字街头，很容易受到外界环境的影响与支配，会随时改变本身之道的运行轨迹与方向，导致人生命运的改变。当经济大潮来临，处在用金钱观来衡量一个人成败的社会环境中，孰能浊以静之徐清？这也是老子的呼唤。一个人要有道德的定力、理想的信念力，坚持无私的人生观、服务广大民众的世界观。无论在什么样的环境与条件下，坚持自己的本身之道不动摇，按照既定的轨迹与方向前进，克服一切艰难险阻，去拥抱属于自己的伟大人生。

老子曰：修之于身，其德乃真。道德是本身之道的通行证，离开了道德就失去了前行的方向。无论是家庭还是社会环境的影响，真正决定自己本身之道的是你自己树立正确的人生观，践行为百姓为社会服务的价值观。对自己本身之道的定位与方向，一定要切实地与自身的特点、条件，与所处的社会环境相结合，找到一条符合自己的人生本身之道。有的人能成功，那自己为什么不能成功？除外界因素之外，内在的因素还有哪些不足，并加以改正。有些事情不一定现在成功，或许还要等待，或许在更远的未来，但今天不努力，就没有未来。今天的努力，一定不会白费，相信未来的人生更美好。

第三十五章　往而不害

执大象，天下往。往而不害，安平太。乐与饵，过客止。道之出口，淡乎其无味。视之不足见，听之不足闻，用之不足既。

[字句解析]

执大象，天下往。执，执行或实现。大，宏大或无垠无际。象，万物之象。天下，人类社会或大千世界。往，向往或憧憬。解读：这宏大无垠无际的世界里，人类社会如果能通过努力达到处处繁荣的景象，并得以实现，天下人谁不为之向往。

往而不害，安平太。往，来往或交流。不害，互不伤害。安，安宁。平太，太平。解读：人们在社会生活中来往与交流而不相互伤害，合作共生，安定团结，共享太平和谐的幸福生活。

乐与饵，过客止。乐，音乐或娱乐。饵，食品或菜肴。过，经过。客，民众。止，止步或满足。解读：在社会生活中，人们尽情地享受着幸福的生活，包括音乐舞蹈、美味美食等，但人们又能懂得适可而止，即使面对娱乐与美味的诱惑，也能把握住道的防线，而不伤害他人的利益。

道之出口，淡乎其无味。道，万物运行的规律。出口，表现或特征。淡，平淡或普通。无味，仿佛无味却是味之无穷。解读：万物的运行规律，其特征十分平淡或普通，大道至简，仿佛无味却是味之无穷，道的魅力蕴藏着无穷的内涵，没有穷尽。

视之不足见，听之不足闻，用之不足既。视，看得见的事物。不足见，不要去满足自己的视觉或自我之见。听，从远处传来听得到的声音。不足闻，不要去满足自己的要求或刻意地寻找。用，可以使用的日常生活物品。不足既，不要去满足自己的私欲或过度追求。解读：看得见的事物，不要满足自己的视觉或有自我之见；听得到声音，不要满足自己的要求或刻意地寻找；可以使用的生活物品，不要满足自己的私欲或过度追求；无论是视之、听之、用之，在社会生活中一切可以提供给人们享受的物品，都不能要求满足自己的贪求与欲望，要以不足为满足，才是做人的基本原则，也是道的表现与特征。

〔**要点综述**〕

从理想到现实，从虚到实，是老子《道德经》的写作手法之一，本章中可以看出老子超越现实，展望未来，通过对一种社会状态的具体描述，寄托自己的憧憬与理想。两千五百年前老子对理想社会的描述，可有谁读懂了他的思想与抱负？

万千世界，各有其象。象是物质的载体与表现，是区别于其他物质的特征。象的不同，是物质之间的相互区别。在人类社会生活中，一个社会整体，必定有象之特征，是和平，还是争斗？一个社会的风俗、文化、环境等特征，展现出一片祥和、安宁、幸福的气息，是整体社会之象的道德文明。这就是老子所要表达的"执大象，天下往"的理想社会。人们在社会生活中交流与学习，相互取长补短，相互帮助与进步，从而达到"往而不害，安平太"的社会状态，是一幅多么美丽的画卷。在这个理想社会中，人们少私寡欲，见素抱朴，无论是面对物质诱惑，还是精神刺激，是美味佳肴，还是动听的音乐，都能做到不为私欲而动，达到了"乐与饵，过客止"的理想境界。

任何事物有其各自的运行规律，都是道的作用与指引，各自完成其历史使命。成绩不是立竿见影，成就不是轰轰烈烈，成功不是功名利禄。道在润物细无声中前行，在平淡普通中生长，在汗水与努力中发展。道成就了万物，万物各有其道，看起来平淡与无味，却焕发出无穷的生机与活力。万物因道而生，人因德而存，道之出口，淡乎其无味。这无味之中味之无穷，谁知其味呢？

现实与理想有太遥远的差距，在现实生活中，矛盾与冲突伴随着人们前行的脚步。人们在私欲中迷失道德，在争斗中丧失道德，人们变得自私、自利、自傲、自我，以满足自己为中心去支配自己的言行与奋斗目标。老子用他敏锐的目光捕捉社会各种不良现象，并告诫人们：视之不足见，听之不足闻，用之不足既。只有人们严格要求自己，学会以不足为满足，才能形成全社会共同营造和谐共生的人类社会的局面。

如果人们能够从自私与欲望中，从自我与自负中挣脱出来，做到道生之，德畜之，那么老子期待的理想社会就离我们越来越近了。

[热点话题]

实无所得

——《〈道德经〉新译注》出版五周年纪念

五年前的今天，《〈道德经〉新译注》正式出版，无需喝彩的掌声，无需鲜花的祝福，它揭示了道的深刻内涵以及对可道与非恒道的定义与划分，以区别于其他译注，形成自己独特的领悟，必将在未来的日子里彰显其内在的重大价值。

错过权力与金钱的诱惑是幸运的，至少保存了道德的纯朴。在寂寞与孤独的日子里，我与《道德经》狭路相逢，却又一见钟情。或许是《道德经》为我指明了人生方向，或许是《道德经》的沧桑与冤屈，找到了与其相恋的理由。在这五年多的日子里，我背负千年的沉重，遭遇漠视的眼神，经受冷嘲的言语，但偶尔会收到珍贵的祝福，增添一份力量。无论风雨如何，我都不会改变对《道德经》执着的步履。正本清源，还原老子真实的思想与理想，努力在路上。老子曰：大成若缺。不成，就算是天意吧！

老子曰：名为得道，实无所得。得道不是指获得某种荣誉或修炼成仙的状态，而是指一个人无私无畏的思想境界与为广大民众服务的奉献精神。老子曰：圣人恒无心，以百姓之心为心。这就是人间正道。每一个人都应该摒弃私心杂念，融入人民大众之中，找到自己的岗位与责任，把自己的本身之道与人间正道紧密地结合起来，为人民大众的幸福生活而奉献自己的汗水与青春。从自身开始，从心开始，抒写自己美丽的人生之道。社会生活决定个人命运的走向，从可道中可以判断非恒道的运行轨迹，一个人的努力只有在社会生活环境允许的范围内把握好前行的方向，才会离理想越来越近，努力一点，就会近一点；今天的平淡，不代表就没有未来。道总是在沉默中孕育与演化，凤凰涅槃在未来的旅程里。

弘扬与传播《道德经》，用通俗的语言将《道德经》与人们从事的职业与行业及日常生活中一言一行等社会活动紧密联系起来，化解一切迷茫与困难，让《道德经》成为指导一切的手册。五年以来，我多次参加全国性的学术论坛，以及在学校、机关、企业讲课，都是为《道德经》正名而努力；同时，《〈道德经〉新注释》也已完稿，期待出版发行，是对《〈道德经〉新译注》全方位的补充与完美，也是一次质的飞跃，即将接受广大读者的质疑与检验。《〈道德经〉新注释》，为什么是新？是继承与发展，也是摒弃与否定。新就是对旧的否定，如此才有前行的动力。虽然开始艰难，一路走来真不容易，可能结果也未必理想，但我为百分之一的希望做出了百分之百的努力，无惧风雨，不问前程，做好了一份让自己满意的人生答卷！或许再过两年，或许十年，一切还是原来那样，我也不后悔，我相信努力不会没有进步，期待奇迹会发生在未来的日子里。

第三十六章　国之利器

　　将欲歙之，必固张之；将欲弱之，必固强之；将欲废之，必固兴之；将欲取之，必固与之，是谓微明。柔弱胜刚强。鱼不可脱于渊。国之利器，不可以示人。

[字句解析]

　　将欲歙之，必固张之。将，将来或即将。欲，想要或目的。歙，闭合。必，必须。固，暂且固有的方法。张，张开。解读：闭合之前，就必须暂且将其张开再关闭，方能达到更好的效果，这是基本的常识或早已被人们认知为固有的方法。比如，没有关好的门重新关好，就必须把门张开一点再关，这样就可以关得更好。拳头打出去必须先缩回来再打出去才更有力，其实这就是自然现象。

　　将欲弱之，必固强之。将，即将或将来。欲，想要或目的。弱，减弱。必，必须。固，暂且固有的方法。强，强大。解读：如果想要使对方的力量减弱，必须要按固有的方法处理，就是暂且先让对方强大，耗尽其财力与物力，然后慢慢地让对方走向衰退。

将欲废之，必固兴之。将，即将或将来。欲，想要或目的。废，废除。必，必须。固，暂且固有的方法。兴，兴起或兴旺。解读：如果想要将对方废除，就必须按固有的方法执行，暂且让对方兴旺起来，等到其衰落之时再将其废除。

将欲取之，必固与之。将，即将或将来。欲，想要或目的。取，取代。必，必须。固，暂且固有的方法。与，给予。解读：如果你想要胜过对方，就必须要暂且给予对方，获得对方的信任，从而使对方归顺自己，这是实践早已证明的固有方法与经验。

是谓微明。是谓，就是说。微，细微。明，明确或了解。解读：以上四点都是关于矛盾相互转化的时空性，从细微的变化中观察矛盾发展的轨迹，明确与掌握矛盾变化的发展规律。

柔弱胜刚强。柔弱，生命的初期。刚强，生命旺盛期。解读：柔弱是生命的初始阶段，是上升之际；刚强，是生命旺盛期，是下降之际，所以说柔弱胜刚强。

鱼不可脱于渊。脱，离开或脱离。渊，水深或江海之深。解读：鱼离不开水，只有水深的地方，鱼才能生存。

国之利器，不可以示人。利器，厉害的武器。示，展示或威吓。解读：一个国家有厉害的武器是用来保卫国家安全的，而不可以向百姓展示与威吓。

[要点综述]

关于"固"的解读，在章句中表达有点困难，做如下说明：一是代表事物的发展规律，反复地被实践所证明而不会改变。二是作暂且或暂时解，通过努力迫使矛盾双方在时空变化中发生转化。三是在不同的语境中要灵活地去解读，才符合老子的原意。为什么用"固"字，是说明这个规律是固定不变的，是在社会实践中人们早已认可的。

从自然规律联想到社会生活再运用二元哲学矛盾的运动规律阐述自己鲜明

的观点是老子常用的写作手法。从将欲歙之，必固张之，到国之利器不可以示人，老子娓娓道来，针对当时的社会状况，说明国家的利器不可以针对百姓或用来展示与威吓。

本章通过歙与张、弱和强、废与兴、取和与四个方面阐述矛盾相互转化的运动规律。同一时空矛盾的绝对性与不同时空矛盾的相对性，是认识矛盾运动的基础。歙与张是自然现象，如门没有关好，只有把门打开来再关，才能关得更好。弱与强，要削弱对方的力量，就是想办法调动对方，达到耗尽对方实力的目的。废与兴，要废除对方或打败对方，就是让对方加速兴起再转入盛极必衰。有的企业扩张之后，力不从心，走向衰败，就是这个原因。取和与，取有吸收或改造的含义，符合老子和谐的世界观，通过帮助与给予，让对方感受自己的诚意，归顺于自己，达到不战而胜的目的。矛盾运动的规律，一定要从细微的变化中，来判断全局的发展，才能有效地掌控矛盾的运行轨迹与方向，尤其是在社会生活中，矛盾在时间与空间中变化发展，更需要如圣人般的道德智慧。

在市场经济中，很多典型的案例是值得反思的。如以前我们经常在广告上看到一些企业，如爱多 VCD、摩托罗拉、红桃 K 等早已消失在人们的视线中。现在一些有名的企业应该从中吸取教训，不要重复失败的故事。老子在两千五百多年前留下一部《道德经》，有多少人真正地读懂？尤其是一些企业家，如果真想做好一个企业、发展好一个企业，请认真研读《道德经》吧！

〔答疑解惑〕

《道德经》在家庭关系中的运用

老子曰：六亲不和，有孝慈。以千千万万个家庭构成的人类社会，家庭和谐是人类社会稳定的基础。以家庭为中心，向外扩散的社会交往与经济活动赚取金钱来维持家庭的运转与幸福，是人们生活的共同特点。在家庭关系中，主要表现为夫妻关系、夫妻与子女的关系。关系的好坏影响一个家庭的幸福，对社会生活产生重大影响。

　　夫妻关系是家庭关系中最主要的关系，和谐与否直接影响一个家庭的幸福。根据《道德经》的理论，万物有道，夫妻之间存在一个阴阳相交相融的相亲相爱之道。这个道从男女恋爱中走来，有情深意切、相互欣赏对方、相互取暖的感情基础，有对彼此性格与志向的熟悉了解，才进入婚姻的殿堂成为一对夫妻。然而这一对夫妻却是一个矛盾体，这个矛盾体在走入家庭时就开始形成了。可能会因为要面对生活面对赚钱而产生冲突与情感纠缠，不断的冲突与和谐，是夫妻关系的主基调。恋人关系到夫妻关系的转变，花前月下的浪漫到柴米油盐的现实，磨合期是考验一个家庭夫妻稳定的重要阶段。这一阶段主要矛盾的来源有：双方性格的缺陷，双方父母的融合，小孩的教育以及对异性朋友的敏感度等。这些因素组成了夫妻之道的运行特点与轨迹。夫妻之道不能离开相亲相爱这个主线，无论什么情况或发生什么事，都不能偏离，否则就会导致争吵、打架或离婚的局面。

　　在夫妻之道中，妻为阴，夫为阳，万物负阴而抱阳。妻则在夫妻之道中更为重要。妻主内，其道德素质决定了夫妻关系的好坏。夫主外，体现在社会交往或工作中，为家庭生活提供经济来源。夫妻在家庭关系中各自要替对方着想，宽容、大方、勤劳，尤其是处理双方父母的问题上要谨言慎行，一切都要从家庭和谐出发，左右自己的行为。随着时间的推移，子女逐渐长大，在家庭关系中，夫妻关系的稳定就转移到与子女的关系，尤其是在教育子女的问题上，往往会与子女发生矛盾冲突。在这个问题上，《道德经》的理论是行不言之教，无为之有益。父母在各方面要做好表率，对子女起到潜移默化的教育作用。与父母相处，处于弱势的子女往往会观察父母的一言一行，父母会深深地影响子女的成长历程。父母要给子女做一个爱学习的榜样，潜移默化地子女也会喜欢学习，而且父母在道德素质方面要为人大方、吃苦耐劳、坚持不懈、乐于助人。教育子女要有理想，而父母自己却没有理想，是社会生活中最普遍的现象。一方面父母不严格要求自己，甚至沾上吃喝嫖赌的坏习惯；另一方面要求子女好好学习，动不动以父母的权力打骂子女。这样的父母怎么能够教育好子女呢？父母自身道德缺失，而要求子女成才有出息，这是不可能的。种瓜得瓜，种豆得豆，有因才有果，有什么样的父母就会有什么样的子女，这个道理人们应该明白。

围绕子女的教育，父母可是费尽心机了。从小补课，学钢琴、练书法等，子女大一点选学校，进名校，陪读陪考，往前走要考虑进名牌大学或去外国深造等。这些努力或许都是付之东流，结果还是让人失望。有的子女去美国，结果忘了父母。有的子女长大，结果不赡养父母。子女不孝的原因，是缺乏道德的熏陶。父母过多地寻求外因给子女以方便或享受，而没有对子女进行道德的培养与教育。关于子女的教育，如果没有道德素质的培养，是绝对不会成才的。对独生子女的宠爱溺爱是社会最普遍的现象，像温室里的花朵娇惯任性，经不起一点挫折与风雨，更缺少道德的教育，其现状令人担忧。

老子曰：修之于身，其德乃真；修之于家，其德乃余。先修身后齐家，老子的思维逻辑非常清晰。每一个人如果不从修身开始，没有品德，再有出息也是没有出息。那些腐败分子，当了官就忘了为人民服务的宗旨，只为自己升官发财，聚财富与高官特权于一身，最后身败名裂，不仅毁了自己也毁了家庭。老子曰："我有三宝：一曰慈，二曰俭，三曰不敢为天下先。"一个人，一个家庭，一个企业都要牢记老子两千五百年前留下的谆谆教诲。在家庭关系中，善于锉其锐，解其纷，和其光，同其尘，和而不同，求同存异，才能共享美丽的人生。夫妻关系之道，夫妻与子女关系之道，都有其各自运行的轨迹与方向。这个道的运行轨迹与方向，不是天生的，不是外力给予的，而是自己的道德素质决定的。前程是自己把握的，幸福是自己奋斗出来的。

第三十七章　无名之朴

道恒无为而无不为，侯王若能守之，万物将自化。化而欲作，吾将镇之以无名之朴。镇之以无名之朴，夫将不欲。不欲以静，天下将自定。

［字句解析］

道恒无为而无不为。道，事物生长发展的客观规律。恒，不变或永恒。无为，自然而为。无不为，努力而为无所不为。解读：事物生长发展之道就是要坚持不懈地按照自然规律努力而为，道法自然，才能无所不为，这是永恒不变的自然法则。

侯王若能守之，万物将自化。侯王，指领导阶层。守之，坚守道法自然。万物，包含人和事的一切事物。将，将会。自化，自我感化与自律。解读：领导阶层如果在社会生活中能够做到道法自然，坚守以人民利益为中心，广大民众或万物都将会自觉地感化与自律。

化而欲作，吾将镇之以无名之朴。化，感化或人们在社会生活中自我修身。欲，私欲。作，发生。吾，我。将，采取。镇之，实行或教育。无名之朴，特指像婴儿没有命名时的纯朴无私。解读：在社会生活中，如果有的人不能被感化反而私欲膨胀，违背道德，我将会用无名之朴进行教育，采取或实行严格的制度，使人们重新回复到像婴儿没有命名时纯朴无私的状态，一定会收到良好的社会效果。

镇之以无名之朴，夫将不欲。镇之，实行或教育。以，用。无名之朴，像婴儿没有命名时的纯朴无私。夫，你或人们。将，将会。不欲，没有私欲。解读：如果实行严格的教育，学习像婴儿没有命名时的纯朴无私，人们就再也没有私欲了。

不欲以静，天下将自定。不欲，没有私欲。天下，世界或社会。将，将会。自定，自然的安定。解读：人们的欲望越来越少，逐渐归于平静，社会和谐，世界将会变得安定与幸福。

〔要点综述〕

如何理解"无名之朴"是本章的关键所在。这里的"无名"修饰"朴"的内涵，就必须要正确理解老子的"无名"在道的运行轨迹中所处的时段，道是指人之道。有的人把第一章中的"无名，万物之始"的"无名"与本章的"无名"联系起来，是风马牛不相及。"无，名万物之始"，应该才是第一章正确的断句。本章中的"无名"是指新生命从无中生有时，生命之初尚未了解其特征，没有命名的时段。这里的"无"可以当"没有"解。无名，是指新生命之初还没有来得及命名的时段，简单地说，"无名"，老子要表达的意思实际上是指婴儿生下来还没有命名的时段；朴，是用来形容婴儿无私无欲、与世无争、纯朴的状态，由虚到实，从形容词转化为内涵相同的名词。无名之朴，是借婴儿的纯洁纯朴、无私无欲、与世无争的状态，来引导现实中的人们向婴儿学习，树立正确的人生观与世界观。

在现实生活中，人们都是在欲望与私欲的驱动下，以自我为中心，以利益为目的，从事各种工作与社会活动，因而会发生各种纠纷与矛盾，甚至产生激烈的冲突。在这样的社会状态下，老子强调：侯王若能守之，万物将自化。无名之朴，要求从侯王做起，以身作则，行不言之教，才能影响民众去学习与效仿，达到社会的安宁和谐，这就是老子的理想社会。

老子是伟大的作家与诗人，本章从道恒无为而无不为说起，谈到侯王要起带头作用，万物都在侯王的行动中受到感化与自律。如果有的人屡教不改，要对其进行教育，镇之以无名之朴，让其学习婴儿般的善良纯朴，做到少私寡欲，见素抱朴。老子最后寄托了自己的理想：不欲以静，天下将自定，这是一种寄托的梦想。人们都像婴儿般纯朴，没有争斗的欲望，没有欲望就没有矛盾与冲突，世界就会变得快乐幸福。

［答疑解惑］

关于"无名之朴"之我见

前天下午，我在上班的时候，利用空隙之际在群里发出一则信息，就"无名之朴"，希望群里的老师们提出自己的观点，供大家学习。信息发出后，得到老师们的踊跃发言，感谢老师们的支持与厚爱。我这两天一直在上班，晚上通常我不会有任何与写作有关的活动，直到今天早晨一起来，我坐在电脑前，就"无名之朴"表达我的观点。

无，是万物之始尚未形成正在衍化时的状态，这个"无"不是真无，而是道正在孕育新生命体，新生命体诞生的前夜。这个生命体未形成之时的"无"是万物的源头。故曰：无，名万物之始。名，是指生命体已经形成，并根据生命体的特征给予其名称。这里的"名"是实实在在的生命体的名称，与"无"相对为"有"，是万物的客观存在。故曰：有，名万物之母。从道无到名有，是新生命体完成从"无"到"有"凤凰涅槃开始的旅程。

无名之朴，无是指没有，是对名的定语或修饰，名才是主语。在《道德经》第三十二章中提到：道恒无名，朴虽小，天下莫能臣。侯王若能守之，万物将自宾。这一章出现的无名，是指"朴"处于"小"的阶段。"小"是指生命体之初的幼小状态，老子实指应该是婴儿。老子是一位伟大的诗人，他的文章总是在虚实的意境中不断转换，来表达自己的思想与理想。生命之初无私无欲、与世不争，有纯朴无私的特征，老子称之为"朴"。无名之朴，实际上是指在生命之初，尚未命名之前，所展现出的纯朴无私的状态，而这种状态是现实生活中被欲望与私利熏陶的人们无法达到的境界。老子曰：知其荣，守其辱，为天下谷。为天下谷，复归于朴。这里的朴也是指"复归于婴儿"时的纯朴无私。

与"无名"相对的是"有名"，什么时段称为"有名"？老子曰：沌沌兮，如婴儿之未孩。婴儿渐渐地长大成小孩子，就有了欲望与自私。小孩子有了名字称为"有名"。朴虽小，天下莫能臣，要求人们复归于婴儿是老子纯朴的理想，但天下人有谁能做得到呢？在现实生活中，人们在追名逐利之中的你争我夺，在纸醉金迷中享受荣华富贵，要拯救人们的灵魂，老子开出的灵丹妙药就是：化而欲作，吾将镇之以无名之朴。只有人们拥有无名之朴，才能不欲以静，天下将自定。故老子把希望寄托于侯王率先示范曰：侯王若能守之，万物将自化。

以上就是我关于"无名之朴"的解释，也是一家之见。或许有人要说：如果有论据就好，尤其有名家关于无名之朴的观点作论据就更好。每当我解释《道德经》，在微信里交流时有学者就是这样说的。这不是我的风格，如果能从网上或从其他译本中找到我满意的答案，我又何必多此一举呢？

迟复为憾，又是匆匆，有不妥之处，望老师们理解。《道德经》译本太多，问题也太多，望与老师们一起努力，正本清源，我们一起风雨同行吧！

第三十八章　上德无为

上德不德，是以有德；下德不失德，是以无德。上德无为而无以为，下德无为而有以为。上仁为之而无以为，上义为之而有以为，上礼为之而莫之应也，则攘臂而扔之。故失道而后德，失德而后仁，失仁而后义，失义而后礼。夫礼者，忠信之薄，而乱之首也。前识者，道之华，而愚之始也。是以大丈夫处其厚，不居其薄；处其实，不居其华，故去彼取此。

〔字句解析〕

上德不德，是以有德。上，领导阶层（相对概念）。德，品德。是以，所以。有，拥有。解读：领导阶层对人对事一律平等，对任何个体没有偏爱之德，看起来似乎没有品德，实际上是公平与博爱，才是真正的品德。

下德不失德，是以无德。下，普通民众（相对概念）。德，品德。失，失去。是以，所以。无，没有。解读：普通民众对自己家人的爱或对自己长辈的孝顺，看起来似乎没有失去品德，但对他人困难或他人长辈的孝顺却熟视无睹，实际上是一种自私狭隘的行为，所以说是没有品德。

上德无为而无以为。上，领导阶层。无为，自然而为。无，没有。以为，主观而为或妄为。解读：领导阶层处理一切社会事务都是自然而为，没有主观而为或妄为的行为。

下德无为而有以为。下，普通民众。无为，自然而为。有，存在。以为，主观而为或妄为。解读：普通民众的自然而为，实际上是主观而为或是存在妄为的自私行为。

上仁为之而无以为。上，领导阶层。仁，仁爱或慈爱。为之，主动地从事各种社会事务。上仁与上德比较，道德层级次之。无，没有。以为，主观而为或妄为。解读：领导阶层用仁爱主动地去处理或从事社会事务，没有主观而为或妄为的行为。

上义为之而有以为。上，领导阶层。义，失仁之后的义气或义举。为之，有目的地从事各种社会事务。有，存在。以为，主观而为或妄为。上义与上仁比较，道德层级又次之。解读：领导阶层偏离仁爱，用义举或义气处理社会问题，或有目的地从事各种社会事务，实际上是主观而为或存在妄为的自私行为。

上礼为之而莫之应也，则攘臂而扔之。上，领导阶层。礼，失义之后的礼，礼节或行礼。上礼，已经是离道失德了。为之，刻意地从事各种社会事务。莫，不要。应，响应。则，应该。攘臂，甩开或拒绝。扔之，抛弃。解读：领导阶层如果刻意倡导礼节从事各种社会事务，是一种欺骗的道德假象，人们不要去响应，应该甩开对方的手臂加以拒绝，抛弃对方的虚情假意。

故失道而后德，失德而后仁，失仁而后义，失义而后礼。故，所以。失，失去或丧失。德，品德。仁，仁爱。义，义举。礼，礼节。解读：所以说人类社会如果失去了道，就回到德的阶段；失去了德，就回到仁的阶段；失去了仁，就回到义的阶段；失去了义，就回到礼的阶段，社会文明层级一步一步地向后倒退。

夫礼者，忠信之薄，而乱之首也。夫，你们或语气词。礼者，注重礼节的人。忠信，诚信或忠实。薄，不坚实或轻易失信。乱，乱象。首，第一位。解读：如果在社会生活中的人们以礼节相互交往，因礼节而产生上下不和或利益冲突，人与人之间会产生隔阂与等级分别，彼此猜疑，互不相信，自私自利，没有真诚的礼节是导致社会各种乱象发生的首要因素。

前识者，道之华，而愚之始也。前识者，前人的观点与认识。华，华丽或浮华。愚，愚昧。始，开始。解读：前人的观点与认识，总是把道描述得神秘与玄妙，热热闹闹，实际上是华而不实，导致人们对道茫然不知，迷失了道的方向，是愚昧的开始。

是以大丈夫处其厚，不居其薄。是以，凡是。大丈夫，道者或善于道者。处，坚守或对待人生的品格。厚，指品德，诚实守信等。居，固有或占居。薄，指品德，不诚实或失信等。解读：凡是道者努力践行踏实做事、老实做人、守诚信、重实干、厚德纯朴的人生观，大丈夫不会信口开河，不会因不诚实守信而虚度人生。

处其实，不居其华，故去彼取此。处，坚守或对待社会事务的态度。实，工作实在或踏实。居，固有或占居。华，虚荣或浮华。故，所以。去，抛弃。取，拥有。解读：凡是道者始终一步一个脚印，干一行专一行爱一行，坚持不懈，实实在在地做好每一件事，大丈夫不应该光有理想没有行动，不会终日不切实际地幻想，也不会一事无成，蹉跎岁月。所以说，人们要有老实做人、踏实做事、实实在在的人生观，抛弃虚伪做人、浮夸做事、华而不实的人生态度，才是正确的选择。

〔**要点综述**〕

道是万物之道，德为人之道。道德是衡量一切真理的标准。在人类社会发展的历史长河中，自私与欲望，冲突与争斗，围绕经济财富与政治霸权的争夺，血雨腥风，枪林弹雨，在离道失德的利益驱使下，一轮复一轮人类自身相互搏杀的历史将延续，迹象表明，人类自身不可调和的矛盾与冲突，甚至大规模的战争，将会发生在不远的未来。只有道德的回归与复兴，才是世界和平与幸福的必由之路。两千五百多年前，老子对德的阐述与呼唤如此清楚明白，却没有吸引人们的目光与关注，淹没在历史的尘埃中，与世分离。何谓道德？道德是社会发展中的善良与纯朴、平等与博爱、公平与正义，是放之四海而皆准的永恒真理。

老子语重心长地说，人类社会文明程度只有以道治国才是最高的执政理念，其次就是以德治国，再其次是以仁治国，到了义的阶段就是"上义为之而有以为"，不再是"无以为"了，社会文明的程度从道、德、仁，一步一步地衰退到义，再到礼的阶段，就是失义而后礼了。老子曰：夫礼者，忠信之薄，而乱之首也。深刻地揭示了社会衰退到非常混乱的地步。礼，是人们自私自利的体现，是等级差别社会的根源所在。老子曰：上德不德，是以有德。那么这一句话的对立面是：下德不失德，是以无德。

本章最后老子曰：是以大丈夫处其厚，不居其薄；处其实，不居其华。故去彼取此。这句话从抽象到具体，重新回到现实生活中，表达两方面的内涵：一是指品德。做人要诚信，有仁爱，日积月累，积仁成德，称为厚德，为大丈夫也。不要光讲不动，有想法没行动，有许诺不履行，言而无信，为德薄也。二是指做事业。做事业要踏实肯干，吃苦耐劳，不畏艰难险阻，才能干成一番事业，取得一定的成就；而不是浮华与虚荣，不切实际地幻想，与广大民众利益无关，只是为自己感到荣光而已。故老子曰：去彼取此。

[热点话题]

《道德经》与社会发展之道

《道德经》几乎通篇都涉及社会发展之道，更有"以正治国，以奇用兵，以无事取天下""治大国，若烹小鲜"等章句直接阐明治国理政的立场。老子曰：圣人恒无心，以百姓之心为心。这句话充分说明社会发展要以百姓为中心的思想，广大民众是社会发展的主体，一切政治与经济的行为都应该围绕民众的利益而进行；当民众的利益受到损害与冲击时，社会发展之道就偏离了道的运行方向，要及时校正与纠错，避免远离人民大众，使经济发展失去道之主体的支撑，防止和谐社会共创共享的发展理念受到严重的挑战，和谐是社会文明与进步的标志，人民的幸福生活是社会发展永恒的主题宗旨，也是判断与检验社会和谐的唯一标准。重为轻根，静为躁君，老子在《道德经》第二十六章阐述民重君轻、以民为本的深刻思想。重与轻的关系是二元哲学的对立统一，正确处理重与轻的关系是社会发展中的主要矛盾。老子《道德经》揭示道的运行规律，其实就是矛盾在对立统一中的运行与发展。任何事物都是在二元对立统一中不断地前行，各自有其本身的运行之道。同样，社会发展之道是多种因素并存的复杂综合矛盾体，找到二元对立统一及其相互关系，有道可循，以便及时制定相适应的方针政策。

一、处理好市场经济与计划经济在社会发展中的相互关系。这一对相互制约、相互依存、二元对立统一的矛盾体，在经济发展中不断地变化前行，过分地强调一方而忽视另一方，不符合道的运行规律。在市场中注重计划，在计划中发展市场，使二者如影随形，不可分离。市场经济鼓励竞争机制，一旦失去良性竞争，就会导致生产过剩，进入恶性循环，使市场处于混乱的危险，这时就要采取计划干预，控制经济发展的局面，调整道的运行方向。计划经济严防调控过紧与频繁，不利于市场竞争，容易使经济发展失去活力，一旦发现经济萧条的迹象，就应该发展市场经济，及时纠正道的运行轨迹，使经济健康发展。市场经济不是灵丹妙药，单纯地强调市场经济的作用而放弃计划经济，不符合道的运行规律，会付出沉重的代价。

二、贫富差距太大是社会发展中着重要解决的矛盾。贫富本来不是矛盾体，而是能力与机会在财富获得上的差异性，但是贫富差距太大，在社会生活中沉淀，久而久之会成为一对贫富矛盾，甚至引起利益冲突。在社会历史长河中，贫富之间的矛盾演变成阶级冲突，造成激烈的社会变革，是屡见不鲜的。经济发展不应该以扩大贫富差距为代价，要充分利用税收的杠杆调节贫富差距，缩小差距就是减少矛盾，走向和谐。主要做好如下几方面：一要加强舆论宣传，引导正确的人生观，鼓励诚实劳动与无私奉献，树立奉献光荣索取可耻的价值观。二要对高收入者跟踪监控，平衡社会少数人与多数人的财富差距，使多数人在社会生活中获得幸福感，全民整体富裕，社会方可迈入健康的发展轨道。三要保证同一个单位或工厂，员工与员工之间、员工与领导之间收入不能相差太大，要树立平等与公平的意识，讲团结、讲奉献、讲共创共享，达到整体和谐，共同富裕才是真正的社会发展之道。

三、道与德的关系，虽然不是二元哲学的矛盾体，但在社会发展中是非常重要的辩证关系。道与德相互依存相互影响，道隐德显，德是道的表现形式，左右道的运行方向。道德是判断一个社会文明程度的重要指标。没有德，就没有道，就是不道。老子曰：天下多忌讳，而民弥贫；人多利器，国家滋昏；人多伎巧，奇物滋起；法令滋彰，盗贼多有。这就是老子对当时社会发展处于"不道"状态的描述。有德是道的必要条件，厚德方能载道，德是人之道。人的道德素质如何，不仅是一个人品德的表现，也是社会整体素质的反映。所以说，人是社会命运的主宰者、决定者，其道德素质如何直接影响或左右社会发展的走向。有德方能有道，得道就一定有德，没有德就一定没有道，这二者的相互关系人们一定要清楚明白，对人生有重要的指导意义。

第三十九章　得一以生

昔之得一者。天得一以清，地得一以宁，神得一以灵，谷得一以盈，万物得一以生，侯王得一以为天下正。其致之也，谓天无以清将恐裂，地无以宁将恐废，神无以灵将恐歇，谷无以盈将恐竭，万物无以生将恐灭，侯王无以正将恐蹶。故贵以贱为本，高以下为基。是以侯王自称孤、寡、不谷。此非以贱为本邪？非乎？至誉无誉，是故不欲琭琭如玉，珞珞如石。

[字句解析]

昔之得一者。昔之，古时候或很久以前。得，践行或拥有。一，归一，即道体德用、道隐德显，万物各有不同的存在形式。者，主要指得道之人。解读：古时候凡是得道大德之人，都在默默地践行与拥有人间大爱，付出与奉献自己的一切，才能深受民众的爱戴。此句应该是个复数概念，得一者，包含自然及社会各个方面万法归一的总述。

　　天得一以清，地得一以宁。天，天空或政治生态。得，践行或拥有。一，日月星辰相融的祥和。以，达到。清，艳阳高照清风和煦之景象。地，大地或社会环境。得，践行或拥有。一，春夏秋冬皆风调雨顺。以，达到。宁，共存共享的安宁和谐。解读：天上的日月星辰相融相生，运转有序，合而为一，就呈现出艳阳高照清风和煦的景象；大地上春夏秋冬皆风调雨顺，万物生长，和谐共存，合而为一，社会呈现莺歌燕舞安宁繁荣的美景。

　　神得一以灵，谷得一以盈。神，神仙或庙堂里的神灵。得，践行或拥有。一，慈眉善目普度众生的大爱。以，达到。灵，保佑苍生，有求必应。谷，山谷或海谷等。得，践行或拥有。一，万物相生，茁壮成长。以，达到。盈，物华天宝、繁荣昌盛之壮观。解读：神仙们得道，合而为一，慈眉善目普度众生，就能做到保佑苍生有求必应；山谷海谷等如果得道，合而为一，万物相生，茁壮成长，就能达到物华天宝、繁荣昌盛之壮观。

　　万物得一以生，侯王得一以为天下正。万物，世界万物包含社会事务。得，践行或拥有。一，适应自然无为而为。以，达到。生，生长发展。侯王，领导阶层。得，践行或拥有。一，无私无欲，善良博爱。以，达到。天下正，公平正义，平等和谐。解读：世界万物包含一切社会事务都应适应自然规律努力而为，合而为一，就能顺利地生长发展，功成圆满；领导阶层的侯王们要践行无私无欲纯洁善良的大爱去处理社会事务，天下就能达到公平正义平等和谐。

　　其致之也，谓天无以清将恐裂，地无以宁将恐废。其致之也，换而言之。谓，所以或如果。清，清明。裂，混浊无序。宁，安宁。废，荒废。解读：换而言之，所以说天如果不清明，就会混浊无序；地如果不安宁，就会到处荒废。

　　神无以灵将恐歇，谷无以盈将恐竭。神，神仙。灵，灵验或显灵。歇，歇息或无人问津。谷，低洼处。盈，盈满。竭，干涸。解读：神仙如果不灵验，就会无人问津；低洼处如果不盈满，就将干涸。

　　万物无以生将恐灭，侯王无以正将恐蹶。万物，一切事物。生，生长发展。灭，灭亡。侯王，领导阶层。正，无私善良。蹶，昏厥或昏庸。解读：一切万物如果不能生长发展，就会走向灭亡；领导阶层的侯王如果不能无私善良，将会昏庸无能，导致国家混乱。

故贵以贱为本，高以下为基。故，因而。贵，尊贵或侯王。贱，位卑或民众。本，本来。高，位高或侯王。下，位低或民众。基，基础。解读：所以尊贵从位卑而来，侯王应以民众为根本，位高以位低为基础，侯王应以民众为基石。

是以侯王自称孤、寡、不谷。此非以贱为本邪？非乎？是以，所以。侯王，领导阶层。自称，自己的谦称。孤、寡、不谷，侯王们的称谓。非，不是。解读：所以说侯王自己的谦称孤、寡、不谷，在社会现实中根本不是真心实意的，口是心非，他们没有把民众的利益作为根本，反而是为自己谋取私利。

至誉无誉，是故不欲琭琭如玉，珞珞如石。至誉，最高的荣誉。无誉，没有荣誉。故，因为。不欲，没有欲望。琭，发光。珞，粗糙。解读：最高的荣誉就是没有荣誉，是因为无论是发光的珠宝，还是粗糙的石头，人们都应该没有任何私欲，也没有分别，一样对待。

[要点综述]

由远而近，娓娓道来，阐述自己所要表达的观点与思想，是老子常用的写作手法之一。天、地、神、谷、万物、侯王六个主要因素构成了大千世界永恒的运行体系，其实，天、地、神、谷、万物都不是最重要的，仅是铺垫而已，阐述的关键是论述侯王得一以为天下正。这六个因素，关于神的解读，虽然不是重点，但文章中的"神"到底是指什么？从文章排序上来看，天、地、神，神居第三位，或许老子感觉到某种神奇的力量存在于这个世界或主宰这个世界。神无以灵将恐歇，从这句话中看，神或许就是指神仙，只有神仙才能显灵；如果神仙不灵，没有人去烧香，只有歇息无人问津了。天要清，地要宁，神要灵，谷要盈，万物要生，侯王要正，只有满足这六个条件，大千世界才会物华天宝、人杰地灵、繁荣昌盛。

古时候，侯王自称孤、寡、不谷等，来掩饰自己骄横跋扈、纸醉金迷的生活，口头上说得好，视民众为衣食父母，以民众利益为重，实际上则不然。老子十分清楚地指出：此非以贱为本邪？非乎？在人类社会中，如果做到世界和谐，民众幸福，只有侯王得一以为天下正，方可实现。如果侯王无以正将恐蹶，那么社会将混乱不堪，导致民不聊生。这就是老子针对当时社会现状的真实写照，悲观与失望或许是老子出关的真正原因之一。

从古到今，一些人总是喜欢沽名钓誉，尤其是知名人士，喜欢用一些虚伪的荣誉来装饰自己。当然这些虚名有一定的市场，有的人就是看一些虚名来判别人的身份，方便自己趋炎附势，达到获得好处的目的。不过，南郭先生长期混下去，总会有露馅的时候。对《道德经》进行研究与译注的学者不少，每一个人总认为自己掌握了真理，还原了老子的思想，到处讲课或开会，实际上如何，只有天知道。《道德经》第五章有两个不同版本，分别是"多闻数穷"与"多言数穷"，学者们不管对错，只管自己在讲台上信口开河。老子曰：至誉无誉。这句话的意思是默默无闻地为人民大众奉献一切，只有人民心中对你无声地赞誉，才是最高的荣誉。是喜欢宝玉，还是喜欢石头？你是什么样的人，宝玉与石头摆在你的面前，哪一个是你喜欢的，就决定了你的人生价值与命运。

[答疑解惑]

关于"一"的解读

万事万物都是从无到有，从道〇到德一，从道无到名有，从道〇形成之后转入德一的生长发展历程。道○与德一，是同一个事物主体两个不同的阶段，完成从无到有质的转变。德一是道形成之后的事物主体，即德畜之。老子曰：道生之，德畜之；再就是长之育之，亭之毒之，养之覆之。但本章中的"一"却有另外一种重要的内涵，老子想要表达的是当时社会状况种种乱象，私欲泛滥，民心向背，社会发展远离了道的运行方向，呼唤只有"归一"，万众一心，以正治国，才能改变社会，让社会重新回到正常的发展轨道。

天得一以清，反过来思考这个问题，就是天背道而驰，混浊不清，刮风下雨，或冷或热，变化无常。同样，地得一以宁，反过来地也是背道而驰，春夏秋冬，四季无序，春夏不分，秋冬不明，洪灾旱灾不断，百姓无安宁之日。天若归一，方可清；地若归一，方可宁。侯王是社会的领导阶层，是决定社会前行的主要力量之一，其道德素质如何，是一个社会文明的尺度。侯王如果上梁不正，不能做到公平正义，而是贪赃枉法，那么社会就会腐败倒退，民不聊生，矛盾与冲突不断发生。侯王如果以身作则，以民众为重，以百姓之心为心，一心一意地为民众服务，那么社会就会健康发展，人民幸福。故老子曰：侯王得一以为天下正。"一"对社会来说是指社会整体的德，道体德用，道是通过德来表现的，通过社会之德来判断社会文明与发展前景。

侯王无以为正将恐蹶，即是本章的中心思想，实际上老子拐弯抹角的意图是直指侯王。在春秋战国，侯王之间为了各自的利益争夺不止，混战不断，给社会带来严重的灾难，民众生活在水深火热中，是社会乱象的根源所在。侯王们争权夺利，占山为王，各自为政，置广大民众的安危与利益不顾，社会陷入不安与恐怖之中。一方面，侯王的道德素质出现重大问题，私欲膨胀；另一方面，侯王各自为政，不能形成团结一心的局面，导致社会分崩离析。作为社会领导阶层的侯王们过着腐化的生活，又争斗不止，社会状况的恶化令老子痛心疾首。老子向侯王们发出警告：贵以贱为本，高以下为基。没有广大民众默默无闻的辛勤劳动，侯王们会有纸醉金迷的生活吗？没有广大民众日晒雨淋起早摸黑的辛苦，侯王们从哪儿来榨取民众的血汗？

道生一，一生二，二生三，三生万物，这是一个生命运转的链条，是不同阶段的从属关系，毋庸置疑。但如果同一事物主体，尤其是同一个生长发展阶段多种不同因素共存，会造成相冲与矛盾，甚至导致乱象丛生，没有达到整体的统一，那就是不幸的。一为"中和"，是阴阳平衡或相冲后的一，是矛盾对立统一后的一。老子所说的"一"是指万法归一，回归于道德，故老子曰：治大国，若烹小鲜，以道莅天下，其鬼不神。尤其是对一个社会生长发展来说，只有统一的道德意志，才能焕发出无穷的活力。即万物归三，三归二，二归一，对同一事物由二元衍生多元再归于一，可称为二元归一。一对人类社会来说即为德，德才能载道，道则生。只有回归于德，德载道，回归到道生德养的治国理念与社会正常发展轨道。

当前的《道德经》版本非常乱，对弘扬传统文化极为不利，没有一个统一的版本，你说你的道，我说我的道，说得都不一样，学生学得稀里糊涂，听众听得是非不清。专家名家，都很了不起，道却说不清。针对这样的状况，用老子的话来说，《道德经》得一以为天下正。

第四十章　有生于无

反者，道之动也。弱者，道之用也。天下万物生于有，有生于无。

[字句解析]

反者，道之动也。反者，反面或对立面。道之动，道开始萌动之时。解读：任何事物的矛盾运动都是由正反相互制约与依存而前行的，当正方发展壮大之时，其对立面反方也就开始萌动了。

弱者，道之用也。弱者，弱小之时。道之用，道是有用的，可以利用的。解读：虽然反方处于弱小之时，但弱小是有用的，可以利用弱小逐渐发展壮大。

天下万物生于有，有生于无。天下万物，天下的一切事物。生，产生。有，已经形成事物的道体。生，产生。无，未形成事物正在孕育的道体。解读：天下的一切事物都是生于已经形成事物的道体，而已经形成事物的道体是生于正在孕育未形成事物的道体，或有的事物是由阴阳相交相冲而产生的。

〔要点综述〕

反者，与其对立面是正者。老子的写作特点是常常忽略主语，跳跃性地直奔主题。这一章主要阐明反者，矛盾双方在对立统一的运动中会产生相互的转化，反者是道之动的开始，逐渐走向强大。任何事物的发展处于反者时，都是从无到有、从小到大，直至取代正者，成为矛盾的主要方面。弱者，道之用也，是指反者相对于正者处于弱小力量之时，萌芽幼小，正是可以有用或利用之时，尤其是在人类社会活动中，利用反者道之动、弱者道之用，对未来进行预测，掌握未来的发展方向，及时地做出正确的决策与部署，方可主动出击，成为真正的强者。

在现实生活中，与反者很多息息相关的信息常被人们忽视，从而导致不可挽回的局面，尤其在日常生活与工作的繁忙之际，人们往往在身体健康的时候，存在不关心不保重身体，如开夜车、大吃大喝、大量透支体能、小病不治等种种不良习惯，这就是反者的萌动之时，其弱小常常被忽略不计，后果是病痛发展到伤心之时。我们通常说防患于未然、未雨绸缪就是注意反者道之动、弱者道之用的运行趋势。星星之火，可以燎原。

反者为"无"，是道的孕育，朝"有"的方向前行；然而，正者为"有"，是道的强盛，朝"无"的方向衰退。反者与正者是一对矛盾，会发生有与无质变的相互转化。所以老子曰：天下万物生于有，有生于无。

无中生有，是一轮新事物生命的开始，历经生长、发展、壮大到强盛，再到衰亡，直至完成其使命，又归于无。这个历程也是道的运行轨迹与方向。万物都是生命的轮回，循环往复，以至于无穷无尽，延续到遥远的未来。无，不是绝对的没有，而是大有用途，是生命的诞生或承载阴阳相交相冲的容器，是道之出口，是万物新生命的原点。有，既是生命的主体，又具有孕育新生命的母体，生育万物。无与有是相互依存与转化的矛盾体，贯穿于万物的孕育、生长、发展与消亡的全过程。

[热点话题]

关于"先救谁"命题的思考

前几天，我在吴总的微信群里看到一个老命题，题目是：当你的母亲与你的媳妇同时掉进河里，你会先救谁？我当时的回答是：先救媳妇。后来吴总用语音回答了这个问题，与我的观点基本上是一致的。我把这个问题发到"正本清源《道德经》高峰论坛"群里，并反复发此信息。群里的一些网友做了回答。大部分的网友说，哪个好救先救哪个。在情感上，母亲与媳妇都要救，一个都不能少。这是二选一的问题，先救母亲，意味着失去媳妇，或先救媳妇，就会失去母亲。我为什么会选择"先救媳妇"？有以下几点思考。

老子曰：下德不失德，是以无德。母亲与媳妇都是自己的亲人，但却有不同的性质。母亲与自己是血缘关系，是内亲，而媳妇则是外嫁过来的，没有血缘关系，是外亲。人们通常的想法是，母亲只有一个，失去就永远失去了，而媳妇失去则可以另找，这种想法其实就是"下德"。如何理解"下德不失德，是以无德"，人们孝敬自己的父母是应该的，而当别人的父母遇到困难时却无动于衷。这种孝敬是一种自私的行为，实际上是"无德"。同理，母亲是至亲，而媳妇由外人转为亲人，两者同在危难之中，舍母亲救媳妇，才是"上德不德，是以有德"。

《道德经》的主要内容之一是阐述在人类社会活动中尤其是人与人之间的相互关系，要以"以其无私邪？故能成其私""夫唯不争，故无尤""少私寡欲"等，来约束人们自私自利的行为。既以为人己愈有，既以与人己愈多，这才是圣人之道。人们只要放下私心杂念，道就清晰可见了。道在无欲中，德在无私中，人类社会中所称赞的英雄是以牺牲自己成就他人、为国尽忠的壮举，方可赢得社会的认可与感动；只有具备这种品格的人，才是道德的使者、百姓的楷模。在母亲与媳妇两者的选择中，如果你选择去救母亲，就选择了自私，会陷入人们对你道德的指责。你放弃了母亲，是你的痛苦，但这样的痛苦会赢得道德的尊重。这样分析可能不好理解，如果把媳妇换成他人的母亲就好理解了。一个是你的母亲，一个是他人的母亲，同时掉进河里。如果你先救自己的母亲，而放弃他人的母亲，就会遭遇人们对你不道德的批评之声。

再从母亲的角度分析，在危难时刻做出生命的选择时，她一定会从道德的高度来放弃自己，把生的希望留给媳妇，那么她的抉择就是命令自己的儿子去救媳妇。其实，媳妇既是她的儿媳妇，又是她孙子的母亲，保全媳妇也是最现实的选择。母性是无私的，是伟大的，在二选一的残酷命题中，只有先救媳妇，才是正确的选择。当然命题中有善意一面，只是先救，不是不救，母亲与媳妇都可能获得平安，这是最好的结果。但这个命题中，还是强调先救一方，就会失去另一方，是对人们道德尺度与认知的检验。

道德是检验一切的标准，没有道德，谈任何成就都是没有意义的。同样，无论是名人，还是普通人；不论你是有钱还是有权，没有道德就没有人生的价值。只有当你选择无私奉献，人生才会"死而不忘者寿"，才有"子孙以祭祀不辍"。当一切是非难分时，唯有道德是判断的标准。先救谁的问题，只有从道德的高度考虑，才有正确的答案。

这个命题群里讨论以来，很多人不愿意做这二选一的选择，采用模糊回避的方式回答，可能是情感上的纠结；但这个命题，在现实生活中有发生的概率，不是不可能的。其实，把这个命题稍改一下，当你的母亲与你的媳妇发生激烈的矛盾冲突甚至肢体对抗时，你会支持谁？你是不是支持你的母亲呢？这种现象现实生活中常见，你又想回避吗？是非的问题，是不能回避的，必须要有鲜明的态度。老子曰：大道废，有仁义。

第四十一章　上德若谷

　　上士闻道，勤而行之；中士闻道，若存若亡；下士闻道，大笑之，不笑不足以为道。故建言有之：明道若昧，进道若退，夷道若纇，上德若谷，大白若辱，广德若不足，建德若偷，质真若渝。大方无隅，大器晚成，大音希声，大象无形。道隐无名，夫唯道，善贷且成。

〔字句解析〕

　　上士闻道，勤而行之。上士，悟性很高的人。闻，寻找或发现。道，事物的客观规律。勤，勤奋。行之，付诸实践。解读：悟性很高的人，在社会生活中寻找或发现事物的生长发展有其本身的客观规律时，就一定会用自己的行动努力地按照客观规律去应用与实践。

　　中士闻道，若存若亡。中士，悟性较高的人。闻，寻找或发现。道，事物的客观规律。若，好像。存，指行为的存在。亡，指没有行动。解读：悟性较高的人在社会生活中寻找或发现事物的生长发展有其本身的客观规律时，由于自身努力不够，时而遵循事物的客观规律，时而又违背事物的客观规律，处在时而遵循时而违背的行为状态。

下士闻道，大笑之，不笑不足以为道。下士，悟性不高的人。闻，寻找或发现。道，事物的客观规律。大笑，感觉道的简单或神奇而大笑或怀疑不信。之，指道。不足，不够。解读：悟性不高的人在社会生活中寻找或发现事物的生长发展有其本身的客观规律时，感觉到道的简单或神奇或怀疑不信，不禁开怀大笑；如果不开怀大笑，那么他寻找或发现事物的规律就不足以称为道。

故建言有之：明道若昧，进道若退，夷道若纇。故，所以。建言，早已有人说过的话。有，存在。明道，明白易懂的道。昧，不清楚或模糊。进道，前行中的道。退，返回或后退。夷道，平常之道。纇，相同或类似。解读：所以古时候早就有人说过：明白易懂的道好像模糊不清；前行中的道好像返回或后退；平常生活中的道好像都是相同类似的。

上德若谷，大白若辱，广德若不足。上德，领导阶层的品德。谷，低处或山谷。大白，大道纯白。辱，污垢。广德，厚德。不足，不足的地方。解读：领导阶层的品德处下有如山谷之怀；大道纯白却能容纳污垢之辱；凡是厚德之人，功成名就，经历许多风雨与挫折，似乎有不足与遗憾。

建德若偷，质真若渝。建德，树立或实践良好的品德。偷，不被他人察觉，默默无闻地进行。质真，保持道的本真。渝，变化或污点或不足。解读：树立或实践良好的品德像是不被他人察觉，默默无闻地进行；保持道的本真像是在变之不变与不变之变中克服污点与不足，方显真道。

大方无隅，大器晚成。大方，空间广大无边。无，没有。隅，角落。大器，有突出成就的人。晚成，年纪较大或较晚的时候成才。解读：空间广大无边却没有角落的存在，无涯无垠；实指大爱无疆，没有私欲的胸怀宽广。有突出成就的人往往都是在年纪较大或较晚的时候才取得成功，成就都是努力奋斗出来的。

大音希声，大象无形。大音，优美或高远的音乐。希声，稀少的声音。大象，盛大或浩大之象。无形，没有形状。解读：优美高远深沉的音乐是由稀少的声音构成的，没有嘈杂的热闹；盛大或浩大之象是没有形状的，实指繁荣之景象没有固定之形，是自由与平等、公正与无私的人间美景。

道隐无名，夫唯道，善贷且成。道，事物的客观规律。隐，隐藏。无名，没有名称。夫，你。唯，只有。善贷，推动或促使。且成，完成。解读：事物生长发展的客观规律之道在尚未形成之时，人们通常没有及时认识到，即处于无名的状态中。你只有遵守道的运行法则及规律方可推动或促使万事万物向前生长发展，不断地滋养与呵护，创造创新直至功成名就。

〔要点综述〕

对"闻"的理解，望形生义是指耳朵贴近门缝里仔细倾听里面的秘密，这个秘密或许是从很远的地方传来，就必须沿着秘密的方向去寻找与发现。闻道，就是在社会活动中去寻找发现事物生长发展的客观规律。上士寻找发现了道，就会勤奋努力去实践。中士寻找发现了道，行动不够努力，若存若亡，时有时无。下士寻找发现了道，就觉得道如此容易简单或神奇或怀疑不信，故开怀大笑。其实下士寻找发现的道，或许不是真正的道或是道的表象。

上士、中士、下士，在当时社会应该指一个特殊的群体，与普通民众有明显的区别，有一定的知识或地位，有"闻道"的追求，老子以悟性的高低来划分为上、中、下三个层次。

这一章中，明道、进道、夷道，还有上德、广德、建德等都是在闻道过程中道所展现的特点及规律。不同的学者可能有不同的解读。明道若昧，有些规律明白易懂，但却觉得模糊不清，是指道变化莫测的特性。进道若退，要想获得事物的规律，似乎要以退为进。夷道若纇，道的普通平常，其实都类似。上德若谷，与下相对，即与下属相处要有山谷处下的胸怀。广德若不足，其实品德做得完善，也有不足的地方。建德若偷，一切德的培养与积累，都应该在默默无闻中进行。其他类似成语的句子，就不一一解读了。

大音希声，大象无形。从字面上理解或许不是老子的原意，从意境的角度或隐藏某种期待与理想更能贴近老子的思想，其实，老子的《道德经》无不着眼于现实，用诗句的表达渗透着对人类社会的憧憬；当时现实社会充满着嘈杂的声音，包括政治、经济、学术等不同流派不同阶层散发着不同言论等，尤其是微弱的真理之声，故曰大音希声。大象无形更是老子对人间乱象的一种反思与寄托，包容、平等、自由、公正的社会之象，或许是老子心中的大象。

道隐无名，夫唯道，善贷且成。这是本章的总结。万事万物都是在道的不断作用下生长发展，完成其历史使命的。无名，道在作用过程中往往是难以捉摸的、复杂的、变化的，无法命名，即无名之状。夫唯道，你只有遵守道。贷，给予。善贷，不断地给予。且成，推动事物在生长发展过程中不断地更新前行。人们只有遵守道的运行法则并伴随着万事万物从无到有，再从有到无的全过程，才能推动万事万物包括社会生活向前发展。

[答疑解惑]

"上善若水"之我见

记得有一次午餐前，与一位领导聊到"上善若水"的错误解读，她说"上善若水"就是人要像水一样处下不争，我说不对，便提示其主旨在"上善"而不是"若水"，关键是谁不争？她反应过来马上说：董老师，你的解读是对的，我完全赞同。以下是我对"上善若水"的解读。

一、"上善若水"结构解析

上善若水。上，与下相对，是两者以上的比较。善，指善念善心等付出的行为。若，如或像。水，水的品格。上善，上是对善的定语而组成的主语。上善若水，主要是指上善要有像水一样的品格。上善有两方面的含义，一是高层领导，二是上相对下的领导。上善若水是指领导阶层要有像水一样的品格。

二、《道德经》第八章的结构分析

在第八章中，"上善若水"有三层意思：一是"水善利万物而不争，处众人之所恶，故几于道"，主要阐述水利万物，敢于包容众人所恶之地，又处下不争，是道者的胸怀与品格。二是"居善地，心善渊，与善仁，言善信，政善治，事善能，动善时"，这七种品格是对领导阶层的要求。这七种要求很显然不是对普通民众提出的，因为民众是领导命令的执行者，处于被支配的角色，谈不上政善治、事善能、动善时，居善地也不一定能够做到，当然，其中的心善渊、与善仁、言善信是可以做到的。在社会活动中，尤其是担任领导角色的干部，是民众的带头人，他们的言行起引领与示范的作用。三是在当时的现实生活中，老子忧心如焚才写出这一章，尤其是最后一句，更是对领导阶层的忠告：夫唯不争，故无尤。这句话的内涵清楚表明，只有当领导者不去争，不与百姓争，社会治理才没有任何的忧虑与怨恨。反过来，当领导者整天去争名夺利，社会一定是混乱不堪的，民众也不可能有安宁幸福的生活。

三、老子对"上"的定义

在《道德经》的章句中有多处用到"上"字。如：太上，不知有之（第十七章）；上德不德，是以有德；下德不失德，是以无德（第三十八章）；是以圣人处上而民不重（第六十六章）；民之饥，以其上食税之多，是以饥（第七十五章）。从这些章句中可以看出，"上"就是指领导阶层。老子曰：道恒无为而无不为，侯王若能守之，万物将自化。领导阶层老子实际指向的是当时的侯王们。上善若水，是要求侯王们处理社会事务、对待广大民众要有水一样的品格。

四、网上对"上善若水"的解读

上善若水，水善利万物而不争。网上的解读：1. 最高境界的善行就像水的品性一样，泽被万物而不争名利。2. 人的品格应该像水一样，做事情行云流水，静止如水。3. 人的最高境界要像水一样，能屈能伸。4. 上善若水是说水具有滋养万物生命的德行，它能使万物得到它的利益，而不与万物争利，故天下最大的善性莫如水。我认为上善若水，上善是主语，而水才是宾语，把水的品格解释如何好不是重点。《道德经》译注存在很多问题，为了正本清源，固本还元，只有将发现的问题趁有机会时一一说出来，不惧风雨才无愧于人生。

第四十二章　中气为和

　　道生一，一生二，二生三，三生万物。万物负阴而抱阳，中气以为和①。人之所恶，唯孤、寡、不谷，而侯王②以为称。故物或损之而益，或益之而损。人之所教，我亦教之。强梁者不得其死，吾将以为教父。

〔字句解析〕

　　道生一，一生二，二生三，三生万物。道，万事万物客观规律的总称，而规律是对事物主体在发展过程中特征、状态、信息等表现形式的总结。一，新生事物。二，新生事物繁衍出的事物。三，新生事物繁衍出事物所繁衍的事

----

　　① 有的版本是冲气以为和。冲气是指阴阳相互纠缠的全过程，阴阳之间有强有弱，但不一定会达到中和的平衡；中气以为和，是指阴阳纠缠相冲时的平衡，达到了中和的状态。
　　② 王公应为侯王，侯王是《道德经》中多次出现的人称，王公在当时社会也是贵族阶层，但可能没有侯王的身份高，不及孤、寡、不谷的地位，故王公不宜。

物。万物，指一切事物经过无数代繁衍后所形成的大千世界。解读：道是万事万物（包括宇宙、天地）生长发展规律的总称；道从远古而来，事物从道无生德有，从〇始到一母，再由母生二，二则生三，三生万物；现实世界的万物从远古而来，又将繁衍更远的未来。

万物负阴而抱阳，中气以为和。万物，物质世界的一切事物。负，承载。抱，互相拥抱或纠缠于一体。中气，平均或平衡。以为，到达。和，平和。解读：物质世界的一切万物都是由阴阳相互拥抱与相互纠缠于各自的主体，由阴而承载阳，阴阳相冲平均而平衡为中，才能达到万物中和地生长发展。

人之所恶，唯孤、寡、不谷，而侯王以为称。人，人们或民众。所恶，所厌恶的。唯，唯有。孤、寡、不谷，谦称。侯王，高层领导。称，称呼。解读：人们或民众所讨厌的，唯有孤、寡、不谷这类虚假的称号，华而不实，而侯王们却乐此不疲地称谓自己，以示表面上谦虚的胸怀。

故物或损之而益，或益之而损。故，所以说。物，万物。损之，损失。益，得益。解读：所以说一切万物都遵循自然规律，如有损失就会向得益的方向转化，而如有得益就会朝损失的方向转变。损与益相互转化，如影随形。

人之所教，我亦教之。人，古人。教，教导或教训。我亦，我也同样。解读：古代圣贤都这样说或教导人们，我今天同理也是这样教育他人。

强梁者不得其死，吾将以为教父。强梁者，侯王或有权势的人。不得其死，不得好死。吾将，我将。以为，认为。教父，众多教育者中的长者或值得尊敬的人，这里引申为警戒或座右铭。解读：自古以来，那些侯王或有权势的人，因为缺乏道德丧尽天良而不得好死，我们要引以为戒，当作人生的警戒或座右铭。

[要点综述]

老子的习惯性写作手法，从隐晦到直白，从远而近，从自然到社会，意图直指人类社会，这一章表现更为突出。文中开始是阐述万物的生长发展规律，即道生一，一生二，二生三，三生万物；万物负阴而抱阳，中气以为和。道生万物是没有问题的，世界不缺乏任何物质，包括人类社会发展到几十亿人口，关键是中气以为和。中和，在人类社会中远远没有做到。阴阳平衡不光是指事物的个体，更主要是指事物的整体，尤其人类社会整体中的阴阳平衡，体现在精神文明与物质文明的平衡统一。阴阳关系的不平衡体现在社会生活中就是不平等不公正。老子深深感受到问题的源头，直指侯王贵族。他说：人之所恶，唯孤、寡、不谷，而侯王以为称。侯王贵族们口是心非，表面谦虚，实则骄横，打着为民众服务的旗号，实则为了自己聚财敛物荣华富贵。人类社会的最大问题，是少数人占有大多数人的财富，富人与穷人之间不可调和的矛盾。

其实，如果眼光放长远一点，财富拥有是短暂的而不可能长久。自然规律是这样，社会规律也是这样。益则损，损则益。月亮缺了就会圆，圆了就会缺。在现实生活中，人们目光短浅，急功近利，看不清自然规律，想不到将要发生的后果。如有钱有权的人对下一代的宠爱，富贵而骄，造成纨绔子弟或败家子的后果是社会生活中经常发生的。老子曰：故物或损之而益，或益之而损。尤其是侯王们的你争我夺，胜者王，败者寇，血雨腥风，也给广大民众带来了苦难。自古以来，历史舞台表演者们群雄争霸，侯王们相互斗争你死我活，但都没有善终，或战死或谋杀，不是死在敌人之刀，就是死在兄弟之剑。在现实生活中，那些强梁者，处在矛盾的风口、危险的浪尖上，或身败名裂，或臭名远扬，或退出历史舞台。

人之所教，我亦教之。强梁者不得其死，吾将以为教父。老子在当时发出这样的呼喊，热血沸腾，义愤填膺，同时也悲观失望，无可奈何。他对广大民众爱之深切，却又爱莫能助。

本章中讲的是自然之道，实际是讲社会之道，而人类社会之道总是与自然之道背道而驰，这就是人类社会几千年以来问题的症结而不可解也。如何解，中和之道也。

〔热点话题〕

从《道德经》的角度去剖析华为精神

近段时间以来，华为的备胎计划与华为的奋斗精神，让世人瞩目与尊敬。那么，华为究竟有什么样的秘密，发展如此迅速与强大，从《道德经》的角度如何解读，有如下思考。

一是任正非的股权所占比例很小，体现他公正无私的精神。任正非是华为的老总，在股权分配上主动压低股权，将绝大部分股权与员工们共同分享，极大地鼓舞员工们创造创新的热情。作为最高的领导者，任正非能够以身作则，带头示范，以榜样的力量用无私的精神深深地影响华为的全体员工，化作企业前行的动力。正如《道德经》中所说：道恒无为而无不为，侯王若能守之，万物将自化。这里的侯王可以指企业领导者。企业的领导者要有遵道而为与全体员工共创共享的高贵品格。老子曰：圣人恒无心，以百姓之心为心。这里的圣人也可以指企业的领导者，以员工之心为心，正是任正非所领导的华为企业的精神内核。

二是华为的备胎战略，体现了未雨绸缪、防患未然的超前意识。华为清醒地认识到所面临的国际市场环境，做到"胜人者有力，自胜者强"，居安思危。只有靠企业自身的力量与强大，才能保持企业前行永恒的动力。《道德经》曰：慎终如始，则无败事。华为的技术储备与人才培养，为华为赢得生存的空间与广阔的市场。面对打压，华为早已做好了准备；或许华为的领导者早已预见性地认识到今天的现实，强大的技术投入与研发，与时间赛跑，使华为立于不败之地，身居险境，却能笑傲江湖。

三是广泛地招贤纳士，精英人才是华为企业发展的重要力量。华为企业有数学家、物理学家、化学家等尖端人才，不是几名，而是几百名甚至上千名，在一个企业里有这么多人才实属罕见，充分体现华为对人才的重视。没有人才，就没有未来。谁拥有人才，谁就能掌握未来。"鸿蒙"芯片的备胎，正是人才研发的成果，充分证明华为有超越时代的判断力。正如《道德经》中所云：为之于未有，治之于未乱。人才储备，是企业生存的发展之本。

四是公正平等的财富分配体系，这是华为员工们团结奋斗的制度保障。团结奋斗是一个企业生存与发展的必要条件，华为从小到大从弱到强离不开全体员工共同努力团结奋斗的凝聚力。《道德经》曰：重积德则无不克；无不克则莫知其极。信息显示，华为企业员工"996"工作制是一种超常规的奋斗意志，在竞争激烈的通信领域里，面对世界巨头，华为感觉到自身的压力，所以要与世界超级对手竞争，只有比别人更加努力、更加勤奋，才能掌握市场先机，领跑时代的潮流。老子曰：合抱之木，生于毫末。华为的成长与发展，是用汗水与勤奋、信念与意志浇灌的胜利之花。

任正非近段时间以来频繁出现在公众的视野，以一种亲和友善谦虚的态度，赢得人们的关注与尊敬。竞争与合作，是对手也是朋友，正是他的发展理念。他谈到企业如何处理复杂的社会关系时说：因为他们有着高远的理想和坚定的信念，并会在为此努力的过程中逐渐学会容事、容人、容天下。这充分体现了东方文化共容共创和谐双赢"中和"的哲学思想，也是老子"往而不害，安平太"和谐共存的社会理想。老子曰：天下之至柔，驰骋天下之至坚。只有谦和处下的品格，才能赢得世界人民的尊重。正如《道德经》中所说：以其终不自为大，故能成其大。华为的奋斗精神，值得人们努力品读与学习。

第四十三章　不言之教

　　天下之至柔，驰骋天下之至坚。无有入无间，吾是已知无为之有益。不言之教，无为之益，天下希及之。

［字句解析］

　　天下之至柔，驰骋天下之至坚。天下，大千世界。至柔，最柔软的物质。驰骋，统领或攻克。至坚，最坚硬的物质。解读：大千世界最柔软的物质，能统领或攻克天下最坚硬的物质。

　　无有入无间，吾是已知无为之有益。无有，无为生，有为长，实指万物。无间，没有间隙，指无处不在或充实充满。吾，我。已知，早已懂得。无为，自然而为。益，受益。解读：万物的生长无处不在，无时不有，充实充满这个世界。所以，我早已懂得自然而为的无为才是万事万物最好的受益之法。

　　不言之教，无为之益，天下希及之。不言，用行动。教，教育。无为，自然而为。希，少。及之，做到。解读：用行动去证明与实践自己优秀的品德，是最好的教育他人之法；用自然而为的无为去获得日常生活及社会发展中的利益，天下很少有人能够做到，即使能做到的人也十分稀少罕见。

［要点综述］

舌头与牙齿，一个柔弱，一个刚硬，人到年老时，牙齿脱落，但舌头却仍然完好，没有受到年龄的影响。通过这个事例悟出的道理，就是柔弱胜刚强。柔弱胜刚强，不是舌头与牙齿两者相争，而是指同一时空中生存能力的比较。从自然规律引申到社会生活，告诉人们处下不争，如水之柔，才能天长地久。天下之至柔莫过于水，而攻天下坚强者如石，滴水可穿石，告诉人们坚持与信念的力量，只有长久的奋斗才能浇灌出幸福之花。

大千世界，生生不息，循环往复，无不是万事万物尤其人的生命穿梭于无有之间。借万物万事实指人类社会是老子常用的写作手法，在人类社会中生命或长或短，长如天地，短如人生，但在欲望与自私的驱使下，以刚克柔、以强欺弱、以大压小的世界秩序，却在短暂的生命历程中相互争斗与伤害，造成了人间的酸甜苦辣与悲欢离合。人类社会在失道离道的情况下只能用法律或规定或警察或监狱等种种措施，来维护正常的社会秩序，然而自然规律却是遵循无为而为，使一切自然界物种获得繁华茂盛，天长地久。老子曰：吾是已知无为之有益。

在人类社会中，财富的争夺，人们抛弃了道德，选择了私欲；抛弃了团结，选择了分裂；抛弃了平等，选择了差别；抛弃了和平，选择了对抗。当前的世界格局与社会现实，有谁还能记得老子的"不言之教，无为之益"呢？那些侯王带头争权夺利掠夺财富，怎么可能会行不言之教？侯王们对广大民众颁布所谓的法律与条令用来维护自身的利益，怎么可能有无为之益呢？老子只有感叹：天下希及之。

[答疑解惑]

不言之教是最好的管理行为

老子曰：吾是已知无为之有益。不言之教，无为之益，天下希及之。不言之教正是无为之益的最好表达。不言之教的内涵就是运用人的自觉行为、品德示范来影响或改变他人的人生观，达到教育的目的。老子其实也清楚地认识到在人类现实社会中做到不言之教是一个很难实现的梦想，所以他接着感叹说：无为之益，天下希及之。在现实生活中，人们若是能站在道德的高度去对待人生，跨越时空去思考人生，便会懂得那些圣人们都是不言之教的典范，才被后人们学习与传诵。《道德经》不是玄学，更不是天书，主要目的是要求人们"修之于身，其德乃真"，不断地约束与检查自己的行为是否有损于他人的利益，是否符合公正平等的原则。只有自身品德的行为示范，方可有不言之教。一个人，尤其是一个成年人在不同的地方扮演不同的角色，在家庭为父亲、母亲，在单位为职员，在社会为公民，都要行不言之教，才能形成和谐健康的社会风尚。不言之教所带来的无为之益，在社会生活中可以体现在如下几个方面。

在家庭关系中，父亲的角色是风向标，是和谐幸福的关键。一个家庭不和谐、不幸福，与当父亲的品德有关。如果当父亲的吃喝嫖赌，子女在他潜移默化的影响下，也就会不读书，调皮捣蛋，不犯罪就阿弥陀佛了。夫妻之间吵架、打架等家庭矛盾经常发生，也是品德有问题，或自私，或懒惰，或作风不好，不仅夫妻感情破裂，而且会对子女的学习与前途产生极坏的影响。父母双方品德都不好的家庭，不太可能培养出优秀的子女来。有的父亲自己做不好，却严格要求子女，打骂便是常事，是极为恶劣的行为。作为一个父亲，要疼爱自己的妻子与子女，为家庭心甘情愿地付出与牺牲，天长日久，用自己的行为影响自己的子女，方能达到行不言之教。

前不久，有一篇文章表达了这样的意思：一个企业到了让员工"刷脸"的地步，表明这个企业正在走向衰败。就是说员工连劳动纪律都不能自觉遵守，就没有生产积极性，就缺乏企业创新的动力，企业自然没有前途可言。员工没有生产积极性，原因在哪里？员工连劳动纪律都不遵守，说明企业没有吸引力，就是企业内部不和谐，存在重大的矛盾没有解决。这样的企业往往要靠严厉的惩罚制度来维系生产经营，"刷脸"更是没有办法的选择。一个企业领导的道德素质是企业兴衰的关键。中国有优秀的企业家，他们都是以员工的利益为重，行不言之教，才能最大限度地发挥员工们的积极性。有的企业领导不学习好的榜样，舍不得自己眼前的利益，生怕自己吃亏，在企业工资分配中，自己拿大头，员工拿小头，久而久之，企业就失去了员工的劳动积极性，失去了创新的动力，失去了前途。

在现实生活中，人们总是崇拜有钱人或有权人，自己认识哪个老板或与哪个当官的是好朋友，觉得无比荣幸。办什么事，找关系；请客吃饭，拉关系；有难事，托关系。有句俗语：且看席间杯中酒，笑脸相迎有钱人。社会现象反映出一个地方的社会风尚，同时也反映当地政府的治理能力。还有句俗语：为官一任，造福一方。兰考县的焦裕禄，他的事迹广为流传。他是一个为人民服务的人，鞠躬尽瘁的人。一个地方领导的行为，做了什么事干了什么活，其实当地的民众心里一清二楚。有的领导不断地出台这个制度、那个规定来约束人们的行为，如果是一个有道德的人，制度与规定对他有什么作用呢？领导吃苦在前，享受在后，还有什么事做不到呢？社会风气好了，是领导最好的业绩；社会风气差了，是当领导的无能。你是一位有品德的领导干部，时时刻刻都想着人民，处处为着人民，人民才不会忘记你。行不言之教，尤其是领导干部的一言一行，都起引导和示范的作用，是关系到人民是否幸福的大事。一个地方治理好不好，关键在领导。领导好不好，关键在行不言之教。

人类是地球的主人，人类社会一直存在矛盾与冲突，至今尚不能解，主要原因是自私自利的人性，或许是人与人不相容的天性基因。《道德经》阐述不言之教主要是指领导阶层要尊道贵德，要有高尚的道德品质，有无私无欲的胸怀，才能引导人们的行为，实现老子所寄托的社会和谐发展之理想。

第四十四章 知足不辱

名与身孰亲？身与货孰多？得与亡孰病？甚爱必大费，多藏必厚亡。故知足不辱，知止不殆，可以长久。

［字句解析］

名与身孰亲？名，名利或虚荣，外在的东西，包含财富、地位等所显示的身份，指精神层面。身，内在的身体，指健康。孰，哪一个。亲，关心或亲切。解读：人们整天为了名利奔波，累坏了身体，是身体健康重要，还是名利重要，哪一个是你最关心的？

身与货孰多？身，身体状态。货，财富，包含房子、车子、票子、珠宝等物质财富。孰，哪一个。多，身与货进行比较后，哪一个更值得珍惜？解读：人们为了自己赚取财富，如房子、车子、票子等，透支自己的身体，聚到多时人也老，身体终于累坏了。身体坏了与财富多了，哪一个是你想要的？

得与亡孰病？得，得到或拥有，指名利与财富，包含物质与精神两方面。

亡，是指身体已经累坏了，到了不可挽回的地步。孰，哪一个。病，脑子有病或有问题。解读：名利与财富都得到了而身体却累垮了，名利得到了与身体病倒了，哪一个是你想要的？或者说要财富不要身体，这种人是不是脑子有病或有问题？

甚爱必大费。甚，过分。甚爱，过分地溺爱。爱，给予或爱财物等。大费，浪费过多的财物、精力与时间，没有得到成效反而失去，造成负面的结果。解读：人们对亲人或儿女投入更多的精力与时间，处处为他们着想，为他们服务，想要什么就给什么，尽量满足他们的要求，结果不但没有成才，什么能力都没有，反而成了一个花花公子与寄生虫。或者说人们爱财如命，爱名利，最终还是一场空欢喜，虚度一生。

多藏必厚亡。多，很多。藏，值钱的东西，如房子、票子等。厚亡，指当身体消亡之时，所得的财富只有陪葬了；或指身体加速消亡。解读：当财富积藏到富有时，身体可能会加速消亡；或财富多了用不完只有陪葬了。

故知足不辱。知，知道或懂得。足，满足生活所需要即可。不辱，没有过多的需求就不会遇到被他人羞辱之事。解读：懂得生活的满足，就不会因贪求而受到他人的羞辱。

知止不殆。知，懂得或知道。止，度。知止，该停止的时候，就要及时停止。不殆，不会有危机。解读：凡事能适可而止，就可以保持永恒的动力，没有危机的发生。

可以长久。解读：这样做就可以永久地保持生命的活力，长久不衰。

〔要点综述〕

这一章，老子真实意图是写给上层社会看的。名、货、得，这三者与一般百姓有多大关系呢？名，谈不上，日出而作，日息而归，与名有何关系？货，更是谈不上多，整天奔波，也就是图个温饱。得，得什么，有衣可穿，有房可住就心满意足了。甚爱，一般百姓没有这个待遇，有大费这个条件吗？多藏，民众就更没有了，有珍珠宝贝吗？当然没有。足，什么样的情况才叫足？不贪求。止，什么样的情况下才可以止？能力之外的东西不能强求。

名与货，一个指精神，一个指物质。得是指名与货之和，都是对身体的伤害，以至到了亡的危险。如果我们懂得满足，知止而行，就可以让我们的生命保持健康和活力，天长地久。这一章对我们的现实生活有很大的警示作用，老子跨越时空，仿佛就在身边，知道现实社会中的人们所做所想，并提示人们切实保重自己的身体，以防人财两空。我们不妨再回放一下《红楼梦》中的《好了歌》：世人都晓神仙好，唯有功名忘不了！古今将相在何方？荒冢一堆草没了。世人都晓神仙好，只有金银忘不了！终朝只恨聚无多，聚到多时眼闭了。世人都晓神仙好，只有姣妻忘不了！君生日日说恩情，君死又随人去了。世人都晓神仙好，只有儿孙忘不了！痴心父母古来多，孝顺儿孙谁见了？

本章中"甚爱"与"厚亡"的理解是难点。爱，是一方对另一方的给予，或上对下的呵护，这是生活中人们通常的行为。这个行为发生频率最高的就是父母对子女的溺爱，可能是老子的主要意图；但另一方面，人们对自己的爱，爱财如命，也是通常的行为习惯。两方面理解都可以。厚亡，一是身体加速消亡；二是指厚葬。至于哪一点是老子的意图，我倾向于第一点。

〔热点话题〕

古与今距离有多远

老子曰：名与身孰亲？身与货孰多？得与亡孰病？名？货（利）？得？老子三问从时间上看，距今有两千五百多年，但从现实上看，古与今又好像没有距离，像是对现代人的问话，是一个智者对强梁者的忠告。从古到今，越过几千年的历史，仿佛进入现代文明，从道德层面上认真比较起来，或许今天的人们就没有多少自信了。

谈到传统文化，无疑让我们感到骄傲的是《道德经》《论语》《大学》等距离现在已有两千多年了，还有唐诗宋词也有千年的时光。老祖宗留下来很多宝藏，如中医、太极、武术等，也有千年的历史，都不是现代人们智慧所能够达到的。单从文化素质上来说，古代尤其是唐宋时期，人们诗词歌赋出口成章，琴棋书画样样都会，是一个普遍的现象，今天的人们是否可以与古人相比？文化属于精神范畴，不直接与经济产生联系，更没有立竿见影的效果；人们习惯的眼光中，看穿着，看房子、车子，从名片中看身份与地位，没有多少人会关心你有多少文化，读过什么书。

从道德素质方面，估计今天的人们与古人相比更没有多少自信。经济效益为先，时间就是金钱，这样的观点左右人们的人生观，也不断地冲击道德的底线。一些令人痛心的现象，与经济利益促使道德滑落有关联，与人们的道德观严重扭曲和崇尚金钱权力所带来的物质诱惑密不可分。我们无法知晓古人们的道德观是怎么样的，但从历史资料上来看，没有发现制假售假，以假乱真，江水与空气污染等乱象，反而有家教、族规、古训传承等良好的道德约束人们的行为。道德的失落，或许是今天人们伤心的痛。道德的回归与复兴，才是我们的当务之急。

或许今天的人们感觉最好的是物质信息时代，让人们充分享受到现代气息，这可能是古人们无法比拟的，但从另外一方面去比较，估计又不那么自信了。古人住的是木房，而现代人住的水泥砖房；今天的人们看手机信息，而古人们读四书五经；火车上，公共汽车上，候车室，以及家庭里，人们都是与手机为伴，看手机成为生活的主要部分，而古人们吟诗作画似乎比今天的人们有风度更高雅……

之所以抛出这个话题，主要提醒一下今天的人们反思自身：跨越了几千年，我们到底有哪些进步与不足，是自卑，还是自信？只有认识自身的问题才能更好地去改正，在古人们智慧的基础上继承与发展，去迎接去创造美好的未来！

第四十五章　大成若缺

大成若缺，其用不敝。大盈若冲，其用不穷。大直若屈，大巧若拙，大辩若讷。清胜浊，静胜躁，清静为天下正。①

［字句解析］

大成若缺，其用不敝。大成，有成就。若，好像。缺，缺失。其用，运用。不，不断或不会终止。敝，挫折或旧事物。解读：凡是成大器者在成功的过程中运用与判断所面临的不利因素不断地克服挫折，战胜旧事物而功成名

---

① "躁胜寒，静胜热，清静为天下正"应为"清胜浊，静胜躁，清静为天下正"。理由如下：一是从文学写作手法来看，躁与静，与清静为天下正，应该是前后因果关系，是由"躁胜寒，静胜热"观点论证后，才总结出"清静为天下正"的结论，那么"躁"字就不对了，应该是"清"字。二是在第二十六章中"静为躁君"中可以看出"静与躁"才是一对矛盾体，所以得出"静胜躁"的结论。三是在第十五章中"孰能浊以静之徐清"原文中可以看出"清与浊"是一对矛盾体，那么就应该是"清胜浊"与"清静为天下正"相一致。以上三点理由，以飨参考。

就；有失有得，失去是为了更好地得到，得大于失，方可成就大业。

大盈若冲，其用不穷。大盈，繁荣的景象。若，好像。冲，二元对立统一或阴阳互抱。其用，运用。不，不断或没有终止。穷，穷尽。解读：任何事物呈现繁荣的景象都是二元对立统一或阴阳互抱相互作用无穷无尽的过程，运用二元对立统一或阴阳互抱螺旋式地向前发展，才是事物繁荣的根本。

大直若屈，大巧若拙，大辩若讷。大直，善良正直的人。屈，委屈。大巧，有特殊技术的人。拙，笨拙。大辩，口才极好的人。讷，木讷。解读：善良正直的人在社会生活中为人处世因为品德高尚而容易得罪他人，往往会遭受更多的委屈；有特殊技术的人，因为专心与执着所从事的职业，坚持自己的梦想，而不会随波逐流，往往被世人视为笨拙；口才极好的人，与他人交锋，常深思熟虑，句句有力，避免口若悬河造成难以挽回的错误，所以显得好像木讷的样子。

清胜浊，静胜躁，清静为天下正。清，纯清。胜，战胜。浊，混浊。静，安静。躁，躁动。清静，清静无为。正，正确的方向。解读：自然规律给予的提示，混浊的水会变清，躁动的心也会归于安静，一切都将归于清静无为才是人类社会应遵循的正确方向。

〔要点综述〕

凡是成大器者，必经受风雨，遭受挫折与旧事物的阻挠，历无数次失败，甚至与痛苦相伴，意志坚定，奋斗精神不息，持之以恒不断进取者，一定会收获理想与成功。人生之路，单向旅程，得之有失，难以两全，缺失不必计较。故曰：大成若缺。世界万物，莫不二元对立或阴阳相冲，此消彼长，又相互纠缠与对冲，故有天下的繁华物茂；人之精神，阴阳平衡相依而存，不可缺阴少阳，方能振奋饱满。故曰：大盈若冲。冲，如人间初夏，雨水充盈也，正是阴阳纠缠与对冲的结果，如秋收的季节。大直若屈，在现实生活中，有这种人直来直去却很容易受伤，他坚持真理，敢说敢干，为伸张人间公平正义，不顾个人安危，牺牲个人得失，不知道要受多少委屈与挫折，克服多少困难与险阻。故曰：大直若屈。高人寥寥数语就可出奇制胜，故曰：大辩若讷。

〔答疑解惑〕

关于"无，名万物之始"的解读

《道德经》第一章，不同的版本中存在断句的差异性，如有的版本是：无名，万物之始。有的版本把"万物"用"天地"代替，如果"天地"的概念也包含"万物"的话，那两者意义应该是相同的。使用"天地"容易使人以为是指天地而不包括其他事物，万物则可以指宇宙、天地、万事万物所包含的一切事物，其概念更广泛，建议用"万物之始"更为贴近原意。有的学者包括很多著名的大家都推崇"无名，万物之始"的版本。我的观点是：无，名万物之始。以下是我的理由：

无与有是事物的两极，道无名有，道〇德一，无是道正在衍化的状态，不是真无，而是大用，是生命的孕育，是万物最初的原点，称为万物之始。老子观察思考之后，用"无"来定义与命名万物之道正在形成的阶段，故"无，名万物之始"。这里的"名"作"命名"解，与"是"同解。也可以说：无，是万物之始。同理，有，名万物之母。

道永远都处在不断衍化不断变化的状态之中，处在"非恒道"之中，的确无法命名，所以有的学者容易误认为：无名，万物之始。道尚未形成新的事物之前与"名"无关，又如何命名？道尚未形成之时就是"无"的时空点，是万物开始的地方。即：无，名万物之始。那么《道德经》第三十二章出现

"道恒无名，朴虽小"与第三十七章中的"无名之朴"又如何解？从老子的本意分析"朴"实际上是指婴儿。婴儿从母体中分娩出来，是一种天然浑厚、无私无欲、纯洁可爱的状态，老子认为是值得人们学习的榜样。婴儿刚生下来，这个时间点上尚未命名，即为"无名"。这里的"无"作"没有"解，当道已经成为"可道"，就是"名"的范畴了。无与无名，对同一事物的主体是指两个不同的时空点。无，是指道正在衍化未形成的时空点，而无名则是指道刚刚形成尚没有命名的时空点，两者的内涵完全不同。无名，主语是名，无是对名的修饰或定语，与有名相对。可参考第三十七章《关于"无名之朴"之我见》的详细解读，这里不再重复。

有与无，有无相生相成，是二元哲学概念的矛盾体，是事物的形成前后的两极。如：天下万物生于有，有生于无，是指无为始，有为母，从而推断"无名，万物之始"是不能成立的。总不能说：天下万物生于有名，有名生于无名。无名，其实是一个复合词，是不能分开的名词。与无名类似的还有无欲、无为、无道等，都作"没有"解。

无，万物之始。为什么要加一个"名"字呢？老子别无他意，只是给道处于"无"时一个命名与解释，强调"无"的重要性而已。关于其他老师怎么解读这一句话，我不反对也不支持，但断句的正确与否，其义相差甚远，望谨慎对待。

第四十六章　知足之足

　　天下有道，却走马以粪。天下无道，戎马生于郊。祸莫大于不知足，咎莫大于欲得。故知足之足，常足矣。

[字句解析]

　　天下有道，却走马以粪。天下，指人类社会或世界或人间。有道，社会治理遵循道法自然的规律。却，应该。走马，马在草场上自由行走。以粪，马的粪便。解读：如果人类社会的治理能够遵循道法自然和谐共存的规律，马就不是在战场上厮杀，而是在草场上自由地放牧，而且马粪还能作为肥料供人们使用。

　　天下无道，戎马生于郊。天下，人类社会或世界或人间。无道，社会治理失去了道德，违背道法自然人类社会和谐共享的规律。戎马，用于战争的军马。生于，突然降生。郊，郊外或城外。解读：人类社会的治理失去了道德，违背道法自然人类社会和谐共享的规律，战争就将随时发生，军马就会突然出现在某个城市的郊外，准备攻城。

祸莫大于不知足。祸，灾祸或困难。莫大于，两者相比难道不大于或来源于。不知足，不满足。解读：所产生的灾祸或困难来源于不知足的言行，或灾祸难道不大于不知足吗？两者相比，孰重孰轻？

咎莫大于欲得。咎，过失或过错。莫大于，两者相比难道不大于或来源于。欲得，想得到。解读：一切过错或罪行都来源于人的欲得，咎与欲得相比，咎难道不大于欲得吗？

故知足之足，常足矣。故，所以。知足之足，欲得感到满足时才叫足。常足，时常要保持感到满足的心态。解读：所以说当你的欲得感到满足之时才叫足，时常要有感到满足的心态去面对现实生活。

〔要点综述〕

有道与无道的二元哲学思维是老子常用的分析与判断事物发展的标准与方向。人类社会状况的好坏同样可以运用二元思维进行论证与分析，从人类社会发展之道是否遵循道法自然和谐共享的规律，来判断是有道，还是无道。有道的显著特点是马在草场上自由自在地吃着野草，而且马粪到处都是，没有战争，一片和平的景象。无道的常见特点是不知道什么时候，军马就在城外驻扎，好像天上掉下来似的，随时准备攻城与战斗，一场灾难随时发生。和平与战争，和平为有道，战争为无道，这样划分十分清楚明确。人类社会发展了几千年，世界和平为什么还很遥远，尤其是西方政客应该认真思考与醒悟，认真学习《道德经》，贸易战，无道之战，对双方都没有好处。

祸与不知足，咎与欲得，都是一对相互依存的矛盾体。人生之难之祸都是由于自己不知足的人生观及其行为造成的，过错的发生也是人的欲得及其行为所导致的。人一旦失去道德，就会迷失前行的方向，而由此造成的后果却一无所知。不知足，是贪求，会越过道德的防线，触犯法律的红线，给自己带来灾祸。咎，也是人的欲得过度，做了不该做的事，损害他人的利益，给自己带来麻烦或处罚。同样，一个企业或一个国家如果不知足或欲得，也会带来不幸与灾难。

知足之足，知足是对当下的生活状况感到满足，符合自己对生活的要求与条件，只有当自己感到满足时，才不会无限制地满足自己的欲望，而且要时常保持正确的人生观，这种满足能够愉快地享受人生。本章用"常足"符合人性变化的因素，有动词的性质，故用"恒足"不宜。

老子的思想就是这样常常由远而近，由大而小，由社会到个人，告诉人们通俗易懂的哲学道理，如何去分析社会，面对现实，享受人生。

[答疑解惑]

关于"先有蛋还是先有鸡"的解答

这个话题，我在微信群里曾经发过，不仅没有得到群友的响应，反而有一个网友嘲讽式地问话，他的意思是说谁能解释这个问题。有一个网友发了一篇文章出来，文章说"先有蛋还是先有鸡"是世界级十大难题之一。其实，我提出这个话题，是因为这个问题的答案能在老子《道德经》中找到。前不久，我在一个旅游团的课堂上对这个问题进行了解答。

道是宇宙、天地、万物的起源，是揭示宇宙、天地、万物生长发展客观规律的总称。《道德经》阐述一切万物之道的运行规律，是一部百科全书。当我们对问题产生疑惑时，为什么不去《道德经》中找答案呢？原因有二：一是《道德经》没有读；二是读了也没有读懂。谈到疑难问题，尤其物质起源的问题，科学论证总是依靠前人的资料作为证据，面对问题如果没有前人的证据，就无法解答了。《道德经》第四十章：天下万物生于有，有生于无。无为先，有为后，这个观点非常明确。蛋与鸡，就是无与有的关系。蛋是在适当的温度中，在一定时间内衍化出小鸡，处于"无"的状态，而鸡是已经形成的生命体，处于"有"的状态。根据"天下万物生于有，有生于无"规律，蛋生鸡，即先有蛋后有鸡。

老子曰：无，名万物之始。既然蛋是处于"无"的状态，那么蛋就是鸡的起源。当然"蛋"从何而来，不是问题的要点，这个问题是要回答"先有蛋还是先有鸡"的问题。蛋，这个最初起源的蛋，肯定不是鸡生下来的，可能是蛋的雏形，在天地中经过无数次裂变与衍化，才有了鸡的祖先。

蛋与鸡的问题，是生命起源的问题。人是女娲捏出来然后被赋予灵性，还是上帝造出来的？可以肯定的是，人的起源人类祖先，或许是通过漫长的时间演化与基因裂变而来，肯定是从无中而来。

第四十七章　不为而成

　　不出户，知天下；不窥牖，见天道。其出弥远，其知弥少。是以圣人不行而知，不见而明，不为而成。

［字句解析］

　　不出户，知天下。出户，外出。知，掌握。解读：圣人不需要出去到处寻找或考察，坐在家里就能掌握天下所发生的事，均在他的预测之中。这一句是指天下时局之变化。

　　不窥牖，见天道。窥牖，透过窗户。见，了解。解读：圣人不需要通过窗户去观察或研究外面的事物，就能了解万事万物的运行规律，春夏秋冬寒来暑往的天道均在他的掌握之中。这一句是指自然界的事物运行。

　　其出弥远，其知弥少。其，指普通人或民众。出，出行。弥远，出行或走到很远的地方。知，懂得或知道。弥少，越来越少。解读：普通人或民众总喜欢四处远行去努力寻找或认识事物的内在规律，但走得越远，知道得就越少。

这一句是指普通人知识的局限性。

是以圣人不行而知，不见而明，不为而成。圣人，不是普通人，而是德高望重之人，与道同体、与德同存之人。解读：不行而知，是指用不着到处行走，就能掌握外面的世界是怎样的运行格局。不见而明，是指不需要亲自去考察，就能明白万事万物发展的规律。不为而成，是指做任何事不用刻意而为之，按照自然规律顺应事物自然生长发展的法则而为，就可以劳有所获。

[要点综述]

本章有两个问题要解答：一是误解的问题。不行而知，不见而明，不为而成。这三句话不是谁都能够做到的，所以说普通人不要去对号入座。如果你能做到这一点，那就非常了不得。什么样的人能够做到这一点，当然是圣人。平常的普通人，在社会生活中，我们不仅要行，而且要为，要身体力行，要努力而为；不仅要研究，而且要细心考察，方可取得一点心得与体会。二是高度的问题。人看起来相似，但相互之间的差别太大，因风俗、文化、环境等因素影响，不同的人素质都不相同，世界观及人生观的高度就更千差万别了，更主要的是私心重轻与欲望大小决定着一个人的道德高度，道德的高度决定人们对事物认识与判断的高度，这也是普通人与圣人的根本区别所在。有的学者总喜欢把老子与孔子放在一起论道，更有的学者把孔子的观点与老子的论点混为一谈。老子与孔子看问题的高度不同，世界观及人生观也不同，怎么能相提并论呢？老子是得道之人，其高度在德与道的层面，而孔子的《论语》则在仁义礼智信层面上。我们用一个通俗的例子来说明高度不同所产生的差别，比如站在十八楼看周围的风景与站在八楼看风景，所得出的感受是不一样的，看问题也是如此。谈一个问题会争论不休，是每一个人看问题的高度不同所导致的。会当凌绝顶，一览众山小、只有圣人才能领略到最高处的无限风光。

[答疑解惑]

我亲身见证的中医传奇

老子曰：万物负阴而抱阳，中气以为和。阴阳中和是中医把脉诊病之道的灵魂。中医是中华民族几千年来智慧的结晶，却在近代遭遇冷落逐渐被人们遗忘。正是西医无法医治的时候，是中医还给我和我的亲人以生命健康。十多年以来，日常生活中有点感冒或不舒服等便以君药为主加减开方抓中药进行调理，见效明显。如有疑问迷惑时当然要去求助刘师傅，他能把脉诊病，在中医方面尤其是对中草药有很深的研究。

三十五六岁时，生病住院、打针吃药是我生活中的主要部分，由慢性支气管炎引起的支气管扩张，怎么看都治不好，身体消瘦体力不支，但为了生活，那时我还要出外做一点生意贴补家用，日子在极其艰难的情况下运行。妻子没有工作，家里常是吃光用完，非常寒碜。雪上加霜，妻子也患病了，头晕呕吐，医生说是美尼尔氏综合征，到处看都没有医好。各医院怀疑这怀疑那，或胃病或耳病或颈椎或骨质增生等引起的。医生看了不少，医院去了很多，但病都没治好。妻子在床上躺了四个多月，直到有一天巧遇刘师傅。他把脉后果断地对我说："你跟我去拿一个方子，吃几包药就会好的。"心里十分惊喜，但没有表露出来我的怀疑之心。我跟刘师傅去了他家，他便开了一个方子，我上药店抓了六包中药。三包之后的下午，妻子感觉到饿了便从床上起来吃点东西，刚好那天我上白班不在家，她就冲了一包葛粉，到晚上她又呕吐了，恰好这时我下班回家。当我正束手无策时刘师傅来了，他把脉后便问："你吃坏了东西，吃了什么？"我妻子说是葛粉。刘师傅说葛粉是凉的不能吃。他便赶紧叫我用红糖与生姜煎水，妻子喝下后果然好了许多。而后，再吃完剩下的三包，妻子就再也没有呕吐头晕了。因为长时间生病，妻子体质较弱，身体需要慢慢地调养。妻子的病因是冬天，冷脾胃严重受寒造成春天发病，脾胃脉大而缓，西医用甘露醇、丹参、西比灵等扩血管的药，还去了南昌大医院看病，用进口扩血管的药来治疗头晕呕吐是治表，病因是要去除脾胃湿气而不是扩血管增加血液循环。西医不知病因也没有办法治好这个病，只能用中药，药方至今还在家里保存。

刘师傅来我家小坐时，我说我身体不好，他把脉后说："肺脉离位，支气管硬化了，你得赶紧吃药。"我大吃一惊，他怎么知道我有支气管炎呢？他说："你跟我去拿一个方子，这是祖传秘方，你不要乱传。"我十分高兴，我的病也有希望了。我吃了大概四个月左右的中药，身体果然好了起来，体重由一百斤长到一百二十多斤，体质也大大地改善了。病因是慢性支气管炎，长期在西医的消炎药作用下无法根治，却反反复复造成了支气管的硬化导致咳血，用中药成熟的检验过的药方终于药到病除。

刘师傅是我家的常客贵客，尤其是我家里的亲人有什么病就打电话叫他来。他把一下脉，开一方子，病就好了。值得一提是，我妈妈有一次生病，老人家过完年后，三五天就要头晕一回，医生说是感冒可就是治不好。我清楚地记得，下火车的时候，两个妹妹一人扶一边，把妈妈从火车站扶出来，可见妈妈病得不轻。妈妈来了，刘师傅把脉后，叫我跟他去拿了两包草药。妈妈吃完两包草药，头不晕病就好了，直到现在我妈妈常说那两包草药真是神药。还有一次，妈妈患上膝盖痛不能行走，医院说是缺钙、关节炎等，小妹用车带妈妈来贵溪，刘师傅把脉后开了一个方子，一个星期之后妈妈的膝盖就不痛了，可以行走自如。妈妈说刘师傅的医术实在是神仙再世，活菩萨。病因是妈妈的肝火太旺肝脉弦急，造成膝盖缺水失去润滑的作用走路便痛，用中药降肝火即可，药方也在本子上记着。

新冠疫情发生时，刘师傅去了老家，我只好一页页地翻看药方本，第九页在药方功效的说明上写着：感冒时瘟疫，空气传播，咽喉。着实让我惊心肉跳不敢相信，为了防控我还去药店抓五包中药备用，后来我在《从道的高度透析中西医之争之别》一文中披露了药方中的君药，这篇文章由凤凰新闻刊出，各大网站均有转发。这篇文章强调中医为主西医为辅、中西医结合防控的观点，提出病情好转或治愈再服用中药以阻止病毒的复发达到彻底健康修复的建议。中医人才是关键，能诊脉的人才更是关键之关键。不是中药就是有效的，中医治病药方配伍是关键，没有正确对症的药方，疾病是治不好的。

中医中药伴随我的生活，成为调理身体的重要途径，除了药方本以外，脉书有时翻开看看但略知皮毛，还有二十多种草药配制的养生酒经常喝一点，年纪大了阳气不足用酒补充也是道法自然。刘师傅八十多岁，有一次，我问他：你有这么高深的医术应该带一个徒弟，要不后人怎么继承呢？他回答说："中医有很多宝贝都已失传，太可惜了，我师父高深的医术我没有学到不也是失传了吗？"我深深地感觉到刘师傅的无奈与感叹。

关于中医的传奇其实是我和我的亲人与刘师傅之间的真实故事，而我所了解的中医知识也是在与刘师傅的交谈中获得的，比如：数脉人体内一定有炎症，糖尿病是人的胰腺堵塞造成的，高血压也会有遗传，头发也可以转黑等。中医讲究药医人缘，一切因果都来自人的品德行为，我写此文是献给选择相信我的人，而且我留有药方，如果有人需要我也会告诉他。坐堂问诊，开方抓药，这样的场景即使中医院也难看见，神农尝百草、神医华佗、张仲景的《伤寒杂病论》、邓铁涛抗非典等都是过往的历史传奇，而今天中医辉煌的成就在哪儿呢？悬壶济世，望闻问切，早已被医疗器械所代替，而西药说明书中的副作用、看不见的伤害有谁在乎呢？能开方的中医，开方就有疗效，药到病除的中医已经越来越少了。中医药是天人合一与道法自然最完美的诠释，为何落得如此困窘？但愿在可预见的未来，中医中药的保护与建设被列入社会发展的战略性目标，为人类生命健康保驾护航。

第四十八章　损之又损

为学日益，为道日损，损之又损，以至于无为，无为而无不为。取天下常以无事；及其有事，不足以取天下。

[字句解析]

为学日益。为，行为。学，指学习或求知或修身，是一个努力、刻苦、勤奋、坚持的过程，积跬步行千里。日，每日。益，增进。解读：在学习或修身的过程中，不断地获得知识与人生感悟，有益于及时校正人生，有益于对事物发展规律的掌握，实现人生的梦想。

为道日损。为，行为。道，事物生长发展的规律或真理。为道，指探寻事物生长发展的客观规律或悟道或探寻真理。日损，每日去除私心，减少欲望。解读：在探寻事物发展的规律或悟道或探寻真理的过程中，只有每日反省与修正自己的日常行为，不断地去除私心与欲望，才能获得事物的规律与真理，领悟到人生社会及各个领域各个方面的发展之道。

损之又损，以至于无为。损，去除人性的私心杂念与缺点。又损，指反复去除人性的私心杂念与缺点的行为。无为，没有主观上的妄为与强加于自然之上的行为，一切都是顺应自然而为。解读：探求真理或发现规律的大道之路上，一定要去除日常行为中的私心杂念，反复地对自己的行为进行修正，直到一种少私寡欲自然而然清静无为的状态，实际上是指人们要有公而忘私为民众服务的精神。

无为而无不为。无为，实际上是指无私的大有作为。无不为，没有什么是不可为的，而且为而有果。无为是过程，无不为才是结果。解读：任何事物只有通过顺应自然自然而然无私的努力，才能劳有所获，没有什么事不能功成圆满。

取天下常以无事。取，治理。天下，国家或社会事务。常，通常。以，通过或采取。无事，不扰民、不增加民众负担等。解读：治理国家事务就是要努力为百姓办事为百姓服务，通常不增加民众的负担，不扰民，让百姓充分发挥自己的潜能，努力获得生活所需的财富，社会自然会和谐安宁。

及其有事，不足以取天下。及其，如果。有事，指违背民意的指令或行政手段。不足，不可以。取天下，治理国家。解读：如果经常性干扰民众，对民众乱下指令，干涉民众的意念，违背民众的愿望，这样就不可能治理好国家。

〔要点综述〕

前几天群友发来一首诗，大诗人白居易写的：言者不如知者默，此语吾闻于老君，若道老君是知者，缘何自著五千文。从白居易写的这首诗可以看出他对言者与知者的概念没有搞懂。老子的原话是：知者不言，言者不知。知者，白居易理解是默者。言者，是指俗人，夸夸其谈骄傲自满之人，知其一，不知其二，反而乱说其三，故曰：不知。知者是指圣人，博学多才谦虚谨慎之人，说时有理言时有道，但常行不言之教，故曰：不言。老子所说言者与知者是一对哲学的二元概念。

　　本章的要点就是为学日益，为道日损。这两者有何关联？学是为了道，益是为了损；学才能接近道，益才能懂得损，损才能接近道。学习各方面的知识，知识的积累与更新是道的演变过程，逐渐地掌握有益于寻求事物生长发展的规律，及时把握道的运行方向，始终在道上，方能事有所成。不断地学，方可懂道知道。如果没有知识的积累，事物的发展规律就无法掌握。有了知识的高度，才能认识与总结事物的规律到达道的高度。道的演变是要求人们经过一个去私去欲的过程，日损是不断地去除私欲开阔胸怀，把人生的价值与人民大众紧密地联系起来。人民大众是社会发展的道之主体，如果偏离了人民大众，就会迷失道的方向。在行政方面，日损是指减少对民众的行政干预，顺应民众的意愿，尽量让民众充分发挥各自的才能，在自然的状态下积极地投入到社会建设中去。充分发挥民众的自主积极性，在各个方面都会呈现繁荣昌盛的局面，这就是无为而无不为的最高境界。所以说治理天下，只有在无事无为的状态下，民众的自主性与智慧充分发挥，社会才能健康地发展。相反，如果在有事有为的情况下，干涉民众的自主性，行政干预民众的意愿，民众会失去参与社会劳动的积极性与创造力，就会严重地阻碍社会的健康发展。

［热点话题］

《道德经》在写作中的应用

　　世界上读任何一所大学都学不到书中的智慧，当你学到书中的智慧，比读任何一所大学更有价值，这本书就是天下第一书《道德经》。

　　写作是社会生活中不可缺少的日常事务，在工作中常遇到的头痛问题之一就是写材料。单位上总结，公司里汇报都离不开写材料，尤其是大会的报告需要写作的功底，不知从哪儿下手。有点灵感，写了几句就写不下去了，很多人都有这样的经历。其中的原因：一是写得少；二是知识积累不够。在学生时代，常常会遇到类似《我的理想》等励志类的命题，无从下手。如果读过《道德经》第六十四章："合抱之木，生于毫末；九层之台，起于累土；千里之行，始于足下"，就可应用到文章中去，增加文章的精彩。事物的发展总是从其安其未兆的孕育，从其脆其微开始生长，从小到大、从弱到强的发展；一棵参天大树，是从一棵小幼苗开始；一座高楼，是从一块块砖头开始；千里之路，是一步一步走出来的。事物的发展总是从量变到质变的一个漫长过程，这富有哲理的内涵就增加了文章的厚重感。

每年的高考，满分作文的特点是应用一些文言文，提升文章的高度，或用一些连改卷老师都不熟悉的字或词，吸引老师的眼球，惹得老师的惊叹。在现实生活中，很多人对《道德经》不是很熟悉，包括一些老师或单位领导或私企老总。如果遇到类似人生观或价值观，处世为人或教育他人的话题时，你可以应用到《道德经》第六十七章："我有三宝，持而保之：一曰慈，二曰俭，三曰不敢为天下先。慈故能勇，俭故能广，不敢为天下先故能成器长。今舍慈且勇，舍俭且广，舍后且先，死矣！夫慈，以战则胜，以守则固。天将救之，以慈卫之。"这样有深刻内涵的句子从你口中说出来，一定会令人感叹你如此博学，才华横溢。老师赞叹，领导表扬，老总夸奖。《道德经》八十一章，字字珠玑，句句精华，章章引人沉思或给人启迪。

对《道德经》章句在写作中的引用，只是起步的初级阶段，当然能应用好也实属不易。《道德经》的智慧无穷无尽，不是用大海可以比拟的，远比大海深邃而辽远。今天的人们不断地研究与探索《道德经》，也只是个开始。《道德经》对宇宙的起源，万物的生长及其事物发展规律的探索，都有深刻的阐述，尤其是对人类社会的寄托与理想，作了具体的描绘，都是应该努力学习的，将《道德经》的智慧广泛地应用到社会生活中，去处理问题解决问题，同样可以对写作能力的提高有重大的作用与影响。学习好《道德经》，写作就会得心应手，如泉水喷涌而出，一篇好文章可以自然练成。

　　《道德经》不仅是世界观的教育，也是方法论的引导，其独特的哲学思维破译了一切事物生长发展的密码。老子曰：夫物芸芸，各复归其根。归根曰静，静曰复命。复命曰常，知常曰明。写作是对社会实践的观察与思考，是逻辑的总结规律的概括，是人生的梦想社会的缩影，诗歌、散文、小说、剧本等无不浸透着作者对世界观的表达以及表达的方法；有的浅薄，有的深刻，作者的文化积淀与功力是关键，千古名篇是否能够练成，或许多读多学《道德经》是最好的选择。

第四十九章　百姓之心

　　圣人恒无心，以百姓之心为心。善者吾善之，不善者吾亦善之，德善。信者吾信之，不信者吾亦信之，德信。圣人治天下①，歙歙焉为天下浑其心，百姓皆注其耳目，圣人皆孩之。

〔字句解析〕

　　圣人恒无心，以百姓之心为心。圣人，尊道贵德之人，可以指领导，也可以指公司、企业、工厂等单位的领导，只要是品德高尚之人，皆可称为圣人。恒，长久或不变。无心，没有自己的私心。百姓，人民大众。解读：一个好的领导始终把百姓的利益放在心里是不会发生改变的信念，百姓之所想就是他之所想，百姓之忧就是他之所忧，一切行为都是为了百姓的幸福。

　　善者吾善之。善者，身边的好人或有品德之人。善之，善待或真心相处。

---

　　① "圣人在天下"，意思表达不明，应为"圣人治天下"，与其他章节中有圣人之治与以正治国等，符合本章关于圣人如何治理国家的中心内容。

解读：对待身边有品德之人，圣人用良好的品德去与他相处，真诚地相互学习与共同奋斗。

不善者吾亦善之，德善。不善者，品德不好之人或坏人或恶人。德善，用德来感化他。解读：对待品德不好之人，圣人也不会放弃他，说服或教育他，善待他，用自己的品德去感化他，让他成为好人。

信者吾信之。信者，可以相信或信任之人。信之，以诚信相待。解读：对待有诚信之人，圣人一样会以诚信回报，真诚与人相处。

不信者吾亦信之，德信。不信者，做事或讲话没有诚信之人或坏人。德信，用自己的品德去感化他。解读：对待一个没有诚信之人或坏人，圣人也不会放弃他，用自己的品德去感化他，让他成为一个有诚信之人。

圣人治天下，歙歙焉为天下浑其心，百姓皆注其耳目，圣人皆孩之。治天下，治理天下或胸怀天下百姓。歙歙，善于融合或无事无为之状态。浑其心，没有自己的私心杂念。百姓，广大的民众。注，注视或学习。其，指圣人。耳目，圣人的一举一动。皆孩之，像孩子一样。解读：圣人治理天下没有自己的私心杂念，在现实生活中似乎无事，但又做了很多事，似乎无为但又取得了很多成就，并且善于融合与处理一切社会事务；百姓们十分不解，纷纷关心或注视着圣人的一举一动，觉得没有什么特别，反而像孩子一样无私无欲，纯朴善良。

[要点综述]

本章提供鉴别与判断圣人的标准，所谓圣人不一定是权高显赫之人，但一定是德高望重之人。一个团体、一家企业或某省某市的领导都可以成为圣人，但有如下几个标准：一是以百姓之心为心的人，全心全意为百姓服务之人，这样的圣人没有自己的私心与欲望，更没有显赫的财富与高人一等的尊严。二是对待人一律平等，无论是什么样的人，都一视同仁。好人是善待，坏人不放弃但也要善待，要用自己的言行与优秀的品德去感化他，让坏人变成好人。三是圣人修之于身，其德乃真；他艰苦朴素，纯洁善良，像孩子一样无私无欲，一言一行都是人们学习的榜样。

特别提示一下，"圣人浑其心"在章句中没有详细的解读，只是用了"没有自己的私心杂念"来代替，其实老子用这个词是有话要说的。浑其心，可以解读为对他人缺点的宽容，表面上装糊涂浑然不知，实际上圣人的心里是一清二楚的；圣人是想通过自己的行为去感化他人，让其缺点得到改正。为天下浑其心，解读：天下人有太多的缺点与不足，不是用批评或教育或处罚等手段达到改正的目的，而是以包容或宽容的方式对待，圣人胸怀天下用自己的品德与行为去感化他人行不言之教。故老子曰：不善者，吾亦善之，德善。

百姓皆注其耳目，这句话解读存在较大的差异性，关键是对"其"的定位，有的版本解释为"百姓自己"，实际上指"圣人"，与下一句"圣人皆孩之"相一致。

有的版本：圣人无常心。无常心，没有常心，常心如何解？与之对应是非常心，更不知其义，解释不通。有的版本：圣人常无心。常无心，经常性没有自己的私心，这样解释倒是可以的，但作为圣人没有私心是永恒不变的品格，圣人恒无心，更为贴切。

［热点话题］

探析老子关于自然的灵感

老子曰：致虚极，守静笃；万物并作，吾以观复。在静坐的禅定中老子审思着宇宙、天地、万物的生长发展，发现各自有其自然的运行规律，独立而不改，周行而不殆，这个规律就取名为道。那么，这个自然之道与人类社会的发展有何关联呢？老子深切地感受到人类社会的相互争斗、利益冲突，甚至那血雨腥风的战争，远不如自然界的万物百花齐放、和谐共处，原来唯有自然才是社会发展之根本。以自然、道、无为为核心，以不争、处下、无欲为主旨，激发老子的灵感像泉水般不断涌出，千古第一书《道德经》就在这样的背景下诞生了，其博大精深的智慧影响着人类社会几千年。人类社会为何不能像自然万物一样并行不悖呢？是因为失道离德。没有道德人类社会就失去了自然，失去了人性，更失去了和谐和平。由观察自然引发的灵感从而嫁接或联想到人类社会的发展，是老子五千言心潮澎湃、慷慨激昂之本源。

自然从组成上看，由"自"与"然"两字联合构成，自作本身、本体解，然作内在的特性、规律解，自然则指事物本身或本体生长发展的内在特性及规律。自然万物互不干涉，更不相争，反而一起共处抵抗风雨，其特性转换成社会自然就是平等公平、自由和谐、无私不争等内涵。老子曰：知常容，容乃公，公乃全，全乃天，天乃道，道乃久，没身不殆。其用心良苦就是借自然之口说给人类社会听而言此及彼。正因为当时人类社会的种种行径与自然规律相违背或南辕北辙，以至于造成社会的动荡不安、民众生活的颠沛流离，才有老子借助《道德经》对社会治理唯自然之重要的强烈呼唤，抒发自己爱民治国的伟大情怀。

一、执政者在治国理政中其行为的自然。老子曰：天地之所以能长且久者，以其不自生，故能长生。何谓不自生？实指人们没有自是、自彰、自矜、自骄等自私为主体的人生观及价值观，依照本体自然无为而生，那么人类社会有谁能做得到呢？在当时的社会侯王们争权夺利，派别相斗，刀枪相见，所有重负与灾难全部嫁祸到民众身上，民众遭受欺凌霸市、武力相压，生活极其困苦，民不聊生。故老子曰：太上，不知有之；其次，亲而誉之；其次，畏之；其次，侮之。信不足焉，有不信矣。悠兮其贵言。功成事遂，百姓皆谓我自然。老子剖析执政者在治国理政中对民众的行为，得出官员的大小其态度不一样，尤其是基层官员对民众的态度已经让民众感受到"畏之"与"侮之"的恶劣行径，公开欺凌与侮辱民众是经常发生的事，常使民众感到害怕与羞辱以至于苟且偷生。执政者与民众之间的矛盾如此水火不容，苛政杂税，霸横凶狠，更使民众苟延残喘。这样的社会状态是老子极其不想看到的，加深了他内心的痛苦。执政者与民众之间的共创共享、公正平等、宽容自由、和谐共处才是社会发展本身内在的自然之道，否则就是违背社会发展的自然。老子间接地告诉当时的执政者，社会治理要遵从民众的意愿，一切以民众的利益为重才能事遂自己的利益，才是社会发展的自然。

二、人之本性不会轻易被改变，说教更需要自然。错综复杂的社会以及熙熙攘攘的人群，以利益当头，才有数不尽的困难挫折、酸甜苦辣、悲欢离合。人生很短，一代又一代人都在寻找自己的乐园与归宿，但无论你如何努力与拼搏，做官只一时，财富会散尽，谁能逃过岁月的无情，终将是尘土与野草。老子曰：希言自然。故飘风不终朝，骤雨不终日，孰为此者？天地。天地尚不能久，而况人乎？如果人们听得进有效果，说几句关键的话就能起作用，多说无益反而有害，故曰：希言自然。为什么这样解？就要与后面的道者、德者、失者相联系，三者可归于社会生活中的三种人。道者与德者自然不用言语劝告，失者即失道离德之人，则是需要改变或教育的对象，帮助失者回归到道德的轨道上来，但不是一件容易的事，人之本性难移，现实中的失者依然还是失者无法改变。人生很短就像飘风与骤雨一样匆匆而来转眼而去，不是一时的说教能够改变失者的人生轨迹。遇上什么样的人说什么样话，因材施教，不言之教，故叫自然。种瓜得瓜，种豆得豆，人的一生或许早已注定，不会被轻易改变。老子当时传授大道之学，有谁听得懂？《道德经》讲了几千年，有谁听得进？所以老子曰：同于道者道亦乐得之，同于德者德亦乐得之，同于失者失亦乐得之。社会上形形色色的人，各行各业的人，性格千差万别，还是各得其所，乐在其中。这一章还隐藏了其他用意，是老子一言多义、一语双关的特点。

三、顺应与遵从万物自然特性及规律，不可恣意篡改。人类社会发展了几千年，贫困人口之多依然是世界难题，为何？是人类社会过剩的智慧与刻意的对抗不断地造成矛盾与战争，丰富的物质资源没有用来解决人类社会的衣食住行，而是用来制造尖端武器挑起事端与激发战争，与老子所期望以民为重、社会整体的自然和谐风马牛不相及，人类社会的和平发展至今还在路上。老子曰：道之尊，德之贵，夫莫之命而常自然。人类社会的聪明反被聪明误，那些蓄意改变物质属性、缩短物质生长周期等违背自然规律的行为，人类社会都将付出沉重的代价。所谓科技只是用来获得利益的手段，应真正地服务于人类社会。人是自然的天使，而非自然的西药如抗生素、激素对人体疾病的广泛应用，其副作用必将影响人体健康。中医药是天人合一、道法自然最完美的诠释，却与生命健康渐行渐远。老子曰：为者败之，执者失之。人类社会一切改变自然所谓的科技与尖端武器的对抗，终将自食其果。自然万物，人类社会只有遵从与辅助，而不能恣意地嫁接与篡改，一定要谨记老子的话：以辅助万物之自然而不敢为。

四、自然是道的属性，道法自然实指人法自然。江海之所以能为百谷王者，以其善下之，故能为百谷王。处下方可成其大，这是自然界的自然，但老子心系天下，他真正关心的是社会发展的自然。在当时的社会状态下，老子亲身感受到人类社会的不相容性，好争好斗、流血冲突都是为了各自的利益，而失去了彼此的和平共处。他感叹：天下多忌讳，而民弥贫；人多利器，国家滋昏。人与人之间相互猜忌与算计倒不如自然界万物并作的和谐。人类社会的所谓智慧只不过是用来打击对手相互伤害的愚蠢。老子曰：有物混成，先天地生。寂兮寥兮，独立而不改，周行而不殆，可以为天地母。吾不知其名，强为之名曰道；强为之名曰大，大曰逝，逝曰远，远曰反。故道大，天大，地大，人亦大。域中有四大，而人居其一焉。人法地，地法天，天法道，道法自然。自然是老子着重强调人类社会治理最高的行为准则。道法自然实则是人法自然，人是社会发展之道的执行主体，只有人在遵从或效法自然的同时去努力创造丰富多彩的物质世界，才能获得健康快乐的生活。老子远远道来，从有物混成先天地生，到域中有四大而人居一焉，其主旨还是回到人类社会，关心社会如何发展。人类社会的贫富、尊卑、等级、地位、利益等差别成为人与人之间矛盾的根源，不是老子想象中的自然，所以要求人类社会学习与效法宇宙、天地、万物等和谐不争的自然精神，再运用到人类社会的治理，去化解一切社会矛盾，达到整体社会的和平繁荣。

《道德经》五次出现自然，其义是不一样的，语境不同，关于自然的解读自然不一样，脱离章句单独讨论自然要义则是无的放矢，很难涉及其本义。何况说自然不是老子的用意，谈人类社会的治理才是老子的真正目的。道的属性是自然，自然的属性是无为，那么在社会治理中如何检验或判定人们的行为尤其是治国理政方面的政策、措施、法规是否自然，不同的参照主体有不同的结论，不同的条件就有不同的判定，但都要遵循自由生长、公正平等、处下不争、和谐共处等并行不悖的自然精神。时至今日，人们在社会生活中有多少违背自然的事还在时时发生，比比皆是，数不胜数。大千世界，几千年以来人类社会疾病不断，争斗不停，战争不息，灾难不止，都是违背自然所带来的严重后果，却没有反思反省的迹象，世界矛盾的加速对抗严重威胁世界和平，其更加严峻的考验与可怕的后果还会发生在可预见的未来。老子曰：以智治国，国之贼；不以智治国，国之福。人类社会应该及时诚实地学习老子的智慧，自然的事才是最大的事，一切行为以民众为主体、以最高的自然标准作为社会发展的核心思想，才能赢得人类社会的健康发展与世界和平。

第五十章　出生入死

　　出生入死。生之徒十有三，死之徒十有三，人之生，动之于死地亦十有三。夫何故？以其求生之厚①。盖闻善摄生者，陆行不遇兕虎，入军不被甲兵。兕无所投其角，虎无所措其爪，兵无所容其刃。夫何故？以其无死地。

[字句解析]

　　出生入死。生之徒十有三。出生入死，由生到死一生的过程。生之徒，生下来能走完一生的人。十有三，十个中有三人。解读：人由生到死是一个较为漫长的过程，但能走完这个过程的人，大概只有十分之三左右。

　　死之徒十有三。死之徒，中途夭折者。十有三，十分之三。解读：人的一生由于种种原因，或病或灾，不能善终者占十分之三左右。

　　人之生，动之于死地亦十有三。人之生，人生。动，乱动或妄为，指违背

————————
　　①　"生生之厚"应改为"求生之厚"，更有深意，与七十五章同。

自然规律的行为。于死地，将置自己于绝路。十有三，十分之三。解读：有的人总是喜欢好高骛远或私欲澎湃，常常违背自然规律而妄为，导致把自己的人生置于无路可走的绝境而中途夭折，这样的人也占十分之三。

夫何故？以其求生之厚。夫何故，什么原因？以其，以他的一生。求生之厚，整天忙忙碌碌过度追求与劳累。解读：什么原因导致十分之三的人中途夭折，就是他的一生整天忙忙碌碌过度追求与劳累所导致。

盖闻善摄生者，陆行不遇兕虎，入军不被甲兵。盖闻，早有耳闻或大部分人都是这样说的。善摄，善于把握。生者，生存下来的人。陆行，走山路。兕虎，老虎等凶狠的动物。入军，当兵。甲兵，俘虏。解读：早有耳闻凡是善于把握自己命运的人，走山路能够分析与判断路的凶险，不会遇到凶狠的老虎；当兵打仗能观察发生的状况，逢凶化吉，就不会被对方俘虏。

兕无所投其角，虎无所措其爪，兵无所容其刃。夫何故？以其无死地。兕，有角凶狠的动物。无，无法或不用。投，投击。虎，老虎等。措，抓击。兵，敌手。容，使用刀击。夫何故，为什么？以其，其实。无，没有。死地，危险的地方。解读：兕无法投击其角，虎无法抓击其爪，敌手无法使用刀击，为什么呢？因为善于把握命运的人根本就不会进入被置于死地的危险境地。

〔要点综述〕

老子看问题站在全局的高度，善于分析与总结，尤其是他十分关注社会的发展，关心广大民众的命运，是他挥之不去的情怀。在人类社会中，人来人去，出生入死，伴随着生命的旅程；茫茫人海，他们的命运又如何呢？老子总结出三种状况：一、能够顺利走完整个人生，大概只占十分之三；二、不能走完整个人生，中途夭折者占十分之三；三、本来可以走完整个人生，但由于贪求与劳累导致灾难的降临夺去了生命，又占十分之三。这三种情况在当时十分恶劣的社会环境中，人间的凄凉是令老子痛心的。几千年过去，人类社会仍然面临疾病的困扰与贫穷的无奈，但现在比老子所处年代医疗水平与生活条件要好得多。老子曰：动之于死地亦十有三，夫何故？以其求生之厚。这种状况在现实生活中人们应该高度地警惕与关注。很多信息显示，许多中年有成就者，因为疾病过早地离开人世，就是因为在追求事业时忘记或轻视自己的身体健康问题。所以说，老子在两千五百年前的忠告，对现实生活有重大的警示作用。

老子曰：盖闻善摄生者。这是后面总结性的章句，不能生搬硬套地按字面去解读，要看到字里面深层的内涵。陆行不遇兕虎，那就是选择没有老虎出入的地方才能不遇到老虎，而不是老虎怕你。入军不被甲兵，当兵打仗要善于观察发生的状况，打有把握之战，才能不被俘虏，而不是敌手不敢俘虏你。兕无所投其角，虎无所措其爪，兵无所容其刃。这三种情况是指你一定要运用自己的智慧避开，危险才不会发生，而不是对方不会伤害到你。老虎遇到你，一定会攻击你，你逃不了的。为什么你不会被伤害，就是你不会进入危险的境地。故老子曰：夫何故，以其无死地。这才是问题的关键。

世界之大，不要认为你自己有本事，没有你地球照样会转。有的人总觉得这事没有自己去做不行，其实你放手，说不定有人比你做得更好。人的一生很短，你的成就或骄傲，只不过比别人有钱，或比别人有权力，但你的品德不一定比别人高。历史与人民总是会记得品德高尚的人，怀念为民众服务的人，而你却早已被历史的尘埃所湮没。

〔热点话题〕

股市之道总是超出你的预想

股市是资本经济的产物，将一家企业未来价值想象发挥，引来众多投资者的追捧，便有了财富再一次分配。有的人赚了，有的人亏了；赚的人少，亏的人多，但还是有无数人前赴后继，这就是股市的魅力。当消息一出，什么K线、基本面、业绩，涨得让人瞠目结舌。股市之道变幻莫测，使人心惊肉跳，总是超出你的预想。从2015年的5000多点到2021年的3000多点，股票从2000多只到4000多只，经济不断发展，股市却没跟上，更是超出人们预想。还有的人炒了十多年的股票，老本快赔完了，也是在人们预想之外。

老子曰：福兮祸之所伏，祸兮福之所倚。祸与福的转换是一个较长的时空概念，不是立竿见影的。由福转祸在社会生活中发生的概率，比由祸转福要高得多。比如，富人家的公子容易变坏，而穷人家的孩子有出息的难度系数就很大。股票亏钱很容易，赚钱就很难，也是这个理。我很多年前就开始炒股了，因为总想把亏损的钱赚回来，结果是越亏越大。钱不是从银行抢来的，也不是从别人家里翻墙偷来的，而是自己上班用汗水换来的，却惹上了股票，不幸之中的不幸。记得是隔壁的龙先生叫我炒股的，现在他改做生意，股票不炒了。我不能怪他，但的确是他惹的祸，我刚开始赚了一点，没有洗手不干，后面亏钱的事就不用说了。那时候高点6000多点没出来，反而加了钱进去，现在是2700点，一个字"惨"，两个字"惨烈"。股市之道，人生之痛。

大盘不断向下，创出几年来的新低，创出2653.11点的新低，许多股票价格跌破净资产，有的股票市盈率五六倍，像山鹰纸业、豪能股份等市盈率都很低，可为什么没有人买呢？近一段时间，单位设备改造，上班地方就挤在一间小办公室里，我发现很多同事都不炒股了。我才知道自己掉进股市里不能自拔。猛然醒悟，大盘成交量，十几年前就是1000多亿，现在还是1000多亿，股票数量却翻了好几倍，说明一个问题，炒股的人越来越少了。难怪经济发展，股市却下跌，主要因素是炒股的人越来越少。房价涨，股价跌，这反映了资金的去向。以上是2018年中下旬写的股市纪要。现如今有了注册制创业板、科创板，变化很大。

股市是经济发展的晴雨表，我当时是这样想的。可是经济年年都是增长，股市不涨反跌，难以理解。后来，我从回报信息中感知到，机构与券商都是今天买，明天卖，没有做价值投资的打算，怪不得股市涨得少，跌得多，股价越来越低。股市成了投机的场所，原来是我想错了。股价跌得如此惨烈，如京泉华等股票创上市以来的新低，根据《道德经》中"反者，道之动；弱者，道之用"的原理，那么现在是不是可以介入的最佳机会，是不是到了"反者，道之动"的时机呢？如果这个点位，还不是"反者"，如14元的华力创通已跌到8元多了，还会下跌吗？如果真还要跌，那个"惨烈"是令人难以想象的。昨天的阳线但愿是上涨的开始，千万不能再跌了。昨天，我与一个同事聊到股票，他始终在股市里买来卖去，从他痛苦的表情与无可奈何的言语中，得知他近二十年亏钱过了六十万之多，对一个工薪阶层的人是无法想象的。我现在也有个想法，只要这次投资能够回本，也不想炒了，一是累，二是心痛。

都是欲望惹的祸，偷鸡不成蚀把米。一生最后悔的是什么？炒股。一生最痛苦的是什么？炒股。一生最憎恨的是什么？炒股。这或许不止是一个人的心声，是很多股民人生的感叹。股市有风险，入市需谨慎，不是随便说的，而是用血本无归换来的深刻教训。如果"反者，道之动"还没有到来，那也应该不远了，相信再往下探就是底部了。股市如果没有长期投资的功能，短期炒作投机造成的猴市就难以改变。或许可以抓住一次反弹的机会，将亏损的钱赚回来。如果真的有一天回本的话，我可能再不想炒股了，但也说不定，毕竟人受欲望的牵制，未来的事很难说。期待股市创新高，迎来散户们的春天。

第五十一章　尊道贵德

道生之，德畜之，物形之，势成之。是以万物莫不尊道而贵德。道之尊，德之贵，夫莫之命而常自然。故道生之，德畜之，长之育之，亭之毒之，养之覆之。生之畜之，生而不有，为而不恃，长而不宰，是谓玄德。①

［字句解析］

道生之，德畜之，物形之，势成之。道，生命体正在衍化尚未形成的客观规律，如人之母体。生之，生出新的生命体，可特指婴儿。德，指道已经形成生命体后的事物及其符合自然规律的环境或行为。畜之，积累或储存。物，事和物。形之，成形或外形的状态。势，气势或发展趋势。成之，已经成熟的事物主体。解读：任何事物（万事万物）都是从道生、德畜、物形、势成四个相

① 是以圣人，生而不有，为而不恃，长而不宰，是谓玄德。"是以圣人"应为"生之畜之"，与本章中"道生之，德畜之"相一致，也符合老子的写作特点。

同的生长发展阶段即普遍性规律，这个规律表现在人类社会更容易理解与掌握。如：道生之，指婴儿从母体中分娩出来。德畜之，婴儿成长过程中的行为表现，品德的积累。物形之，指婴儿长大成人。势成之，长大后有了各自的发展方向或志向。

是以万物莫不尊道而贵德。是以，所以。万物，事和物。莫不，无不。尊道而贵德，道生为尊，德畜为贵。解读：所以说一切事物的生长发展无不要对道生的尊重、德畜的珍贵，才能不辱使命，圆满地走完整个生命的历程。

道之尊，德之贵，夫莫之命而常自然。道之尊，道生万物，最应该值得尊重。德之贵，德养万物，最应该值得珍贵。夫，人称代词，你或万物。莫，不违背。命，事物本身生长发展的规律即命理。常自然，经常要遵守自然规律。解读：事物的生长发展都要尊道贵德，不能违背事物本身生长发展的规律即命理，并要求按照事物的自然规律经常性展开一切社会事务收获其劳动成果。

故道生之，德畜之，长之育之，亭之毒之，养之覆之。长，成长。育，培育或养育。亭，长大后的形态。毒，成熟的样子。养，蓄养，指成熟后对种子的留养。覆，指种子留下后来年重新覆盖培育新的幼苗。解读：其内涵实际上是对一轮生命体从道生、德长到成形、成熟，又回到下一个轮回循环往复的阐述，也可指自然界的万物，从种子培育出幼苗，通过施肥等手段慢慢地长大，细心地呵护，长大成形成熟，又到种子的培育，完成生命体的轮回循环。人的生命从母体中分娩出来，慢慢长大成人，然后结婚生育子女。从道生之到养之覆之，是万物生命的重复与循环，无穷无尽。

生之畜之，生而不有，为而不恃，长而不宰，是谓玄德。解读：无论是生之还是畜之，都应该向圣人学习，对自己亲手培育出来的成果不独占有，通过自己的言行为社会做出的奉献不恃以有功，帮助民众的成长并取得重大进步与成就，也不会去主宰，而是首先让民众享受。做到以上几点，可谓玄德。玄德是包容共存，和而不同，努力工作，处下不争，奉献自己，照亮他人，这就是圣人的高贵品德。是以万物莫不尊道而贵德，老子这句话的真正内涵是一切万物要以道德为中心，以道德为准绳，尤其是人类社会要以道德检验一切是非与真理，用道德来规范人类社会的一切行为。

〔要点综述〕

从本章的结尾分析，是用"万物"为幌子，实际上是写给"人"看的。为什么这样说？德，是一种行为表现，是动态的存在形式，这种形式只有人的智慧可以支配自己的行为，主动自由的行为；其他动物也有行为，显然是被动的；对人的行为，是否有德，可加以判断，但对其他动物的行为，难道也能用德来判断吗？当然对一只狗用德来判断好坏，也不会犯什么错误，但过于勉强。所以说，老子主要意图还是说给人类社会听的。世界万物除了人，还有哪种动物的灵性能与人相比呢？当然没有。人的一生是短暂的，从婴儿、儿童、少年、青年、中年到老年，这几十年的时光，大多数人却过得患得患失，沉浸在物质与肉体的欲望之中。人类社会的矛盾冲突一直伴随着历史的发展，至今还在硝烟弥漫。人属于自然界的生灵，是地球的主人，与自然界的万物一样，一定要遵循自然生长发展的规律。是以万物莫不尊道而贵德，老子这句话真正的内涵是一切万物（万事万物）要以道德为中心，以道德为准绳，尤其是人类社会要以道德来规范本身的一切行为，用道德来检验一切是非与真理。

生之畜之，生而不有，为而不恃，长而不宰，是谓玄德。这句话很明显省略了主语，主语应为是以圣人。玄是对圣人的高贵品德感到困惑不解，对其中的道理与原因捉摸不透。圣人的汗水不为自己流，做事不图回报，劳动成果与他人共享，总是替广大民众排忧解难，为广大民众牺牲自己而鞠躬尽瘁。这种无私无欲的品德仿佛高深莫测，在社会现实中让百姓难以捉摸与理解，故称为玄德。

道德是判断行为正确与否的重要标准

老子曰：道生之，德畜之，物形之，势成之，是以万物莫不尊道而贵德。道生德畜，方可有物形势成。道德是万物生命的主宰，尤其决定人类社会发展的走向。失去良心、违背人性、践踏法律的行为都可以称为不道德的行为。行为的正确与否，包括规章制度、方针政策、法规法律的制定，体现人民的意志就是符合道德，人民是社会发展的主体，损害人民的利益则不合乎道德。一个人的善恶好坏，无论在何时何地或不管什么情况下，用道德来判断是古今实践无数次的标准。道德的内涵坚持个人服从集体、少数服从多数、微观服从宏观、短期服从长期的原则，体现公正与平等、无私与奉献、善良与博爱、共容与和谐的精神，始终贯彻为广大民众服务的最高宗旨，是判断行为正确与否的重要标准。道德主要表现在家庭、集体、社会等各个方面。

一、家庭道德核心是和谐。古话如是说，家和万事兴。老子曰：修之于家，其德乃余。一个家庭的道德看似简单，在现实生活中易懂不易行，知行不一致，说得好却做不到是十分普遍的现象。家庭一般是以夫妻为中心，上有父母，下有子女三代人组成的传统模式。这三代人中的轴心是夫妻关系，其好坏是家庭和谐的关键。夫妻关系中不道德的行为主要表现：1. 吵架。吵架在生活中是常见到的行为，有时候在隔壁或马路上就能遇见，或去朋友家偶尔都能做一回判官，夫妻之间相互指责对方的不是。恋人关系到夫妻关系是两个人的融合与宽容的过程，若使夫妻关系重新回到恋人关系，则是一剂良方。丈夫把妻子始终当成女朋友，就会处处为对方着想，替对方分忧解难，倾听对方的诉求。妻子把丈夫当成男朋友，就会处处去欣赏对方，想着对方的长处，为丈夫尽一份妻子的温柔与体贴。2. 离婚。离婚在现实生活中已经非常普遍了，是道德文明衰退的表现。离婚说得好听是夫妻感情的破裂，实际上是夫妻双方不道德的行为表现，尤其是离婚后对子女的教育与成长极为不利。夫妻双方或许其中有一方是不道德的，或赌博，或懒惰，或外遇，或作风不检点，或家庭暴力等因素导致离婚的发生。一个家庭的组合不是金钱的诱惑，不是权力的奴隶，但以金钱与权力为筹码的夫妻关系容易被金钱与权力所击破，婚姻维持难以长久。夫妻双方关键是价值观的认同与人生观的一致，即使不够富足也能知足常乐。3. 赡养父母。在这个问题上夫妻矛盾容易发生，尤其是赡养上金钱与物质给予的多少，因为不透明，没有充分沟通，有私心而产生误解与冲突。用私房钱或偷偷地给自己的父母多一点，瞒着对方实际上是对自己没有信心，不信任对方造成的。夫妻之间在赡养父母问题上一定要公开透明，彼此信任，这才是解决问题的最佳选择。夫妻关系是家庭关系中最主要的关系，不惧风雨，不论贫富，多沟通勤交流，和谐共容，共同努力，是道德的要求，方能获得和谐而幸福的生活。

二、集体道德重点是平等和谐。平等方能和谐。俗话说，不患寡而患不均。集体是指同一个单位或企业命运息息相关的共同体，尤其是在利益分配上要体现平等的原则以维护一个和谐的格局。在升职、薪酬、管理等各个方面要体现公开平等的原则，才能充分发挥员工们的积极性，使一个单位或企业处于健康发展的轨道。主要表现：1. 升职。人的一生可能是在同一个单位度过，几十年的工作与单位命运与共，前途是最大的心愿。升职是单位或企业选拔人才的一项重要事务，平等竞争，公开选拔，不拉关系，不走后门，不任人唯亲，关系到一个单位或企业的道德风尚与命运走向，是和谐发展的重要标志。在社会生活中，走关系拉关系提拔亲朋好友，严重破坏人才公正平等的竞争环境，是极其不道德的行为。如果单位或企业领导干部道德素质存在问题，就会贪污腐败，私欲膨胀，影响与阻碍单位或企业的发展前景。2. 薪酬。单位或企业通过生产效益来维持企业的运转，所产生的利润分配是否平等关系到企业的前途及未来。薪酬的分配要贯彻有福同享，有难同当，同命运共进退的原则。有所差距是为了调动企业员工的积极性，薪酬制度的差异性要做到透明公开。效益是全体员工共同创造的，而不是某一个人的功绩，把功绩归功于某一个人是一种自私的不道德的行为。3. 管理。单位或企业的管理不是规章制度越多，罚得有多厉害，就是管理水平提高了。一个人如果有道德素质，不需要太多制度的约束，是自愿自觉的行为。有的企业劳动纪律需要打卡或刷脸来维持，那企业就应该检讨自身出了什么问题，员工为什么连劳动纪律都不遵守，原因在哪里？制度出台要体现广大员工的意志，要合情合理合法，而不是管理者随心所欲，想怎么出就怎么出。管理者与员工之间出现利益冲突或矛盾是员工消极怠工的主要原因，不公正不平等是矛盾产生的根源。单位或企业是一个命运共同体，贯彻全体员工尊严与利益平等的原则是道德的标准，是企业发展的基石与动力。

　　三、社会道德关键是平等、公正与和谐。平等是社会和谐的前提，公正是社会和谐的基础，和谐是社会发展的目的。各行各业是社会健康发展的组成部分，谁都重要，一个都不能少。工人、农民、知识分子、企业家等各阶层人士都是社会大家庭的一员，相互依存与促进，构成纷繁复杂的社会整体。矛盾的发生无时不有，只要公正地处理矛盾解决问题，以道德为标准，以法律为准绳，以平等、公正、和谐为原则，社会事务中一切问题都将迎刃而解。主要表现：1. 平等。平等是社会和谐的前提，尤其是尊严的平等更为重要。由于地位与金钱上的差距，人与人之间尊严不平等的现象十分严重，尤其上下级关系是尊严不平等的多发地、不和谐的重要环节，还有贫富、城乡差别等。其他方面不平等的现象也比较严重，如工资分配、福利待遇、司法问题等。2. 公正。公正是处理与解决一切社会矛盾的基础。就业、考试、升职等社会热点问题，如果失去公正，矛盾就会不断地发生。在社会现实中，人与人之间的冲突与矛盾是经常发生的，司法公正就显得更为重要。社会是一个庞大的群体系统，人的性格不同职业不同理想不同，生活在同一时空里，问题与矛盾的发生不可避免，只有公正地处理，尤其是领导干部处理问题解决矛盾时要有公正的胸怀与平等的思想，才能维护好一个和谐的社会整体。3. 和谐。和谐是人类社会共同的愿景，但现实生活中要实现和谐的梦想，还有很长的距离，需要不懈的努力。每天的信息显示，矛盾与冲突几乎分秒地在世界各地频繁发生。如何做到和谐相处，要求人们从道德做起，检查自己的行为是否损害他人的权益。只有先把自己做好，才能要求他人做到。道德是每一个人自律、自醒、自强的行为，千千万万人努力的叠加，才能形成健康的道德风尚与社会环境。

在个人、家庭、集体、社会等各个行业各个方面，日常事务中点点滴滴的具体行为无不渗透着道德的内涵。一切问题与矛盾发生的根源，包括贪污腐败、违法犯罪等都可归因于失道离德。全心全意为人民服务，人民的利益高于一切，各项措施及方针政策都要围绕人民的利益而展开，凡是有利于人民利益的一切行为都是道德的标准。是与非，对与错，正义与邪恶，真理与谬误，是否代表人民的利益，是否符合道德的要求？所以说，道德是判断一切行为正确与否的标准。只有回归到道德的高度，人人有真爱，集体有温情，社会有热度，百姓方可安居乐业。以道治国，以德养民，善行天下，和平、繁荣、幸福的理想社会就一定能够实现。老子曰：以身观身，以家观家，以乡观乡，以邦观邦，以天下观天下，吾何以知天下然哉？以此。老子主张以道德来检验世界上的是非与真理，深刻地阐明道德是判断一切行为正确与否的标准。

第五十二章 复归其明

天下有始，以为天下母。既得其母，以知其子；既知其子，复守其母，没身不殆。塞其兑，闭其门，终身不勤。开其兑，济其事，终身不救。见小曰明，守柔曰强。用其光，复归其明，无遗身殃，是谓袭常。

[字句解析]

天下有始，以为天下母。天下，天下万物。有始，原始或源头。以为，可以认为。天下母，万物之母。解读：天下万物有了源头，从原始开启，是万物最初的母体。

既得其母，以知其子。既得，既然得到。其母，万物的母体。以知，可以知道。其子，万物的子孙。解读：既然得知万物各自有自身的母体，就可以知道繁衍出万物各自的子孙。

既知其子，复守其母，没身不殆。既知，既然知道。其子，万物的子孙。

复守，重复与坚守。其母，返回到母体这个角色。没身，没有任何事物不是这样。殆，危险或消亡。解读：既然得知万物的子孙，那么子孙长成后，返回到母体这个角色，又重复地繁衍出一代代子孙，循环往复，重复与坚守，没有任何事物不是这样，不会终止，永无止境。

塞其兑，闭其门，终身不勤。塞，闭塞。其，事物的个体，这里指人。兑，五官之欲。闭，关闭。门，自私与欲望之门。终身，整个一生。勤，勤奋忙碌。解读：人们若是不被五官的功能所左右，就能做到清心寡欲，五官若能闭塞起来就不会受外面的影响与侵蚀，而且要经常关闭与抵制私欲膨胀之门，宠辱不惊，不受外界的干扰，这样的话整个一生就活得轻松快乐，人们用不着整天忙碌不停。

开其兑，济其事，终身不救。开，放开或放任。兑，五官之欲。济，奔波劳碌。事，日常事务。终身，整个一生。救，危险之境地。解读：人们如果放任自己的五官之欲，整天为了自己的私欲而奔波忙碌，那么整个一生就把自己置于危险之中难以自救。

见小曰明，守柔曰强。见，看见。小，微观或细小之处。曰，得出。明，明白其中的道理。守，坚守。柔，柔弱的状态。强，强盛之时。解读：从细小之处就能得出或明白事物生长发展的规律，只有坚守柔弱的处世态度才能让自身变得更加强大。

用其光，复归其明，无遗身殃，是谓袭常。用，使用。其，指社会。光，社会环境或风尚。复归，回归。明，明白其中的道理。无遗，没有遗憾。身殃，没有灾祸。是谓，可称为。袭常，通常沿袭下来的传统或处世方法。解读：人们在社会生活中一定要适应社会环境，善于运用社会这个平台，但适应不是没有原则，运用不是妥协，要懂得及时回归到健康的社会发展理念及人生观，明白与掌握社会发展的正确方向，才不会让自己有所遗憾，也不会有任何灾祸的发生。可称为通常沿袭下来的传统或处世方法。

［要点综述］

远远道来，是老子从宏观到微观惯用的写作手法之一，由天地之始到万物之母，母生子，子生孙，无穷无尽，世界就是这样循环往复。这个世界是谁主宰的，为什么有纷繁复杂？为什么有酸甜苦辣？为什么有悲欢离合？是人，是人类社会自身矛盾所产生的，而且是难以调和的矛盾。人类社会几千年来就无法摆脱自私与欲望的束缚，对物质生活的掠夺，对感官刺激的享乐，从而导致人与人之间矛盾的不相容性，以至彼此在对抗与冲突中消耗人生，导致社会文明的进步与发展举步维艰。

生活中的每一个人，因生活的艰辛而不得不忙碌，自私而不伤及他人是合情合理的，欲望而不过度是自然的，只有适可而止才符合道的运行规律。在自然中享受生活与阳光，满足与幸福，这或许是老子阐述"塞其兑，闭其门，终身不勤"的意图；但现实生活中的人们，或许是困难，或许是无奈，或许是生活所迫，越过道德的防线，超越度的栅栏，偏离道的方向，把自己置于困难与挫折之中，陷入更加无法自拔的困境之中。更多的人不知道所得之果是由自己造成的，有因就有果，不知自己的"道"该如何走。艰辛与困惑、伤痛与离别等错综复杂的人生场景十分普遍，或许是老子担忧"开其兑，济其事，终身不救"的根本原因。

社会生活决定个人命运，什么样的环境就会有什么样的人生，个人的力量是有限的，与社会现实保持距离但又不脱离，既要面对生活，又要享受生活，靠的是自己对生活的态度。矛盾只宜化解，不激化冲突，是道家的情怀。战胜敌人的方法，是自身的强大，才能征服敌人，方可化敌为友。老子曰：用其光，复归其明，无遗身殃，是谓袭常。无论是在自然规律中，还是在社会生活中，矛盾在变与不变中交替前行，把握矛盾的运行方向，是道者的智慧与力量，方可无为而无不为。

［答疑解惑］

关于"我有三宝"的解读

学术研究要创新，本来是件好事，但创新不是与他人不同或另起炉灶，否定原来不等于创新。最近，学术界有人对《道德经》第六十七章提出异议，将我有三宝改成：一曰慈，二曰俭，三曰不，敢为天下先。我个人的观点如下。

一、本章的原文：不敢为天下先，故能成器长。今舍后且先，死矣。这两句话中，尤其是后一句，舍后且先，死矣。能够佐证不敢为天下先是老子的原意。不敢为天下先的内涵，是要求人们在物质欲望与追求自身利益上，不能走在广大民众的前面，与慈、与俭构成"我有三宝"人生重要的价值观，都属于道德品质的范畴。老子《道德经》是积极的人生观，强调慎终如始服务民众的信念，倡导无为而无不为的奋斗意志。

二、其他章节中：吾不敢进寸而退尺。勇于敢则死。这两句话中表明"不敢为天下先"的积极防御的处世态度。在未知领域中，尤其是在矛盾运动中，对"反者，道之动"判断正确与否，是事物成败的关键，切不可盲目冒进轻举妄动。吾不敢进寸而退尺，退守是为了在对方进攻之时掌握其薄弱之处再发动有把握的进攻。勇于敢则死，盲动进攻会造成不必要的牺牲。所以说，不敢为天下先更符合老子的原意。

三、我有三宝：一曰慈，二曰俭，三曰不。不，是一个否定词，不代表任何内涵，只有"不"与其他词句连在一起时才能构成完整的内涵。慈，代表仁慈；俭，代表节俭；不，代表什么意思呢？很显然"不"不能单独成词，"不"与"敢为天下先"组成句子代表不争，才能有完整的内涵。

　　《道德经》中有很多词句，在不同的语境中有不同的内涵，尤其要掌握其正言若反的内涵。不敢为天下先，若反的内涵就是敢为天下先。敢为天下先，是在遵循与掌握自然规律的前提下，抓住机会，主动而为。老子曰：为之于未有，治之于未乱。这就充分表明老子敢为天下先的勇气与信念。我有三宝中"不敢为天下先"，主要偏向处世方面的道德范畴，尤其是在物质利益面前，要有"既以为人己愈有，既以与人己愈多"的高尚品德，而不能与广大民众争一己私利，以民众的利益为先，才是圣人之治。

　　老子曰：天下皆谓我道大，似不肖。夫唯大，故似不肖。若肖久矣其细也夫！我有三宝，持而保之。三宝是道大的具体表现与特征。慈是为了勇，克服一切困难，为民众敢挑重担与担责。俭方能广，在民众困苦之际施以援手，帮助民众渡过危难之时。不敢为天下先，吃苦在前，享受在后，成为民众的带领人，守卫好、建设好美丽的家园，这才是老子强调人生坚守三宝的重要价值与真实意义。

第五十三章　大道甚夷

使我介然有知，行于大道，唯施是畏。大道甚夷，而人好径。朝甚除，田甚芜，仓甚虚，服文采，带利剑，厌饮食。财货有余，是谓盗竽，非道也哉！

[字句解析]

使我介然有知，行于大道，唯施是畏。使，警示。介然，相信或坚信。有知，经验与教训。行，施行或传播。大道，事物发展的规律或人间正道。唯，只有。施，施舍或教育。畏，可怕或危险。解读：警醒我而坚信这个经验或教训，传播人间正道要让人们明白事物发展的道理或规律，只靠施舍与教育是行不通的，人们没有切身的体会与感悟是十分可怕或危险的。

大道甚夷，而人好径。大道，事物的生长发展规律，特指社会发展的人间正道。甚夷，十分平常与普通。人，人们。好，喜欢。径，捷径，这里应该是岔路或不正当之路，或许也指人们不善于动脑的行为，喜欢见风使舵随大流。

解读：事物的生长发展都各自有其客观规律，尤其是社会发展的人间正道，容易理解与掌握，且十分平常与普通，但现实中的人们却喜欢走岔路甚至不正当之路或不善于动脑，喜欢见风使舵随大流。

朝甚除，田甚芜，仓甚虚，服文采，带利剑，厌饮食。朝，朝廷。甚，十分。除，剩余或多。田，田地。甚，十分。芜，荒芜。仓，粮仓。虚，空虚或不多。服，衣服。文采，多彩。带，腰带。利剑，武器或练武之剑。厌，胃胀。饮食，饱食。解读：在当时的社会现实中各种现象共存，朝廷的物质丰富用之不尽，田地却荒芜无人治理，粮仓也十分空虚，但有的人却过着奢侈的生活，穿华丽的衣服，有的人腰佩利剑招摇过市，贵族们酒足饭饱而厌烦生活。在当时的社会生活中什么样的现象什么样的人都有，共存共处。

财货有余，是谓盗竽，非道也哉！财货，财物。余，多。是谓，就应该说是。盗竽，盗者猖獗。非道，没有道德。解读：在当时的现实生活中，那些腰缠万贯的有钱人，实际上是一种明偷暗抢的行为，对社会财富的掠夺非常猖狂，以致民众生活十分疾苦，社会在失道离德的轨道上运行。

〔要点综述〕

人类社会的发展与自然规律的走向总是异向而行，导致社会文明进步缓慢。老子所处的年代，人类社会也有几千年的发展历史，他深深地感觉到人类社会没有按照自然规律有序有节地发展，而是被人们的私欲支配，处于一种无道的状态。本来有一条正道可走使人们和谐地相处，却变得矛盾四起，冲突不断。在现实生活中人们有挤公交车的习惯。公交车停下来，排队上车不仅上车方便快捷，而且是文明的表现。有的人就是不排队，要挤上车，挤在门口反而上车的速度减慢适得其反。挤公交车是一个社会现象，却是人们道德缺失的本质反应，延伸到其他领域中，人们只要有利益或对自己有益，便冲锋在前，置他人的利益不顾，比如炒房、利益分配等。老子曰：大道甚夷，而人好径。这里的

"径"当岔路或不正当之路解更为贴切。大路上开出一个岔路，就是歪门邪道。

道德的传播，不仅是口传的教育，而且要结合人们的行为去实践中检验，让人们自觉地约束自己的日常行为，反思自己的缺点是否修正与改过。没有实践，没有实际效果的教育是徒劳的，久而久之，教育就失去了本来的意义，成为一种疲惫无效的状态。现实生活中教育也是如此，一场课上完就完了，至于有什么效果，则没有人去检验去关心。老子曰：使我介然有知，行于大道，唯施是畏。

这一章看上去跳跃性很大，一下子从大道谈到社会现象，其实联系非常紧密。人们失去了道德会是什么状态呢？这种状态就是老子所描述的：朝甚除，田甚芜，仓甚虚，服文采，带利剑，厌饮食。财货有余，是谓盗竽，非道也哉！实际上这句话的内涵所揭示的是当时的贫富差别，带来一系列不正常的社会现象。社会财富是人类共享的，而不是某个人独有的；如果一个人财富独享，在老子的眼里就是"非道也哉"，是不道德的行为。

关于盗竽的解读，有的版本是盗桍、盗夸、盗垮等，其实重点是要解读财货有余。财货有余，是谓盗竽，财货有余与盗竽是并列的等同关系，盗竽就是指财货有余的阶层。谁能财货有余？用什么手段获得财货有余？老子直指侯王贵族及强梁者，这些人打着为民众的幌子，说着为民众的谎言，披着为民众的外衣，吹着如竽一样的音乐迷惑民众，实则是为了自身的私利与财富，掩盖其明盗暗抢的行径。竽，乐器，为乐器之首，延伸解为迷惑、率先。

[热点话题]

让老实人获得社会的尊重

老子曰：常使民无知无欲也，使夫知不敢。弗为而已，则无不治矣。老实人是指踏实工作、诚恳守信、纯朴善良、少私寡欲的人，应该受到社会的尊重与崇敬，但往往因为与人无斗、与世无争，导致物质生活的匮乏，在金钱物质至上的社会中，常会遭遇到人们轻视的目光；相反，那些老子眼中"大道甚夷，而人好径"的人却能因心术不正而获得物质上的富裕。大道甚夷是指人间正道，主要表现为公正、平等、自由、和谐的社会环境；相对于每一个人的表现是善良、纯朴、正直、勤奋等优秀的品德贯穿于日常行为之中，是一条极为普通平常的正道，但老子为什么要说大道甚夷而人好径呢？其实是对当时社会现象的客观阐述。径，解读为歪门邪道或见风使舵随大流。好径，是指人们为什么会喜欢走歪门邪道或见风使舵随大流呢？这就是老子所处的社会现实，或许也是几千年来一直困惑人类社会难以改变的现实，人们应该高度重视与思考。

现实生活中的人们，不谈理想与未来，更多的人是为了生活而生活，衣食住行，柴米油盐，与生活息息相关的物质都是需要金钱买来的。没有钱就不行，就无法生活，这是现实的无情。现实使人们变得更加现实，赚钱赚钱再赚钱。有了钱就能买房子，买你想买的东西。什么钱好赚，就赚什么钱。炒房赚钱，就去炒房。事实证明，炒房的人赚了钱，所以房子涨涨涨。如果你认为炒房是不道德的行为或不合法，那么人家有钱有房，你就会无钱无房，处于困难之中。那些做生意的人投机取巧、以假乱真、以次充好发了大财；吹牛拍马、拉帮结派、投其所好的人也发了大财；偷工减料、见风使舵、当面一套背后一套阳奉阴违的人获得了好处。俗话说"马无夜草不肥""无商不奸"等都是对不良社会现象频频发生的客观反映。相反，那些老老实实、默默无闻、勤奋劳动的人却与金钱缘分不足，生活较为艰难。这种现象如不纠正与遏止，人们就会争先恐后地学会如何拉关系、走后门、请客送礼等为自己获得好处。故老子强烈呼唤：以智治国，国之贼；不以智治国，国之福。

现实与理想有太多的背离，尤其在经济时代，有钱的人用钱去投资赚更多的钱，那么没钱的人只能为有钱的人打工来维持生活，贫富差距两极分化就会越来越严重，社会矛盾也会越来越深。社会是一个整体，如何建立一个公正平等、自由和谐的社会环境是当务之急。在考试、升学、提干、薪酬等方面透明公开，让民众广泛参与监督各项规章制度的制定与执行，建立人人平等、人人有机会、人人有希望的社会竞争机制，把道德素质的好坏作为一切判断的标准，来约束人们不敢触碰道德的底线。

一切问题与矛盾的发生，根源都是道德的缺失。道德是衡量一切行为的标准，是判断一个人好坏的唯一标准。商人没道德，就会不讲信誉，就会为了自己利益而损人害己；官员没有道德，就会搜刮民脂民膏，就会贪污腐败；教师没有道德，就会以补课等手段来获得财富，从而变成商人；医生没有道德，就会乱开药多开药，从而获得额外的奖金。只有杜绝与打击走歪门邪道、旁门左道与投机取巧、心术不正的人获得利益，才能警示人们回到正道上来，形成人人崇尚美德的社会氛围。公正与平等是社会和谐的基础，只有保证公正与平等，社会才能和谐，"大道甚夷，而人好径"的现象就不再发生。不欲以静，天下将自定。让老实勤奋、善良纯朴的人获得社会的尊重与物质上的富足，才能使更多的人变得老实勤奋善良纯朴，引导正确的人生观与价值观，惩恶扬善，扶正压邪，不能让老实人吃亏，这是社会发展、人间正道的必然要求。

第五十四章 其德乃真

　　善建者不拔，善抱者不脱，子孙以祭祀不辍。修之于身，其德乃真；修之于家，其德乃余；修之于乡，其德乃长；修之于邦，其德乃丰；修之于天下，其德乃博。故以身观身，以家观家，以乡观乡，以邦观邦，以天下观天下。吾何以知天下然哉？以此。

〔字句解析〕

　　善建者不拔。善，善于或顺应自然的能力。建，建功立业。善建者，有建树之人。不，不会。拔，移除或摒弃。不拔，不会被移除或摒弃。解读：善于掌握自然规律之人，为民众服务，不会白费功夫，一定会有所成就，不会被民众摒弃或从心里移除，而是深深地烙在民众心中。

　　善抱者不脱。抱，有理想或抱负。善抱者，有抱负之人。脱，失去或离开。不脱，不会被失去或脱离。解读：善于运用理想抱负与现实生活相结合的人，就不会脱离于广大民众的利益，与民众血肉相连。

子孙以祭祀不辍。子孙，后代。以祭祀，一种民俗活动。不辍，不会停止。解读：圣人为广大民众付出汗水与无私奉献的精神，不会被民众所忘记，广大民众在他百年之后，常常会用各种形式去怀念他。

修之于身，其德乃真。修，改正或反思。身，自身或自己。德，品德。真，真实或功绩。解读：每一个人都要改正或反思自己的日常行为，是否违背良心，是否有损于他人的利益，是否有害于广大民众，做一个有理想、有品德、有文化、有爱心的人，人们能够真实地感受到他的良好品德。

修之于家，其德乃余。家，指一个家庭。余，剩余。解读：一个人的优秀品德行为不仅改变了自己，而且会影响到家人们的品德，使一个家庭变得和睦幸福。

修之于乡，其德乃长。乡，乡村或以乡镇为单位。长，相对余来说，品德又进了一步。解读：一个人品德不仅影响到家庭，而且他的高尚品德会影响扩散到邻里乡村，使一个乡村或乡镇的人们品德优良，彼此和睦相处，团结友好。

修之于邦，其德乃丰。邦，比乡更大的单位，或是相当于一个省或一个国家。丰，品德相对长来说，就是德高望重了。解读：一个人的厚重品德，让人们称赞与效仿，全国的人要向他学习都变得品德高尚。

修之于天下，其德乃博。天下，指一个世界。博，品德博大，其品德让世界上的人都要向他学习。解读：德高望重的圣人心系天下，其品德博大是天下人的榜样，受其影响天下人都要向他学习，天下将安定和平。

故以身观身，以家观家，以乡观乡，以邦观邦，以天下观天下。吾何以知天下然哉？以此。解读：身，家，乡，邦，天下，是一个修身悟道的递进关系，是人类社会的进步阶梯与文明程度逐步上升的象征。一个人，一个家，一个乡，一个邦，一个天下，如何去判断与分析，一个人的修身，一个家的幸福，一个乡的和睦，一个邦的团结，一个天下的稳定，其状况如何都是可以分析与观察的。道德的好坏是判断社会文明高低的决定因素。

〔要点综述〕

建与抱。建，建树，是一种可以看见或可以感受到的实实在在的成果或成绩，让百姓有切实的体会或实惠。抱，抱负是一种奋斗理想或对未来规划的指引或向往。建，属于物质形态的成就；抱，属于意识形态的理想，二者都是圣人所必须具备的品格。从真、余、长、丰到博的发展过程，必须从"修之于身，其德乃真"开始，是逐步影响、逐步上升依次而进的人生境界与社会文明。只有达到"修之于天下，其德乃博"的人，才是圣人，才可能让子孙们祭祀不辍。所以说，修之于身，是每一个人必修的功课与基石。

在现实生活中，往往有这样一批人，总喜欢抱怨或指责别人的不是，这儿不好，那儿也不好。这种人从不检查自己，反思自己，谈到自己就是如何如何的好，这世界上的人都没有他的能力强，没有人比他聪明。这种人上懂天文，下懂地理，就是个能人。这种人自以为是，夜郎自大，唯我独尊，在社会生活中或许随时随处可见。

老子曰：修之于身，其德乃真。让每一个人从自己发生改变开始。别人无法改变，只有先改变自己；只有当自己改变了，才有可能去改变别人。一个人的改变到两个人的改变，到四个人的改变，到十六个人的改变，再到成千上万个人的改变，是老子写本章的真正意图。老子的笔端一开始就梦想着未来，在社会生活中人们的个性与道德的共性，是老子从春天百花盛开的美丽景色中获得的感悟，充满着对人类社会和谐的向往。

〔热点话题〕

我的生活感悟

要改变别人，首先要改变自己。

　　修之于身，其德乃真，是一个人修身悟道的起始，学习《道德经》，如果只是纸上谈兵，那只是一个说客。我的人生改变是从《道德经》开始的，这要感谢我的好朋友石松老师，在我人生迷茫之时，送来了指路明灯《道德经》。那个时段，是我人生改变的第一步，朗读与背诵《道德经》是每天必做的功课，到后来译注《道德经》，一路走来，都是不断地修正与反思自我的不足，校正人生的方向，践行"修之于身，其德乃真"的美丽人生。

　　一、夫妻是家庭生活中常见的矛盾体，关系和谐与否，关系到一家人的幸福指数。在我与夫人的关系中，几乎没有什么矛盾，相处算是融洽情深。在邻居的眼里，应该是恩爱的。我与夫人常会手挽手在公园里散步，会收到朋友赞许的目光。我与夫人都是老实人，善良之人，有时候还会帮助有困难的朋友或邻居，尤其夫人的人际关系比我要好得多。我的家庭是最普通的，一点也不富有，但我们有艰苦朴素、吃苦耐劳的品格。我和夫人衣服没有名牌，尤其是夫人常买换了季节的降价衣服。我也是舍不得花钱买好衣服。我喜欢文化，有时候出去活动，穿着也非常朴素。偶尔，夫人背着我会替我买上一两件上百元的衬衣。我的家庭普通朴素，但非常和睦。

　　二、在工作中，我与同事的关系也算和谐。十几年的同事，你是否计较，是否能够吃亏，品德如何，人家的眼睛是雪亮的。在工作中，有时候会误解你，有时候冤枉你，都是会遇到的，但是时间久了，你是什么样的人，好与坏，其实同事们心里都十分清楚。善人者，不善人之师；不善人者，善人之资，这应该算是对人品的一种考验。人在修真过程中，面对错综复杂的社会关系，面对似是而非的多面人性社会，如何处理？我常常想起老子的教导：宠辱若惊，贵大患若身。及吾无身，吾有何患。我在《中国赋》一文写道：我中华儿女，立民族复兴之大志，理当去私少欲，见素抱朴，俭慈益祥；以为人己愈有，以与人己愈多。从我做起，检查自己，宠辱不惊；从心开始，修身养志，纯洁心灵；坚持读书学习，刻苦钻研，悟道德之真谛，人人皆有过硬真本领，强民富国。民为国之本，民强则国强，国强则民富。这也充分证明我对自己的严格要求。

三、我的处世原则是人人平等。在生活中平等地看待每一个人是我的人生准则。无论你是谁，官位大小，贫富差别，都不是我衡量人的标准。我是以人的品格如何去评判一个人的价值大小。对社会奉献的大小，才是一个人的价值体现。在生活中尤其在酒宴桌上，我敬酒时，不看官的大小，不看是否有钱去敬酒。要么从左到右，要么从右到左，依次敬酒是我的习惯，也是我做人的原则。在微信群中，有的人对我提出批评。对的，我会感谢他；不对的，我就当没有看见。有的人过分批评，我的回答是：你刚才说的就当我没看见。如何处理别人的偏见或误解，是经常要面对的事。不去伤害他人是我的原则。

四、关于《〈道德经〉新译注》出版发行，算是一种天意吧。为什么是天意？我当时译注完时，并没有钱去出版。我把出版的设想与我的朋友说起，有三位朋友一起给了我一万元，但还有两万元的缺口。2016 年春节期间，一个朋友因买房子向我家借钱一万五千元，朋友有困难应该帮忙，就答应发年终奖给他，因为当时我家没有钱。后来我向弟弟借了三万元，一万五千元给了朋友，还有一万五千元再加上原来朋友给的一万元，加起来两万五千元一起放进了股市。那时候，股市低迷，在这种情况下，两个多月的时间里，我的两万五翻了一倍。有了钱，书才能出版发行。所以说，《〈道德经〉新译注》出版发行，算是天意吧。我对这本书更加珍惜，有机会把我的观点传播出去。现在，我在微信群里已建立了"正本清源《道德经》学术交流会"，来自全国各地的专家学者与爱好者聚集一起，共同弘扬道德文化。

每一个人如果都从"修于之身，其德乃真"开始，那么这个社会就会变得更加美好与幸福。学习或研究《道德经》，如果不从"修于之身，其德乃真"开始，那么谈《道德经》有什么意义呢？《道德经》的终极目标，就是"执大象，天下往。往而不害，安平太"，这是多么美丽的人类社会。

第五十五章　知和曰常

含德之厚，比于赤子。毒虫不螫，猛兽不据，攫鸟不搏。骨弱筋柔而握固。未知牝牡之合而朘作，精之至也。终日号而不嘎，和之至也。知和曰常，知常曰明，益生曰祥，心使气曰强。物壮则老，是谓不道，不道早已。①

[字句解析]

含德之厚，比于赤子。含，内涵，含有。德，品德。厚，厚实、朴实。比于，相比。赤子，刚生下来的婴儿。解读：内涵品德厚重的人，就像婴儿一样无私无欲纯洁可爱。

毒虫不螫，猛兽不据，攫鸟不搏。毒虫，带有针刺的毒虫。螫，扎人至

---

① 物壮则老，是谓不道，不道早已。解读：如果事物达到壮年的强盛之时，就会向衰老的方向转化，是不好的预兆，那就偏离了道的运行规律，其实这个预兆从壮年之时早就开始了。从婴儿说到衰老与本章的内容不符，又与第三十章重复，应删除。

痛。猛兽，凶猛野兽，如虎狼。据，将对方摔倒后占据宰割。攫鸟，天空中飞翔凶猛的鸟。搏，用脚爪击伤对方。解读：道德高尚的人就像婴儿一样无私无欲纯洁可爱，毒虫不会用针刺去刺他，凶猛的野兽不会侵犯他，攫鸟不会用脚爪去击伤他。

骨弱筋柔而握固。解读：初生的婴儿骨骼是脆弱的，筋是柔软的，但手握成拳头却非常牢固有劲。

未知牝牡之合而朘作，精之至也。未知，不知道。牝牡之合，两性之合。朘作，雄起。精，精力。至，极致。解读：初生的婴儿不知道两性之事，但男孩子有时候却会雄起，是全身精力旺盛至极的表现。

终日号而不嗄，和之至也。终日，整天。号，哭泣。嗄，停止。和，中和。至，至极。解读：婴儿整天哭个不停，而不疲惫不歇息，是阴阳中和极致的原因。

知和曰常，知常曰明。知，知道或懂得。和，中和。曰，称谓。常，常态或常识。明，明白其中的道理或规律。解读：要知道或懂得中和是事物生长发展的最佳状态，从日常生活中随处随时观察可得知，这个规律普遍存在性可称之为规律的常态性；懂得或知道从日常生活中可以观察或在事物发展中加以总结得出事物的规律，就称之为明白或把握事物生长发展的普遍性规律。

益生曰祥，心使气曰强。益，有利于。生，生活或生命。祥，祥和。心使气，心调动气息。强，强壮或强大。解读：一切行为要有利于生活或生命，从而获得祥和之气，若能用心来调动意念与气息或正心正念，更使人获得强大的正能量。

[要点综述]

关于婴儿的故事，是老子心中美丽纯洁、无欲无私的象征，他多次在《道德经》中提到婴儿，呼唤人们应该回归与坚守道德底线。婴儿除了纯洁、无欲、可爱等特点之外，主要体现是阴阳中和，达到完美的统一。不仅整天哭泣而不累，婴儿纯洁的天性连外界凶猛的动物或鸟类都不会伤害他。中和，是一切事物生长发展达到对立统一的最高境界，也是地球上万物如此繁荣之普遍性规律。只有中和成为事物的常态，才能掌握事物阴阳中和是一切事物共同遵循的普遍性规律，故曰：知和曰常，知常曰明。

万物共同生长发展的普遍性规律，尤其是人类社会生活一定要遵循，有利于社会事务的生长发展，才能获得社会祥和的健康之道。什么是益生？人们一定要把握阴阳中和这个尺度，偏向一方，都会导致事物发展的困难曲折，人们常常会在追求物质时，透支精力与时间，使自身的健康不能得到保证。人们只有遵循自然规律，达到中和的状态，方可一帆风顺地实现预期的梦想。

老子从婴儿的状态中获得灵感，是至善至美的道德榜样，但现实生活中，人们从婴儿到少年到成年，欲望一步步地增加，如不加强道德教育，就会慢慢地远离纯朴善良，失去道德，从而陷入你争我夺复杂的社会矛盾之中，这种现象使老子不禁扼腕叹息而又无可奈何。人们一切行为都来自"心"的控制，心术不正就会走向犯罪；心地善良就能平安幸福。万念皆由"心"生，一正一邪，决定命运的走向，这或许是老子强调"心使气曰强"的意图吧。

物壮则老是阴阳不和，尤其是人由阳盛转向衰弱，走下坡路，这是自然规律，无法逃避；但人类社会应该从自然规律中吸取经验教训，避免物壮则老的命运。在社会发展方面，物壮不一定很快就老，可以保持长时间的物壮或可以延缓衰老，要及时把握道生德养不欲盈这个法则。

在帛书版中，"物壮即老，谓之不道，不道早已"（第十八章）与"物壮而老，是谓不道，不道早已"（第七十四章），这两章中的两句其实是同一句话，表达的意思应该是相同的，但文字却不同，显然是手抄之误，或因手抄者故意篡改。在通行本（第三十章与第五十五章）两章中同样是一句话却有不同的文字，故改为：物壮则老，是谓不道，不道早已。在通行本（河王版）与帛书版中有很多类似重复的章句，从中可以看出两种版本均出自同一个手抄的母版。

[答疑解惑]

再次阐述道的概念

前不久，微信群有一张图片，内容是一位学者为某单位题词，落款是：文化泰斗某某某。这位学者真不谦虚呀，自称是文化泰斗。在《道德经》学术界，经常有译注出现，但仔细看一下，书名不一样，内容差不多，主要区别是译注者的署名不同。比如，《道德经》第二十六章中的重为轻根，很多版本译文是厚重是轻率的根本。这是什么意思呢？厚重与轻率应该是指人的性格特点，谁厚重，谁又轻率？没有下文。再比如，《道德经》是阐述道法自然、尊道贵德在治理人类社会中的关键作用。什么是道？道是名词，概念如何定义？一直在争论不休，至今也没有定义。如果道的概念没有弄清楚，那么老师在讲台上口若悬河地讲《道德经》，讲的是什么呢？如果有听众提问：老师，什么是道？你回答说：道是讲不清楚的。这不是给自己拆台吗？

道分可道与非恒道，是二元哲学的矛盾体，对立统一规律就是道的运行轨迹与方向。道是万事万物生长发展客观规律的总称，是一个综合性的概念，是万事万物之名的总称，但同时也特指某一事物主体的运行之道。道既是指事物规律的名称，同时也是指事物运行的主体以及主体的特征与表现（详见《关于非恒道的论证》）。道主要表现为以下两个方面。

阴阳之道在物质形态方面，尤其在生命特性非常明显的动物方面是显而易见的。万物皆有阴阳，阴阳相冲相互纠缠贯穿于万物的生长发展之中。从道无的阴阳，到德有的阴阳，再到逝曰远，远曰返，无处不阴阳。纯阴不生，孤阳不长，万物负阴而抱阳，相互依存与纠缠，在不断转换与交替中相冲前行，循环往复，岁岁年年。尤其是在人类社会中，阴阳之道表现得淋漓尽致；如人的性别分男女，男为阳，女为阴，男女相合即为阴阳之合，则繁衍子孙，无穷无尽。再比如，人的身体就是阴阳之道最完美的体现，从五脏到六腑，从消化到排泄，从五官到大脑，无不是阴阳相互作用的结果。从阴阳的变化就知道一个人身体状况的好坏，阴虚则阳亢，阳盛则阴衰，只有阴阳中和才是身体健康之道。老子曰：有物混成，先天地生；这当然是道。道生天地，天地生万物（天地之间的万物），万物再生万物，都是道生之、德畜之的必然结果。在物质形态方面，阴阳之道是道的主要表现形式，同样属于道的二元对立统一，遵循可道与非恒道相互依存与转换的客观规律。

　　阴阳之道不是道的唯一存在形式。比如，在意识形态方面，尤其是文化、技术、科学探索方面同样有道的存在形式。在意识形态中如何把握与探索道的运行规律，就要找到道的二元对立统一的两个方面，即可道与非恒道；运用可道与非恒道的相互关系，找到道的运行轨迹与方向。如何判断一个人的命运走向，不是凭直觉乱说，而是要根据一个人的性格特点与志向、职业与环境，从过去的经历中进行分析与总结，掌握其运行规律，方可对其未来的发展方向进行判断与预测。一个经常赌博的人，就可以断定他没有什么远大的理想。一个没有品德的贪官，就是想升官发财，不可能会为民众做实事。任何一项技术创新，都是在无数次实验与失败的经验中，获得可行性资料与数据，这些资料与数据就是可道。在可道的基础上，充分运用可道的特点，判断非恒道的发展方向，从而获得一次次技术创新，以此不断地循环往复，推动技术创新向前发展。

　　老子曰：道之为物，惟恍惟惚。道不仅是物质世界的道，也是意识世界的道，意识是物质存在的另一种形式。道无处不在，无时不有，其大无外，其小无内。从事一个项目或去哪个地方进行一次旅游或一次朋友聚会，都有道的运行轨迹与方向。道不仅是宇宙的起源，更是日常生活的指南。有的学者把道推上玄妙的高度，与日常生活隔离开来。有的学者说：道不可言。道不可言，与其对立一面就是道可言，这是哲学的判断。还有的学者说：道是可以言说的，但说出来的道就不是一般的道。这句话的内涵本身就模糊不清，听众更是不知所云。说老子是哲学之祖，有的人就反对，说老子那个时候没有哲学。按照这样理解，用现在文字去分析老子也不行，要用老子那个时期的文字才对吗？

《道德经》是一部哲学著作，分析与理解《道德经》从哲学入手可能是唯一的选择。从哲学的高度找到道的概念，先对道的概念进行定义，再去研究《道德经》，避免走弯路走错路；或许有的人研究一辈子《道德经》，还是站在门外说道。

第五十六章　为天下贵

知者不言，言者不知。塞其兑，闭其门；锉其锐，解其纷；和其光，同其尘，是谓玄同。故不可得而亲，不可得而疏；不可得而利，不可得而害；不可得而贵，不可得而贱；故为天下贵。

［字句解析］

知者不言，言者不知。知者，指博学多才的圣人。不言，少言或言而有道。言者，一知半解或夸夸其谈的人。不知，知识浅薄或不懂装懂。解读：博学多才的圣人言而有道时常沉默寡言，而那些夸夸其谈的人往往知识浅薄不懂装懂。

塞其兑，闭其门。塞，抵制。兑，五官或感官。闭，关闭。门，天门，指私欲之门。解读：人们一定要抵制住自己的五官或感官带来的诱惑，关闭自己的私欲之门。

锉其锐，解其纷。锉，锉平或克服或抑止。锐，锐角或缺点或冲动。解，化解。纷，纠纷或矛盾。解读：人们一定要抑止或克服或锉平自己的锐气、锋芒、冲动等，以免带给自己或他人伤害，努力化解与他人产生的纠纷与矛盾。

和其光，同其尘，是谓玄同。和，中和或融合。光，社会环境或风尚。同，认同或协同。尘，习俗或风俗。是谓，应该称为。玄同，融合相同与宽容不同于一体。解读：在社会生活中人不是单独的个体，而应该融入社会风尚与适应社会环境，认同或参与不同的社会习俗或风俗，与社会的各界人士融合相同宽容不同，称为玄同。

故不可得而亲，不可得而疏；不可得而利，不可得而害；不可得而贵，不可得而贱；故为天下贵。故，所以。得，得到，这里指功成名就之人处理社会事务的态度。亲，亲近。疏，疏远。利，利益。害，伤害。贵，尊重。贱，轻视。天下贵，天下最珍贵的品格。解读：所以说德高望重功成名就的圣人在处理社会事务中遵循人人平等的原则，公正对待，对人没有亲疏之分，也没有利害之别，更没有贵贱之想，这种品格是天下最珍贵的，人们应该努力去学习与践行。如果人们没有做到以上几点，是不可以原谅的过错。

[要点综述]

二元哲学的角度是老子撬开道之神秘面纱的重要钥匙，知者与言者的对立统一，是剖析文化领域在社会生活状况中的切入点。一方面，真正有知识的人，由于自身修养与勤奋好学，对事物的认识与判断更加小心谨慎，所以谨言慎行，或少言或不言，不是绝对不言，要做到晓之以理，言而有道。另一方面，那些言者，以为自己懂得很多，生怕别人不知他博学多才，所以往往高谈阔论，信口开河，显示他的才华，却不知自己是井底之蛙，才疏学浅。老子曰：知者不言，言者不知。这就告诉人们，尤其文化界的学者一定要懂得该说的时候反复推敲自己的观点，是否有足够的论据让人信服，千万不可拿来主义，用所谓名家的观点做论据，名家的观点如果是错的，就是一错再错或误人子弟。自己的观点没有把握的时候千万不能说，而有的学者，滔滔不绝只不过是仓库保管员，没有自己真正的见解，引经据典，把名人的话当护身符，没有自己的创新就没有任何的文化价值。

在社会生活中，和睦共处，共创共享是社会健康发展之道，如何做到这一点，是每一个人对自己的严格要求，克服自己的私欲，管好自己的感官刺激，与社会融为一体。不同的人有不同的性格追求，相互之间宽容与理解，就能和谐共处于一个整体，相同共融异同共存，这就是玄同。老子曰：塞其兑，闭其门；锉其锐，解其纷；和其光，同其尘，是谓玄同。只有玄同，才是社会发展的和谐之道。人类社会最缺乏的品德就是玄同，故矛盾与冲突不断发生。老子进一步明确指出，在处理社会事务中，要摒弃亲疏、利害、贵贱等方面的差别对待，要公正平等、合理合法，要站在道德的高度去看待社会更远的未来。故曰：故不可得而亲，不可得而疏；不可得而利，不可得而害；不可得而贵，不可得而贱；故为天下贵。这句话的内涵是：公正与平等是社会和谐的重要基石。

[热点话题]

道德危机是社会发展面临的最大挑战

老子曰：大道废，有仁义；智慧出，有大伪。因丧失道德而违法，违法必先丧失道德。种种违法乱纪现象的频繁发生都证明了一个问题：道德危机是社会发展面临的最大挑战。道德危机的频繁发生，几乎渗透到社会发展中的各个方面，是社会发展面临的最大挑战。道德建设是社会发展刻不容缓的当务之急。

社会生活中的腐败现象，从电视、报纸、微信的大量新闻中可以得知，归根于没有人性的道德沦丧。社会现象中的做好事被人讹诈、人与人之间互不信任等都是道德危机的表现。道德危机的普遍性，人们要引起高度重视，或许道德危机就发生在你我的身边。

经济发展不能离开道德的教育，只有道德的教育才能使社会更好更健康地发展。道德，老子用了五千言加以阐述，是人类社会和谐和平发展的唯一法宝。强调经济建设，而忽视道德的教育，付出的代价是沉痛的。比如，化工厂的污水排放，是企业只为自身的利益而伤害公众健康的典型事例。某制药公司，如果管理层认识到道德是企业发展的根本，就不会有违法违规的事件发生，就不会导致企业遭受重大的风险。经济发展造成生存环境的破坏，也是道德丧失所导致的。道德危机还表现在贫富差距越来越大，有钱的老板开公司雇佣没钱的人去打工，老板赚的钱多而打工者只能靠老板发点工资来维持生活。老子曰：财货有余，是谓盗竽，非道也哉。

人是社会发展的根本因素，道德是判断一个人好坏的唯一标准。好人做好事，坏人做坏事，道理非常简单清楚。如果一个坏人当了官，一个坏人经营企业，委托一个坏人去办事，结果是十分清楚的，也是非常可怕的。坏人在你的身边，就增加一份风险。只有加强道德教育与建设，让坏人变成好人，才会增加社会安全感、幸福感。道德危机的严重性，是人类社会发展面临的最大的挑战。道德——老子两千五百多年前提供给人类社会的治世良方，是检验一切的标准，是放之四海而皆准的真理。

第五十七章　以正治国

　　以正治国，以奇用兵，以无事取天下。吾何以知其然哉？以此：天下多忌讳，而民弥贫；人多利器，国家滋昏；人多伎巧，奇物滋起；法令滋彰，盗贼多有。故圣人云：我无为而民自化，我好静而民自正，我无事而民自富，我无欲而民自朴。

〔字句解析〕

　　以正治国，以奇用兵，以无事取天下。以，用。正，正义正气，指政治方面，如法律、方针政策、意识形态等。奇，防不胜防的战略战术。兵，军事方面，如打仗、对敌斗争等。无事，指政治、经济、文化、外交等方面治国理政所采取的一系列顺应自然遵循自然的方针政策。取天下，治理国家或赢得天下。解读：用人间正气正义来制定国家的方针政策、法律法规，弘扬人间正道；对外用兵要以出奇制胜的战略战术，让对手防不胜防；治理国家或赢得天下就是不妄为、不乱为，顺应时代潮流，制定顺应自然、遵循自然、体现人民意志的方针政策。

吾何以知其然哉？以此。解读：我为什么能知道治理天下的规律，是因为我通过以下对社会现实的几点思考，才得出上述的几点结论。

天下多忌讳，而民弥贫。天下，指社会现实。多，各种各样或太多。忌讳，人与人之间的不信任、猜疑、敌视等。而，反而。民，民众。弥贫，越来越贫穷。解读：在当时社会现实中人与人之间相互不信任、猜疑甚至敌视，大量的财富消耗在人与人的相互争斗之中，导致广大民众的生活越来越贫穷。

人多利器，国家滋昏。多，很多。利器，防身防敌的器物。滋昏，滋生混乱。解读：在春秋战国时期，那个年代兵荒马乱，人们想方设法制造各种各样的器物或武器，用来防止来犯之敌。为什么会这样，是因为当时国家治理混乱不堪。

人多伎巧，奇物滋起。伎巧，指谋生或赚钱的各种手艺。奇，奇形怪状的赚钱工具。解读：在春秋战国昏乱的年代，民众为了生活，学习或掌握各种技能，生产大量奇形怪状的工具以求生存。

法令滋彰，盗贼多有。法令，法律或规定。滋，滋生。彰，颁布。解读：在当时昏乱的年代，往往规定法令颁布越多，表明社会秩序就越乱，民不聊生时，有些人为了生活不得不走上盗贼之路，盗贼越多，国家就越混乱。

故圣人云：我无为而民自化，我好静而民自正，我无事而民自富，我无欲而民自朴。故，所以。我，这里指领导阶层。无为，不干预、自然而然的行为。自化，民众自我生长发展。好静，以身作则，行不言之教。自正，民众自我反省与校正自己的缺点。无事，放权、尊重民众的选择。自富，民众享受自然的给予与富足。无欲，无所求，以百姓之心为心，以百姓幸福为先。自朴，民众少私寡欲，纯朴善良。解读：作为领导阶层如何处理与广大民众的关系，一定要从自己做起，顺应民意，不横加干预，顺应自然而然无为而为，民众会按自己所想所做而自我健康地发展；领导阶层要以身作则，榜样示范，行不言之教，民众自然会跟随学习，自我修正；领导阶层在管理社会事务中，充分尊重民众自我选择的自由与劳动的权利，才能充分发挥民众的积极性，达到发家致富；领导阶层为民众谋幸福，以百姓之心为心，处处为民众着想，民众自然会少私寡欲，纯朴善良。

[要点综述]

老子写作手法的多样化，显示出高超的文学功底，与他卓越的哲学思辨能力，对当时社会现实进行高度概括，并提出自己鲜明的观点与主张。老子以敏锐的目光捕捉当时社会现状，总结出"天下多忌讳，而民弥贫；人多利器，国家滋昏；人多伎巧，奇物滋起；法令滋彰，盗贼多有"的社会状态。主要内涵是指人们互不信任，相互猜忌与提防，消耗人力与财力，本来并不富足的生活，枉然增加生活的成本，比如防盗的器材、刀枪等。刀枪在普通民众家庭中广泛使用，说明当时社会处于十分混乱的状态，如抢夺、偷盗等。人们在混乱的社会状态下，不得不绞尽脑汁地自卫，制造各种各样的器械，或买卖各种各样的凶器，赚取利润。社会越乱，盗贼越来越多，统治者不得不颁布更多的法规惩处盗贼，来维护社会稳定。从四个方面概括出当时的客观现实，老子针对这一社会现实，提出了"以正治国，以奇用兵，以无事取天下"的主张。从主张的背后，可以充分说明当时的社会歪风邪气弥漫，正气得不到伸张，老子才会提出以正治国。战争冲突不断，胜败经常发生，尤其正义之战同样遭受挫折，所以老子建议以奇用兵。统治者对民众发号施令，或朝令夕改，干涉或强迫民众的生活，反而加深与民众之间的矛盾，故老子劝谏统治者要以无事取天下。

老子超人的智慧，是《道德经》得以为天下人学习与研究的根本原因。本来是他说的话，他说是圣人说的，借圣人之口表达自己的思想。所以他写道，故圣人云：我无为而民自化，我好静而民自正，我无事而民自富，我无欲而民自朴。圣人云，其实就是老子自己想要说的。那么这里的"我"本来是指统治者，他偏偏用第一人称"我"，我该怎么样该怎么做，好像是自我检讨，即使统治者看到，知道老子指桑骂槐，又能奈老子何呢？这就是老子的智慧，无人能及。

[答疑解惑]

《道德经》中以民为本的正能量体系

《道德经》是老子为民情怀真挚的情感表达，也是写《道德经》的主要意图。在当时的社会状态下，他试图找到解决人类社会纷争与矛盾的方法，让百姓过上幸福的生活，努力地阐述尊道贵德不仅是万物的起源，也是人类社会治国理政和谐的基础。从政治、经济、文化等各方面鲜明地表达了一系列以民为本正能量的体系。

一是领导阶层要有圣人的宽容与胸怀，一切要以民为本。领导阶层要做到"处上而民不重，处前而民不害"，强调"圣人恒无心，以百姓之心为心"，对待民众要"善者，吾善之；不善者，吾亦善之，德善"，阐述了"天之道，其犹张弓与？高者抑之，下者举之，有余者损之，不足者补之。天之道，损有余而补不足"；同时指出在人类社会生活中"人之道，则不然，损不足以奉有余"。一切问题的根源都在于"民之饥，以其上食税之多，是以饥。民之难治，以其上之有为，是以难治"。领导阶层要以身作则，以民众的幸福为重，一切为了民众。

二是对广大民众提出要自我修身，从自己做起，从心开始，榜样示范，方可影响他人。人们在社会生活中要遵循"我有三宝，持而保之：一曰慈，二曰俭，三曰不敢为天下先"的做人做事之准则，纯朴善良，勤俭节约，不争名夺利，社会才能和谐相处。针对当时社会状况，人们为了生活赚取金钱与名利，劳累奔波，争斗不止，老子警告"名与身孰亲？身与货孰多？得与亡孰病？甚爱必大费，多藏必厚亡"。人生的幸福不是用金钱与财富来衡量的，而是自己对金钱与财富的态度，又告诫人们"故知足不辱，知止不殆，可以长久"的正确人生观。

三是直接表达对民众的深厚情感，只有圣人之治民众才能生活安康。"民不畏威，则大威至。无狎其所居，无厌其所生"，老子深切地感受到当时百姓对生活及社会不公的抱怨，但也无可奈何，只好劝告说：夫唯不厌，是以不厌。"民不畏死，奈何以死惧之"更是老子直接表达对统治者的愤怒与谴责，是老子为民请命心灵深处的呐喊。老子的圣人之治不是歌颂圣人，而是只有圣人之治，百姓才能自化、自正、自富、自朴，安其居乐其俗。

其实，人类社会并不缺乏财富，而是没有认真去寻找实现公正与平等的财富分配法则与途径。失去公正与平等，是一切社会矛盾产生的根源。老子找到了道德这个法宝，指出道生德养是世界万物及人类社会发展进程中必须遵循的法则，在当时的现实中，道德离社会生活越来越远。侯王与民众的关系如何，其和谐程度是衡量社会进步与文明的重要标志。老子说的"天下有道，却走马以粪"就是一个繁荣安定的景象。老子始终贯彻以民为本的社会发展理念，整篇《道德经》中的正能量，从"圣人不积，既以为人己愈有，既以与人己愈多。天之道，利而不害；圣人之道，为而不争"等章句中体现得淋漓尽致。人间正道，和谐安定，这才是老子在两千五百多年前对人类社会所寄托的一个伟大的梦想。

第五十八章　光而不耀

　　其政闷闷，其民淳淳；其政察察，其民缺缺。祸兮福之所倚；福兮祸之所伏。孰知其极？其无正也。正复为奇，善复为妖。人之迷，其日固久。是以圣人方而不割，廉而不刿，直而不肆，光而不耀。

〔字句解析〕

　　其政闷闷，其民淳淳。其，国家。政，执政者或其方针政策等。闷闷，少干预或不干预或低调施政。民，百姓。淳淳，淳厚善良。解读：国家执政者或其方针政策如果不干预或少干预或低调施政，始终以民为本，那么广大百姓就会变得勤奋劳动淳厚善良。

　　其政察察，其民缺缺。政，执政者或其方针政策等。察察，发号施令。民，百姓。缺缺，抵触或反对。解读：国家执政者或其方针政策如果经常性发号施令干涉百姓事务，那么广大百姓就会厌烦或抵触或反对。

　　祸兮福之所倚。祸，灾祸或坏事。福，幸福或好事。所倚，伴随。解读：

灾祸的发生，如果认真对待与化解，那么幸福就有可能伴随来临。

福兮祸之所伏。福，幸福或好事。祸，灾祸或坏事。所伏，埋伏或隐藏。解读：当被幸福冲昏头脑时，就埋下灾祸的种子，乐极生悲，危机会随时发生。

孰知其极？其无正也。孰知，有谁能知道。其极，极限或极致。无，没有。正，正确的尺度。解读：祸福的转化与演变，有谁能知道与掌握其恰当的极限，其实没有可以参考的正确尺度或经验可以借鉴。

正复为奇，善复为妖。正，正气的社会风尚。复，回归或复返或越过。奇，少数或稀奇。善，善良的行为。妖，不正常或故作。解读：当正气的社会风尚回归时，人们会觉得稀奇；当善良的行为返回人间时，人们觉得不正常或被人们视为妖娆。或解读：正越过了常态人们觉得奇怪，善越过了常态人们觉得妖邪。

人之迷，其日固久。人，人们。迷，迷茫。日，岁月。固久，很久。解读：人们对社会现状的迷茫，随岁月的流逝已经很久很久了，或司空见惯了。

是以圣人方而不割，廉而不刿，直而不肆，光而不耀。是以，凡是。圣人，德高望重之人。方，方形或很大的东西。割，分割。廉，锋利。刿，刺伤或割手。直，直率。肆，放肆。光，光荣或成就。耀，显示或骄傲。解读：凡是圣人遵道而为，道法自然，自然形成的东西不会随意分割，即使锋利的语言也不会伤害他人，有话直说但不随意放肆，取得一点成就也不会炫耀或骄傲自满。

［要点综述］

直接用"政"字，老子可能是按捺不住自己激动的心情，不再用"君子"或"侯王"来遮遮掩掩了。当时的现实，一次次地撞击老子的灵魂，但他还是借"闷闷"来表达心中所思，告诉当局者执政之道。广大民众是社会实践的执行者，深知懂得遵循自然规律的重要性，有丰富的实践经验。作为执政者应该尊重民众的意愿，不要轻易发表自己的意见，而是倾听民众的呼声，了解民众的需求并给予解决，那么民众就会变得越来越淳朴善良。相反，如果执政者

"察察"的话，动不动指手画脚，发号施令，强迫民众执行，不执行就惩罚民众，这样的话就会遭遇民众的抵制与反抗，民众也会变得狡猾奸诈，变得投机取巧。老子写出这样的章句，无疑是对当时社会现状的真实描述。

祸福相依是二元哲学的内涵，人们对矛盾运动的规律难以掌握就会对未来发展产生错误的判断。祸，正确地对待与处理，从中吸取经验教训，能够避免灾祸的再次发生，事物发生转化，幸福或许就会来临。相反，一个处于幸福之人，只懂享受，不去奋斗，一旦遇到困难不知所措，这也许就是灾祸的开始。祸兮福之所倚，福兮祸之所伏。直至今日，老子的告诫有多少人能够懂得？是啊，祸福的两极，难以把握，什么样的情况或什么样的程度，是祸是福？人们分不清楚。尤其是祸福的转化，有谁能够准确地掌握呢？或许只有从邪恶与正义两方面因素来判断祸福的依据，正义为福，邪恶为祸。幸福是自己努力奋斗才能得到的，灾祸也是自己的私欲闯出来的。

在当时的现实中，人们失道离德已久，正义与善良都是难以见到的行为，所以当正义与善良出现时，人们反而感到稀奇与妖娆。老子曰：人之迷，其日固久。他不禁发出心中的感叹。老子的笔锋一转，又是对理想的渴望，还是寄托于他心中的圣人。老子接着说：是以圣人方而不割，廉而不刿，直而不肆，光而不耀。这样的圣人恐怕只有在老子的理想与梦想中，如果能梦想成真，希望就在不久的将来。

〔热点话题〕

回答网友的疑问

这是迟到的回复，因为当时觉得这个问题不是个问题，现在感觉到不仅是个问题，而且十分严重。这一段时间以来，我观察一个群里关于《道德经》的争论，发现有的老师对"道"的概念模糊不清，并说道不可言，但令人十分奇怪的是他在群里说得头头是道，这样使我再次想起网友的问题。网友的问题是：道，道德，与《道德经》有什么关联？

什么是道？这个问题，我回答过很多次，在我的译注中有明确的定义，当然会有人不赞同。令人好奇，在以前读过的很多《道德经》版本中，的确没有对"道"进行名词解释，是无法定义，还是"道"真的不可言表呢？对"道"不能定义或无法言表，译注者洋洋洒洒几十万字，说的是什么呢？就是一本糊涂账。难怪有人说《道德经》是玄学，译注者自己没弄清楚，又写了几十万字的译本，读者读不懂自然不能理解了。在我自己的群里，前几天有网友问，什么是道？我的回答是，道是事物（万事万物）生长发展客观规律的总称，是事物客观规律的总称，事物的主体、状态、特征、信息等是道的表现形式，这里的事物包括宇宙、天地以及人间的一切事和物。

什么是道德？道，事物之道；德是人之道，除人之外，对动植物谈德有意义吗？道〇德一，同出于一体，道是德的内涵，德是道的外在表现。道德实际上是指人们在日常生活中的行为始终贯彻公正平等无私奉献的精神，也就是人之道。具体表现为讲信用、有正义、施仁爱，积仁成德，厚德载道。这样的人方可称为有道德。人的一切行为都可以用道德的标准去衡量是非好坏，用道德的标准去判断与分析制定的规章制度、方针政策、法律法规是否体现人民的意志，体现人民意志是道德的，否则就是不道德的。因此，人们为了自己的利益与欲望所产生损害他人与社会的行为是不道德的。

什么是《道德经》？《道德经》是一本书，阐述人间正道的书，是老子从自然和谐中发现道生德养的普遍性规律，联想到人类社会的发展只有坚持尊道贵德，才能走上和谐和平的发展之道。通过揭示道是一切事物的本源，是一切事物的总规律，来告诉人们应该遵守道德，才能共享共存。人们从讲信用开始到有正义感，再上升到施仁爱，一点点积累成厚德，厚德才能悟道得道，方可载道，道生万物。《道德经》第五十四章，从修身开始，到修家修乡，再修邦修天下，是道德修身彰显其影响力的递进关系。《道德经》是老子通过道德对人们的启示与教育，实现人类社会共创共享的美好理想。

道，是道德中的道，也是《道德经》中的道。道是事物的客观规律，那么如果不遵守这个规律就会走向衰亡。道德是人类社会生长发展的规律，要通向成功之路，一定要遵守道德这个底线，失去道德的防线，就会衰败、争斗甚至自取灭亡。不守信用，没有人会相信你；没有正义感，谁会支持你？没有仁爱，谁会拥护你？信用、正义、仁爱，都是构成道德的基本元素，慢慢积淀方成厚德，厚德载道就是道的轨迹与方向。道德是人们生存与发展之根本、运行之规律，《道德经》为人类社会设计了和平的方案，指明了前行的方向。

执大象，天下往。往而不害，安平太。乐与饵，过客止。道之出口，淡乎其无味。视之不足见，听之不足闻，用之不足既。这一章实际上是老子对人类社会理想蓝图的描述与期望，要实现这个理想，人们要修德，才能悟得道。修德悟道，就必须读《道德经》。

第五十九章 莫知其极

治人事天，莫若啬。夫唯啬，是谓早服，早服谓之重积德，重积德则无不克，无不克则莫知其极，莫知其极可以有国，有国之母可以长久。是谓根深固柢，长生久视之道。

[字句解析]

治人事天，莫若啬。治，治理。人事，社会事务。天，很大。莫，不要。啬，胸怀窄小或小气或有而不用。解读：在处理社会事务中，尤其是民众的事无大小之分，都是天大的事，不能懈怠，不能三心二意，要胸怀宽广全心全意地替民众排忧解难，为民众谋幸福。

夫唯啬，是谓早服。夫，你。唯，如果。啬，胸怀窄小。是谓，就应该去做。早服，早晨起来在镜子前检查自己的服饰是否妥当，这里指检查自己的不足。解读：如果你的胸怀不够宽广，就应该像早晨起来在镜子前检查自己的服饰是否妥当一样检查自己的不足，及时改正。

早服谓之重积德。早服，检查自己的不足。谓之，可称为。重，重视或严格要求。积德，点滴善行累积叠加。解读：每天要检查自己的不足，及时纠正自己错误的行为，方能有利于民众与社会，可称为是行善积德。

重积德则无不克。重积德，重视行善积德。无不克，没有任何问题不能克服。解读：重视德的培养与沉淀，方能修身悟道，及时把握与寻找事物的发展规律，就没有什么不能克服的问题。

无不克则莫知其极。无不克，没有什么问题不能克服。莫知，不能预料。其极，巨大的广度或能量。解读：没有什么问题是不能克服的，其巨大的广度或能量往往会出乎意料，令人难以置信。

莫知其极可以有国。莫知，难以预测、无限。可以，拥有。国，建国与治国。解读：行善积德就能发挥难以预测的巨大能量以赢得民众的大力支持与拥护，建立与治理国家方能达到风调雨顺、国泰民安。

有国之母可以长久。国，国家。母，繁衍、生息。长久，和平稳定。解读：国家繁荣富强，民众方可安居乐业，一代又一代，生生不息，和平稳定，长治久安。

是谓根深固柢，长生久视之道。根深，道德之根深。固柢，固本、国家之本。久视，长久的观察与研究。解读：所以说经过长久的观察与研究实践证明重积德是治国安邦恒久不变的基石，是国家兴旺的根本，更是天长地久、生生不息、繁荣昌盛的国家发展之道。

［要点综述］

本章的解读重点是对"早服"的内涵如何定位。有的解释为早做准备；有的解释为"服同复"，是否对错不去评说。先从后往前推，早服谓之重积德，反过来解读重积德就是早服。既然重积德就是早服，那么什么是重积德呢？无疑是对自己的日常行为进行修正与改正。把"早服"拆开来解，联想到古时候的人们早晨起来，站在镜前正衣冠，检查是否穿衣整洁与合体，方可出入公共场所。早服与服文采，两个服字意思应该相近。早服指早晨起来人们穿衣打扮、整理服装纠正不足的行为，延伸的意义是人们修身悟道就应该像早晨起来精心打扮整理衣装一样检查自己的言行，不足的地方加以改正。只有认识自己的不足，改正自己的缺点，才会有良好的行为习惯，有利于民众与社会，才能积善成德。所以，早服谓之重积德。重积德的人能最大广度地发挥自己的能量，掌握与寻找事物的发展规律，做什么事都能顺风顺水，那就没有什么事做不成，则无不克。

《道德经》八十一章，从文学的角度来看，每一章有它的整体性，表达一个完整的内涵。单从字面上去理解，误解错解就在所难免了。

老子运用递进关系，层层推进，从早服个人品德的修养到无不克，到莫知其极，再到有国之母，是一个人能力从小到大的成长历程，其能力莫知其极，就可以治理国家，主要阐述个人品德与治理国家的相互关系，可谓用心良苦。

[答疑解惑]

关于"还原老子的思想与理想"的说明

我再次提及《道德经》译注很多很乱，误解错解的版本也不少，离老子真实的思想与理想越来越远。我在正本清源《道德经》高峰论坛群中多次提及要还原老子真实的思想与理想，也得到了群里很多著名老师与朋友的大力支持。上次我去厦门大学，与谢老师也聊到《道德经》译注非常多而且乱的问题，正本清源是我们的一致共识。如何推动《道德经》正本清源，从何处入手，有以下几点看法。

　　一是译注《道德经》主要从老子所要表达的中心思想开始。每一章中所要表达的内涵是什么？老子要写这一章的原因是什么？寄托了什么思想与理想？先把老子写每一章的意图搞清楚，然后再去译注，或许能够还原或接近老子真实的思想与理想。如，夫唯啬，是谓早服。早服到底是什么意思？从后往前推，重积德就是早服。什么是重积德？那肯定是对自己行为不足的改正方能有利于社会。早晨是一天的开始，人们出行前都会整理衣冠，或庄重或漂亮，给人们一种美好的印象。重积德就是要求人们像早服一样对自己的行为进行反复的修正与改正。这里还有一个"治人事天"的"治"字，如何理解？治，治事或管理，先治理好自己才能去治理国家；事天，民众的事无小事，都是天大的事。认真剖析，老子写这一章的意图就非常明显了。

　　二是无论汉简版，还是帛书版，不管什么版本，都要符合老子的思想所表达的内涵。版本都是手抄传承下来，难免会有差错，有不足的地方。争论版本是非与对错，花费时间与精力，是不会有结论的。我们要把精力投入到对每一章的认证与探讨，弄清如何解读才能更接近老子的思想与理想。

　　三是当前《道德经》没有一个统一的版本，各个专家都说自己的版本符合老子的原著。这个专家这样解读，那个专家那样解读，读者不知道谁对谁错。

　　宠辱若惊，贵大患若身；甚爱必大费，多藏必厚亡；修之于身，其德乃真。这是从品德方面给予劝告与教育。其政闷闷，其民淳淳；其政察察，其民缺缺。治大国，若烹小鲜。圣人恒无心，以百姓之心为心。这是从治国理政方面提出自己的主张。还有很多章句中隐藏着老子对民众深深的关怀与情感，浸透着老子以民为本的基本思想与理想，是贯穿《道德经》全篇的灵魂，这就是老子真实的思想。老子思想正是通过对宇宙、天地、社会的深刻领悟，剖析社会矛盾与冲突的根源，只有全社会尊道贵德、处下不争、道法自然、以民为本，为广大人民谋幸福，才是人类社会的健康发展之道，是老子的理想之寄托。圣人之道，为而不争；行不言之教，无为之有益，建立一个公正、平等、自由、开放、共创共享和谐的社会，才是老子真实的思想与理想。

第六十章　道莅天下

　　治大国，若烹小鲜。以道莅天下，其鬼不神。非其鬼不神，其神不伤人。非其神不伤人，圣人亦不伤人。夫两不相伤，故德交归焉。

[字句解析]

　　治大国，若烹小鲜。治，治理。国，国家。若，如或像。烹，烹调。小鲜，小鱼等。解读：治国理政，虽然事务重大，但有理可循，像烹调小鲜一样，日常煎小鱼不能随意翻动，如果频繁翻动，鱼就煎碎了，处理国家事务从烹小鱼中获得灵感，不要动不动发号施令，苛征杂税，给民众生活造成困难。

　　以道莅天下，其鬼不神。以，用。道，客观规律。莅，莅临或治理。天下，大千世界。鬼，像鬼一样的人或鬼头鬼脑的人或坏人。神，有投机取巧之能。解读：治国理政如果遵循事物的客观规律，以道治理天下，那么鬼头鬼脑之人或坏人就没有投机取巧之能了。

　　非其鬼不神，其神不伤人。非，不仅。鬼，坏人或心怀鬼胎之人。不神，没有投机取巧之能。神，比鬼更有本领的神通广大之人或指有钱有势之人。伤人，伤害民众。解读：以道治国不仅像鬼一样的坏人没有投机取巧之能，而且比鬼更有本领的神通广大之人或有钱有势的人也不会伤害到广大民众。

非其神不伤人，圣人亦不伤人。非，不仅。神，相对民众有神通广大之人或有钱有势之人。伤，伤害。人，民众。圣人，德高望重之人。解读：以道治国，不仅有能力的神通广大之人或有钱有势之人不会伤害民众，圣人从根本上就不会伤害民众。

夫两不相伤，故德交归焉。夫，助词。两，指圣人与神人。两不，两个都不会。相伤，相互伤害。故，所以。德，品德。交归，相交于一起。解读：以道治国，德高望重的圣人与神通广大的神人或有钱有势之人两者不会相互伤害，也不会伤害民众，所以说两者的共同特点是优秀的品德汇聚于社会生活之中而和谐相处。

〔要点综述〕

以道莅天下，这句话十分明白，没有任何一点玄乎色彩，玄之又玄更是谈不上，极其简单通俗，其内涵与以道治国几乎等同。以道治国，如同烹小鲜一样，说得多么清楚。烹小鱼呀，一定要小火慢慢地炖，不能着急。如果不停地翻动，鱼就会碎的，那这道菜就不好吃了。治国理政与烹小鱼的道理一样，对待百姓要多爱护，少一点干扰，倾听民众呼声，不可盲目发号施令，要找到解决问题的方法与途径，即事物的发展规律。尊重民意，体察民情，正确的方针政策民众自然会遵令而行，丰衣足食，生活安宁幸福。

本章中出现鬼、神、圣人，三者放在一起说事，是解读本章的难点。既然放在一起说事，说明是同类相比，说的都是人，是不同种类的人。怎么会把人与鬼、神相提并论呢？这恐怕就要与当时的社会现实联系起来。通常说一个人鬼鬼祟祟，不干好事，投机取巧，却又能获得物质上的好处，俗话说：这个人真鬼精。那么，还有另一类人，这种人有钱有势，别人干不成的事，他就能干成，即使一些违法之事与凶险之事，他都能神通广大地化解与解决。俗话说：这个人真神了。鬼与神说的就是当时现实社会中的两类人。这两类人，怎么解决？那只有一个办法，就是以道治国。以道治国，就能做到"非其鬼不神，其神不伤人。非其神不伤人，圣人亦不伤人"。圣人之治，以道治国，天下太平，这是老子又一次表达自己的治国思想。

在当时的现实中，社会治理肯定是一塌糊涂，民不聊生，官与民的矛盾激化，不是老子所希望看到的。原因是社会发展不在道上，不按事物的客观规律办事，不遵循自然规律而为，背道而驰，远矣。老子这么直接地表达心中所想，不是第一次，言语中看得出老子心急如焚，爱恨交加，只能付诸笔端，不得不发。这或许是老子写出本章最原始的意图。

［热点话题］

从手机谈祸福两相依的辩证关系

手机是通信技术变革的产物，为人们相互交流提供直接无距离的沟通平台，从打电话，到QQ，再到微信群，远隔千山万水都能实现情感、信息、商业等方面的交流共享，成为人们的生活必需品。这本来是一件好事，但也会变成坏事。人们依赖手机，看手机玩手机占用人们大量的时间，成为影响学习与工作的主要因素。老子曰：祸兮福之所倚；福兮祸之所伏。孰知其极？其无正也。如果人们不引起高度重视，不能适可而止，那么手机在给人们带来交流沟通上的便利以外，还会影响人们的身体健康，甚至使人丧失奋斗意志。

一是伤害眼睛，影响人们的身体健康。三口之家看手机，放下饭碗就是手机，床上床下，沙发客厅，甚至一边炒菜一边看手机。街头巷尾，公交车上，火车厢内，候车厅内，都是埋头看手机的人。手机无处不在，无时不有，成为当今人们生活中花费时间最多的工具。一天两个小时算是少的，有的人可能是七八个小时以上；成天抱着手机看，玩游戏，看电视剧等，手机的辐射，严重削弱人们的视力，伤害眼睛，久而久之，危害人们的身体健康。

二是严重影响人们的学习与工作，甚至使人丧失奋斗意志。手机的诱惑性，占用人们大量的时间与精力，人们忘记了自己的专业，忘记了书本，忘记了学习。在工作中，只要一有空就抱着手机，没有时间挤时间，只要有一点时间就抓紧时间看一下手机。因看手机影响工作，发生设备事故，发生交通事故，类似的新闻常见。学习耽误了，想学没有学好；工作受到影响，想干没有干成；奋斗意志被手机打败了，原本的理想目标成为口头上的空谈。尤其是年轻人，是手机的主力军，青春年华不珍惜，被手机蹉跎了。

三是手机海量的垃圾信息负面信息对人们生活造成严重影响。打开手机，其实更多的人只为满足自己的好奇心，而并不是从中获得有益的信息与文化。信息发布者就是为了满足人们的好奇心，搜集大量的信息，甚至制作视频信息来获得人们的点击，尤其是负面新闻的加工处理，骗取人们的好奇与点击，或许是从中获得经济利益。在新闻中又有黄色文化的插入，商家的意图别有用心。尤其是微信群中，信息的转发，以达到某种隐晦的目的。人们对垃圾信息要有辨别能力，同时，有关部门一定要加大监管力度。

老子曰：正复为奇，善复为妖。人之迷，其日固久。老子说这话是针对当时的社会现实，但对当今沉溺于手机刷屏者也是一个提醒。手机本身没有什么对错，关键是人们如何处理与手机的关系，从中找到祸福相依的辩证关系。手机用于通话，看主要的时事新闻，与人们交流一些信息是可以的，但时间不宜太长，时间叠加起来一般宜控制在两个小时左右。这样既不影响健康，也不妨碍工作与学习，是"福"的享用。如果一个人迷恋手机，什么新闻与信息都看，玩游戏看电视剧，整天抱着手机不放，这样使用手机就成为"祸"的起因，主要表现在玩手机丧失斗志忘记了一切，导致生活困难，家庭不和，学习与工作都将耽误。人活着就为了看手机消耗人生，有意义有价值吗？祸福相依是辩证关系，要认清尺度，过度就会发生转化，转化的主因是自己掌握的。好事与坏事的转化，都取决于自己的意志。从现实现象中可以判断与预知，手机正在对人们的身心健康形成较大的威胁。

第六十一章　或下而取

大国者下流，天下之牝天下之交也。牝常以静胜牡，以静为下。故大国以下小国，则取小国；小国以下大国，则取大国。故或下以取，或下而取。大国不过欲兼畜人，小国不过欲入事人。夫两者各得其所欲，大者宜为下。

〔字句解析〕

大国者下流，天下之牝天下之交也。大国，国家较大或强大。下流，处下谦和。天下，大千世界。牝，雌性或母性，这里指母性般宽广的胸怀。交，交流或交朋友。解读：国家强大，与他国相处更应该谦和处下，这才是大国母性般宽广的胸怀，所以天下的小国都心甘情愿地与大国真诚交往。

牝常以静胜牡，以静为下。牝，雌性。常，经常性规律即普遍性规律。静，安静而温柔。胜，战胜。牡，雄性。下，处下。解读：从自然现象中得知经常性规律即普遍性规律，雌性通常以安静而温柔散发出无穷的魅力，雄性就会不由自主地投入雌性的怀抱，仿佛是不战而胜，故安静而温柔散发出无穷的魅力，才是真正的处下经世之道。

故大国以下小国，则取小国。故，所以。以下，处下谦和。取，占有或获得。解读：所以国家强大更应该处下谦和，不要干涉小国的内政，与邻为善，久而久之，小国就会投入大国温柔的怀抱，取小国不战而胜是上策。

小国以下大国，则取大国。小国，弱小的国家。以下，处下谦和。取，占有或获得。解读：弱小的国家如果能够做到谦和处下，就会让自己变得更加强大，也能得到大国的信任与拥护，久而久之，所谓的大国变得弱小，而投入小国的怀抱，同样取之不战而胜。

故或下以取，或下而取。故，所以。或下，处下谦和。以取，取得胜利的最好策略。而取，取得胜利唯一的策略。解读：与他国相处交往处下谦和是取得对方信任不战而胜的最好策略，也是唯一的策略。

大国不过欲兼畜人，小国不过欲入事人。大国，强国。不过，不外乎或原因。欲，欲得。兼，扩大。畜人，人口越来越多。小国，弱国。不过，不外乎或原因。入，要求。事人，办事或好处。解读：强国与弱国交往的原因不外乎想扩大自己的疆土与人口数量，让国家更加强大；弱国与强国交往的原因不外乎想获得更多的财物，得到更多的实惠。

夫两者各得其所欲，大者宜为下。夫，语气词。两者，大国与小国。所欲，所希望的要求。大者，大国。宜，应该。为下，处下。解读：大国与小国各取所需，满足自己的要求，但是作为大国，与他国交往应该处下谦和，这是最好的取胜策略。

〔要点综述〕

由自然规律过渡到社会规律，阐述自己的思想是老子常用的写作手法之一。本章的灵感由"牝常以静胜牡，以静为下"为起因，这种现象是极为常见的自然现象，是两性交欢经常性的行为，是事物的普遍性规律，由此联想到国与国之间如何交往，或国家之间如何取胜对方，处下谦和方能不战而胜。社会规律与自然规律相违背，是人类社会发展中矛盾产生的根源。春秋战国连年混战，无非是想战胜对方，取得对方的土地与财富，胜败都是用广大民众生命去交换的；胜败交替，却又无法取得真正意义上的胜利。

实力强大一点的国家，就想把周边弱小一点的国家吞并，而弱小一点的国家却又卧薪尝胆，励精图治，来日找机会报仇雪恨。这样的历史故事上演了几千年，结果谁也没有赢谁，不过是轮流坐庄而已。于是，老子远远道来：大国者下流，天下之牝天下之交也。这句话或许让人听不懂，处下谦和，还能打赢谁？老子只好语重心长地举例说明，比如说，牝牡相交，如男女相恋，为什么会是男追求女，讨女方欢心，而女方常被动处下，以静制动，叫男方往哪儿就往哪儿走。这个道理告诉人们要想取得对方的欢心，必须要处下谦和，才能获得对方的信任与爱情。如果女方不喜欢你，你武力征服，就会激起反抗；要想获得对方，只有讨好对方，处下谦和。国与国之间的交往也是这样的，故曰：或下以取，或下而取。

〔答疑解惑〕

或下而取在现实生活中的应用与思考

《道德经》中的章句浸透与深藏着道德的深刻内涵，是老子对历史与现实的高度总结与提炼。或下而取，其内涵是与人交往，处下谦和，就能取得对方的信任，达到不战而胜的目的。在现实生活中，运用或下而取的智慧去处理人际关系与社会事务，一切问题与矛盾都将迎刃而解，水到渠成。

　　老子曰：天下之牝天下之交也。牝常以静胜牡，以静为下。老子从牝牡的相互关系中，牝以静胜牡，从以静为下的自然现象中发现了普遍性规律，或许老子的灵感就是从男女的爱情中得到的。从古至今，牛郎织女的美丽传说，许仙与白娘子的千年等一回，梁山伯与祝英台凄美的爱情等，里面始终贯穿的核心内涵是男女之间的相互关心与给予，谦和处下，为对方而奉献自己的无私情感。在现实生活中，男女爱情主要体现在男方对女方的追求，处处替女方考虑，时时为女方排忧解难，讨美人的欢喜，投其所好，说话甜言蜜语，体贴细致入微，才能赢得对方的爱情。这就是处下谦和、或下而取的典型案例。

　　与朋友的交往中，或下而取、处下谦和的品格同样能获得朋友的信任与托付。人们在选择朋友交往或成为自己的真心朋友时，时常观察对方的一言一行透露出什么样的品格。处下不争、谦和温柔的人，是最佳的选择。一个人盛气凌人或争强好胜，尤其在利益的问题上自私自利，人们都会对他避而远之。在现实生活中，有的人谦和不是本质的反映，处下是为了更好地获得自身的利益。这种人不易被人们识破，披着善良的外衣，干着损人利己的勾当，人们一定要高度警惕。与人交往，不是一时之举，表面上的谦和有礼处下不争，不是长久的，迟早会暴露自己道貌岸然虚伪的本质。处下谦和，是长时间品格的沉淀，是一个人心灵深处真实的反应。只有真实的品格，才能赢得人们的尊重与爱戴，众望所归。

　　在处理国际关系上，或下而取是与国为善、友好邻邦的外交手段之一，尤其是大国与小国及周边国家的外交中，处下谦和是获得对方信任与支持的重要的国家品格。江海之所以能为百谷王者，以其善下之。处下不争，故天下莫能与之争。《道德经》是世界观，也是方法论，每一章句都指导世界观的形成，又为解决问题提供行之有效的方法。或下而取，只是其中章句之一，算是一个成语吧。或下而取，是品格的体现，也是方法与手段，其内涵是处下谦和，获得对方的信任与尊重，或许是不战而胜，或许是和平共处，或许是命运共同体。世界大同，和谐和平，才是人类社会共同的目标与理想。

第六十二章　万物之奥

道者，万物之奥，善人之宝，不善人之所保。美言可以市，尊行可以贺。人之不善，何弃之有？故立天子，置三公，虽有拱璧以先驷马，不如坐进此道。古之所以贵此道者何曰：不求以得，有罪以免邪？故为天下贵。

〔字句解析〕

道者，万物之奥，善人之宝，不善人之所保。道者，指德高望重的人或圣人。万物，代词，这里应该暗指社会或民众。奥。奥秘或神秘。善人，善良的人。宝，宝贝或珍贵。不善人，有罪过的人或心术不正的人。所保，被人保护。解读：圣人是德高望重的道者，他道法自然，所以能功成名就，受到社会或民众广泛的注视与关注；圣人在民众的目光中看起来高深莫测，似乎有什么奥秘或有难以猜透的神秘感；善人如能得到圣人的指导与点化，就像获得宝贝一样珍贵的感悟；有罪过或心术不正的不善人，圣人同样也会保护他。

美言可以市，尊行可以贺。美言，溢美或赞美之词。市，集市之中或口传。尊行，善行或值得尊重的行为。贺，赞扬或表彰。解读：在社会生活中人们总是喜欢溢美或赞美之词，在集市之中或人们口口相传之中，人们的善行善举，更值得学习与赞扬，并给予大张旗鼓的表彰。

人之不善，何弃之有？不善，有罪过之人或坏人。何，为什么？弃，抛弃。解读：在社会生活中，有一些人由于自身或外部环境等因素导致误入歧途或心术不正，但也没有被人抛弃的理由，应该加以引导，让不善人归于正道。

故立天子，置三公，虽有拱璧以先驷马，不如坐进此道。故，所以。立天子，先皇任命的天子，即储君。置，官府级别的设置。三公，太师、太傅、太保。拱璧，宝玉。驷马，一车四马。坐进，采纳或履行。此道，对待善人与不善人的平等之道。解读：所以说自古以来储君与三公等达官贵人们出行时，总是仪式隆重，显示自己的身份气派威严，并不是真正地想与民众沟通亲近民众，天子与三公们在处理复杂的社会事务中难以胜任，就不如从履行对待善人与不善人的平等之道开始做起。

古之所以贵此道者何曰：不求以得，有罪以免邪？故为天下贵。古之，古时候。所以，所以一切。贵此，平等对待善人与不善人的胸怀之珍贵。道者，圣人。何曰，怎么说得。不求，不追求。得，得到。有罪，有罪之人。以免，免除。天下贵，天下最珍贵的。解读：古时候所以一切关于平等地对待善人与不善人的胸怀值得学习且十分珍贵，那圣人又是怎么说的呢？在处理社会事务尤其是对待善人与不善人的问题上，不要追求与贪图付出就即刻得到回报，即使对待罪孽深重的人，也要免除他的罪过，让他有重新做人的机会。所以说，宽容与平等才是治理天下最值得珍贵的方法与策略。

[要点综述]

这一章，版本差别较大。道者，指人还是指道本身，如果指道又指人，肯定只有指圣人了。万物之奥，帛书版本是万物之注。从本章内容来看，是人们对圣人言行的注意与关注，用"注"更为贴切一点，但为什么还是选择用"奥"呢？奥更能体现注意与关注的神秘感，也能表达圣人对待与化解一切事物问题上高深莫测的奥秘之魅力。老子所要表达的重点内容是：人之不善，何弃之有？这个问题的提出，可能与当时的社会现状有关，那个年代，民不聊生，或许有的人因为生活所迫，触犯道德或违反法规，成为不善之人，却被统治阶层处以重刑，甚至杀头。这种现象老子是不愿意看到的，所以着重对这个问题表达自己的观点是：有罪以免邪？

善人，是社会和谐的重要力量，始终有自己的道德标准来约束自己的行为，如能有圣人的指导与点化，就像获得宝贝一样格外珍贵的感悟。但社会生活中总有一些人违背道德或违反法规，这些人如何处理是老子的忧虑所在。当然，不善之人违背道德与违反法规，应该受到惩罚，但人们不应该抛弃他，应该加以教育与引导，让不善人变成善人，这才是解决问题的关键与方向。那些天子与三公的达官贵人，动不动就是拱璧以先驷马，这样的阵势与气派，与百姓距离太远，与现实生活相隔绝，怎么能懂得百姓的疾苦呢？那些不善之人，为什么会走上不善之路呢？让人们去选择走上违背道德违反法规之路，或许是无路可走，或许是环境所致。一个有钱的人，会愿意偷盗吗？一个生活富足的人，会去抢夺吗？原因产生，肯定有值得人们深思的条件与背景。统治阶层对待不善之人，或许只知道重罚而不问缘故。所以老子曰：故立天子，置三公，虽有拱璧以先驷马，不如坐进此道。这句话的内涵是要求天子与三公们学习圣人平等地对待善人与不善人的处世之道，尤其强调"不善人之所保"的人性关怀，更是解决社会矛盾的关键。只有把"不善人"变为"善人"，社会才会真正地和谐，才是治理社会最珍贵的方法与政策。

通行本：美言可以市尊，美行可以加人。帛书本：美言可以市，奠行可以贺人。这两句话，老子想表达什么意思呢？两个方面：一个是言，一个是行，两者前面加上一个修饰字，应该是美言与尊行。帛书本是奠行，这个意思不清，不通。通行本中的美行，与美言重复，应该不是老子的章法。通行本中

"市尊"与"加人"内涵表达不清，帛书本中的"市"与"贺人"同样是内涵表达不清。结合通行本与帛书本，故修改成：美言可以市，尊行可以贺。

这一章差别还有，古之所以贵此道者何曰：不求以得，有罪以免邪？故为天下贵。有的版本是：古之所以贵此道者何不曰：求以得，有罪以免邪？故为天下贵。何不曰，这是什么意思呢？语法与语境都无法给出清楚的内涵，尤其是"求以得，有罪以免邪"中的"求以得"更不符合老子"为而不恃"的玄德内涵。难道老子还有"有求必应"的利己思想吗？故改为"不求以得，有罪以免邪"更符合老子的本意。

[答疑解惑]

老子眼中的"不善人"

人类社会看起来错综复杂，千头万绪，茫然无措，其实十分简单，都是私心与欲望惹的祸。人的私心与欲望，筑起一道道栅栏障碍，相互猜疑，设置敌对方，导致茫茫人海中，人们彼此没有可信任与依靠的港湾。人类社会的主要矛盾之一表现为统治阶层同广大民众地位与财富的差别，没有找到平衡的中和点，冲突就无法避免。在社会生活中弱势群体的普通民众，生活的困境容易被人们遗忘，往往因生计问题，不得不铤而走险，有违背道德与违反法规的行为发生，这可能就是老子眼中的"不善人"。

人之不善，何弃之有？这句话的内涵无疑是呼唤人们对"不善人"的人文关怀，强调教育的作用与人人有尊严的平等性，但不是所有的"不善人"都可以逃脱法律的惩罚。在社会生活中，有些不善人，是一种故意的、主动的甚至是精心设计的行为，其影响极坏，后果恶劣，危害极大。比如，药品食品掺假制假，职务犯罪贪污腐败，打砸偷抢违法行为。这些人就不算是"不善人"，而是危害公众安全与损害广大民众利益的犯罪分子，要坚决打击，决不能心慈手软。另一方面，有一种被动的、无意的、不得不发生的行为，其性质轻微，影响不大，没有造成重大后果。如饿时偷一点食物，贪图一点小利，或因小事打架斗殴等，这种"不善人"，可以通过教育转变为"善人"。区分一个人的行为好坏，应以其行为造成的影响与后果是否危害广大民众利益与安全作为判断与执法的依据。

不善人，老子明显有偏爱之仁，何故？这些不善人群体出自百姓之中，极有可能是对统治者不满，犯下一点"错误"被处罚或刑罚，是老子不愿意看到的，故老子曰：不求以得，有罪以免邪？故为天下贵。

社会教育是人类社会中最容易忽视的手段之一，除了社会主体最基本的价值观影响人生观以外，社会公共教育职能几乎没有发挥应有的作用。走出校门后，人们如何去充电去学习，如何学习道德与法规方面的知识来约束与检查自己的日常行为？有的人不知道自己的行为是否违法或违背道德，或违法的成本及造成的后果都不清楚。教育的目的是防患未然，让人们知道违法的成本与后果，来降低社会犯罪率。经济的发展，如不加强社会教育，就会伴有违法成本的增大与犯罪分子的逐渐增多。在现实生活中各个领域，违法乱纪的现象时常发生，与社会公共教育缺乏密不可分。其实，像老子眼中的"不善人"，可能与自身对道德与法规的茫然无知有关。

违法必究，是维护社会公平正义的重要措施，但对违法者的事先教育是社会治理的职能。老子之所以说：人之不善，何弃之有？强调事先教育的重要性与人文关怀的必要性，处罚与惩罚是手段，不是目的，和谐相处才是人类社会共同的愿望。

第六十三章　报怨以德

　　为无为，事无事，味无味。大小多少，报怨以德。图难于其易，为大于其细。天下难事必作于易；天下大事必作于细。是以圣人终不自为大，故能成其大。① 夫轻诺必寡信，多易必多难。是以圣人犹难之，故终无难矣。

[字句解析]

　　为无为，事无事，味无味。为，行为目标。无为，没有私欲自然的具体行为。事，事业主体。无事，没有私欲自然的具体事务。味，感官的刺激。无味，没有私欲自然的具体感官刺激。解读：人生的行为目标要求人们用无私自然的具体行为通过努力奋斗来实现；每一项事业主体是由无私自然的具体事务

---

　　① 是以圣人终不自为大，故能成其大。解读：凡是德高望重的圣人始终坚持从细小或容易之处做起而不自傲，所以能够成就大业。在第三十四章中有同样的章句，重复同样的话不符合老子深厚的文学功底，应是后人手抄之误，应删除。

积累而完成的；面对感官的刺激，要求人们淡化与抵制具体感官刺激的诱惑，做到自然没有私欲。

大小多少，报怨以德。大小多少，指人们的纠纷与矛盾，或大或小，或多或少。报，回报。怨，矛盾或怨恨。以，用。德，品德。解读：在社会生活中人们发生纠纷与矛盾在所难免，或大或小，或多或少，所产生的怨恨与矛盾都应该用自己优秀的品格来化解，向对方回报自己的善意。

图难于其易，为大于其细。图，谋划。难，难度大的任务或目标。于，从。易，容易的地方。为，执行。大，较大工程或事业。细，细微的地方。解读：谋划难度大的任务或目标，一定要从易的地方开始入手；如果要做一项较大的工程或事业，一定要从细微之处做起。

天下难事必作于易。天下，世界。难事，难度大的事业。必，必须。作，作为。于，从。易，容易。解读：从事或完成世界上难度大的事业，必须从容易的地方开始入手。

天下大事必作于细。天下，世界。大事，较大的工程。必，必须。细，细微或细小。解读：从事或完成世界上较大的工程，必须从细小或细微之处做起。

夫轻诺必寡信，多易必多难。夫，人称代词或你。轻诺，随意的承诺。必，必定或必然。寡信，缺乏信任或失信。多易，总觉得容易。多难，总觉得很难。解读：如果一个人随意许下承诺，必定缺乏信任度或失信；开始总觉得事情做起来很容易，那么接下来他就会觉得事情越来越难做。

是以圣人犹难之，故终无难矣。是以，凡是。圣人，德高望重之人。犹难之，重视事情的难度，认真对待。故，所以。终无难矣，始终没有难事。解读：凡是德高望重的圣人，认真对待每一件事情，重视事情的难度，刻苦奋斗就始终没有难事，做任何事都能成功。

〔要点综述〕

为无为，事无事，味无味，从句子的结构上看，为无为中第一个"为"为总称，指行为目标，第二个"为"为个称，指具体的行为，是从属关系。事无事，第一个"事"为总称，指事业主体，第二个"事"为个称，指具体的事务。味无味，第一个"味"为总称，指事物特性对感官的刺激，第二个"味"为个称，指具体的感官，或口或舌等。

为无为，事无事，味无味，是指人们在社会生活中重要的三个方面。为无为，指人生的理想目标，是人们一生为之奋斗的动力。在这个漫长的过程中，人们面临错综复杂的社会生活，是否能够坚持自己的理想目标，是否能够克服私心欲望的不断侵蚀与考验，是否能够经受住世俗的目光与物质的诱惑？只有坚持为广大民众谋利益，才有可能实现理想目标。事无事，指人生很多事务中的某一个主体，而这个主体又是由具体事务积累而完成的。在执行具体事务中，应该去除私心，有舍小家为大家的奉献精神去处理日常事务。味无味，指人们日常中感官刺激的七情六欲，包括金钱与物质的刺激，是生活中重要的组成部分，如果你是一个高尚的人有品德的人，就不会计较自己的个人享受，更不会寻求感官的肉体刺激，就能做到味无味。但现实生活中的人们很难抵制感官刺激，有的人为此走上犯罪之路。所以，为无为，事无事，味无味，不是一般人能够做到的，非圣人莫属。

人们在社会生活中难免会产生各种纠纷与矛盾，对待纠纷与矛盾，不管是大是小，或多或少，都要用自己优秀的品格去化解，只有道德的力量，才是社会和谐的基础。一个人的一生，总会为自己的理想目标面对这样的难事或那样的大事，面临困难与挫折的考验，信念与坚持是克服一切艰难险阻的力量。老子深深地懂得并告诫说：图难于其易，为大于其细。天下难事必作于易；天下大事必作于细。从哪里开始？从易处开始。如何开始？从细处入手。圣人为何总是能够功成名就，圣人以"终不为大，故能成其大""圣人犹难之，故终无难矣"。当然现实生活中的人们不是圣人，想达到如圣人般的成就要学习圣人无私无欲的高尚品格。

最后，老子语重心长地说：夫轻诺必寡信，多易必多难。人们一定要记住老子的谆谆教诲，千万不要随意向他人许下诺言，失去自己的诚信。凡事要从难处想，不要感觉到开始的容易就骄傲自满，认为自己离成功很近。任何难事或大事的成功并不容易，经历长期坚持与努力奋斗的过程，方可获得掌声与鲜花。

〔热点话题〕

《道德经》的现状及未来

《道德经》是中华民族最优秀的传统文化之一，也是我们文化自信的重要支撑。两千五百多年以来，一直是无数学者的追求与最爱，人们也试图直达老子的内心世界。然而，就是这充满智慧与宝藏的《道德经》，其现状令人担忧与困惑。

一、没有统一的版本。通行本、帛书版、郭店版等十多个版本，争论不休，各论长短，真假难分，其实都是手抄本。学术争鸣应该在同一个版本或同一章句中进行，在不同的版本不同的章句下进行学术争论没有任何意义。《道德经》译注，学者们的角度不同文化功底不同，其译注千差万别。读者不知道哪个版本是对的，哪个章句是错的。很多学者都自认为自己的译注是对的，如果没有去社会实践中检验，就是孤芳自赏。没有统一的版本，译注没有权威性，就不利于传播与弘扬。中学或大学的教材中看不到《道德经》整章地出现，或许与《道德经》的现状有关，没有统一的版本又如何走向课堂？用哪一个版本做教材，对错有没有自信？

二、尤其是《道德经》第一章存在重大的分歧，严重阻碍《道德经》的传播与弘扬。1. 非常道与非恒道之争一定要有个定论，如果仅仅是避讳刘恒而把"恒"改成"常"，那就应该改回来，还其原本。非常道，是非常"道"，还是非"常道"，这个要弄清楚。常与恒用来修饰"道"，是"道"的定语，就限定了道的内涵。这是个严重的问题，不能放之任之。2. "无，名万物之始"，还是"无名，万物之始"，也是争论的焦点。无与无名，是两个不同的概念。无，是强调事物处在"无"的状态，而"无名"的重点是"名"，是"无"对"名"的修饰，两者的内涵就完全不同。无，是事物未形成的状态，无名则是指事物已经形成，没有名字的阶段。3. 常无与常无欲之别。常无，是虚无清静，与后面"欲以观其眇"组成整句，欲以观其眇是"有"，与"虚无"两者之间有自相矛盾之嫌。常无欲，是指人们对事物的观察与思考，经常地去除私欲，就能发现其规律。都说第一章是开启《道德经》的钥匙，钥匙这么多，哪一把钥匙是对的呢？

三、译注太多太乱。只要有钱，就可以出版，有的译注抄袭现象很严重，冠上自己的名字，就是自己的译本，这种现象存在会给《道德经》带来极为不利的影响。学术可以自由，观点可以不同，但对《道德经》来说，或许是一种灾难。各种学术交流或论坛频繁召开，看似功德无量，却没有一点真正的效果，《道德经》这么多分歧与问题，却没有人去解决。正本清源，广泛凝聚共识，形成统一的文字版本，更好地弘扬道德文化，让道德文化深入广大民众心中。

与身边的朋友或微信群的老师一起聊到《道德经》，无不感到担忧，同样有正本清源的呼唤。《道德经》凝聚着人类历史的最高智慧，以道德为中心阐述宇宙天地万物的生长发展规律，为人类社会和平发展提出处下不争共创共享的美好蓝图。还原《道德经》的真实面目，是我们共同的梦想，只要我们放下己见与成见，广泛地开展有诚意有目标的讨论，对每一章每一个字进行分析与论证，统一的版本就可以实现。

　　《道德经》不是玄学，更不是公说公有理婆说理又长，谁说都有理是非不清的学问。一些错误的解读必须要坚决地否定，错误的解读在课堂或其他途径中传播，必将误人子弟，给《道德经》带来极其不利的负面影响。关于"上善若水"，大多数的解读只解释"水"的品格，并没有解读"上善"的内涵。还有的版本说"道可道"，第一个道是名词，第二个道是动词。《道德经》中有七十多个道字，难道会有一个道字是动词？这个解读都应该加以探讨，加以论证。还有很多有争论的章句，也希望形成权威性的共同观点。

　　《道德经》正本清源是当务之急，文字统一，版本统一，讲课才有自信，才能去大力传播与弘扬。《道德经》只有与广大民众的生活与实践相结合，广泛在社会事务中指导与应用，真正地起到切实的效果，才会有广阔的未来。让道德文化的种子撒满中华大地，实现中华民族的伟大复兴！

第六十四章　慎终如始

其安易持，其未兆易谋；其脆易泮，其微易散。为之于未有，治之于未乱。合抱之木，生于毫末；九层之台，起于累土；千里之行，始于足下。为者败之，执者失之。是以圣人无为故无败，无执故无失。民之从事，常以几成而败之。慎终如始，则无败事。是以圣人欲不欲，不贵难得之货；学不学，复众人之所过，以辅万物之自然而不敢为。

〔字句解析〕

其安易持，其未兆易谋。其，指道或事物。安，安静的状态。易持，容易把握。未兆，尚未出现的预兆。易谋，容易谋划。解读：任何事物都有道的主体，在事物生长的初始处于一种安静的状态，机会容易把握；事物的初始在混沌朦胧之中即将出现的某种预兆，当预兆尚未开始出现时，容易谋划，是良好的开始。

其脆易泮，其微易散。其，指道或事物。脆，脆弱之初。易，容易。泮，破碎。微，微小的状态。散，散落。解读：任何事物（万事万物）生长之初都是脆弱之时，容易被弄破碎，要小心谨慎；生命在微小的状态时还不够强盛，容易被外界环境破坏或随风散落，所以要加以防范。

为之于未有，治之于未乱。为，作为或行为。之，事物的主体。于，从。未有，还没有出现之时。治，治理。未乱，还没有混乱之时。解读：从事一项事业或工程，在它还没有出现或刚刚出现之时，就要开始行动与谋划；社会治理一定要在混乱还没有出现之时，就要防患于未然。

合抱之木，生于毫末。合抱，众人合抱。木，大树。生于，刚开始出生之时。毫末，微小的状态。解读：参天大树是从很微小的树苗开始生长。

九层之台，起于累土。九层，指高楼。台，观景台或楼台。起于，开始之初。累土，累积箩筐之土。解读：九层高的楼台，开始之初是用一箩筐一箩筐之土累积而成的。

千里之行，始于足下。解读：行千里之路是用脚一步一步坚持不懈地走出来的。

为者败之，执者失之。为者，有为之人。败之，失败。执者，执着之人。失之，失去。解读：现实中有很多人总是想按照自己的行为去改变事物的性质与轨迹，那注定要失败的；有的人执着于自己的意志而不遵守客观规律，事情本来可以得到却失之交臂。

是以圣人无为故无败，无执故无失。是以，凡是。圣人，德高望重之人。无为，没有自己私欲的行为。故，所以。无败，没有失败。无执，没有为自己执着的意志。无失，没有失去。解读：德高望重的圣人没有自己私欲的行为，自然而为，所以做任何事都没有失败；圣人也不会有为自己执着的意志，而是尊重客观规律，凡事都能水到渠成，只有得到，没有失去。

民之从事，常以几成而败之。民，百姓。从事，日常事务。常，经常。以，因为。几成，十成中的几成，指努力程度。败之，失败。解读：普通百姓从事某项事务，往往开始干劲十足，中途就会有所松懈，遇到困难之时尤其到最后关键时刻因为缺乏信念的坚持，事务只干到几成就放弃了，结果以失败而告终。

慎终如始，则无败事。慎终，事物的终点之时更要谨慎对待。如始，像开始一样干劲十足。则，所以。无败事，没有失败之事。解读：做任何事尤其在最后的关键时刻，更需谨慎对待，加倍努力，像开始一样干劲十足，所以没有任何失败之事的发生。

是以圣人欲不欲，不贵难得之货。是以，凡是。圣人，德高望重之人。欲不欲，有欲望但没有自己的欲望。不贵，不珍贵。难得之货，贵重或难得的物品。解读：德高望重的圣人有欲望但没有自己的欲望，所以不会去珍贵那些所谓贵重或难得的物品。

学不学，复众人之所过。学不学，学但不会学习他人之过。复，重复。众人，他人。所过，过去发生的错误。解读：德高望重的圣人努力学习但不会学习他人之过，更不会重复他人或多数人曾经所发生过的错误。

以辅万物之自然而不敢为。以辅，辅助。万物，万事万物（事物）。自然，自然而然。不敢为，不敢违背自然去妄为。解读：圣人只知道一切事物都按照自然规律，努力而为，丝毫不敢有违背自然规律的妄为。

〔要点综述〕

从万事万物中发现其客观规律，掌握客观规律就能够战胜一切困难险阻，方能丰衣足食或万事如意。世界上万事万物千变万化，其运行的规律都不相同，老子把事物大概地分为几类：一是其安易持。这类事物的生命体，处于一种安静的状态。如秧苗或婴儿，人们可以很好地去呵护与把握，尤其是对婴儿的教育，启蒙教育会影响其将来的一生，或决定命运的走向。二是其未兆易谋。这里的未兆，并不是指没有预兆，而是指预兆刚刚开始出现之时，要及时掌握预兆之前所带来的机会，把握事物发展的主动权。这类事物就有很多，几乎包含一切事物之中，在社会事务中表现得更为明显。如经济活动中占领先机的人，往往就是抓住了最初的预兆。三是其脆易泮。这类事物表现出生命的脆弱，一不小心，就会破碎，可能是指生产工艺上的物品更为适当一些，像瓷器、瓦片或一些日常用品等制作时容易破碎。四是其微易散。有些事物的特点，在生命微小的初期，不容易把持，微小的颗粒状或黏性不强或松软易散的生命体，这类生命像水里的植物偏多与撒籽类水里的动物。总之，这四类生命的形态是人们经常遇到的，可以由被动变为主动，掌握事物的发展规律，达到适应自然、辅助自然之目的。

为之于未有，治之于未乱。这两句话有内容相交的地方，但侧重点不一样，可以理解为自然与社会两个方面。为之于未有，指人们从事一切与自然相关的活动，如农业耕种、工业生产技术、科技研究等。这里的"未有"有两层含义，一是指没有，别人没有自己也没有，走在别人的前面自己率先研究出成果，对别人来说就叫"未有"，占领先机。二是刚出现的征兆，最先的预兆就是机会。只要你抓住了机会，别人只能屈尊求其次。商业与战争都是这样，最先判断与把握机会的一方，才能赢得胜利。治之于未乱，这肯定是针对社会治理而言。社会稳定是人类社会生存的第一需求，如果没有稳定的社会生活，一切都无从谈起，对广大民众来说，稳定是保证幸福生活的第一要素。只有在社会稳定的状态下，人们可以从事各种社会活动，从事生产劳动，还可以在劳动之余，享受唱歌、跳舞、聊天交友等人生快乐。社会的治理，不能等到乱时才去治理，要防患于未然，要及时发现与解决社会矛盾。如果社会矛盾激烈碰撞已经产生，再采取措施那就已经晚了，或许需要更大的努力与代价去解决。老子写每一句话其实都有所指，从社会生活中发现问题，而不回避问题，努力寻找与发现解决社会生活问题的方法或规律。再比如，社会生活中，总有一些人做事不能善始善终，干一件事，中途就干不下去，缺乏信念坚持的力量，一事无成。老子曰：慎终如始，则无败事；千里之行，始于足下。一定要明白，做什么事，要像走千里路一样，一步一步地坚持，就一定能够成功。

再看圣人为什么没有败事，能够做到尊重自然，发现自然的规律并努力而为，既没有难得之货的贵重，也没有重复他人之所过，有欲但没有私欲，有学但没有重复过错。圣人与普通民众的区别就是有没有私欲的差别，有没有信念坚持的力量。

[答疑解惑]

关于《〈道德经〉新注释》的说明

过度的处下不争，会错失展现自我价值的机会，一个真正的道者，会适时地抓住机遇，运用道法自然的法则，实现无为而无不为的灿烂人生。

《道德经》版本多而乱，两千多年以来，一直是各家各说，千人千解，众解纷纭，而且译注者自信满满，都号称真本或真解或正解等，学术界版本的讨论或争议就没有停止过，这个版那个版，其实都是手抄版，我不想卷入这场没有结果的纷争，但在新注释中有自己明确的观点。我也反复思考给自己的新注释冠以什么样的名称，可谓难以抉择。从普及版、至真版到校正版，算是尘埃落定，符合最初之心。从读《道德经》到译注《道德经》到讲课出席各种论坛等，都在反复地做一件事，为《道德经》正本清源而努力。《〈道德经〉新注释》主要参照河上公版与帛书版的章句，这两种版本也是当今较为流行的版本，经过时间的沉淀与流变，得到普遍的认可，这两个版本的结合，便是我个人认为的校正版。我很早提出召开《道德经》正本清源学术交流会，并列举当今版本六种主要不同之处，尤其第一章是关键之所在。如果第一章能够达成共识，正本清源就指日可待，实现统一的版本不再是梦想。如果没有统一的版本，进学校进课本就没有统一的标准，普及《道德经》文化就很难实现。我之所以推出《〈道德经〉新注释》（校正版），目的是接受市场与老师及读者的检验，提供一个可以讨论或论证的版本，凝聚大家的智慧，把不同的观点记录下来，然后再找个机会坐在一起讨论，形成共识。只要摒弃己见与私欲，努力奋斗，一定能够完成《道德经》正本清源之使命。

我依稀记得三十多年前我的哲学单科结业成绩是八十七的高分，也因为哲学的元素，使我的文章弥漫了哲学的思维。1988年全国"会龙"散文诗大赛获奖作品《关于我》的写作手法可以做证，其主旨是"纯洁、无私、博爱"，与老子《道德经》所表达的对人类社会的理想竟不谋而合；到后来长篇影视剧本《我们是同学》连像样的草稿都没有，就是运用二元哲学的构思与布局，完成了四十二万字的作品。我与哲学的不解之缘，与《道德经》因缘际会，产生激烈的碰撞便是自然天成，原来哲学真正的源头就是《道德经》。《道德经》的宝藏一经打开，惊叹与激动在《〈道德经〉新注释》的文字中一一展现。关于哲学、关于科学、关于物质、关于道等名词赋予全新的内涵并给予证明。我难以想象与理解，一个作家怎么就稀里糊涂成为研究《道德经》的学者，是注定吗？

文学的爱好，我是从写诗开始的，发表的第一篇作品是诗歌，然后是散文，再到小说、影视剧本，所以对文字的要求比较苛刻，务必做到精准。这个习惯不自觉地带到《道德经》的研究之中，咬文嚼字的个性使我对摆在面前不同版本的《道德经》的现状极为不满与担忧。在多次不同的场合中，与学界的老师们交流时，对"非常道"与"非恒道"之别，阐述其真假的严重性，旗帜鲜明地反对用"非常道"解读《道德经》，以其所产生的负面影响不可估量。在北京的课堂上，专门论证了"非常道"的危害及"非恒道"的唯一性，得到一起交流老师们的认可与赞同，并给予"星星之火，可以燎原"的鼓励。《道德经》是一部大型散文诗文学作品，在两千五百多年前出于老子之手，是令人难以想象的，其文学手法在《〈道德经〉新注释》中进行了认真详细的分析，挖掘老子每一章最原始的创作灵感，掌握老子所要表达的思想与理想。

人类社会有五千年以上的文明史，老子所处的时期正好在文明史的中期，也有两千多年，老子之前的伏羲发明了八卦，古人们的典籍给予老子以智慧的营养，博古通今，尤其当时太子之争、王位的争夺及不断的战争中，老子亲历广大民众的疾苦并深感同情与忧虑。用什么样的方式来表达自己的情感与抱负，阐述自己的思想与理想，《道德经》是他唯一的选择与寄托。老子深深地感觉到只有尊道贵德，道法自然，才能使人类社会走上和谐共生的发展之路，从而实现老子为广大民众谋幸福的理想。《道德经》不是一时之作，而是老子智慧的沉淀，长期的深思熟虑与能量的储蓄，在某一时空里激情喷涌的壮丽诗篇。从宇宙、天地娓娓道来，其目的是阐述"以正治国"的理想，通过道德的力量来改变人们的"三观"，实现人类社会的和谐发展。宇宙、天地的生成之道，是人类社会赖以生存的基石，不以人类的意志为转移，而人类社会自身的治理及其和谐，才是老子关注的重点，所以他强烈呼唤"是以圣人处上而民不重，处前而民不害"。两千多年以来，人类社会并没有遵循与牢记老子的道德文化，战争阴影仍然弥漫，强烈的物质欲望是人们争斗的根源，只有道德的回归，人类社会才能实现永久的和平。

从《〈道德经〉新译注》到《〈道德经〉新注释》，通俗易懂，其侧重点不一样，都是对《道德经》的重要探索与挖掘。我当时想定为上下册，因出版社不同，书名要有区别。新译注对道的定义与划分，作了重要的探索，阐述了可道与非恒道的相互关系，尤其第一章的名词解释极有独特性，是不常见的。而新注释中有众多的名词解释与论证更显其未来的研究价值，如哲学、科学、物质、生命等。我不想对自己的两本译注进行自吹自擂，就交给未来的岁月去评判。这两本书有机会合而为一是最好的选择，这个机会不是我一个人的努力能完成的，或许只有等到正本清源时。我越来越感觉到《道德经》正本清源之路很难也很长，在我身边在我周围在我的朋友中，能伸出的手或能聚合的力量，无法感知，更无从确认，但不影响我孤独的身影载着梦想继续前行。

与老子两千五百多年后的相遇，祸福两极，孰知其果，我也迷茫于自己的执着，过度的担忧是对我自身的伤害，几年以来的奔波便是依据。从诗歌到影视再到《道德经》，直至前几天我的生日，我才知道五十八年前那一声啼哭，竟是冲着《道德经》的呐喊，关于《道德经》的现状，却是五十八年前曾经的哭泣。眼睛的明亮，容不得一点尘土；婴儿的纯洁，没有一丝污垢。一生的追求，或许就这样踏上寂兮寥兮的未来。在现实生活中，文化虽然重要但不是衣食住行缺一不可。在物质世界里，文化在人们的思维中不是价值判断的标准之一，尤其是与房子车子珠宝等财富相比，文化仿佛是一种装饰无关紧要，这种现象足以说明对文化的轻视。文化是一个人的灵魂，认识到这个高度，才显其真正的价值。《〈道德经〉新注释》出版发行，在较高的文化氛围中，一定会有较好的市场前景，如果提到正本清源的高度，《道德经》文化则可面向世界进行宣传与推广，真正地促进人们以道德的力量去处理社会事务，促使人类社会朝向和平发展共生共荣的理想前行。

　　《〈道德经〉新注释》除了章句上参考有关的版本，新注释完全自主独立完成，是基于哲学思维的领悟与几十年来文学创作实践的沉淀以及纯洁无私的人生。新注释语言通俗，推广极其容易方便，但可以肯定新注释中会有很多不足，有改正或提高的空间。新注释的内容与其他版本译注的区别是相当大的，几乎完全不同或颠覆，可以对照比较。《道德经》版本很多，我不说自己的好，因为不能自己说自己的好，但读者不妨先买几个版本进行比较，好坏自然可见分晓。在八十一章的话题中，无数次重复着道德，道德是人类社会和平的基石，是老子两千五百年前的呼唤，穿越时空仍然回响在人们的耳旁。《道德经》是世界观、人生观、价值观，也是方法论，以哲学的高度、文学的深度、民本的广度阐述宇宙、天地、万物的起源与发展及其未来，为人类社会描绘了一幅美丽的蓝图。《道德经》以超越古今人类历史的最高智慧，就像不落的太阳光照人类社会几千年，与日月同辉。我不厌其烦地反复说过，《道德经》对学习的提高与生活的指导及各个领域探索的启示都是一步到位的选择，而且是唯一的选择。人们通过学习《道德经》，可以树立自己正确的世界观，校正自己的人生观，实现自己的价值观，并遵循道生德养的运行规律，一定能成就美丽的人生。《〈道德经〉新注释》所有的探索与智慧，不是我个人的探索与智慧，都源自老子的《道德经》，我只不过是试图走进老子的内心世界，复述与剖析《道德经》所隐藏的层层密码。关于《〈道德经〉新注释》是否真正名副其实，当您读完后，您的感觉与体会一定告诉您：众里寻他千百度，蓦然回首，那书却已爱不释手中。

道德改变人生，道德成就人生。一切道德的行为都是为人民服务。让道德凝聚中国力量，实现中华民族的伟大复兴！

第六十五章　非以明民

古之善为道者，非以明民，将以愚之。民之难治，以其智多。故以智治国，国之贼；不以智治国，国之福。知此两者，亦稽式。常知稽式，是谓玄德。玄德深矣，远矣，与物反矣，然后乃至大顺。

［字句解析］

古之善为道者，非以明民，将以愚之。古之，远古。善，应对或处理事务的能力。道者，懂得道法自然的圣人。非，不是或否定。明，明白清楚，或指狡诈有心机之人。将，教育。愚，不清楚明白，或纯朴善良或憨厚老实。解读：远古时期的圣人治理国家有些事情不一定要让民众清楚明白，不知道反而有利于事物的发展，更不能鼓励民众如何发挥自己的聪明才智去巧取豪夺获得私利，而是要教育民众纯朴善良，通过诚实劳动，努力创造幸福生活。

民之难治，以其智多。民，民众。难治，管理不善。以其，因为。智，这里指想方设法骗人钱财的手段。智多，指老奸巨猾、油腔滑调、花言巧语、吹

335

牛拍马等没有品德的行为，这些人在社会生活中不守规矩不遵守道德。解读：在社会生活中总有一部分人为一己私利想方设法地骗人钱财，以赚钱为诱饵，小恩小惠为手段，目的是套取他人的钱财，造成社会矛盾与冲突，破坏社会的安定团结，增加社会治理的难度。

故以智治国，国之贼。故，所以。以，鼓励。智，伎俩或手段。治，治理。贼，混乱，贼多了就混乱不堪。解读：如果鼓励民众以自己为中心，以赚钱为目的，想方设法地用小伎俩或不择手段地去获得利益，盗取国家财富，社会肯定会造成混乱，使国家治理处于艰难之中。

不以智治国，国之福。不，否定。不以，不用或没有。智，伎俩或手段。福，和平安定的生活环境。解读：如果广大民众能够纯朴善良，诚实劳动，没有谋取私利的伎俩，没有损害他人的手段，团结互助，那么社会就会和谐共生，共创共享，这就是人民之幸福、国家之繁荣。

知此两者，亦稽式。知，明白或了解。两者，指智与愚。稽式，方法或方式。解读：了解或掌握智与愚的尺度或界限，就能够找到分析问题、处理问题的方式方法。

常知稽式，是谓玄德。常，经常。知，了解。是谓，就是。玄德，指掌握事物规律的圣人之品德。解读：圣人有能力经常地及时掌握事物的发展规律，能够分清智与愚的界限或尺度，正确处理社会矛盾，做出正确的方针政策，可称为玄德。

玄德深矣，远矣，与物反矣，然后乃至大顺。玄德，是指圣人具有融合与宽容化解矛盾的能力。深，掌握事物的规律，不会被一种表象所迷惑，而会透过表象去认识事物的本质。远，事物的规律是一个长期周而复始的过程。反，找到事物的反面，适时地做出合理的判断。大顺，指一帆风顺或国泰民安。解读：圣人能够透过现象看本质，在复杂的社会生活中，分清智与愚的界限，需要一个长期的认知过程，或许从事物的反面更能找到解决问题的方法；如果社会治理人人都能返璞归真，民众纯洁善良，那么国家大顺国泰民安。

[要点综述]

本章老子就如何治国理政阐述了自己的观点。本章中的"明"和"愚"是老子对社会生活中各个阶层与群体，其行为表现进行定位与划分做出适时的道德判断，明不是真明，愚不是真愚；各个阶层与群体各司其责，分工明确，正确地把握界限与尺度，是非不可混淆。管理者的政策制定是对社会发展方向的一种判断与预见，而民众是政策的执行者，不一定要了解政策是如何制定的，只要方针政策有利于民众的利益，民众就可以付出行动努力奋斗。比如，车如何制造是厂家的事，利用车去跑运输则是开车人的事。管理者与民众的关系就是制造车与开车司机的关系，开车的人不需要知道车是怎么制造出来的。智与愚如何判断，尤其是在复杂的社会事务中，智与愚往往难以掌握，界限难以分清，这就需要管理者的应变能力。智，指耍伎俩或小聪明之人；愚，指纯朴善良或憨厚老实之人，如何界定与判断？以道德为参照标准。社会的发展离不开聪明才智与纯朴善良，但过度的聪明才智与纯朴善良都不利于社会的健康发展，这就需要圣人的玄德智慧。拥有玄德的圣人，能够观察事物的深度、广度、高度，正与反，是与非，及时地制定合理的方针政策，调整社会发展方向，建设美丽和谐的社会。

生而不有，为而不恃，长而不宰，是谓玄德。这是老子对玄德的定义，仿佛不太容易理解。生、为、长放在一起理解是涵盖社会生活中的各个方面，包括物质与精神两个方面；不有、不恃、不宰，都是否定词，是对物质与精神的追求都不需要不拥有不主宰，淡泊名利、纯朴无私、大爱无边的品格称为玄德，实际上是指圣人具有一种为民众全心全意奉献的精神。这一章又阐述了玄德的特点，深、远、反三个方面。深，是事物客观规律的深度，不是轻而易举地就能发现的，尤其处理与人有关的社会事务更是雾里看花难以捉摸，社会治理同样如此。远，是一个漫长的过程，不是短期能够达到的；国家治理与社会事务通常需要一个远景的规划与坚持不懈的努力，一步一个脚印地前行。反，寻找与发现事物的客观规律，在遇到困难与挫折时，或一时找不到解决的办法与方案时，这个时候就要换位思考，从反向角度去认识与观察，或许真理就在眼前。反也同返，返回或复返。深、远、反三个方面是通向玄德过程中的特点。然后乃至大顺，这才是玄德治理国家所要达到的目的。大顺，明显是指圣人对社会治理达到一帆风顺国泰民安的状态。玄德，无疑是指圣人治理国家的深远智慧与高尚品德。

[热点话题]

《道德经》与财富人生

《道德经》五千言，每一句话或每一个字，都是智慧的结晶，关键是能否应用到社会现实生活中，将道德之学贯穿到万事万物的生长发展中去。老子曰：夫唯不盈，故能蔽而新成；物壮则老，是谓不道，不道早已；大道泛兮，其可左右。万物恃之以生而不辞；宠辱若惊，贵大患若身。懂得与应用这些话中的智慧，可以帮助人们去获得财富，通过对事物运行规律的观察与把握，准确地发现商机，适时地抓住良机，成功地运用机遇获得物质财富。

一、《道德经》与企业的关系

老子曰：道生之，德畜之，物形之，势成之，是以万物莫不尊道而贵德。在经济高速发展的信息时代，企业如何走出自己的发展之路，就要根据自身的优势特点，以道德为准绳，以民为本，利益共享，共创企业的繁荣与发展。前不久，一个朋友参股了一家生产山泉水的企业，请我去参观并与老总谈了两个多小时，对他的企业发展我的观点如下。

老子曰：孰能浊以静之徐清？孰能安以动之徐生？从目前的市场来看，矿泉水这类企业很多，超市里各种各样的矿泉水十多种，是一个非常成熟的市场。作为一家刚上市的矿泉水企业，除了产品优良之外，取胜的关键是销售渠道的创新，不能像传统销售一样躺在超市里被动地等待市场，而是要积极主动地出击，去赢得市场。企业应该以当地为根据地，采取一站式的服务，直接面对广大的家庭用水，让广大的家庭用水从自来水转变为饮用企业的山泉水。以桶装水为突破口，进入广大的家庭，煮饭喝茶都使用山泉水，打开市场。如何吸引广大的家庭饮用山泉水：一是招聘大量的员工，将城市大面积覆盖，迅速占领市场。二是采取股份合作制，利益共享的原则，吸引员工与广大家庭用水的客户以入股的形式参与企业的发展，稳定与扩大销售市场，企业就会很快发展壮大。老总听后，很是感动。我为企业写了一则广告词：煮饭喝茶，当然是山泉水。后来参加开业庆典时，老总的发言稿中采纳了我的建议。

每一家企业都应该找到适应自身的发展之道，不同的企业各自有不同的优势，有不同的发展之道，扬长避短，一步一个脚印，踏踏实实，企业才能健康发展。

二、用《道德经》的智慧去寻找财富

当大家认为是机会，就是危机；当大家没有觉察的机会，就是良机。眼下的市场非常完美与成熟，要在这样的信息时代去赚钱实在很难。房地产炒得太高，有许多的大佬。搞互联网，又不是马云的对手。现在市场的机会就剩下文化产业。文化产业的氛围正在形成，但文化产业各自为政，资金实力不够，文化产业的兴起，还有很长的路要走。老子曰：反者，道之动也。弱者，道之用也。文化人要抱团取暖，相容相生，或许可以走上一条发财致富之路，但不要抱任何幻想，只有边走边看，见有赚钱的机会就要抓紧上车。

老子曰：为之于未有，治之于未乱。现在中国制造、中国方案、中国智慧已经迈出国门，崛起的中国被世界人民接受与认可。估计在未来的二三十年内，中国将成为世界的中心、文化的中心，赚钱的机会越来越多。有一个市场现在很低迷，我认为未来的潜力很大，这个市场就是古董字画玉石市场。为什么这样说？目前国家实力逐渐增强，社保、医保、教育都将进入国家的保障体系，那么今后人们手上会越来越有钱，再加上世界人民对中国文化的热爱，古董字画玉石必将水涨船高，受到广大爱好者的追捧与炒作。像海南黄花梨、小叶紫檀、和田玉，还有价值潜力巨大的树化玉，一旦拥有财富有可能成倍增长。如果你已关注这个市场，收藏一些非常珍贵的玉石与字画，就可以等待升值了。

三、《道德经》与股市的关系

老子曰：道，可道也，非恒道也。股市为何有的人总是在亏钱，就是对股市的运行特点没有研究总结找到其规律。股市上下窜动，原因都是短线资金在运作，没有长线资金护盘。回报资金表中，大机构与券商是今天买，明天就卖，都是急功近利。有很多股票一天成交不到百分之一，非常低迷，炒这样的股票肯定不赚钱。作为上班族，买股票一定要分析股票的成长性与未来的潜力，股价有没有上升的空间。低价买进，有了百分之二十的利润就可以卖出，等跌下来再买进。现在做长线的可能性不大，股市反反复复在三千点上下，越过六千多点的历史高点或许得等太久。比如，股票的K线运行规律是股票的性格特点，掌握其特点，赚钱也是有可能的。有的股票很容易上涨，而且起伏很大，而有的股票却始终涨不上去。股票上涨与宏观面资金的供求、行业的景气度、资金介入的深度等都有关系。其实，做一只股票或两只股票上下来回赚差价，亏钱的可能性不大。任何事物都有其运行规律，对规律的把握是成功的关键。

《道德经》是世界观，也是方法论。通过学习《道德经》，实现财富人生。世界观告诉人们树立以民为本的人生观，方法论则要求人们树立百姓利益优先的财富观。老子曰：生而不有，为而不恃，长而不宰，是谓玄德。告诉人们庄稼长势喜人，是自然的赋予，不应该占为己有，即便努力劳动得到的成果，也不能自己独享，自然的一切都是人类社会共同的财富，不是私有财产。这就是人们应该共同拥有的财富人生。在社会生活中财富差距越来越大，与社会财富共享共荣的原则背道而驰。如果社会失去了道德，就失去了公正与平等。正确的世界观是和谐社会的基础，方法论则是告诉人们如何掌握与适应社会改造自然的方法，少走弯路或错路，避免挫折与失败。万事万物的发展都有其本身之道，掌握其运行轨迹总结其规律，方能战而胜之。有了正确的世界观，掌握正确的方法论，才会有美丽的人生。

老子曰：天之道，利而不害；圣人之道，为而不争。天之道，损有余而补不足；人之道，则不然，损不足以奉有余。两千五百年前老子的感叹，每一个人一定要反思自问。人类社会最大的矛盾就是富人不肯把财富与穷人分享。如果有品德的人有钱，就会帮助穷人，社会就会走向共同富裕。如果《道德经》走进千家万户，走进每一个人的心里，千千万万品德高尚的人，就能形成一个和谐幸福的社会。当然这是理想中的如果，只要共同努力，百年千年之后或许就是现实。

第六十六章　以身后之

江海之所以能为百谷王者，以其善下之，故能为百谷王。是以圣人欲上民，必以言下之；欲先民，必以身后之。是以圣人处上而民不重，处前而民不害，故天下人①乐推而不厌。以其不争，故天下莫能与之争。②

〔字句解析〕

江海之所以能为百谷王者，以其善下之，故能为百谷王。江海，大江与大海的合称。之所以，为什么。能，能够。为，称得上。百谷王，溪谷、山谷、河谷、海谷等的最低处之王。以，处于。其，代词指江海。善，善于。下之，处下。故，所以。解读：江海为什么能够称得上百谷王者，是因为江海善于处

---

① "天下"改为"天下人"，故天下人乐推而不厌，更妥当。

② 以其不争，故天下莫能与之争。解读：你或圣人从不与民相争，所以说天下的民众没有谁会与你或圣人相争。作为总结性结尾的手法，在第二十二章中出现此句，比这章更适合老子的原意，应删除。

在所有谷之中的最低处，称为百谷之首，故堪称百谷王者。

是以圣人欲上民，必以言下之。是以，凡是或所以。圣人，德高望重的人。欲，如果想。上民，处在民众之上的领导者。必，必须。以，应该。言下之，下到基层民众中去虚心学习调查研究。解读：所以说凡是圣人如果想成为处在民众之上的领导者，要制定正确的方针政策，就必须经常下到基层民众中去虚心学习调查研究，与民众打成一片，方能成为民众的领导者。

欲先民，必以身后之。欲，如果想。先民，走在民众前面的创新者或最先把握机会的人。必，必须。以，应该。身后之，经常地走在民众身后，了解民众所求所需及时发现问题，掌握事物的发展规律。解读：圣人如果想成为最先把握机会，走在民众前面的创新者，就应该经常地走在民众身后，了解民众所求所需及时发现问题，找到解决问题的方法，掌握事物的发展规律，方能创造创新。

是以圣人处上而民不重，处前而民不害。是以，所以。圣人，德高望重的人。处上，民众之上的领导者。民不重，不增加民众的负重。处前，指导社会发展的方针政策一定要处在民众执行方针政策之前先制定。民不害，民众不会遭受损害。解读：所以说圣人是民众之上的领导者，以服务民众为宗旨，所以不会增加民众的负重，制定的方针政策，首先要为民众的利益着想，所以民众也不会遭受损害。

故天下人乐推而不厌。故，所以。天下人，广大民众。乐，乐于。推，推荐或推崇。不厌，不厌其烦。解读：圣人高贵的品格，以民众为中心的情怀，赢得广大民众的尊重与爱戴，所以广大民众都乐于推崇圣人为自己的领导者而不厌其烦。

〔要点综述〕

江海，这本来非常普通的名词，是地球自然组成的重要部分，相对于人类社会来说又有什么关联呢？人们生活在江边或海边，朝夕相处，除了人们从江海中获得好处与财富外，有谁会浮想联翩呢？唯有老子。不仅从江海中获取灵感，而且用灵感化成谆谆教诲，指导人类社会前行的方向，尤其是领导阶层的人们应该学习圣人优秀的品格，方可成为广大民众心中的推崇者与领导者。江海的品格是处下，不仅处下而且是处下的处下，最低处才是百谷之王。如果不是百谷王，可能是一条小溪或小河，不久便会干涸；或可能是雨后的一潭池水，一会儿就流失了；要成为江海，只能是最低处，百川之汇，大江之交，藏污纳垢，包容一切。江海汹涌澎湃，碧波万顷，气势壮观，与日月同辉，令人心旷神怡！老子就是从江海的灵感中感悟到胸怀的博大。圣人只有处下，再处下，才能赢得民众的崇敬与爱戴。

从自然规律的联想与感悟，嫁接到人类社会中如何去治理，是对理想社会的寄托。人如何成为圣人，老子给出两个方面的条件：一是处上而民不重。作为一个领导者，处在领导的岗位上，时刻要以民众的利益为中心展开工作，以身作则，行不言之教，不要增加民众的负重；民众看在眼里，记在心里，领导者的一切行为，民众自然会效仿与学习。二是处前而民不害。任何一项方针政策的制定，都是从实践中来，从民众的利益出发，绝不能做出有损于民众利益的规章制度，创新与发展不以牺牲民众的利益为代价。做到以上两点，就是一个民众心中圣人般的好领导。

圣人的品格是处下不争，处处为民众着想，怎么会与民众争利益呢？久而久之，民众向圣人学习，也不与人相争，那么天下还有谁会相互争夺呢？都不争了，天下就太平了。老子的理想是多么的伟大，两千五百多年前，人类社会的理想，他早就已经设计好了。

[热点话题]

《〈道德经〉新译注》的重要成果

《道德经》是万经之王，治国之本，修身之要，它全面阐述了人与自身、人与人、人与社会、人与自然的相互关系，是一部百科全书，无论你有什么迷惑或问题，都能在《道德经》中找到答案。《〈道德经〉新译注》用通俗的语言全角度详细解读《道德经》的深刻内涵，让更多的读者走进《道德经》，领略《道德经》的伟大智慧，主要体现在以下三个方面的重要成果。

一、界定可道与非恒道的概念

道，可道也，非恒道也。名，可名也，非恒名也。什么是可道？什么是非恒道？可道是事物过往中已经发生的规律性总结或是事物在经验实践中的普遍性规律。非恒道，则是事物现在及未来发展过程中正在变化的客观规律，是在可道的基础上变化中的非恒道。可道是认识非恒道的基础，非恒道是发展变化中的可道。可道不能代替非恒道，将可道照搬应用到非恒道中去，这是人们认识中常犯的错误。

可道与非恒道，用时间来划分，是一种创新，是对《道德经》研究的突破。这种突破，可使人们在思想上以及行动上不再犯教条主义与经验主义错误，避免在工作中走弯路或造成不必要的失误。可道不可盲目复制，一个人成功的经验，不一定在其他人身上也能成功。如果拿别人的成功经验来进行复制，就犯了教条主义或经验主义错误。用可道代替非恒道，在现实生活中相信很多人犯过这样的错误。

二、万事万物都有其本身生长发展之道

万事万物是按照各自的本身之道生长发展。每一个人都有其生长发展之道，掌握自己本身之道就可以明确自己努力的方向，不再迷茫徘徊。认识每一个人的本身发展之道，从他的兴趣与爱好开始，从他的信念与理想着手。一个成天赌博的人，不可能有所成就；一个游手好闲的人，肯定一事无成；一个没有品德的人，肯定是做损人利己的事；一个自私自利的人，不可能会去帮助别人。按照本身之道去认识事物，分析事物，未来的结果就一清二楚。什么样的人庸碌一生，什么样的人成就一生，其实都十分明白。

《道德经》无论从治国理政，还是做人做事，都贯彻了以民为本、虚怀若谷的人生之道。用本身之道去观察事物分析事物预测事物未来的发展方向，可避免走弯路回头路，避免不必要的困难与挫折，有利于事物顺利地生长发展，取得功德圆满。

三、《道德经》是一幅人类社会的理想蓝图

在现实生活中，有多少人会重视德的培养，又有多少人会受德的教育？没有品德，怎么会有道呢？没有道做任何事都不会成功。要懂得事物的生长发展之道，必须有德的品格。纵观那些成大器者，都是大德之人。先道而后名，名只不过是道的符号。名，无论怎么华丽，只是一件外衣，并不重要，重要的是名之后的德。可惜呀，世人就知道外衣重要，而对德却不重视。如果你有德，与道同存，就会功成名就。

万物有道，人要有德。德是道的表现形式，反过来，德又影响道的运行方向，两者相辅相成同于一体。德是上德，一视同仁，是以"不德"为"有德"。每一个人的修身从点滴开始，讲信用，重仁义，立品德，积善成德，厚德载道。道在无私中，德在无欲中，无私见道，无欲见德。因自私而失道，因欲望而失德。天下事因道而生，天下人因德而存。《道德经》所描述的社会状态与共产主义理想社会有惊人的相似，是一幅人类社会的理想蓝图。

人的一生，为什么总是与困难相伴，与挫折为邻，原来是不在道上。不在道上是缺乏品德；缺乏品德是自私与欲望太重。正如《道德经》中所说：夫何故？以其求生之厚。祸莫大于不知足，咎莫大于欲得。人总是因为自私而自寻烦恼，因为欲望而铤而走险。如果人们都有崇高的品德，道就在其中，无为而为，则无不为也。

第六十七章　我有三宝

天下皆谓我道大，似不肖。夫唯大，故似不肖。若肖久矣其细也夫！我有三宝，持而保之：一曰慈，二曰俭，三曰不敢为天下先。慈故能勇，俭故能广，不敢为天下先故能成器长。今舍慈且勇，舍俭且广，舍后且先，死矣！夫慈，以战则胜，以守则固。天将救之，以慈卫之。

〔字句解析〕

天下皆谓我道大，似不肖。天下，指世人或人们。皆谓，都是这样说的。我，指老子自己或圣人。道大，无所不能或功成名就。似，看似。肖，像什么东西。解读：世人或人们都说我有能力有本事，做什么事都可以心想事成功成名就；实指我所传播的道德之学是道法自然之道，到底像什么呢？什么都像又什么都不像。

夫唯大，故似不肖。夫，指道。唯大，相当大。故，所以。似不肖，像又什么都不像。解读：道生万物，自然而然，无所不能，大而无边，所以，什么都像又什么都不像。

若肖久矣其细也夫！若肖，如何要说像的话。久矣，我也思考了很久。其细也夫，具体来说也是可以归纳的。解读：如果要说像的话，我思考了很久，具体来说也是可以总结归纳的。

我有三宝，持而保之。持，持续或坚持。保，坚守或保护。解读：我的人生总结有三件心得之宝，一直伴随我的人生，坚持不懈，也保佑我获得圆满快乐的生活。

一曰慈，二曰俭，三曰不敢为天下先。慈，慈祥和善，仁厚博爱，指世界观。俭，勤俭节约，朴素寡欲，指人生观。不敢为天下先，不能与天下人争名夺利，指价值观。解读：我的三宝一是对人要有慈祥和善仁厚博爱的世界观，二是对自己要有勤俭节约朴素寡欲的人生观，三是要有不与天下人争名夺利的价值观。人们若能做到以上三点，则无事不成，无所不能，功成名就。

慈故能勇。慈，仁厚，善良，博爱。慈怀天下，才能广结朋友，聚天下英才。勇，干什么事都能雷厉风行，所向披靡，马到成功。解读：一个胸怀宽广、慈怀天下的人，是人们尊敬与爱戴的人，面对艰难险阻，面对危机四伏，能够团结一切可以团结的力量，战胜一切困难险阻，雷厉风行，勇往直前。

俭故能广。俭，节约，朴素，寡欲，不奢侈，不浪费。广，很多与富有，积聚财富，积少成多。解读：财富要靠一点点积累，做到不铺张浪费，积聚财富积少成广，需要用的时候，尤其是面临困难与灾害的时候，就可以把积累的财富拿出来使用，才能防患未然，及时惠及广大民众。

不敢为天下先故能成器长。不敢，不争。天下先，名利上喜欢与人争先或锋芒毕露。器长，大成就之人或有价值之人。解读：做任何事要脚踏实地，一步一个脚印，不要事没有做成，就先吹出去好虚名，锋芒毕露，或光打雷不下雨，结果反而被人瞧不起；凡是成大器者，不争名夺利，不与民争先，胸怀天下，必是默默无闻，慎终如始，持之以恒，厚积薄发，才能功成名就。

今舍慈且勇，舍俭且广，舍后且先，死矣！勇，愚勇。广，挥霍。先，争名夺利。死矣，指没有前途或死路一条。解读：如果今天不心存仁厚，为一己私利而愚勇，冒险去碰道德底线、去以身试法；如果现在你铺张浪费，恣意挥霍，或借贷或行骗，或炫富或装富，必将人财两空；如果现在你不懂谦虚谨慎，而是骄傲自满；不礼让三先，而是咄咄逼人；不遵章守纪，而是触犯道德与法律，你只为争名夺利，那么就会把自己推上悬崖与绝境或死路一条。

夫慈，以战则胜，以守则固。解读：只有慈怀天下的人，做任何事都会应付自如，心想事成。如果去打一场战争，无论是攻，还是守，都是战而胜之，守而固之。

天将救之，以慈卫之。解读：慈怀天下之人，因顺应自然，道法自然，做任何事得心应手，似乎是老天爷都在帮助他；一个慈怀天下的人无论在何时何地，哪怕风雨交加，都会化险为夷，战而胜之，守而固之，其前途无限光明。

〔要点综述〕

此章为老子的人生总结，给世人的一段自白。老子是一位圣人，也是功成名就之人。在他那个年代能够成为柱下史、守藏史，而且他传播道德之学，深受周天子称赞与广大百姓的喜欢，道德之学后来开创了文景之治的和谐社会。广大百姓对老子厚爱有加，情有独钟，总是觉得老子与他人有不同之处，但又看不出来哪儿有不同。针对这种情况老子自己以切实的感受或体会写下了第六十七章，来告诉或警示人们自己的人生始终坚持三个原则。我有三宝，慈、俭、不敢为天下先，是做人做事之本。慈是博爱善良德厚，故能赢得人们的尊重与支持，无事不克，无所不能，慈故能勇。俭是朴实纯洁真诚，财富故能积少成多，急时所用，防患未然，俭故能广。不敢为天下先，是与人不争，不争名不争利不争强。不争先，是为了更好地储存力量建设自己强大自己，使自己始终处于领先地位，方能立于不败之地；战胜敌人的最好方法，就是不战而胜。不敢为天下先是一种以民为本的胸怀，并不是创新创业方面的落后保守不思进取。老子"三宝"是为人处世之道，属于道德品质的范畴。有了这三宝，遇到任何困难与问题就能战无不胜，仿佛是老天爷赐予的力量，实则是圣人顺应天道遵循道法自然，方能达到无为而无不为的神奇所在。

在现实生活中，人们世俗的观念与老子"三宝"的观点恰恰相反，以铺张浪费炫富为荣，生怕别人不知道自己多么有钱，戴金银手镯，开豪车，住洋楼，更有一些有钱人，换妻养妾，败坏社会风气。有些人也不习惯低调生活，生性暴躁，欺行霸市，甚至以恃强凌弱为勇，更有些企业主制定苛刻的规章制度，剥夺员工的合法权益。有些人什么事都敢做，违纪犯法也敢，只要有利可图，铤而走险在所不辞。这三种人不知道带来的后果是什么。不读书也不知史，或许只有后悔莫及了。老子曰：今舍慈且勇，舍俭且广，舍后且先，死矣！

人的一生如何平安而有意义地度过，老子说得很清楚，只有与道德相伴随，才有真正的人生。谁能帮你享受到人生的快乐，只有你自己的仁慈之心。正如老子所说：天将救之，以慈卫之。

[答疑解惑]

《道德经》译注也有三宝

喜欢《道德经》的人越来越多，可以自己译注，也可以自掏腰包出版。于是，《道德经》的译注成千上万种，可谓泛滥成灾，至于译注的水平如何或符不符合老子的原意，则无人关注。我也是译注者之一，别人怎么译注《道德经》，我没有权力过问，但我译注《道德经》也有三宝。

一是哲学的高度。《道德经》是一部哲学著作，全篇以二元哲学思维贯彻始终。开篇的第一章中，可道与非恒道，可名与非恒名，无与有，无欲与有欲，都是存在于同一事物中的矛盾体，同出而异名。这四对矛盾体相互之间有什么联系或在什么样的条件下相互转化，一定要弄得清楚明白。可道与非恒道是一对矛盾体，而且都是名词，概念如何解释，区别与联系分不清，道的概念就模糊不清了。无与有，老子是如何命名的呢？无，是万物之始；有，是万物之母。长短相形、高下相盈、难易相成、音声相和等都是运用二元哲学思维，去认识万事万物生长发展的客观规律。《道德经》第七十九章中"有德司契，无德司彻"运用二元哲学去分析就可以知道"彻"的含义。有德与无德是一对矛盾体，用于评判一个人的道德品格。这个人的道德品格主要体现在"契"与"彻"的区别上，司"契"视为有道德，司"彻"视为没有道德。"契"是指没有获得任何利益的合约，那么与此对立"彻"就是指用来获得利益的条约。这种例子很多，就不一一举例。运用二元哲学思维去探究《道德经》，能解开史料缺失或前人没有解开的谜团。

　　二是文学的深度。《道德经》其实是一篇文章或散文诗，以道德为中心进行论述观点、抒情言志，洞察世事，寄托理想。从宇宙的起源到天地的生成，从自然生长规律到人类社会的和谐发展，穿越古今，遥望未来。道篇中有德的内涵，德篇中也有道的阐述，道与德浑然一体。八十一章，九九归一，道德也。《道德经》文学手法极强。一是排比。如第五十一章，道生之，德畜之，物形之，势成之，是以万物莫不尊道而贵德。运用排比的手法，来阐述事物生长发展的客观规律。二是类比。如第四十一章，明道若昧，进道若退，夷道若纇，上德若谷，大白若辱，广德若不足，建德若偷，质真若渝。通过类比阐述德的不同表现形式与特点。三是推理。第二十五章，故道大，天大，地大，人亦大。域中有四大，而人居其一焉。人法地，地法天，天法道，道法自然。从道、天、地、人四大中给予的启示，最终推理归纳出道法自然的真理。还有明喻、暗指、借喻等写作手法，比如第二十六章运用朦胧的意象表达心中所忧。重为轻根，静为躁君。其实真正的意图是表达民重君轻在治理社会中重要的指导思想。

　　三是民本的广度。《道德经》最主要的意图之一是表达以民为本在人类社会中治国理政的重要思想，阐述只有以民为本才能实现社会的和谐。《道德经》第五十八章中"其政闷闷，其民淳淳；其政察察，其民缺缺"的内涵是指制定方针政策要以民众为中心，体现民众的意志，民众才会淳朴善良。《道德经》第七十五章中"民之饥，以其上食税之多，是以饥。民之难治，以其上之有为，是以难治"，更是直接鲜明地表达老子的为民情怀，质问民众生活的苦难从何而来。第七十七章中"天之道，损有余而补不足；人之道，则不然，损不足以奉有余"，面对当时的社会现实，侯王们过着花红酒绿妻妾成群的生活，而广大民众却食不果腹饥寒交迫，还要交纳税赋。这样的诗句，是一声声呼唤，不仅是发自心中的仰天长叹，还是老子对广大民众深深的情感与眷恋。

　　带着三宝，经过长达八年的历程，在致虚极守静笃的思辨与反反复复的修改中，我的《〈道德经〉新注释》完成定稿，至于出版的事，我也没有去多想，一切都自然而然为好。译注中或许有很多缺点，或许我的水平不高，我的三宝就这样与《道德经》结下不解之缘，并将继续未来的岁月。

第六十八章　天古之极

　　善士者不武，善战者不怒，善胜敌者不与，善用人者为之下。是谓不争之德，是谓用人之力，是谓配天古之极。

［字句解析］

　　善士者不武。善，运用或适应环境因素的能力及行为。士，勇士或士卒。者，人。武，武力。解读：善于运用或适应环境因素的勇士或士卒，发生矛盾时保持克制，不会通过武力冲突而是通过和平的方式解决双方的矛盾。

　　善战者不怒。善，运用或适应环境因素的能力及行为。战，打仗或战斗。怒，愤怒。解读：善于运用或适应环境因素的战士，冷静决策，不会冲动愤怒地对待即将发生的战斗。

　　善胜敌者不与。善，运用或适应环境因素的能力及行为。胜敌，战胜敌人。与，给予。解读：善于运用或适应环境因素的指挥员，及时做出正确的战略部署，方能战胜敌人，不会给予敌人喘息的机会。

善用人者为之下。善，运用或适应环境因素的能力及行为。用人，选用或支配他人。为之下，处下或谦和。解读：善于运用或选用他人长处使人尽其才，一定要有处下的态度或谦和的品格，才能得到他人的信任与臣服。

是谓不争之德，是谓用人之力，是谓配天古之极。是谓，所以说。不争，不与他人相争。德，品德。用人，选用人才。力，力度达到极点。配，符合或达到。天古，远古。极，极点。解读：所以说在社会生活中人与人之间不争就不会有矛盾冲突，这就是最高的品德，谓之不争之德，所以说处下的态度与谦和的品格，才能使人们信任而获得更优秀的人才，谓之用人之力；所以说人们若是做到不争与为之下，就是符合或达到远古时期治理社会的最高境界，谓之配天古之极。

〔要点综述〕

春秋战国时期，由于战争不断，社会纷乱、民不聊生的现象普遍存在，人与人之间，邻里之间，宗族之间，邦与邦之间，矛盾的发生与利益的争夺，武力解决问题通常是有效的手段。胜者为王，败者为寇，其实都是暂时的。败者通过卧薪尝胆养精蓄锐再与胜者决一高下，原来的胜者变成了败者，原来的败者成为胜者。如此循环往复，人类社会的矛盾与争夺永远也无法停下脚步。老子通晓古今，对社会现状了如指掌，他看到人类社会的争夺永无止境，提出自己解决人类社会矛盾与争夺的途径。作为一个勇士或士卒，战胜对方的手段，不是通过武力，而是展示自己的能力让对方感到恐惧，或通过与对方分享利益来化解矛盾，达到和平共处，故曰：善士者不武。战争或战斗总是不以人的意志为转移，正义的战争在所难免或不得已而为之，就应该做到不怒，沉着应战，冷静思考，周密部署，方可战而胜之，故曰：善战者不怒。若要战胜敌人，就是不能给予敌人取胜或喘息的机会，必须准确地运用天时地利人和的有利条件，做出正确的战略部署，有效地打击敌人，故曰：善胜敌者不与。这里的"与"其内涵有点难以把握，与敌作战能够战胜对手的办法，就是不能给予对手以取胜或喘息的机会。故"与"作"给予"解。

无论是战争，还是社会治理，用人是一个关键因素，怎么选择人才，自己要有处下与谦和的品格，才能获得他人的信任与支持，故曰：善用人者为之下。

在当时的现实生活中，争权夺利是十分普遍的现象，这与老子倡导的"不争之德"背道而驰。人生短暂，争来夺去都是为了物质利益与感官刺激，几十年过去才知是一场梦境。生活不得安宁，良心受到谴责，生怕别人报复，寝食难安噩梦多，即使荣华富贵也会随岁月流逝而飘散，可惜有谁知道这个道理？不争之德，不仅利己，而且利他，促进社会和谐，简单的道理人们都懂就是难以做到。用人，不是管住这个人，而是要管住人心，人心所向，万众一心，才是社会强大力量的源泉。其实，在天古之时，社会和谐，人人纯朴善良，无私无欲，享受健康快乐，是人类社会最美好的时期，也是人类社会和平的极致阶段。所以说，不争之德，用人之力，是指远古社会达到最极致的时期。

[热点话题]

道德是选拔与评判人才的重要标准

人才是社会发展的重要力量，承担起各个领域与行业的发展重任，是社会文明进步的决定因素之一。一项重大科研成果的诞生，推动了社会变革；一项社会制度的改革，可以改变社会的运行轨迹，给人民带来幸福。任何社会的进步与变革，都离不开人才，尤其是人才具有创新精神，对未来社会发展做出的智慧判断与准确预测，适时调整方针政策，引导时代发展的潮流。人才如此重要，那么用什么方法来作为选拔或判断人才的标准呢？唯有道德。有些科研成果，给人类社会带来负面影响，甚至灾难性后果，就是不道德的行为。作为研发型人才，应该用道德的标准来衡量其成果是否有利于社会，如果对社会有害，其成果就不能问世。人的道德素质决定其工作成就的大小或研究成果对社会是否有利。道德不仅是选拔人才的标准，也是判断人才及一切问题是非的重要标准。

一、高学历不一定是人才。人如果没有道德就是危害社会的害群之马，学历越高，危害越大。单方面强调学历选拔人才，而忽视道德的因素就无法判断其人生观，无法确定其为谁服务的问题，高学历犯罪现象屡见于网络信息中。不是有文化有能力的人就是人才，而是有文化有能力又有道德为社会为人民服务的人，才是真正的人才。

二、低学历不一定就不是人才。有的人因各种原因没有机会走进学堂或高等学府，但通过自身的学习与社会实践相结合，同样可以取得重大成就。战争年代，涌现一大批将军，虽然基础文化不高，但能在实践中不断学习总结经验，成为战争的赢家。低学历者通过自学成为高端人才，历史上数不胜数。"这是勇敢的海燕，在闪电之间，在怒吼的大海上高傲地飞翔。这是胜利的预言家在叫喊。"高尔基就是这样伟大的文学家。朱元璋，一个没有读过书连饭都吃不上的乞丐，却敢想敢干，以虚心好学的态度，一步步当上皇帝。低学历者，往往是一生都在自学与进步，而有些高学历者，却因为有了高学历而放弃了自学进步的机会。

三、管理人才一定更要注重道德培养。不同的岗位有不同的人才，有科技尖端人才，也有服务社会的普通人才，尤其是社会管理的基层人才，是社会运作的纽带与支柱，其作用举足轻重。社会管理的基层人才，既是领导者，又是方针政策的执行者，与广大民众紧密相连，一举一动，一言一行，民众看在眼里，装在心里。基层管理人才的所作所为，用心是真是假，行为是否道德，广大民众的生活水平是否改善与提高，都是判断人才的尺度。在社会生活中，尤其是领导岗位上有些管理人才，虽然有一定的能力，但工作态度有问题。有的人说得好，但是做不到；有的人表现得好，但是没有出成绩；有的人不用心去做，当一天和尚撞一天钟，混日子，不求上进但求无过。领导岗位上的管理人才，是不是一个合格的人才，去广大民众中做一个民意测试就有答案了。

　　无论是什么样的人才，在不同领域不同岗位上都是社会发展的重要力量，但一定要明辨是非，不能把没有道德所谓的"人才"当作人才使用；这样的人文化越高本事越大，对社会的危害就越大。对于人才，一定要用道德的标准去评判，分析出"庐山真面目"，把真正的面目放在广大民众中去检验，倾听民众的心声，将真正的人才选拔到领导岗位上去，才能防止腐败分子的产生，推动社会的健康发展。科技人才，同样要用道德的标准去检验成果是否符合民众的利益，损害民众所谓的"成果"，这样的"人才"就不是真正的人才。只有为社会为民众服务，才是真正的人才。所以说，道德是选拔与评判人才的重要标准。那么人才到底有什么特征呢？老子曰：豫兮若冬涉川，犹兮若畏四邻，俨兮其若客，涣兮其若凌释，敦兮其若朴，旷兮其若谷，混兮其若浊。

第六十九章　用兵有言

　　用兵有言：吾不敢为主而为客，不敢进寸而退尺。是谓行无行，攘无臂，执无兵，乃无敌。祸莫大于轻敌，轻敌几丧吾宝。故抗兵相若，哀者胜已。

〔字句解析〕

　　用兵有言：吾不敢为主而为客，不敢进寸而退尺。用，使用。兵，军队。有言，曾经说过。吾，我或我方。不敢为主，不敢主动地侵犯对方。而为客，以逸待劳防范为上策。不敢进寸，不敢侵犯对方一寸土地。而退尺，退尺是向对方展现主张和平的态度。解读：对待军事斗争曾经有人说过，我不敢主动地侵犯对方，以逸待劳而攻之，防止来犯之敌为上策；我不敢侵犯对方一寸土地，宁愿退守一尺，向对方展现主张和平的态度。

　　是谓行无行，攘无臂，执无兵，乃无敌。是谓，所以说。行无行，行是指列阵之行，打仗列阵要像平常没有打仗时一样列阵完整，攻不可破。攘无臂，挥动胳膊杀敌要像平常没有打仗一样胳膊挥洒自如。执无兵，带兵打仗要像平常没有打仗一样用兵指挥有方。乃无敌，面对敌人要像平常没有敌人一样沉着冷静，则战无不胜。解读：所以说打仗排兵布阵要像平常没有打仗时一样列阵完整，攻不可破；挥动胳膊英勇杀敌要像平常没有打仗一样胳膊挥洒自如；带兵打仗要像平常没有打仗一样用兵指挥有方；面对敌人要像平常没有敌人一样沉着应战，则战无不胜。

祸莫大于轻敌，轻敌几丧吾宝。祸，灾难。莫大于，两者相比，难道不大于或来源于。轻敌，轻视敌人或骄傲自满。几丧，几乎丧失。吾宝，我的宝贵经验，实际上是指前面用兵有言的内容。解读：灾难的发生难道不是来源于对敌人的轻视或自身的骄傲自满吗？如果轻视敌人而盲目地采取主动进攻，那么就会丧失"不敢为主而为客，不敢进寸而退尺"战略决策而面对失败与灾难。

故抗兵相若，哀者胜已。故，所以。抗，对抗。兵，军队。相若，相遇。哀者，沉着冷静的一方。胜，胜利。解读：所以说两军对抗，如果相遇，必是沉着冷静的一方注定获得胜利。

〔要点综述〕

这一章是典型的军事斗争哲学，用以指导正义的战争。当时战火纷飞，反侵略的正义之战未必能取得胜利，老子总结出原因是"祸莫大于轻敌，轻敌几丧吾宝"。骄兵必败，哀者必胜，成语出于此章吧。

侵略之战必败，老子主张防御为主的战略方针，是正义之战。侵略之战是损害他方利益的非正义之战，是对他方主权的公然践踏，一定会受到他方广大民众的奋勇反抗，终将以失败告终。正义之战是防御之战，在本土作战受到广大民众支持与拥护的战争，最终将赢得胜利。故老子曰：吾不敢为主而为客，不敢进寸而退尺。第二次世界大战中莫斯科保卫战，就是一个最好的案例。

历史证明，失败有很多因素，如果轻视对方，等于断送自己的胜利果实，灾祸就此发生。不仅战争是这样，其他领域也是这样。与敌对抗，与对手相争，轻视对方而骄傲自满终将埋葬自己的前程。相信自己但不可轻视对方，不能在不了解对方的情况下而盲目自信。对方有多少实力都不知道，而误认为能够战胜对方会导致失败。这不仅是轻敌，而且是无知。鸡蛋与石头哪个硬？应该先了解清楚吧。知己知彼，百战不殆。战争是无情的，一旦开战，就是以生命为代价，骄兵必败，一定要牢记这个教训。解放战争时期，蒋介石的军队无论在数量上，还是在装备上都胜过解放军，误认为战胜是有把握的，却以惨败而告终。

在现实生活中，总有人相信自己的实力而不去了解对方的能力，所以自己怎么失败的都不知道，而责怪运气不好与命运不公而自失前程。做任何一件事，首先是考虑自己的能力有几分胜算，不能夜郎自大，不能做一个井底之蛙。不检查自己是人们常犯的错误，直到失败而悔然不知。与人交往也是如此，经常有人说自己上当受骗，不了解对方的性格与品德，就与人交心，甚至相信人家以财物相托，结果给自己造成不必要的损失。这样的情况同样适用老子的教诲"祸莫大于轻敌"。对方不一定是敌人，但有可能是对手，一定要防患于未然。

[热点话题]

给心情放个假

上了两天班，又坐在电脑前打一些文字，继续完成第二次译注《道德经》，名为至真普及版。本来就叫普及版，可偏偏加上至真二字，只为吸引视线，至于是不是至真，我说没有用，还是读者说了算，但普及版一定是真的，没有哪个地方看不懂，也没有哪个章句没解释清楚。还是觉得不尽意，直至上升到校正版。因为《道德经》正本清源的事，花费大量的时间与精力，没有看到一点希望，严重影响我的心情。有时候失眠，有时候沉重，就想给心情放个假。其实，我早就判定自己所做的一切都是徒劳无功，但还是安慰自己努力一点，希望就近一点。从哲学的角度看待问题，无用即大用。无，正是道的衍生与孕育，一旦冲破黑夜就会迎接黎明的阳光。

我在时而希望时而失望中前行，当看到希望时热情高涨，当希望破灭时空欢喜一场，这样的日子持续了许多年，或许已经习惯了这种生活。源头还得从好友送我一本《道德经》开始，那个时候我写了一部三十六集电视剧《我们是同学》，国家广电总局发了拍摄许可证，经过努力没有成功，在家没事也没有写作计划，便一头栽进《道德经》中。读着看着，发现《道德经》越来越不对头，译注问题越来越多，尤其是网上的译注简直是胡言乱语，忧上心头，直至现在还陷入《道德经》中不可自拔。《道德经》已有两千五百多年历史了，打开这本书的第一章：道可道非恒（常）道。这六个字中就有六种以上的断句，版本解释更是五花八门，不知道谁对谁错。学者们普遍认为因避讳汉文帝刘恒而把非恒道改为非常道，那么刘恒早就不在人间两千多年了，为什么不改回来呢？有的学者认为"常"与"恒"都是恒久的意思，内涵差不多，两者都可用，可两者的意思能一个样吗？

想到《道德经》的现状，愁绪万千；想起非常道，就失望连连，为此，我的论文《关于非恒道的论证》，用五千多字从哲学的角度论证非恒道才符合老子真正的思想。我这篇文章也发给许多老师看过，但他们可能没有学过哲学，对我的论证就无法肯定，就算我是一家之言了。我也非常佩服有的学者不懂哲学，能够译注《道德经》，是需要多大的勇气与信念。

给心情放个假，我时常把自己从《道德经》失望的情绪中拉回现实，转移视线是最好的选择，所以我看了电视剧《朱元璋》与《武则天》，从他们的命运中感觉到，做一件事不容易，做成一件大事难上加难。我又想到《道德经》正本清源，几乎是一件不可能成功的事，尤其对我来说，更是难如上青天。但我总期望有一天，可以召开《道德经》正本清源高峰论坛，学者们云集一起讨论与辩证，成功就有可能。在等待与寻找中，就让我在这个美梦中继续未来的历程。老子曰：民之从事，常以几成而败之。慎终如始，则无败事。坚持与努力是迎接未来的唯一选择。

第七十章　知我者希

　　吾言甚易知，甚易行。天下人①莫能知，莫能行。言有宗，事有君。夫唯无知，是以不我知。知我者希，则我者贵，是以圣人被褐而怀玉。

[字句解析]

　　吾言甚易知，甚易行。吾，我或老子本人。吾言，我讲的话，是指前面写的章句，从第一章到六十九章所阐述的内容。甚，十分或相当。易，容易。知，知道或了解。行，行为或贯彻执行。解读：前六十九章我讲的话，很容易了解或清楚明白，也很容易去做或实行。如《道德经》中所说：圣人恒无心，以百姓之心；上善若水，水善利万物而不争；大道废，有仁义；智慧出，有大伪；为学日益，为道日损；天网恢恢，疏而不失等等，这些话的道理通俗易懂，人们知道明白，其实也很容易去做或实行。

----

① "天下"改为"天下人"，天下人莫能知，莫能行，更妥当。

天下人莫能知，莫能行。天下人，指世界上的人或现实生活中每一个人。莫，为什么不能或违背。解读：天下人为什么会不知道，为什么不去付出行动，主要原因是自私与欲望的羁绊才知而不行。在现实生活中，很多不能做的事或违法的事，当事人知道不能做，却为什么会去做，就是利益与欲望的牵引。如知法犯法之人，丧失道德之人。人如果少一点私心，少一点欲望，这世界会有多么美好。该做的没有去做，不该做的反而去做，其实人们心里十分清楚，都是私心惹的祸。

言有宗，事有君。言，所要讲的话。有，包含。宗，宗旨或要点。事，做事或行为。君，行为服务的对象（老子的意图可能是指君上，因为从理想的角度认为君上是为民众服务的）。解读：人们的言语要有表达的中心思想或阐明的宗旨，其行为或从事的事业一定要明白是为谁服务的，代表着谁的利益。

夫唯无知，是以不我知。夫，你或我，人称代词。唯，只有。无知，没有成见或己见。是以，首先或应该或所以。不，否定。我知，有成见或己见。解读：探寻事物的发展规律，只有当你在空无没有成见时，才能吸取更多的知识营养，要吸取更多的知识营养就应该首先在没有成见的状态下才能获得更多的知识发现事物的客观规律，修身悟道与学习文化也是如此。无知，不是没有文化，而是指在空无的状态下，更好地获得。我知，不是有文化。我知是一种实有的自我状态，这种状态下很难接受别人的知识。以茶杯为例，在空无的状态下，可以倒进茶水；在有茶水的情况下，是不能再倒进茶水的。在现实生活中，有钱的人常自称自己没有钱，是一种谦虚，谦虚的理由是为了更好地赚更多的钱。相反，有一点钱的人总认为自己有钱，实际上与有钱的人相比是没有钱。这句话的内涵是人们在没有己见或成见的情况下，更好地遵循与发现万物的规律，推动社会健康发展；要寻找与掌握万物的发展规律，所以就必须要摒弃自我之见。

知我者希，则我者贵。知，知道或了解。我，指大道或指老子本人。希，少。则，效法或践行。贵，珍贵。解读：知道或了解我的人比较少，按照我说的话去做的人就非常珍贵了；或解读：知道或懂得大道的人很少，按照大道去做的人当然就很珍贵了。

是以圣人被褐而怀玉。圣人，懂得大道之人或德高望重之人。被，穿着或看似。褐，普通或陈旧的衣裳。怀，胸怀或内涵。玉，珍贵的宝贝或大道之学。解读：圣人看起来像普通人一样，是因为圣人少私寡欲，艰苦朴素，但他胸怀天下，有为百姓分忧解愁为人民谋幸福的远大理想与抱负，传播道尊德贵的大道之学。圣人看似普通却怀藏着像宝玉一样珍贵的为民情怀。有诗曰：贫则身常披缕褐，道则心藏无价珍。老子曰：君子得其时则驾，不得其时则蓬累而行。

［要点综述］

《〈道德经〉新译注》出版以来，发现一个问题，很多人对《道德经》非常陌生，是一个十分普遍的现象，知道有这一本书，但里面有什么内容不太清楚，更谈不上里面有什么智慧了。这如何是好？只有从基础开始，讲课或许是一个好的方法。我本来是一个作家，现在却要讲课，又要努力学习了。从第一章开始，难度较大，人们不一定听得懂，就从第七十章开始吧，有三个理由：

一是揭开一个秘密。什么秘密？老子是一个伟大的诗人，当今来说就是伟大的文学家。《道德经》是优美的散文诗篇。从写文章的角度来分析，出现第七十章这样的语言，应该是整篇文章的结尾。老子写完前六十九章后，出现总结性的章句，应该是全篇的结束。那么后面再有十一章，可能是老子言而未尽，对前面六十九章再进行内容上的补充。九九八一，也是九九归一，完全符合得一以天下正的治国修身之理念或天人合一。

二是回答一个问题。什么问题？在《道德经》的研究上，尤其是有一些学者把《道德经》推上玄学的神秘高度，更有一些名家在解释《道德经》上充满了神乎其神的色彩，给人难以理解的错觉。第七十章，老子说得很清楚：吾言甚易知，甚易行，是对玄学的有力否定。实际上，《道德经》是一门通俗易懂的学说，为什么现在人读不懂，原因与一些学者把《道德经》推上玄学有关，当然也与现在的人不爱读书基本文化素质不高有关，与现实生活对文化的重视不够密切相关。

三是解释一个争议。什么争议？有的人说《道德经》，原本是《德道经》，因为马王堆出土的帛书版德经在前面，理由是以德进道，德经就应该在前面。从第七十章出现这样的章句，文章结束性的章句来分析，道经就应该在前面；如果是德经在前面，那么第七十章应该是《德道经》的第三十五章；在第三十五章中出现结束性的章句，不是写文章之人常用的手法，当然可以肯定也不是老子的文法。

从整个《道德经》文法中判断，老子写到第七十章应该是全篇的结束，是我研究《道德经》第七十章时揭开了一个秘密，回答了一个问题，解释了一个争议，可能与我作为作家的写作手法有关。目前，总有一些学者认为《道德经》难懂，是玄学。有的人定性为养生、武术、军事、治国等，这都是《道德经》所包含的内容。老子不会写一部玄学著作让人们读不懂，而是有的学者读不懂。《道德经》本来就是一篇文章，散文诗体，以道德为中心展开的，章句顺序问题即使是问题也不是大问题，没必要去分一个是非。

[答疑解惑]

《道德经》为什么要正本清源

大力弘扬传统文化，《道德经》热闹显然胜过以往，各路教授、专家、名家纷纷登台讲道，表达观点与成果，记者、工人、农民、商人、公务员等各行各业的人加入研究《道德经》的队伍，展示自己的才华与自信。至于台上讲道是非对错，反正没有人追究；论坛上谁在滥竽充数，也没有人问责。老子曰：前识者，道之华，而愚之始也。

一、什么是《道德经》

两千五百多年前，老子出关时，留下一部《道德经》，是人类社会最宝贵的精神财富。《道德经》的主要内容是对道与德的阐述，揭示道生德养万事万物生长发展普遍性之规律，是对人类社会的和谐发展、共创共享设计了宏伟的蓝图。《道德经》是东方文化乃至世界文化的最高智慧。

什么是道？道是事物（万事万物）生长发展的客观规律，其主体表现不同的事物有不同的特征、状态、信息等。道分可道与非恒道。什么是可道，什么是非恒道，二者有什么关系，是认识《道德经》的金钥匙。通俗地理解，已知是可道，未知是非恒道，认识未知必须从已知开始，已知是未知的基础，未知是发展变化中的已知，两者构成道的运行轨迹与方向。关于非恒道，而不是非常道，详见《关于非恒道的论证》。

什么是德？德是人们在社会生活中处理个人与社会关系的具体行为表现，看这种表现是否体现公正平等无私无欲的精神。修之于身，其德乃真。德就是从自己开始，从我做起。人要从讲信用开始，做人做事要守诚信，说话算数，借东西要还。人还要讲礼貌，尊老爱幼，和睦共处，共享共荣。人要重义气，见不公不平之事，敢于挺身而出，是非分明。人还要施仁爱，帮助有困难的朋友，在朋友危难之时施以援手，人间有真爱，处处是真情。以上都是德的具体表现与特征。积仁成德，厚德载道，道生万物，德为人之道。《道德经》第三十八章讲得十分清楚，信、礼、义、仁、德、道是社会文明逐渐进步的六个层次，到了德与道是社会文明的最高层次，相当于进入类似共产主义的理想社会。

道与德有什么关系？道〇德一，道〇是事物生命正在衍化尚未形成的状态，道无不是真无，而是大有，是生命的孕育。道生之，德畜之。德一是指生命已经形成正在生长发展的阶段。道体德用，一阴一阳谓之道。道与德同存，无时不在，无处不有，作用于万事万物之中。德是道的外在表现形式，通过德的表现来判断道的运行方向。道阴德阳，道无德有，道尊德贵，道与德相互依存，相互作用，自始至终地贯穿于事物生长发展的全过程之中，尤其是对人类社会而言。

二、为什么要正本清源

《道德经》第一章中前六个字，都说是打开《道德经》的金钥匙，你开的是哪一扇门，可别开错了。如果开错了，那么你就不要一错再错。尤其是《道德经》译注者与讲台上的老师，一定要慎之又慎。

《道德经》存在诸多问题，不同的版本有不同的章节，其译注存在较大的差别与观点上的分歧。具体内容如下：

1. "道可道非恒（常）道"断句之问题。

2. 是"无，名万物之始；有，名万物之母"，还是"无名，万物之始；有名，万物之母"？

3. 万物负阴而抱阳，中（冲）气以为和，是"中"还是"冲"？

4. 多闻（言）数穷，不若守于中，是"闻"还是"言"？

5. 道大、天大、地大、人（王）亦大，域中有四大，是"人"还是"王"？

6. 故常无，欲以观其眇；常有，欲以观其徼。故恒无欲也，以观其妙；恒有欲也，以观其所徼。两者谁对谁错？

以上六种是《道德经》当前版本中存在的主要分歧与问题，应该重点加以论证与校正。

《道德经》两千五百多年以来风风雨雨，一路走到现在，追随与研究者从未间断，学术交流年年开，论坛活动经常有，看似热闹，如享太牢，如春登台，解决了什么问题，有什么成果？为什么《道德经》解读如此混乱？"非常道"与"非恒道"两种版本同时存在，婆说婆有理，公说理又长，读者读谁的，听者听谁的；对与错，是与非，到底哪一个版本是正确的？专家、名家、教授、学者，这样的局面不值得深思与反省吗？"非常道"还是"非恒道"都没有弄清楚，在讲台或论坛上，滔滔不绝、口若悬河的自信从何而来？能问心无愧吗？老子曰：是以大丈夫处其厚，不居其薄；处其实，不居其华，故去彼取此。《道德经》存在的诸多问题，一定要进行广泛讨论，充分论证，凝聚共识。

三、一定要正本清源

在西安论坛交流期间，武汉大学的宫教授谈到《圣经》有两次以国家层面组织专家进行校注，统一文字与版本，解决译注混乱之局面。《道德经》所面临的正是译注之乱之多，从爱好者、学者到教授、专家，再到工人、农民、商人、官员等各阶层的人都有译注，译注成千上万种，有的人收集《道德经》译注就有几千种之多，这不是好事，反而有害。成千上万种译注，读者该如何选择，哪一个译注才是对的，读到错误的译注却不知其错就会反受其害。《道德经》无疑是国学的主体文化，后来的诸子百家其实是《道德经》文化的延伸与细化，兵家、法家、心学、理学等都能在《道德经》中找到相应的答案。弘扬《道德经》文化，没有统一的文字与版本，又如何弘扬？对与错，是与非，没有弄清楚，讲课哪来的自信？《道德经》进课本，进课堂，用哪个版本与文字，用谁的解读才是正确的？没有正确的解读，学生读到错误的解读，一传十，十传百，后果无法想象。所以说，弘扬《道德经》文化，首先一定要正本清源。

不忘本来，才能开辟未来。天得一以清，地得一以宁。重任在肩，使命在前，《道德经》正本清源，还原老子真正的思想与理想，是每一个学者或专家不可推卸的责任。《道德经》的解读如此乱象丛生，哪一个是对的？真理只有一个，所以说《道德经》一定要正本清源。有诗为证：

群星荟萃，高手云集，规模空前。

华山论剑，学派过招，史无前例。

求同存异，相容和谐，共享辉煌。

正本清源，万众瞩目，人心所向。

第七十一章　夫唯病病

　　知不知，尚矣；不知知，病已。圣人不病，以其病病。夫唯病病，是以不病。

〔字句解析〕

　　知不知，尚矣。知，是指对事物发展规律已经形成的成见或己见，不一定就是错的，但用成见或己见去判断未来事物的走向，就会犯教条主义错误；用动态的、发展的、变化的观点去认识事物，才有可能准确地或接近事物的真理。不知，不是不知道，而是对未来事物变化莫测性不能准确地把握，不能用片面的、静止的、不变的观点去对待未来的发展，更不能轻率地定论或结论。尚矣，有的版本是"上矣"。如果用"上"字，是不符合老子的原意的，理由从下一句"不知知，病已"，病字所对应的当然不是"上"字。尚矣，意思是值得提倡，是一种谦虚的状态。解读：对已经学习或掌握的知识，不能形成己见或成见，要用发展的观点看待事物的变化，不要轻易下结论，这种以不知的谦虚去认识事物的态度是值得提倡的。

不知知，病已。不知，显然是一个否定句。不知，是对事物发展规律一知半解或一无所知，反而认为掌握了事物发展规律的全部而妄下定论。知，知道或了解。病，错误。已，早已存在或经常发生。解读：以一知半解或以不知为知对待事物的发展规律，这种态度显然是错误的或荒谬的，会导致对事物发展规律产生错误的判断与决策，使事物的发展走向失败，这在社会生活中早已存在或经常发生。

圣人不病，以其病病。圣人，与道同体与德同存，顺应自然道法自然而为之，以百姓之心为心，以百姓利益为先，以百姓幸福为使命；在处理一切事务中，时时刻刻都在修正自己的行为与方向，始终坚持为人民服务的宗旨。不病，不会发生偏差与错误。以其病病，坚持有错必纠，有过必改，有什么问题或缺点或私心杂念，时刻提醒自己鞭策自己加以修正，达到人生完美，为实现社会和谐人民幸福而奋斗。解读：圣人在探寻事物规律的一切社会行为中不会发生任何错误，他始终坚持以人民为中心，处处时时都在检讨自己改正自己严格要求自己。

夫唯病病，是以不病。夫唯，只有。病病，有错就改，有过必纠。不病，不会发生错误。解读：只有不断地改正自己的缺点或存在的问题，才能不犯错误。

〔要点综述〕

本章重点是谈两种人，在现实生活中普遍存在，一是知不知，谦虚谨慎之人；二是不知知，骄傲自满之人。任何事物不是静态的，而是变化的，知或许有所不知，故曰：尚矣。不知反而认为知，只能自以为是，夜郎自大，故曰：病已。对任何事物的客观规律认知只有在社会实践中不断地更新与发展，才能掌握与了解事物发展规律的真理。不知知，病已。在现实生活中却更广泛地存在，这种现象应该引起人们的反思。有多少人吹牛不用草稿，说大话不会犯法，尤其酒话，一两杯酒下去，老子天下第一，天涯海角，没有他不懂的文化；豪言壮语，没有他办不成的事；山盟海誓，为兄弟赴汤蹈火死不足惜。反正他什么都懂，什么都能。其实这种人除了吹牛，什么本事也没有。他什么都不知，反而什么都知道，这种人就是早已有病或经常有病。对吹牛之人一定提高警惕，否则容易上当受骗。在现实生活中，上当受骗的人很多，却不知道自己已经上当受骗。

知不知，是真知。不知知，是假知。任何知识必须与社会实践紧密结合起来，才能成为有用的知识，否则就是假学识。一个学者脱离实践，学得越多，储存得越多，就算是一个知识仓库。知识不为社会所用，不为百姓服务，有什么意义呢？

病矣改为病已，其义深远，如参照第二章恶已，更符合老子的思想。

〔答疑解惑〕

走进老子的内心世界

天长地久，天地以其不自生，故能长生；江海之所以能为百谷王者，以其善下之，故能为百谷王；万物并作，吾以观复；夫物芸芸，各复归其根。老子通过对自然规律的观察与领悟，推演与嫁接到人类社会中，从而得出人们的胸怀要像江海一样博大、水一样处下，人类社会的和谐要像万物一样不争而和平共处，人们的行为要像天地一样无为无不为等社会治理的思想。《道德经》实际上就是老子的内心独白，为人类社会精心绘制的理想蓝图。然而老子万万没有想到，自然规律的无为与人类社会的有为是两个完全不同的运行规律甚至异向而行，没有必然的联系，达成一致是何等的艰难。几千年来人类社会的历史，和平在风雨中摇摆就是最有力的证明。从"上德不德，是以有德；下德不失德，是以无德"等章句中可以看出，老子也感觉到现实与理想的距离其实非常遥远，唯有不断地努力，理想才能够变成现实。

宇宙无涯，星罗棋布，天地相交，万物生长，跨越历史长河百亿年以上，却依然活力无限，永无止境，尤其太阳、月亮与地球的三角关系，运行有序，春夏秋冬，从远古走来，又奔向遥远的未来。老子反复思考与追寻，这里面到底隐藏了什么奥秘呢？原来，这宇宙天地及万物都是以其不自生故能长久永存，那么在人类社会中是否能够做到以其不自生故能长生呢？当然是可以的。什么样的人才能做到，老子回答：圣人。所以，在《道德经》中老子塑造了圣人的光辉形象；在现实生活中，一般的人是很难做到的。老子提出"无为而无不为"思想，或许是从"以其不自生故能长生"中获得的灵感。

老子的视线从观察宇宙降落到地球，他突然感觉到水的奥秘。大雨倾盆而下，而水却自愿地流到最低处形成溪水，溪水再往低处流，流到江河，江河再往低处流，流向大海。大海才是水的归宿水的故乡。大海波澜壮阔，一望无际，潮涨潮落，有谁能与大海相比呢？没有。那么是什么原因成就大海之大呢？处下。老子感悟到：江海之所以能为百谷王者，以其善下之，故能为百谷王。这是自然规律，如果运用到人类社会中，人人学会处下，团结在一起，社会安宁，和平共处，享受幸福。一滴水只有融入大海，才不会干涸。一个人的力量是有限的，只有无数人的力量汇集在一起才是巨大的，战无不胜的。然而现实生活却不是这样的，人们各顾自己，为了各自的生活与利益而奔波忙碌。那么谁有如大海一样的胸怀呢？唯有圣人。老子曰：是以圣人欲上民，必以言下之；欲先民，必以身后之。

再从江海到万物，老子的观察细致入微，万物并作，吾以观复；夫物芸芸，各复归其根。自然界的一切为什么会并作有序繁华昌盛呢？不争。不争才能共处，共处才会并作繁华。从自然规律再回到社会生活中，人们为什么会经常性地发生矛盾冲突呢？就是因为相争导致的。争什么？争名争利，水火不相容。其实，人类发展的历史就是一部人类自身争斗的历史，几千年来，矛盾与战争从来没有停息过，与自然界的万物并作而芸芸繁华恰恰相反。从家庭、单位到社会，人与人之间的矛盾时常发生，甚至发生激烈的冲突，这不是老子所希望看到的，但他也无法改变。谁会不争，唯有圣人。

老子从小爱学习与思考，深得名家指点，当守藏史，博古通今，又当柱下史，知晓国家大事，了解民众疾苦。他的学识就像江海汇集一样无比宽广博大，通过岁月的沉淀与碰撞，他终于悟出宇宙、天地、万物等一切事物的奥秘及其规律，统称为道。他说：道之为物，惟恍惟惚。惚兮恍兮，其中有象；恍兮惚兮，其中有物。根据宇宙、天地、万物等相互之间的关系，他总结出道法自然的最高法则，然而自然规律的无意识与人类社会发展的有意识，两者不能等同，是老子的困惑，或许是他出关的重要因素。无意识的无私性是自然规律的特性，而有意识的自私性是人类社会矛盾冲突的根源，所以老子只好反复地推出他心中的偶像，塑造一个圣人的光辉形象来安慰自己孤独的心灵。《道德经》无疑是老子心灵的独白与爱民情怀的表达，以及对人类社会的美好憧憬。

第七十二章　民不畏威

　　民不畏威，则大威至。无狎其所居，无厌其所生。夫唯不厌，是
以不厌。是以圣人自知不自见，自爱不自贵。故去彼取此。

［字句解析］

　　民不畏威，则大威至。民，民众或百姓。畏，害怕。威，威胁或处罚。
则，导致。大威，更严重的威胁或更严厉的处罚。至，来临或将要发生。解
读：由于统治者苛政杂税等威胁手段遭到民众的抵制与反对，也不害怕统治
者，必将导致统治者更加严厉的报复手段，甚至用暴力镇压民众。

　　无狎其所居，无厌其所生。无，没有或不要。狎，轻薄或自责。其，人称
代词或指民众。居，居住的社会条件及环境。厌，抱怨或厌烦。生，家庭条件
及环境。解读：人们对自己所居处较差的社会条件及环境不要自责与埋怨或感
到失望，也不要抱怨自己生长在条件及环境较差的家庭而失去生活的信心。

　　夫唯不厌，是以不厌。夫，代词或你。唯，唯有。不厌，没有抱怨。是

以，应该。解读：人们若要获得没有抱怨平安知足的生活，就应该树立正确的人生观，从日常行为点滴做起，不要轻易放弃自己的信念或抱怨命运的不公，以积极向上的生活态度，面对困难，抱怨没有任何益处，只能努力地迎接挑战。

是以圣人自知不自见，自爱不自贵。故去彼取此。是以，凡是或所以。圣人，德高望重之人。自知，自己明白对事物客观规律掌握的程度。自见，坚持自己对事物客观规律的观点与立场，认为比别人的正确。自爱，对自己的行为或生命珍惜爱护。自贵，对自己的行为或生命珍惜爱护认为比他人的贵重。故，所以。去彼取此，抛弃一方才能获得对立的另一方。解读：凡是或所以德高望重的圣人，即使对事物的客观规律有自己的观点与立场，但不会认为己见比他人的正确；即使对自己的行为或生命珍惜爱护，也不会认为比他人的贵重。所以，圣人有自己的见解也会听取他人的意见，对自己的爱护更会关心他人的生命，故去私取民。

〔要点综述〕

老子对社会现实的观察与对民情的了解，从这一章可见一斑，如此具体的阐述与劝导，体现了老子对广大民众的深切情感，尤其是处于战乱中的广大民众，生活的艰难可想而知，但又有什么办法呢？当时诸侯混战，苛政杂税，强加给广大民众的重负无力承受，遭到民众的抵制与反抗，却招惹统治者更加严厉的处罚与武力镇压。民众无路可逃所以无所畏惧，官逼民反，民不得不反，是当时社会现实的写照。老子感叹说：民不畏威，则大威至。

当时的社会条件及环境，对广大民众来说是十分恶劣的，一方面，战争是生命的付出与财物的消耗，使民众处于水深火热之中；另一方面，侯王们奢侈的生活，也是通过搜刮民脂民膏而来的。面对饥寒交迫的生活，民众又有什么办法呢？抱怨自己所居住的社会环境差，失望自己出身于贫寒家庭，能改变现实吗？不能。只有端正自己的心态，寻找机会来改善自己的生活，或许是唯一的选择。尊重自然适应社会而不违反道德，是面对生活战胜困难积极的人生态度。所以老子曰：无狎其所居，无厌其所生。任何社会环境与条件，抱怨与消极的人生观，只会对自身造成伤害，而没有任何有益的因素，老子看到了这一点，才会写下这一章。积极的人生态度而不消极避世，是战胜一切困难挫折的前提，才会没有抱怨的人生。正如老子所说：夫唯不厌，是以不厌。有什么样的世界观就会有什么样的人生观。无论在什么样的环境下都要有正确健康的人生观，才能让自己生活得精彩。

最后一句总结，老子又拿圣人说事，与民众相比，是通常运用的文学对比手法。圣人的人生观是怎样的呢？自知不自见，自爱不自贵，这就是人们应该学习的榜样。普通的民众在社会实践中，由于知识的局限性，对事物的判断容易产生误差或错误，再加上消极厌世的人生态度，抱怨命运不公，其生活状况必然会越来越差。命运的改变不能靠他人的帮助，只有通过自己努力而获得快乐的人生。但这一句似乎有劝告的意图，很可能是说给侯王听的，与圣人相比，侯王常以自知自见、自爱自贵而居，损害与欺压民众，显示其威或大威。

［热点话题］

不能让老实人吃亏

老子曰：化而欲作，吾将镇之以无名之朴。镇之以无名之朴，夫将不欲。不欲以静，天下将自定。又曰：虚其心，实其腹，弱其志，强其骨。常使民无知无欲也。其内涵是倡导人们要做一个老实人。社会和谐需要人们勤恳做事老实做人默默地付出，大家一起共同建设自己美丽的家园。善良、诚实、守信、敬业、友善等是每一个人最基本的道德品质，是维护社会稳定和谐的必然前提。做一个老实人，就是不能失去信用，不能坑蒙拐骗，不能投机取巧，不能损人利己等，这样的品质要求不算太高，人们应该可以做到。要求不高，但有的人或更多的人就是做不到，原因是老实人容易吃亏。老实与无用常被联系在一起，形容这个人没有本事，生活过得艰难。心地善良与家境贫寒仿佛有某种必然的联系，值得人们深思；尤其是在经济活动中，某些暴发户的投机取巧，为获得高额利润采用不正当手段为自己谋取财富，而一个老实人在经济活动中首先考虑他人或公众的利益，使自己在与他人竞争中、利益的获得中处于被动的局面。这种局面的发生，就需要健全的社会监督与规章制度来平衡与制约。

不能让老实人吃亏，就要弘扬社会的正能量，如果老实人经常性处于吃亏的状态，就没有人愿意做老实人；要让老实人成为人们学习的榜样，成为社会的主体，就要树立健康的社会风尚。如果让不老实人获得利益与富足，获得重用与提拔，获得尊重与崇拜，那么就会损害带坏社会风气，使人们处于相互失信、没有诚意、相互欺骗之中，社会基本道德与公平正义将会失去。扶正压邪是社会的基本功能与发展方向，保护老实人的合法权益显得十分关键，起到示范与引导的作用。

不让老实人吃亏，要从商业活动、人才选用到社会公德等各个领域建立公开透明、平等公正的规章制度，健全法规法律，杜绝腐败现象的发生，来保证健康的社会风尚。商业投标中，不老实人喜欢采取走后门、拉关系、请客送礼等手段来达到目的；投标后以次充好，偷工减料，损害工程质量。人才选拔方面，不老实人常常在领导面前表现得积极向上、唯唯诺诺，博得领导的信任，其意图是为自己升官发财而忍辱负重。领导干部要善于识别不老实人的庐山真面目，不能让不老实人走上领导岗位，防患于未然。对一个人的考察与使用，要从道德的高度去认识一个人的本质，真正的老实人必是一个有道德的人，一切行为都会从道德的角度去考虑他人或公众的利益，这样的人才是广大民众最需要的人。相反，一个没有道德的不老实人，总是从自己的利益出发，考虑自身的得失，去损害他人或公众的利益，这样的人是社会的害群之马。只有在社会各个方面各个领域，让老实人获得崇敬与尊重，获得利益与财富，获得重用与提拔，树立起人人争当老实人的良好社会风尚，才能真正地拥有和谐美丽的人类社会。

第七十三章　天网恢恢

　　勇于敢则杀，勇于不敢则活。此两者，或利或害。天之所恶，孰知其故？是以圣人犹难之。天之道，不争而善胜，不言而善应，不召而自来，繟然而善谋。天网恢恢，疏而不失。

〔字句解析〕

　　勇于敢则杀，勇于不敢则活。勇，勇猛的行为。敢，无畏。杀，被杀或牺牲。不敢，胆小害怕。活，生存下来。解读：在战场上冲锋在前勇猛无畏的勇敢者往往会被对方所杀，而胆小害怕的非勇敢者则可能生存下来，不被对方所杀；从另一角度去理解，冲在前面的勇敢者，风险很大，跟随后面胆小害怕的非勇敢者，则风险较小。

　　此两者，或利或害。此两者，指勇敢者与非勇敢者。或，有。解读：勇敢者与非勇敢者，在不同的状态或环境中，或是有利，或是有害，尤其是置于战争的状态下，是非利害很难区分。

天之所恶，孰知其故？是以圣人犹难之。天，老天。所恶，厌恶。孰知，有谁知道。故，原因。是以，凡是。犹难之，很难抉择。解读：人类社会战争的频繁发生连老天爷都很厌恶，究竟是为什么，有谁知道是什么缘故吗？是非利害难断，就连圣人都感觉到难以抉择与判断。

天之道，不争而善胜，不言而善应，不召而自来，繟然而善谋。天之道，指自然天地之道。不争，与人不相争。善胜，经常性取胜对手。不言，不开口或沉着应对。善应，经常性赢得对手。不召，没有召唤。自来，自己走来。繟然，沉着坦然。善谋，善于谋划。解读：自然天地之道是不争的人反而常会取胜对方，不开口或沉着应对反而常会赢得对手，不用召唤反而他自己会走来，沉着坦然地谋划一切，成功都归于顺其自然。

天网恢恢，疏而不失。天网，自然形成的网，在违背自然违反法规的前提下，天网会自然形成，违者必将受到惩罚。恢恢，大而无边。疏，稀疏。不失，不会放过。解读：人们若是在违背自然违反法规的前提下，天网就会自然形成，违者必将受到惩罚，或许人们看似可以侥幸逃过，实际上是时机未到，时机一到违者终将会受到惩罚，可谓是疏而不失。

〔要点综述〕

围绕勇于敢或勇于不敢进行阐述，既可以理解战场上战士们的行为，又可以理解在社会生活中人们对未知领域的探索，多角度地分析这一问题或许是老子的意图。如果单指战场上的勇士，勇于敢则是提倡鼓励的，可能有牺牲的风险，尤其是正义之战的勇士是英雄行为；勇于不敢的士兵，风险较小，活下来的可能性极大，却是懦弱者的行为。所以在权衡利与害的关系上有变化的因素，或许会因时空的转变，是非将发生变化。正义之战，胜利之后有可能对民众的抛弃成为少数人的果实，战争的性质随即发生变化。老子用超越时空的眼光观察社会性质的变化，才会有"天之所恶，孰知其故"的感叹。老子心中的"或利或害"是站在民众的立场上去判断战争的性质与利害关系。时空跨越，对未来的判断，即使圣人也难以把握与抉择。故老子曰：是以圣人犹难之。在社会生活中，只要是为民众利益的勇士都是值得弘扬的，敢于创新，敢于牺牲，社会才能发展进步。只有从民众利益上站在道德的高度去判断"勇于敢"的性质，才能明辨是非。

对于战争的残酷，广大民众包括老天爷都是不愿意看到的，尤其是战争性质的转化，为正义而战的民众却没有享受到胜利的成果，老子对战争性质的转化产生了怀疑，故曰：或利或害。如果没有战争，人类社会和平共处，没有流血与冲突，那世界该有多美。天之道，繟然而善谋，不争，不言，不召，以繟然的态度去面对一切，都将不争而善胜，不言而善应，不召而自来。这一句是倒装句，繟然而善谋，应该在天之道之后，即：天之道，繟然而善谋。后面分三点讲天之道，不争，不言，不召。做到以上三点，只有道生德养的圣人方可驾驭。

勇于敢，同样是二元哲学上的概念。换个角度去理解，在社会生活中，很多勇于敢者不是代表民众的利益，而是为了自己的利益铤而走险，是社会的腐败者。这种人违背自然违反法律，短时间内能够享受到物质利益与精神刺激，或猖狂一时，但随着时间推移与正义力量的凝聚，违法者或腐败者终将要为自己犯下的罪行负责，接受道德与法律的审判。这就是"天网恢恢，疏而不失"的真正内涵。天网，是腐败者自己亲手布下的，自食其果，是自然的规律，也是社会法律的公平正义。

关于"天网"有两方面的解读：一是指法律规范人们的行为，有法可依、违法必究的法律体系。二是由于违反法律才会受到法律的惩罚，是人们主动自觉的行为，天网是自身行为的后果所造成的；如果不违法，则没有"天网"可言。

［答疑解惑］

从可道中判断与预测未来的方向

　　前面对可道的概念已经阐述清楚，可道实际上是恒道，与非恒道构成二元哲学一对矛盾体，始终贯穿于道的运行轨迹之中并推动道的运行与发展。可道，是认识道的关键基础，可以判断与预测道的前行方向及未来。如果没有可道，非恒道将陷入迷雾之中，道就失去了方向，后果不堪设想。现实生活中的人们，对自己的前程感到困惑迷茫，就是不明白自己过去的所作所为，或不懂得努力的程度已经决定了自己的未来。

　　对于一个陌生人来说，成为你的新朋友，但你对新朋友的品德一无所知，他是一个什么样的人？不清楚。是好人，还是坏人？也不知道。认识新朋友，一定要从他的可道开始，查清他过去的所作所为，判断他究竟是不是可以信任的人。尤其在商业活动中，经常认识新朋友，发生经济来往，一定要认清新朋友的可道，是非判断，做出选择。通过对新朋友可道的分析与判断，他是一个道德品质败坏没有信用的人，你就再也不敢与他做生意，可以防止自己上当受骗，也不会造成经济损失。与人交往，不了解人的性格与品德，就推心置腹地成为好朋友，被人家骗是迟早的事。相信一个人，是你的品德，也是你的盲目，现实生活中面对不同的人就应该从认识一个人的可道开始，学会分析与判断，防止错误的发生。有一个酒店来了一位新员工，老板对她不了解，连她的身份证都没有检查，却十分信任她，把员工的工资打进她的卡里让她去发工资，结果几万块钱就被她卷跑了。这样的例子生活中不断地发生，关键是人们忽视了可道在现实生活中运用的价值，导致上当受骗遭受经济损失的后果。

　　人类社会中人与人之间的相互关系，认识一个人是非常重要的，尤其是身边的朋友或单位的同事，与自己的生活密切相关，稍不谨慎处理，就会发生矛盾冲突，成为敌手。有些人喜欢夸夸其谈，好大喜功，吹牛拍马，有远大理想没有实际行动，做了一点芝麻大的事，就吹成比西瓜还要大，见到领导或有钱的人就点头哈腰，缺乏谦和，华而不实，唯利是图，这样的人就要避而远之，与之交往有百害而无一利。有些人满嘴的仁义道德、公平正义，嘴上说一套，行为做一套；当面说一套，背后做一套，完全是口是心非。从一个人的可道中，可以判断与预测这个人下一步的行为及将来的走向。可道，同样可以运用到一个企业或一个城市中去，判断与预测这个企业与城市的发展方向。一个企业有没有诚信，有没有道德，有没有跟上时代发展的节奏，尤其是企业的领导有没有卓越的领导能力与对未来发展的把握能力，这些都是可道的组成部分。可道如何，必将影响或决定非恒道的运行方向及未来的历程。一个城市也是这样，有什么样的优势特点、资源状况、地理位置以及人文特色，都是可道的内涵，从而判断其发展方向，做出正确的决策部署。

　　万物皆有道，可道是认识事物的关键。从西瓜的长势中，可以判断丰收的情况；乌云集结预示着风暴的来临；人体出现某种症状是疾病发生的前兆等，都是可道中以往的经验及其规律所告知的。事物的发展是可以预测的，就从事物的可道开始，是可道在道的发展轨迹中的重大作用。在以往的历史中，忽视可道的作用，给未来的非恒道带来困惑与迷茫，付出了沉重代价却找不到真正的原因，就是没有读懂与应用《道德经》的后果。

第七十四章　民不畏死

民不畏死，奈何以死惧之。若使民常畏死而为奇者，吾得执而杀之，孰敢？常有司杀者杀，夫代司杀者杀，是谓代大匠斫，希有不伤其手矣。

〔字句解析〕

民不畏死，奈何以死惧之。民，民众或百姓。畏，害怕。奈何，为什么。惧之，威吓民众。解读：民众在当时恶劣的社会环境中生不如死，所以不怕死，而统治者为什么还要以死刑对民众进行威吓呢？

若使民常畏死而为奇者，吾得执而杀之，孰敢？若使，假如迫使。民，民众。常，经常。畏死，怕死。奇者，不同于民众特别出奇的人，指有重大过错或犯法的人。得，当然。执，执行。杀之，处以死刑。孰敢，还有谁敢。解读：假如迫使民众常感到死的害怕，对某些有重大过错或有犯法行为出奇的人，当然应该执行死刑，形成威慑的作用，看还有谁敢再犯？

常有司杀者杀。常有，经常有。司杀者，掌管执行者。杀，执行死刑。解读：经常可以看到掌管执行者对某些犯法的人宣判执行死刑。

夫代司杀者杀，是谓代大匠斫，希有不伤其手矣。夫，代词指你。代，代替。司杀者，掌管执行者。杀，执行死刑。是谓，就是称之为。代，代替。大匠斫，屠夫。希有，很少有。伤，伤害。解读：你如果是代替掌管执行者对犯法者执行死刑，就是称之为屠夫，那么很少有因杀人不会伤害自己握住刀柄的手。手，实际上是代词，指反作用或报应，与杀敌一千自损八百的意思相近。

〔要点综述〕

这一章如上一章一样直面当时社会普遍存在的现实问题，是老子从抽象思维阐述回到社会治理具体事务中来，在《道德经》中所占的章节不多。在当时的社会状态下，战争使民众的生活处于水深火热之中，度日如年，极度困难下民众生不如死，统治者却横征暴敛，对民众交不起征税以死刑相威吓，在这种情况下民众只能视死如归，还有谁会怕死呢？当然，在当时的社会状态下，的确也有一些犯法之人，危害社会伤及无辜，谋财害命，这样的"奇者"当然要毫不犹豫地执行死刑。统治者对无辜民众或交不起征税的百姓，动不动以极刑相威胁，极大地伤害与广大民众的关系，必将导致广大民众的抵制与反抗。在历史的变迁中，老子深知官逼民反是导致朝代更替的主因。统治者对广大民众的镇压，必将导致自身的灭亡。所以，老子曰：夫代司杀者杀，是谓代大匠斫，希有不伤其手矣。这句话真正的内涵不能从字面上去理解，老子只不过借助这个具体的事件来阐述社会发展的必然规律。

正确地区别民众与严重违法的"奇者"的关系，是老子要求统治者做到处罚分明，但正是统治者是非不分，以维护自身利益出发对普通民众稍有不从或不及时交税，便施以重刑或死刑，给社会治理造成更加严重的混乱。老子深刻地观察到社会治理关键是领导者与被领导者即官与民的关系，这二者的关系如何是一个社会文明程度的标志。在当时的现实中，官与民的对立，使社会处于矛盾冲突极其恶化的状态，民众根本就没有幸福安宁的日子。一方面，统治者一切财富都是从民众身上榨取，过着奢侈的生活；另一方面，广大民众的生活饥寒交迫，民不聊生。这鲜明对立的社会矛盾，是老子不愿意看到的社会现实，但又无法改变，只有借助诗文来表达心中的不满与情感。从官民的相互关系中，可以衡量或判断一个社会文明程度的和谐与否。

〔热点话题〕

西安——正本清源之旅

感谢邓银海老师为这次《道德经》高峰论坛所付出的辛苦与努力，为《道德经》正本清源提供一次难得的机会。因为《道德经》，才有西安之行，所以称为正本清源之旅，可见我此行的意图十分清楚。

近几年来，我一直在寻找机会为老子正名，机会难寻，努力未果，没有资金的支持，路走得很艰难。这次邓老师之约，或许是老天有意的安排。在未动身之时，我与中国老子文化研究院院长邱锋老师建议召开正本清源筹备会议，得到他的认可与支持。邱院长领导的老子求真群，也是想通过微信讨论广泛征求意见为《道德经》正本清源，但近几年以来的努力效果不太理想，或许只有专家老师们面对面的交锋与讨论，形成共识才是最好的方式。机不可失，重在谋略。我的发言稿是《〈道德经〉的现状及未来》，阐述《道德经》主要存在三个重大问题，为《道德经》正本清源呼唤与呐喊。

从鹰潭到西安长达二十个小时的火车，凌晨四点到达西安，离目的地楼观台还有八十公里的路程，疲惫但感觉不到旅途的辛苦，或许是我的激情早已填满了胸膛，加上董元祥教授与弟弟两人从山西赶来热情陪伴，虽然有参观钟楼和鼓楼相视与留影的惬意，但我的心却另有所属，故多次提出早点去楼观台，与专家老师们见面畅聊。下午四点左右，在董元祥教授亲自陪同下到达楼观台，感谢他的热情与厚爱。组委会说晚上八点有筹备说明会，我早早地来到宾馆会议室与来自全国各地的专家老师们相聚，大多数专家老师都在微信群中认识，见面格外亲切，互相问好致意，但交谈不多。说明会时间不长，我也因旅途疲惫想早点去旅馆歇息，准备第二天的论坛。

第二天的论坛，我被安排在下午第二个发言。事情很巧合，发言之前与一位研究哲学的老师有十多分钟的交谈，主要是向他求证我"关于非恒道的论证"是否正确，得到他的肯定和支持，算是我此行的收获之一。我的发言得到柴老师等专家的掌声，说明《道德经》的现状及未来，不是我一个人的担忧与困惑。其实，我的努力还没有结束，事先与邱院长等老师商量要开讨论会，邱院长的打算是要开一个《道德经》国际论坛筹备会。吃过晚饭，大概晚八点，我们聚在大厅里。抓紧时间，我先阐述关于非恒道的论证，请专家老师们针对"非恒道"与"非常道"阐述各自的观点与论证，争取形成统一的认识，观点达成一致。通过辩论，"非恒道"显然得到大多数老师的认可，但没有形成统一的结论，是我此行的最大遗憾。

《道德经》正本清源之路还很长，迈出第一步还有无数步尚需坚持与努力。感谢组委会在我归程中发来了论坛视频，后来宝鸡的闫老师为我制作了专门的发言视频，通过微信转发，又可以向外界发出我关于《道德经》正本清源强烈的呼唤与呐喊。西安，这古老厚重的城市，注定是不平凡与伟大的，总是抒写着历史的传奇。有诗为证：

春天的邀请

或许偶然/收到春天的邀请/装满未来的渴望/千里之行/只为老子

正名/发出自己的声音/激情在沉默中喷发/呼唤在楼观台回响/有点掌

声就行/表达一种思想/预见一次期望

中外来客楼观台云集/往前是一个传奇/转后是一个故事/西安被文化浸透的城市/只因匆匆/来不及凝思/或许再见更不容易/人群淹没了身影/喧哗听不见声音/踏上归程/在这美丽的春天里/有一次呼唤/让未来的历史见证

第七十五章　食税之多

民之饥，以其上食税之多，是以饥。民之难治，以其上之有为，是以难治。民之轻死，以其上求生之厚，是以轻死。夫唯无以为生者，是贤于贵生。

[字句解析]

民之饥，以其上食税之多，是以饥。民，民众或百姓。饥，饥饿。以，因为。其上，统治者。食税，吃税的各级官员或农耕方面的税收。多，太多或繁多。是以，所以、才会。解读：广大民众之所以会饥寒交迫，是因为统治者太多或强加给民众的赋税繁多，才会导致民众生活极端困苦食不果腹。

民之难治，以其上之有为，是以难治。民，民众或百姓。难治，遭遇抵制与反对。以，因为。其上，统治者。有为，违背自然规律恣意妄为的干涉。是以，才会。解读：广大民众之所以会抵制与反对统治者，是因为统治者的行为违背自然规律恣意妄为地横加干涉，损害民众的切身利益，却反而被统治者认为民众难治。

民之轻死，以其上求生之厚，是以轻死。民，民众或百姓。轻死，轻生或不怕死。以，因为。其上，统治者。求生之厚，对生活的要求过于奢侈与追求刺激。是以，所以、才会。解读：广大民众之所以反对统治者有轻生或不怕死的勇气，是因为统治者的生活过于奢侈与追求刺激，才会导致民众以轻生或不怕死的勇气相抗争。

夫唯无以为生者，是贤于贵生。夫，语气词或你。唯，唯有。无以为，没有违背自然的行为或没有私自妄为。生者，生活中的人们。是，可以达到。贤，优胜于普通人。贵生，生命的珍贵。解读：唯有在没有违背自然规律的行为或没有私自妄为的情况下，生活中的人们通过努力拼搏可以达到优胜于普通人的生活质量，也有能力去帮助贫困的民众，其人生获得生命的珍贵及价值。

〔要点综述〕

连续几章，老子重点谈及民生之事，可见他对民众情感的深厚与真挚。现实问题才是人们所关心的热点，尤其是民众艰难的现实生活更让老子寝食不安，忧心如焚。在当时社会状态下，民众的生活饥寒交迫，对统治阶层的抵制与反对，是以无所畏惧的精神以死相抗争，这一切的根源都来自"以其上"的食税、有为、求生之厚。老子心里十分明白民众的苦难源于何处，但除了竭力地呼唤，又有什么办法呢？老子出关的原因，或许是回避现实与理想的失落，而对民众的牵挂是泪水与焦虑，更是无奈。

民之饥，民众为什么会饥寒交迫呢？是民众努力不够？是老天爷给予的年景不好？是农田里长不出庄稼，收不到果实？这些都不是。老子曰：以其上食税之多。这里的"食税"是指吃税的人，"食"解释为"吃"，食税之多，是指民众以上的统治阶层各级官员吃的用的等一切生活物资都是从民众身上榨取的。从另一个角度理解，食税之多是指统治阶层强加给民众以农耕作物为名征收的各种税种。当时是以农耕为主的社会主体，统治阶层以各种手段向民众征税。食税之多，多就是很多了，或有几十种之多。老子当过柱下史，对国情民情十分清楚，但从这个角度理解不一定是老子真正的意图。

民之难治，统治阶层苛征杂税越来越多，巧立名目必将遭遇民众的抵制与反抗，势必使统治阶层颁布更加严厉的规章制度，来维护统治阶层自身的利益。民众与统治阶层的矛盾对立日益加深，社会治理的根本原因不是民众难治，而是统治阶层欲望贪求与物质享受引发的，不公正的社会体系就像独木难支一样不可长久。在历史长河中，农民不断起义反抗就足以证明违背广大民众意志的统治阶层走向灭亡的命运。

由民之饥到民之轻死，是统治阶层与民众矛盾日益加深的过程。一个天堂，一个地狱，压迫与反压迫、剥削与反剥削的斗争到了你死我活的地步。广大民众以无所畏惧的精神、宁死不屈的意志与统治阶层展开正义的斗争。老子通晓历史发展规律，任何一个朝代的更迭都是在统治阶层骄奢淫逸与广大民众的水深火热形成鲜明的矛盾对抗时，而迫使广大民众揭竿而起推翻统治阶层政权所导致的。

人的生命其实是非常短暂的，如果又遇上战乱更显生命易逝的残酷，所以社会和平是人们热切期望与珍惜的。老子对短暂的人生如何度过给出了建议：遵循自然顺应社会，以无私者无畏的态度去面对人生，该做的做，该牺牲就牺牲，只有为广大民众的利益前赴后继，才能抒写人生的辉煌。故老子曰：夫唯无以为生者，是贤于贵生。

从民之饥，到民之难治，再到民之轻死，层层加深，民众的困苦与艰难是老子内心的痛，只能用诗的形式来表达不满，强调无为而治是实现社会和谐与平等的基石。

［答疑解惑］

揭开《道德经》文字背后的秘密

老子以超越时空的智慧，驾驭古今，着眼现实，展望未来，写下了千古奇书《道德经》。古往今来，多少人的追逐与憧憬，试图破解《道德经》的密码，但其中玄妙而又深邃的智慧，深不可解，又让多少人望而止步。《道德经》是老子心灵深处的独白，炽热情感的表达，是对当时现实的无情批判与对人类社会理想的强烈渴望。老子只有借助语言的力量，通过间接的、柔和的、平淡的、朴素的文字，将密码一一隐藏在《道德经》中。只有透过文字背后的秘密，才能真正地进入老子的内心世界。

一、重为轻根，静为躁君。网上版：厚重是轻率的根本、静定是躁动的主宰。这是从文字表面上去理解，望文生义。厚重与轻率是对一个人性格的界定与修饰，谁厚重？谁轻率？译注缺少主语，从语句上是不成立的。憨山大师版：此诚君人者，当知轻重动静，欲其保身重命之意也。然重字指身，轻字指身外之物，即功名富贵。静字指性命，躁字指嗜欲之情。意谓身为生本，固当重者。功名利禄，声色货利，乃身外之物，因当轻者。这是从修身的角度去理解。重为轻根，静为躁君，应该与后面一句"是以君子终日行不离辎重"中的"君子"联系起来，就可以理解老子的用意，是阐述民与君的关系。民为重，君为轻，重为轻根。静，是指民众，形容民众一种生活的状态。躁，是指君子，形容君子处理政务时的焦虑心态。静为躁君，指君子处理政务要时时以民为君，以民为本。老子为何要写出"重为轻根，静为躁君"呢？一是间接地隐喻省去主语是诗人常用的写作手法，提高诗的意境；二是直接表达君轻民重的思想，有可能导致统治者的不满，或许有文字之灾；三是以一种模糊的方式对当时的统治者剥削广大民众的强烈抗议。

二、民之饥，以其上食税之多，是以饥。这句话的意思看似清楚明白，是指统治者的征税太多导致民众的饥寒交迫。众多译本不同，这一章的解读大致基本相同，但不一定是老子的本意。食，是动词，有吃的意思。食税是指吃税的人。食税之多，就是指"吃税"的统治者太多。以其上，是指民众以上的统治阶层，只不过是老子换了一种柔和间接的方式来掩饰他的真正意图。事实证明，两千五百多年以来，《道德经》中隐藏了老子多少心灵的密码，至今有待一一解开。当时的统治阶层，行政机构从下到上是宝塔式结构，层层叠加，民众为最底层，民众之上有多少层统治者，人数之多可想而知，民众身上的负重可以从"民之轻死"中去感知吧！老子找到民众生活困苦的原因都是因为"以其上"造成的，他只能无限地感叹道：民之饥，以其上食税之多。

三、天网恢恢，疏而不失。网上版：自然的范围，宽广无边，虽然宽疏但并不漏失。这个解释是牵强附会，敷衍读者。憨山大师版：天道昭昭，如网四张，虽恢恢广大，似乎疏阔，其实善恶感应，毫发不遗。这个解释似乎天网独立于人类社会而客观存在。如果天网昭昭真实地客观存在，坏人或恶人或罪人都能绳之以法，得到报应，那么当时的社会就不是第五十七章中老子所描述"法令滋彰，盗贼多有"的状态，而是和谐安宁。老子借用天网恢恢，是对一切违反道德的坏人恶人罪人的警告，看似没有报应，只是时机未到。与老师教导学生"好好读书，将来一定会出息"相类似的原理。这句话是一个超越时空的动态概念，一个罪人的报应，不一定是现在，或许是不远的将来，或报应转移到其他途径。是因必有果，行恶必有报，这个报应不是天网所"赐"，而是人自身恶行所自然形成的，必将受到道德的审判与法律的处罚。《道德经》中"天之道"，是指自然规律，与人类社会中的"人之道"没有直接的联系。老子是借"天之道"来要求人类社会的"人之道"去效仿去遵循"天之道"的法则与规律，从而达到自然和谐的人类社会。老子清楚地表达"天之道，损有余而补不足；人之道，则不然，损不足以奉有余"两者之间的区别所在。天网，只有当一个人违反道德时，是自身的行为所造成的，而不是固有的客观存在。一个有道德的人，一个为民众的圣人，与天网无关。

　　《道德经》从第一章起就隐藏了太多的密码，尤其是对"可道"与"非恒道"的正确理解是揭开"道"神秘面纱的第一把钥匙。是"无"，还是"无名"？是"常无"，还是"常无欲"？是与非的关键问题，绝非无关紧要。如果断句判断有误，离道越远，《道德经》不仅是雾里看花，而且是面目全非的重大误导。要以哲学的高度、文学的深度、强烈的民本情怀去进入老子的内心世界，全面剖析《道德经》文字背后的密码，就像风平浪静的大海，其深处的汹涌澎湃才是真正的王者禀性。

第七十六章　柔弱处上

人之生也柔弱，其死也坚强。草木之生也柔脆，其死也枯槁。故坚强者死之徒，柔弱者生之徒。是以兵强则灭，木强则折；强大处下，柔弱处上。

〔字句解析〕

人之生也柔弱，其死也坚强。人之生，人的生命或人的一生。柔弱，人的身体柔弱特征，也指经不起生病、生活的磨难。其死，临终。坚强，临终时的体征或看淡一切临死不屈。解读：人的生命或人的一生经历风风雨雨，生病与艰苦的坎坷磨难，临终时看淡一切皆空，面对一堆黄土故显坚强。

草木之生也柔脆，其死也枯槁。草木之生，自然界的草木。柔脆，容易折断。其死，指凋零。枯槁，枯萎的样子。解读：自然界草木的一生，经过春长夏发秋收，冬日凋零之时枯萎之状，容易折断，完成其生命的轮回。

故坚强者死之徒，柔弱者生之徒。故，所以。坚强者，生命的尽头或指僵硬的状态，延伸的意思是指最后的疯狂或夕阳西下。死之徒，生命的终结。柔弱者，生命的开始呈现柔弱的状态。生之徒，生命处于上升时期。解读：所以说任何一个生命终结时，其特征都是以最后的坚强而告终，新生命的开始都是以柔弱的状态展现出生命的活力。

是以兵强则灭，木强则折。是以，所以。兵，军事。灭，失败。木，木头。强，僵硬。折，折断。解读：一个国家的军事处于最强盛时期，到处侵略他国必将失败，就像僵硬的木头一样，看似坚强其实很容易被折断。

强大处下，柔弱处上。强大，生命强盛期。处下，谦虚不争。柔弱，生命成长期。处上，正在发展的阶段。解读：任何一个生命体，尤其是由强盛转向衰弱的时候，更应该谦虚处下不争，保持生命的活力，而处于成长期的生命，表面上显得柔弱，实则是正在走向强盛上升发展的阶段。

〔要点综述〕

本章的重点，老子从强大与柔弱两个角度，观察自然万物生命轮回的轨迹，得出物壮则老是任何事物无法避免的发展规律，进一步提示人类社会如何预防生命的衰弱以及延长生命的历程，指出强大处下、柔弱处上是任何事物应该遵循的客观规律。

如何理解强大处下，往往会产生错误的解读，既是指主体生命由强转弱的处下，更指主体生命的品德应该处下。强大还要处下，这是为什么？强大处下是指生命体或事物由强转弱的衰退期，若要防止或延缓衰退就必须有处下不争的品格。

柔弱处上，其实是老子观察生命处于年轻时，往往显得柔弱，但却是走向强盛。柔弱者，往往经得住风雨，耐得住严寒，就像幼小的生命一样坚强，一定会成长，走向强大。

在春秋战国时期，兵荒马乱，各个诸侯国之间征兵备战，百姓民不聊生。

老子警告说：兵强则灭。但在那个年代谁能够理会或读懂老子的劝告呢？

　　说草木，是要说到人身上，借物喻人是老子惯用的写作手法。草木一生是自然规律，人的一生也是自然规律，只因为人类有了智慧与思维，私利与欲望，就徒增了烦恼与艰苦，一生的忙碌与辛劳，都是为了争名夺利。老子告诉人们：其死也坚强。从临终时生命体征折射出人生最终的结局是一堆黄土一切皆空。

　　〔热点话题〕

《道德经》是一幅人类社会的理想蓝图

　　人类理想社会是以保障人民稳定的生活需求以人为本的共产主义社会，是一个人人享有尊严、公平、正义、民主的社会。共产主义社会是人们互相尊重包容团结协作，共同努力建设公平、正义、和谐的社会。共产主义社会的愿景是建成有秩序，有组织，人性化，尽其所能，按需分配的社会制度。老子《道德经》对理想社会的描述与阐述，与共产主义社会吻合，列举如下几点：

　　一、上善若水，水善利万物而不争。上，指领导者。领导者的行为要有水一样的品格。水，与万物无争，与世无争，却谁也离不开水，居无定所，却无处不在；无论是大海，还是小溪，不讲条件，不求回报，默默无闻地奉献自己。先人后己，利国利民，是领导者必备的情怀。故曰：上善若水，水善利万物而不争。

　　二、圣人恒无心，以百姓之心为心。恒：永久，坚定不移；无心：指无私心，圣人无心则无私而胸怀百姓之心，公而忘私，纯朴无华，对待任何人或事，都真心诚意，善待一切。圣人之道与天地同存，天地无私，长养万物。是以圣人居无为之事，行不言之教，万物作而弗始，为而弗志，成功而弗居。圣人做事顺应民意，懂百姓之忧，凡事吃苦在前，享受在后，行不言之教。圣人所为之事，自始至终，坚持不懈，脚踏实地，从不投机取巧，直至事业有成。无论是好人，还是坏人，圣人都善待之。好人，圣人当然善待之；如是坏人，圣人用德来感化之，使其成为好人。圣人常善救人，故无弃人。故曰：善者吾善之，不善者吾亦善之，德善。

春秋战国，时局混乱，离道失德已久，人不守信已是社会的大问题。如何对待好人与坏人，老子曰：信者吾信之，不信者吾亦信之，德信。就是说对待守信的人，信之；对待不守信之人，用德来感化他，也信之。

三、执大象，天下往。往而不害，安平太。乐与饵，过客止。道之出口，淡乎其无味。执大象，秉执大道。象，是道在事物中的具体表现。在社会生活中，无论什么行业或哪个领域，不论做什么或想什么，都秉执道的法则，各行各业就会呈现出万象更新繁荣昌盛的局面。这样安宁和平繁荣昌盛的局面，天下有谁不向往，有谁不会追求美丽幸福的生活呢？往，过往，如同集市人来人往。往而不害，安平太。这可以联想到去集市的景象，人们都往集市走，人越来越多，密密麻麻，人群拥挤，但可以看到人与人之间的和平相处，没有矛盾的产生，没有冲突的发生。在美丽的人间，七情六欲给人们带来快乐与酸甜苦辣，尤其是丰富多彩各种各样美味的食品，会给人们带来开心的享受。物质世界的五光十色，其强大的诱惑性，让人们把握不住激动与冲动，越过度的防线，冲破道的法则，因此给人们本身造成了种种伤害。然而，老子心中人们都能秉持大道，懂得事物发展的客观规律，面对乐与饵的诱惑，可以达到望而止步的人生境界。故曰：乐与饵，过客止。

以上三点是共产主义社会的核心内容，从上善若水，处下不争，以身作则，到圣人以百姓之心为心，用自身优秀的品德处理与百姓有关的社会事务，再到乐与饵，过客止，民众自化自觉的行为，再从圣人不积，既以为人己愈有，既以与人己愈多，到圣人之道为而不争……都是老子精心描绘的人间美景。《道德经》其实是一幅老子对人类社会所寄托的理想蓝图，主要阐述从自然规律到人类社会发展规律的超越，指导人们遵循自然，道法自然，无为而治，才能达到无不治的共产主义理想社会。

第七十七章　唯有道者

　　天之道，其犹张弓与？高者抑之，下者举之；有余者损之，不足者补之。天之道，损有余而补不足；人之道，则不然，损不足以奉有余。孰能有余以奉天下？唯有道者。是以圣人为而不恃，功成而不处，其不欲见贤。

〔字句解析〕

　　天之道，其犹张弓与？天之道，自然法则或公正平等相容相生之道。其犹，就像是。张弓，弓箭。与，相同。解读：自然法则是万物之间的平等和谐之道，就跟射弓箭是一样的道理。

　　高者抑之，下者举之。高，相对中而言，高一点或上一点。者，指事物。抑之，控制或下压。下，相对中而言，下一点或低一点。举之，抬高或上升。解读：自然法则像人们射弓箭一样，高一点不行就要下压一点，下一点不行就要抬高一点，保持平衡，这样弓箭才能达到最佳的状态，方可射中靶心。

有余者损之，不足者补之。有余者，富足之人。损之，征收或纳税等手段。不足者，贫穷之人。补之，帮助或补贴。解读：社会生活中贫富不均，对富足的人要采取征收或纳税等手段，对贫穷的人要进行福利性补贴，目的是缩短人与人之间的差距，达到社会的平衡与和谐。

天之道，损有余而补不足。天之道，自然公正之道。损，征收。有余，多余的财富。补，补贴。不足，贫穷的人。解读：天地自然公正之道是对富足者采取税收等手段用来平衡社会财富补贴给贫穷的人。

人之道，则不然，损不足以奉有余。人之道，指社会现实。则，却是。不然，不符合自然。损，剥削。不足，贫穷的人。奉，交纳税收。有余，富足的人。解读：在当时社会现实中人与人之间贫富存在较大的差别，通常是剥削贫穷的人向富足的人交纳税收，是不符合自然法则的。

孰能有余以奉天下？唯有道者。孰能，谁能。有余，财富有余。以，用以。奉，奉献。天下，天下百姓。唯有，只有。道者，圣人或得道之人。解读：谁能够做到把财富奉献给天下百姓，只有德高望重的圣人或得道之人。

是以圣人为而不恃，功成而不处，其不欲见贤。是以，凡是。圣人，德高望重之人。为，努力奋斗。不恃，不拥有。功成，成就。不处，不自傲自居。不欲，没有欲望。见，看见。贤，比别人优秀。解读：凡是圣人都是努力奋斗，而从不为了自己，有了成就，与百姓分享，而不自傲自居；圣人的一切行为与想法，都是在默默无闻地奉献，而不想让民众知道，可见其优胜他人的高贵品格。

〔要点综述〕

本章老子从自然法则，即天之道，联想到人类社会现实的尊严等级高低、富与穷悬殊等种种现象是不符合自然法则的。由于失去公正与平等的社会基础，使社会处于矛盾冲突与对抗之中，人间的悲欢离合或喜怒哀乐都是由人类自身所编排导演的。社会财富集中在少数人手中，多数人则在温饱线上奔波忙碌艰难度日。在当时的社会中，一方面统治阶层朱门酒肉臭，另一方面百姓生活中路有冻死骨，社会两极分化使老子看在眼里痛在心里。统治阶层过着养尊处优骄奢淫逸的生活还要向贫穷的民众征收财物，富者更富，穷者更穷；针对这种不符合天之道的社会现实，老子不得不大声疾呼：天之道，损有余而补不足；人之道，则不然，损不足以奉有余。上一讲谈到老子的《道德经》体现了为民情怀的正能量体系，正是老子借助《道德经》为人类社会构建一幅美丽和谐的理想蓝图的核心思想。

老子是一个伟大的文学家，他的为民情怀体察民众疾苦的情感或许只有通过诗句进一步来表达自己的呼唤：孰能有余以奉天下？唯有道者。老子又曰：知我者希，则我者贵。是啊，两千五百多年以来，《道德经》有谁能读懂？老子的内心世界谁又能够明白？

〔答疑解惑〕

关于天人合一之我见

天人合一，这个词出现的频率很高，有的人用于自己的网名，有的人写成书法挂在房间，用来鞭策自己与天地同存，达到人生最高的境界。关于天人合一的解读，学术界也是五花八门，各说各的，没有统一的观点。老子曰：人法地，地法天，天法道，道法自然。正是天人合一的完整解读，我谈一下自己的体会。

一是天人合一中的人。如何定位？人应是与自然相适应而不是故意去改造自然，让自然适应自己。人当然是天地赋予的最有智慧最有人性的动物，赋予了思想与情感，故有改造自然的能力与悲欢离合的动人故事。人总是想自然为我所用，一厢情愿之后却有众多不顺，如干旱、洪灾、风暴等。天灾之后，故有祭祀的产生，祈求上天的保佑。人在自然的面前又是那么的渺小，而人却觉得自己是多么的伟大。

二是天人合一中的天。这个天是天地运行自然而然，任何力量都无法改变的规律，春夏秋冬，寒来暑往，万物生长，岁岁年年，有谁能够改变，人有这个能力吗？人一定要顺应自然，尤其要遵循自然规律，不可以随意改变。在社会生活中采取一些所谓科学的手段改变物质的自然属性，缩短物质自然生长的周期，以达到获得利益的目的。这种违背物质自然规律的行为，其后果肯定是有害无益的。人要与地同，与天同，才能与道同。人类社会一切背道而驰的行为都是作茧自缚。

三是天人合一中的一。这里的一是人与天地之间的自然和谐，一就是一致性。人要主动地去适应自然遵循自然，与自然融为一体。人首先要有人与人之间的和谐，和而不同，这里的和就是一。在社会生活中，一切行为或方针政策都要体现和谐为一的原则，要体现公正平等为一的精神。在学术界，有的人总喜欢强调百花齐放，拿春天里万紫千红来比喻学术的自由。实际上，任何事物都要围绕一这个共性才可有所不同。再谈到《道德经》版本的问题，共同的版本就是一，一都没有，谈二生三有任何意义吗？

老子曰：天得一以清，地得一以宁，神得一以灵，谷得一以盈，万物得一以生，侯王得一以为天下正。每年的八月桂花香，你会发现桂花是在同一天开放或在同一个时辰里开放。自然界的一或一致性，值得人类社会好好学习。天人合一，道法自然，对人类社会而言，就是去除私欲，摒弃妄想，顺自然，尊天地，与道同存，人人齐努力，共创社会和谐。

第七十八章　无以易之

　　天下莫柔弱于水，而攻坚强者莫之能胜，以其无以易之。弱之胜强，柔之胜刚，天下人莫能知，莫能行。故圣人云：受国之垢，是谓社稷主；受国不祥，是谓天下王。正言若反。

[字句解析]

　　天下莫柔弱于水，而攻坚强者莫之能胜，以其无以易之。天下，大千世界。莫，不能。柔弱，柔和弱小。攻，攻破。坚强者，坚硬的物体。莫之能胜，没有谁能胜任。以其，指水的能力。无以易之，没有谁能代替它。解读：大千世界中水是最柔弱的，再也没有比水更柔弱的，但攻破坚硬的物体谁也不能像水一样能够胜任，水的能力与禀性，谁也无法取而代之。

　　弱之胜强，柔之胜刚，天下人莫能知，莫能行。弱，年幼弱小之时。胜，战胜。强，年富力强之时。柔，柔软之性。胜，战胜。刚，刚硬之性。天下人，指世界上的人或现实生活中的每一个人。莫，不能或故作不会。解读：生命年幼弱小之时是成长期走向坚强，而当生命年富力强之时则走向衰弱期，故弱之胜强；柔软之性的物体不易折断，反而是刚硬之性的物体容易被折断，故柔之胜刚。这么简单的道理天下人却故作不懂不知，更谈不上去贯彻执行了。

故圣人云：受国之垢，是谓社稷主；受国不祥，是谓天下王。故，所以。圣人云，圣人之言。受国之垢，在国家危难之时能够忍辱负重，卧薪尝胆。是谓，称得上。社稷主，一国之君。受国不祥，当国家遭遇不测或有不祥之时能够及时化险为夷，力挽狂澜。天下王，世界级领袖。解读：所以圣人都是这样说，在国家危难之时，能够忍辱负重卧薪尝胆者必成大业，就称得上是一国之君；当国家遭遇不测或有不祥之兆时，能够及时化险为夷力挽狂澜者，必将受到世界人民的爱戴，就称得上世界级领袖。

正言若反。解读：在超越时空或时空转换的条件下正话反说或正言反义，是一个动态的概念，在人们的日常言行中经常发生。如：好听的话不一定是真话，美言不信；要战胜坚强者必有柔弱如水的禀性，柔之胜刚；要成就大业必须忍辱负重才能当上一国之君，受国之垢；要成为国家栋梁，必须经受住挫折与苦难，大成若缺等等。

〔要点综述〕

老子又一次运用超越时空的动态概念进行观点阐述，用发展的观点去观察事物的变化，从自然规律回到人类社会中去，启发人们领悟人生的真谛。

水，是自然界极为平常的普通人生活的必需用品，老子通过对水特性的领悟，处下不争却能成就江海之大，柔弱之小却能滴水穿石。水的特性成就了水的能量与伟大，谁也无法取而代之。这本来是一个自然规律，但老子却联想到人类社会，尤其人的特性若是有水的品格该有多好呀！人类社会正是缺乏水的品格，耀武扬威，争强好胜，目光短浅，导致人类社会弱肉强食争斗不止。自然规律的和谐是无为，而人类社会的争斗是有为，两者是截然不同的运行方式，就不可能在同一个轨道上运行；只有当人类社会的发展进入无为的方式，才能与自然规律产生统一，和谐的人类社会便会实现。

弱之胜强，是一个动态的时空概念，是不同时空比较得出的结论。以人为例，弱是指年幼时的弱小，像婴儿一样处于生命向上的成长期；强是指生命的强盛即将转向生命向下的衰退期。当弱小的生命长大时，而与之相比较强盛的生命或许已经枯萎。故曰；弱之胜强。不可理解为弱者与强者之间的相斗弱者胜矣。同样，柔之胜刚，柔性与刚性，是两个物质特性的比较，同一种条件下，刚性比柔性易折。如一场风暴的袭来，折断的是大树，而小草则无事，就是这个道理。切勿理解为柔者与刚者之间的斗争柔者胜矣。人们应该从自然规律感悟到做人的道理，柔弱者不一定永远是弱者，通过努力奋斗在时空的变化中可能成为刚强者；强者不一定永远是强者，骄兵必败，有可能成为弱者。

弱之胜强，柔之胜刚，也许老子更本意的表达是指人们在处理社会事务的矛盾与冲突时，不能以刚克刚，以强对强，造成更大的矛盾与冲突，尤其是在社会治理中处理与广大民众的内部矛盾时，要以柔弱的胸怀去化解才是治国安邦之道，因为老子一直向往着人类社会的和谐。

自古以来，一代伟人都经历了挫折与困苦，是超越平常人的力量与智慧，忍辱负重才能成为真正的王者。如果成就随随便便就可以得到，那也不算是成就。幸福是用汗水浇灌出来的，而那些靠父母拥有财富的富二代们，迟早是千金散尽，落得花花公子的美名而已。正言若反，忠言逆耳，明辨是非，才能找寻到人生的方向与价值。

〔**热点话题**〕

令人担忧的影视文化

有人吵架，围观的人很多，再打起来，看热闹的人就更多，电视剧的导演与编剧便准确地抓住了观众的心态，就把吵架与窝里斗搬进电视剧以吸引眼球，果真有较好的收视率，尤其是妇女们边打毛衣边看，甚至还会凑在一起聊些电视剧中后爸养子寡妇之类的话题。打开电视，可以看到婆婆妈妈吵个不停，武林高手打个不停，帮派争势斗个不停，深仇大恨报个不停。这样的影视文化到底能从中学习到什么？吸收什么？影视文化的内容，大部分都是反映离道失德的事，这样的状况令人心痛与担忧。

一是雷同。只要有一部稍微有收视率的电视剧出来，那仿制的作品就铺天盖地而来。如《潜伏》一出来，随之而来的雷同电视剧不知有多少。如《媳妇的美好时代》一出来，现在有多少关于婆媳之间的电视剧，只有天知道。

二是手法雷同。一部电视剧如果没有吵吵闹闹，打打杀杀，那就不叫电视剧。为什么要吵吵闹闹、打打杀杀？为的就是所谓的收视率，满足观众的胃口，这与人的性格有关，有人就喜欢看人家吵架，喜欢看人家打架，喜欢看人家幸灾乐祸。闹市区发生一起打架斗殴事件，观众是里三层外三层。电视剧的导演从中得到启发把握了商机，赚得大把大把的钱。

三是编造，粗制滥造。粗制滥造到什么地步，什么事都是偶然发生的，什么倒霉的事都让一个主角承担，人间的不幸让一部电视剧都演完了。现在的影视不是文化人干的，是商人编出来的。商人唯利是图，只管钱就不管质量了。一个电视剧主角，那是一个倒霉的主角，什么倒霉事都让他摊上，如离婚、生病、车祸都是他一个人承担。电视再演下去，就让他的儿女接着倒霉。两个男女青年相爱，到头来却是同母异父，胡扯瞎编。没有吵没有哭，没有斗来争去就不是电视剧。那恋爱也是一样的，围绕一个女人男人们你争我夺，围绕一个男人女人们争风吃醋，这是影视文化？商人们请手下留情，不要再瞎编。影视文化本来是作家们干的活，可让商人们抢走了。

三是娱乐文化。影视传播文化是舆论导向的先锋，直接撞击广大观众的视线，肩负起中华民族文化复兴的神圣使命，引导人们积极向上，树立人间正气；但娱乐文化却在影视中的比例很大，掺和幽默调皮的对话，引起观众哄堂大笑；还有一种飞来飞去、出神入化的武功，只为满足人们的虚荣与快感，其制作气派，阵营豪华，明星云集，可就是缺少思想与内涵。一部好的电视剧，应该是健康的正义的，给人一种力量，给人一种希望。

现在是一个商业时代，赚钱是应该的，但赚钱的同时也要讲良心道德，讲正气，不能以次充好，以假乱真。影视文化有没有次品，有没有以次充好？当然有。那些思想苍白、打来打去、像鸟一样会飞的高手，一掌打过去像秋风扫落叶一样的神功就是假的。这样的电视只会把人教坏，没有什么好处。这类电视剧就是食品中的地沟油。不能为了赚钱，丢失道德，把自己的良心黑了卖了。

中华民族是一个文化底蕴相当深厚的民族，五千多年灿烂的文化历史，尤其是老子在两千五百多年前的道德文化，是社会和谐发展的钥匙。老子曰：天之道，利而不害；圣人之道，为而不争。这崇高的人生境界是一种无私的奉献精神，前联合国秘书长潘基文就引用这句作为他的人生准则。老子还说："生而不有，为而不恃，功成而弗居"，这种公而忘私的人生态度，完全符合社会主义核心价值体系。道德文化是一个国家的内涵，是一个国家的灵魂；同样，道德文化是一个人的内涵，一个人的灵魂。如果一个人没有道德，一个国家缺乏道德，那是无法想象的。

很难看到一部反映人们和谐共处团结奋斗取得优异成就的电视剧，或许与编剧与导演的文化功底不深有关，与他们急功近利的人生观有关。应当清醒地认识到文化现状是令人担忧的。文化乱象需要整治，文化垃圾需要清扫，尤其那些影响到人们身心健康的颜色文化、低俗文化、欺骗文化，应当退出人们的视线。颜色文化是指有黄色倾向，把一些不雅的语言，甚至于私房里两性关系搬上舞台，这些人以开放为理由，以大胆为借口，目的只有赚钱或出名。低俗文化是指拉家常搞一点智力障碍游戏赚一点笑声。欺骗文化是指带有欺骗行为如商业广告、明星广告、购物广告，尤其是医药广告，为了钱，没良心乱吹。影视文化是文化繁荣的重要环节，对人们思想的影响不可忽视。文艺作品要少一点狂热，多一份沉静，少一点浮躁，多一份沉思，少一点忧伤，多一份快乐，少一点负面的东西，多一份正义的阳光。文化工作者要有高度的文化自觉和文化自信，弘扬优秀的中华道德文化，尤其是影视文化要创作出伟大的文艺作品，引导人们健康正义的人生观与世界观，开创文化繁荣发展的新纪元。

第七十九章　天道无亲

和大怨，必有余怨；安可以为善？是以圣人执左契，而不责于人。有德司契，无德司彻。天道无亲，常与善人。

〔字句解析〕

和大怨，必有余怨。和，和好。怨，矛盾产生的怨恨。余，剩下。解读：在社会生活中，产生矛盾的双方通过协商或谈判取得了和解，但在以后的相互交往中，会遭遇到以前矛盾中留下积怨的影响，甚至于矛盾会重新复发。

安可以为善？安，安宁或相安无事。可以，通过。善，有品德的行为。解读：在复杂的社会生活中，矛盾的产生是无法避免的，但人们可以通过约束自己的行为，做人做事要有良好的善行与品德，才能达到和平共处安定的生活环境。

是以圣人执左契，而不责于人。是以，凡是。圣人，德高望重之人。执，手持。契，借条或借还的凭证。执左契，左手拿着借据的凭证。责，责怪。人，借东西的民众。解读：圣人之物会借给民众共享，写一个借条作为凭证，民众自觉地送还时再取回借条；民众不还时或忘记了还，圣人左手拿着借条，对民众进行提示，但不会责怪民众，这就是圣人的胸怀。

有德司契，无德司彻。有德，有品德。契，借条，没有附加条件的凭证，如没有利息之类。无德，没有品德。彻，借贷，设有附加条件的凭证，如高利息等。解读：在社会生活中人们会经常性遇到问题或困难，时常会发生借还的关系。借还关系如何体现了人与人之间相互关系的好坏及一个社会的文明程度。借还，发生利息等附加条件，是市场经济常用的手段，衡量利息的高低或许与品德的高低有关，尤其是民间借还的关系；民众有困难时向有品德的人借财物时没有任何附加条件或负担，向没有品德的人借财物会有高利贷等苛刻的条件，对民众的负担是雪上加霜。

天道无亲，常与善人。天道，天之道。无亲，没有分别之心。常，经常性的行为。与，给予。善人，有品德之人。解读：善人在社会活动中所行之事不为自己着想，总是考虑到他人的感受与利益，不争名不争利，事事以民众优先，处处为民众所想，顺应民意，常常功到自然成，这就是天之道。天之道，虽然对人没有分别之心，但善人顺应了天道，做任何事相对于不善之人成功的几率会大一点，困难会小一点，这好像是获得天道的保佑，实际上是善人自己努力的结果。

[要点综述]

本章的重点是阐述社会生活中人与人之间所发生一种经济交往的借还关系。这种借还与道德的关系，体现了社会文明程度的高低。从传统的观点上来说，有借有还，不附加任何条件，是和谐与道德的体现；但社会生活中并不是这样；尤其是在市场经济的环境中，借还，附加利息是获得财富的一种手段。从现实的角度，正确理解利息的高低或许是判断道德好坏的标准，适当的利息是有品德的行为，那么高利贷就是没有品德的行为。日常生活中，人们在借还交往中发生的矛盾或多或少，怨恨或大或小；大的以命相拼，小的赔礼道歉。即是矛盾的和解，也会留下阴影与后患，但只要人们约束自己的行为，做一个有品德的善人，安居乐业和平共处是可以实现的。有些人总是事事不顺，处处不利，怨天尤人，不检查自己，不反省自己，反而责怪他人的不是。这样的人大有人在，为什么财富或成功与他无关？实际上是品德出了问题，是自私自利造成的。那么善人为什么会有天道的相助？是因为善人顺应民意，顺应天道，所以人生常会功成圆满。借人财物，救人于危难之中，是积善成德的好机会。帮助他人，当你有困难之时，人家也会帮助你。如果在别人有困难的时候，借人财物，你附加利息，就是雪上加霜。那么在你有困难的时候，就没有人会帮助你，你就会陷入人生绝境。人与人交往，善与不善，一念之间，人生成败早已注定。

[答疑解惑]

《道德经》中的二元哲学体系

《道德经》是一部人类社会史诗般的哲学著作，运用二元哲学的智慧阐述道的运行规律与德的修养积淀，是老子哲学思想与社会理想的完美结合。

二元是指事物发展过程中相互依存相互制约以及相互转化的一对矛盾体，任何事物都是在二元矛盾对立统一中发展前行。二元对立与统一是事物发展的内在动力，只有不断地对立与统一，事物才能发展。上古时期的易道文化所阐述的阴阳理论是哲学的启蒙，而《道德经》则是系统地揭示了道在万事万物生长发展中的普遍性规律，与现代哲学中的对立统一规律高度吻合。可以说对立统一规律就是道的运行规律。《道德经》大量地运用二元思想提出了事物的两个方面在对立与统一中相互依存与发展的辩证关系。如有无相生是事物起源、生长、发展到消亡的规律，难易相成是衡量认识与掌握事物发展规律的程度，长短相形是事物横向暂时性的比较与判断，高下相倾是事物纵向暂时性的比较与区别。如曲则全，枉则直，洼则盈，敝则新，少则得，多则惑，都是事物在不同的时空中矛盾双方相互转化的结果。

用发展的、联系的、全面的观点去分析事物二元哲学的运行规律，在对立统一中认识事物从量变到质变，及时地做出否定之否定的判断，正如老子《道德经》中"弱之胜强，柔之胜刚；祸兮福之所倚，福兮祸之所伏"，是事物在对立统一中二元哲学思想的具体阐述。

哲学在实践中的运用是非常重要的，尤其是二元哲学中的对立统一中所包含矛盾的特殊性与矛盾的普遍性是人们认识中容易常犯的错误。比如，有一段这样的文字：满桌佳肴，你得有口好牙；腰缠万贯，你得有命花。这一段文字好像出自一个名人之口，而且有不少人引用，其实这句话是用矛盾的特殊性代替了矛盾的普遍性，在哲学上叫混淆概念或偷换概念。试问，在广阔的农村大地上，那么多农民兄弟，他们身体都很好，有满桌的佳肴吗？能腰缠万贯吗？满桌佳肴，腰缠万贯，是何许人也？是少数人，还是多数人？是特殊性，还是普遍性？用特殊性代替普遍性，这样低级的错误是不应该发生的。

对当时社会品德状态如何探究，老子曰：上德不德，是以有德；下德不失德，是以无德。上德与下德，有德与无德，是二元对立的两个方面，再从这两个方面继续思考便分出仁、义、礼三个层次，加上道、德一共五个层次概括出代表整个社会的品德范畴。那么这五个层次相互关系如何呢？老子曰：失道而后德，失德而后仁，失仁而后义，失义而后礼。夫礼者，忠信之薄，而乱之首也。道是道，礼是非道，找出事物的二元对立再分出多元，用二元法分析得出最后的结论，礼是社会动荡的根源。

《道德经》的哲学思想涵盖了从自然到社会、从宏观到微观、从修身到治国等，全方位全覆盖地运用二元对立统一阐述道德的运行规律。老子的《道德经》无疑是人类历史上最早最完整地阐述与运用了二元哲学思想的一部丰富而全面的哲学著作。

第八十章　小国寡民

　　小国寡民，使有什伯之器而不用，使民重死而不远徙。虽有舟舆，无所乘之；虽有甲兵，无所陈之。使人复结绳而用之。甘其食，美其服，安其居，乐其俗；邻国相望，鸡犬之声相闻，民至老死不相往来。

〔字句解析〕

　　小国寡民。小国，国家疆土较小的邦国。寡民，一是国民少，二是民众欲望少。解读：国家不一定要大，小一点或许更好治理；国民不一定要多，但民众的欲望一定要少。

　　使有什伯之器而不用，使民重死而不远徙。使，促使。什伯之器，度量物品多少或大小的工具。不用，放弃使用，指信任。民重死，民众重视自己的生命。不远徙，不四处迁移漂泊。解读：促使或提倡人们在经济生活交往中或商品交换时不要寄托与依赖度量器物的重要作用，甚至可以不用，而是人与人之间的彼此信任；促使或提倡人们重视自己的生命，珍惜所居之所，不要因经常性迁移与奔波而劳命伤财，流离失所，得不偿失。

虽有舟舆，无所乘之。虽有，虽然具备。舟舆，出外使用的车船，指交通工具。无所，没有地方或用不着。乘之，人们出外需要乘坐车船。解读：虽然具备车船等交通工具，但人们乐于安守自己的家园，而不愿意出外谋生，没有谁愿意离开家乡乘坐车船出外漂泊，所以用不着车船，连存放的地方都没有（意思是指占地方或空间）。

虽有甲兵，无所陈之。虽有，虽然具备。甲兵，指乡兵或用于维护治安的人员。无所，没有地方或用不着。陈之，陈放。解读：虽然具备乡兵或用于维护治安的人员，但对纯朴善良安贫乐道遵纪守法的人们，没有任何作用，用不着乡兵，驻兵就没有任何意义，所以也没有驻兵的地方。

使人复结绳而用之。使，促使。人，民众。复，恢复。结绳，古时候的记事方式。用之，指社会风尚。解读：促使民众恢复到古时候用结绳记事那种纯朴的社会风尚，处理一切社会事务。

甘其食，美其服，安其居，乐其俗。甘，甘愿。食，日常的食品。美，感觉之美。服，服饰。安，安心。居，住所。乐，欢乐。俗，风俗。解读：人们甘愿享受着日常的食品，欣赏着自己的服装之美，安心舒适着自己的住所，欢乐着各地的不同风俗；实际上是指人们只有以少私寡欲的心态面对生活中的一切才能感觉到甜美与幸福，安康与欢乐。

邻国相望，鸡犬之声相闻。邻国，邻居或邻邦。相望，相隔不远相互可以看到对方。鸡犬，鸡狗。相闻，相互听得到。解读：邻居或邻邦之间相隔不远可以相互看到对方的生活状态，鸡的鸣叫或狗的咆哮声相互之间都能听到。

民至老死不相往来。民至老死，民众从生到老死。不相往来，减少或没有往来。解读：国与国之间的民众虽然可以相望，鸡犬之声可以相闻，为了避免矛盾与冲突，从生到死可以减少或没有什么往来，其实是老子内心向往着无私无欲纯朴厚实的社会状态。

〔要点综述〕

正言若反，从对立面去阐述自己的观点是老子写作特点之一，这一章鲜明地表达了对当时社会状态恶化与民众生活困苦的忧思。很显然，诸侯混战都是为了扩大地盘与人口。人们的欲望日益膨胀加速了社会矛盾的激化，故老子提出"小国寡民"的思想。如果社会安宁民众纯朴，人们相互信任，那么什伯之器有什么用途呢？人们生活充实与富足，就不会想去迁移而奔波辛苦劳命伤财。这种情况下，舟舆的制造与甲兵的招募，对民众没有实际的用处，只能加大民众的生活负担，就没有存在的必要。或许在远古时期，人们纯朴善良过着丰衣足食的生活，那个年代科技及生产力比较落后，但人们能够和平相处安定团结，享受着幸福快乐的生活。人们从事商品交换时，彼此信任，度量工具都可以不用，不计较多少与得失，连记事的方式都是用绳子做个记号就行。可见远古时期的人们没有纷争没有冲突，更没有贫富差别与尊严等级，多么令人向往憧憬，这就是老子"复结绳而用之"的理想。

老子对当时社会现实与民众疾苦的忧虑，他十分清楚知道原因所在，却无力改变一切，只能借助对一种理想社会的构思来寄托自己的梦想。这样的社会状态就是人们甘愿享受美味的食品，欣赏华美的服装，居住舒适的居所，沉浸在各自的风俗中。这样的生活环境该有多么美好与享受，但现实社会的无情与老子的理想相差太远，或许只有仰天长叹了。那么"邻国相望，鸡犬之声相闻，民至老死不相往来"又如何理解呢？这并不是老子的本意，而正是老子对现实社会观察与思考所发出的无奈的感叹。在当时的社会现实，人们相互往来动机不纯，礼教虚伪，相互猜忌，相互伤害，激发大量的矛盾，甚至武力冲突。邻居或邻邦之间打架斗殴、流血冲突是经常发生的事。村与村的纠纷，家与家之间的矛盾，剑拔弩张也是十分普遍。老子针对发生在民众之间的矛盾与冲突，提出了"不相往来"的设想。

不相往来，并不是真正的不往来，从字面上理解不是老子的原意。在当时的社会中，人们的往来是为了一己私利，是为了自己的利益而伤害他人的利益。地球上的财富本来是公共的，人人共享，有些人凭自己有钱或有势把公共财富占为己有。往来是为了各自的利益，争斗不停息，人们之间的矛盾就不断发生，那么不相往来或减少往来就可以避免或防止矛盾的发生。往来的目的如果是为了帮助他人，联络情感，当然也是老子愿意看到的。如果是伤害他人的往来，那就"不相往来"为好，这是面对当时的现实老子无奈的选择与建议。

[热点话题]

国民应该具备的基本素质

中国经济发展取得的成就，吸引了世界的目光。物质文明繁荣需要精神文明同步前行，实现中华民族伟大复兴的中国梦，是每一个中华儿女共同的责任，每一个中国人都要尽其所能地贡献自己的力量。对个人来说，首先是要具备做一个合格国民的基本素质，在基本素质的基础上，去发挥自己的才能，更好地为社会做出自己的努力与奉献。基本素质从人们日常细微的言行如抽烟、吐痰、扔垃圾、说脏话等可以看出，也反映一个城市的文明程度。

在公共场所，如会场、候车室、街道，经常可以看到有的人肆无忌惮地抽烟，不顾他人的感受，毫无愧疚感，尤其是县级城市，这种现象特别严重，且无人管理。抽烟的人抽得自由自在，烟雾弥漫，烟头随手就扔。叼着烟头在公园散步或满街跑，毫无顾忌地抽。这种人或许根本不知道在公共场所抽烟是不道德的行为，在室内公共场所抽烟是违法的行为。

坐火车时，一些人随地吐痰，一点卫生也不讲，也不讲道德。坐在位置上，就随口吐在座位旁边，太不像话。走上几步，车厢的两头都有垃圾箱，为什么做不到？还有的人把吃不完的方便面、茶叶渣倒在水池里，堵住了下水管，这种人的素质实在太低下。公共汽车上也是如此，随口就吐，想吐就吐，没有一点公共道德，素质教育刻不容缓。

垃圾满天飞，花丛中，公园内，马路上，到处可见废纸、塑料袋，这是什么原因？是谁扔的？有的人坐在车里打开车窗，扔出垃圾来，不看场合不看地点，想扔就扔。聚会旅游光知道痛快，玩得高兴，走到哪儿，垃圾扔到哪儿。乱扔垃圾的人，一点公共道德都没有。每天都有环卫工人在清扫，垃圾捡了又有，垃圾满天飞。这就是素质问题。

骂人，一口的脏话。有的人出口成"脏"，稍有点不如意就骂爹骂娘，这是极其不文明的现象，却普遍存在。出口成"脏"，这不好的习惯一定要改，因为它反映出了一个人的文化素质低，道德水平也低。一个人代表一个家庭的修养，在外就代表一个地方的形象，出国就代表一个国家的文明程度。有的人出口成"脏"成了一种习惯，是教育的缺失与不足导致的。

不随地抽烟、不随口吐痰、不乱扔垃圾、不说脏话，是做一个合格国民最基本的素质，也是在公共场所中应该遵守的公共道德，每一个人都应该做到、做好。加强公共道德的管理与教育，是社会文明进步的必然要求。村委会、街道、学校、工厂等基层单位要把这些基本素质教育纳入日常管理之中，教育与处罚相结合。实现美丽中国，从每一个人养成良好的基本素质做起，一个人连基本素质都没有，就不是一个合格的国民。

人与动物的区别是知羞耻、懂礼貌、辨善恶、守诚信。文明礼貌也是一个国民最基本的素质。"勿以善小而不为，勿以恶小而为之"，人若要获得他人的尊重，首先要尊重自己，管好自己的言行才是关键。从小事做起，从点滴开始，经常性地克己与修身，既是一个国民应该承担的责任，也是一个国民应尽的义务。

第八十一章　为而不争

信言不美，美言不信；善者不辩，辩者不善；知者不博，博者不知；圣人不积，既以为人己愈有，既以与人己愈多。天之道，利而不害；圣人之道，为而不争。

〔字句解析〕

信言不美，美言不信。信言，真实可信的话。不美，不好听，听起来不舒服，或刺耳难听。美言，好听的话，当今来说是拍马屁的话。不信，不能相信，骗人的谎话。解读：实事求是真实可信的话，或许是对人的缺点与不足进行劝导与批评，但这种话一般人都不爱听。赞美人、表扬人、拍马屁的话都是很美的，人听起来很舒服很高兴，一般的人都喜欢这样的假话，但美丽的语言不是真实的话，不能相信。

善者不辩，辩者不善。善者，心存善念、公正公平善良之人。不辩，不喜欢辩解。辩者，喜欢辩解，或强词夺理之人。不善，不是一个好人。解读：善良的人不喜欢说辩，是用行动来证明的，即使有人误解他，他也不辩，因为时间与行为会证明他是一个什么样的人。一个强词夺理之人，因为内心有鬼或做了坏事，总是喜欢用言辞来辩解证明自己的清白，其实，生活在社会大家庭中，谁好谁坏，人们心里彼此清楚了解；坏人终究不是好人，狐狸的尾巴总是会露出来的。

知者不博，博者不知。知者，有知识的人。不博，看起来像没有什么文化。博者，看起来有文化，说话总是滔滔不绝。不知，其实是没有什么文化之人。博者不知，解读：有文化之人，有内涵有修养，藏于内而不外露于形，谦虚自居，看起来沉默寡言，似乎没有什么文化，实际上是有知识之人。没有什么文化的人总是滔滔不绝，生怕别人不知道他有文化，而这种人实际上是喜欢吹牛说大话之人，没有知识的人。

圣人不积。圣人，当然不是普通人，是指德高望重之人，为百姓利益着想之人。不积，不储存财富。解读：圣人不会积蓄财富，因为一心想着百姓。

既以为人己愈有，既以与人己愈多。既，已经或事实。为人，为别人或为百姓。己愈有，自己感觉到很富有。与人，给予。己愈多，自己感觉到很多。解读：圣人一心为百姓办实事，百姓过上了幸福生活，就是自己过上了幸福生活。圣人一心通过自己的努力给予百姓更多的帮助，奉献自己的力量与财富，只要百姓的生活过得富足就是自己过得富足。

天之道，利而不害。解读：天地运行，寒来暑往，春夏秋冬，道法自然，万物生长，都是天地之道无私的给予，从来不会对万物有所伤害。

圣人之道，为而不争。解读：作为一个圣人就是为百姓着想，为民办事，他的一切行为都是从百姓的利益出发，有什么好处或利益从不与百姓相争。

〔要点综述〕

《道德经》是一部百科全书，其中包括社会生活中的各个方面。学好其中的一章都受益无穷。这一章是最后一章，老子送给我们的礼物是一面镜子。如何去分析与判断一个人是好是坏，把镜子拿出来对照一下就有结果了。一个人喜欢讲好听的话、优美的话，不一定是你可以相信的人。这种人在你的身上一定是另有所图或有不可告人的目的。相反，一个对你忠言劝告的人，可能说话不好听，但是真心的话，是你可以依靠的朋友。一个强词夺理善于表扬自己这好那好的人，这种人你不要去相信，他满嘴都是好听的谎言。相反，一个不善于表达自己、默默无闻的人，用行动去证明自己的人，是你值得信任的人。一个滔滔不绝东南西北都知道的人，吹牛不用草稿的人不一定有文化；相反，一个勤奋努力知识渊博的人，往往不善于言辞，因为他总是处在一种谦虚的状态，去吸取更多的知识营养。一个好领导是否为百姓为员工谋幸福，也可以分析判断。一个好的领导不会同百姓争财富争利益。以上七种人的分析与判断当成一面镜子，可以照一照你身边的人，就知道是一个什么样的人。在我们现实生活中，会遇到各种各样的人，你没有把握辨别的话，就把《道德经》第八十一章背下来，什么样的人照一照就知道了。

这一章谈到圣人，我便想起一位老师，与他相识也是偶然，却一见如故，尤其佳节来临，是我心里挥之不去的思念。与他分别已经七年，总想相见但未能如愿。他对我的帮助是无私的，而且常关心我的成长与进步。期望有一天我能如愿与他相见，相信在不远的将来。有的人认识却早已忘记，有的人熟悉却不愿提起；有的人权势显赫却失去道德，有的人一生清贫却坚守善良；有的人是亲人却像仇敌，有的人是朋友却像亲人。老子在最后一章谈到七种人，是对当时社会生活的观察，更彰显老子《道德经》重点对人之道的关注与思考。

〔热点话题〕

从道的高度透析中西医之争

老子曰：夫唯无知，是以不我知；又曰：不自见故明，不自是故彰，不自伐故有功，不自矜故长。两千五百多年前老子对人类社会的告诫，人们在欲望与贪婪中在你争我夺中在利益冲突中早已忘记。人们习惯了在自见、自是、自伐、自矜中闭塞，在无知中自我澎湃。中西医本来是东西方文化的精粹，为人类社会提供健康的保障，却演变为不可调和的矛盾冲突与对抗。一百多年以来中西医非此即彼的争论，尤其是民国时期废除中医的闹剧争斗最为激烈，西医以压倒性的优势占领了市场，直到疫情的发生，中医以逆袭的方式扳回一局，其实在非典时期，中医治疗效果就胜过西医。中西医本来不是冤家，而是相互融合与互补的医疗手段，共同协作为人类社会的生命健康保驾护航，为何会水火不容呢？

一、中西医的历史渊源

中医，顾名思义，诞生于中国土地上的医药文化体系，可追溯到两千五百多年前的春秋战国甚至更远，这个轴心时代产生了以老子为代表的道家文化，一部《道德经》影响了世界几千年，而中医恰恰是道文化的重要组成部分，老子曰：万物负阴而抱阳，中气以为和，正是中医的理论基础。中医主要通过人体切脉对阴阳的辩证，找到病理与病因，借助中草药的阴阳配伍，调节阴阳中和，达到治病养生的效果。中和，是道的运行方向与轨迹，离开中和，就失去了阴阳平衡，则百病生。中医，中和之医，也是道医。两千五百多年以来，中医一直伴随着中华民族的成长与发展，从《黄帝内经》《伤寒杂病论》，到《神农本草经》，形成了中医文化的理论基础，而张仲景、华佗、李时珍等盖世中医名家，至今人们耳熟能详。经络、穴位，精气神，望闻问切，针灸，火罐等等都是中医文化的宝贵财富。然而发展到今天，反而有人对中医产生质疑，中医的生存空间受到了严重的挑战与排挤，而今成为人们记忆中偶尔回想的宝藏。

西医，在传教士与舰炮的配合下，进入中国的土地，仿佛一开始就不怀好意地针对中医而来，有备而来。最先开设在广州的博济医院以免费看病吸引人们视线，从中医眼科的弱项为切入点展开外科为主的医疗服务，以看得见、见效快为特点，在较短的时间内获得人们的认可从而名气远播，从外科到内科一步一步地吞噬了中医的市场。善于经营的西医除了本身的优势外，离不开名人的膜拜与推崇，凤凰大视野节目提及中山先生患肝癌不愿意用中医治疗，而鲁迅则写信赞赏中山先生说：病危之时，对自己的生命仍有分明的理智与坚定的意志，无论做哪件事，全都是革命。可见鲁迅因庸医没能治好他父亲的病，对中医不能释怀。节目中还提到百日维新发起人之一梁启超病重时也婉谢中医的治疗，到后来汪精卫政府的废除中医事件，给中医以致命的打击。西医快餐式的治病手法，正好适应现代人快餐式的生活方式，两者投其所好一拍即合，正是西医开拓市场的绝佳时机；遍布都市要塞，大街小巷，院内人山人海比菜市场还要热闹，可见西医之盛况。

二、从道的高度透析中西医之别

老子曰：有物混成，先天地生；又曰：大道泛兮，其可左右。道生天地，天地生万物，自然界万物中的花草等动植物就是天地送给人类社会最宝贵的礼物，人体的阴阳五行与自然界的动植物尤其花草类的阴阳五行高度吻合，其用途是借助自然界万物的阴阳五行特点来调节人体阴阳五行，达到治病养生的目的。中医之道是通过人体阴阳的失调，或阴虚阳亢，或阴盛阳衰等病症与中草药的阴阳进行药性配伍，使人体阴阳平衡恢复健康。中医是实现天人合一最完美的诠释。中医之道是生命之道，人体阴阳相冲相生是二元的对立统一，在对立中相冲，在统一中相生，中医之道是自然之道，阴阳相互纠缠与分合，无极生太极，太极又归于无极伴随人的一生，构成人体生命的岁月长河。中医之道是人与自然的沟通与对话，达到服务于人类健康的理想。

中医是中华文化的血脉，伴随中华民族五千年的历史，中华民族是道文化的发源地，在处理大国之间的双边事务中一贯坚持和平共处，互惠互利的共同发展之道。道的二元对立不是对抗，不是你死我活，是求同存异，道在对立中实现统一，才能构建世界的平衡与和谐。平衡与和谐是中医诊病的最高原则，中医的平衡就是人体阴阳的中和，和谐就是治病不危害其他整体观，从望来判断全局，舌白则寒湿；从问寻找病因，何时何地起病；从闻知温热变化，如气味轻重；从切脉辨阴阳衰弱，知五脏六腑的运行状态。中医理论的博大精深，是中华民族五千年来在实践中不断地追寻天地、自然与人体生命之间的和谐，探索其内在规律，是生命科学的智慧宝藏。

然而，中医的衰退除了外界原因的影响外，有着自身发展的严重不足，尤其是近代以来中医人才后继乏力，人们对中医的追求更多倾向于经济利益，人们私欲与贪婪的加重，丧失了中医的天赋，没有悬壶济世的高贵品德，就没有探索疾病奥秘的智慧，对疾病认识与判断的模糊不清，阴阳不能辩证，寒热不能分别，尤其人体脉象的浮、中、沉、数与缓等不明不清，不能对症下药疾病就无法医治；庸医的产生，使人们产生对中医医治疾病缓慢或没有效果的错误认识；由于中医药方在医治疾病中的关键作用，开不出正确的药方，导致不能医治人们的疾病，是中医发展滞后甚至倒退的重要因素之一。

西医是西方文化向外输出与扩张获得经济利益的重要手段，西药是西方工业革命后的重大成果之一，通过对人体的生理现象与病理现象的研究，以生物化学原理的分子分解与合成产生的化学药品。这些药品与自然界的万物没有任何关联，从实验室的研究到临床试用到成果应用，生产方式都是人工合成，是人类社会刻意而为的药品，虽然能够对人体生理疾病现象产生扼制或有治疗的效果，但药品的副作用对人体的伤害不容轻视，尤其抗生素与激素的使用，对五脏六腑的损伤痛苦会伴随人的一生。老子曰：人法地，地法天，天法道，道法自然。西药之道，人工合成与自然无关，所以不在道上。

西药的理念也是有我无他、你死我活的治病手法，头痛医头，脚痛医脚，缺乏整体观与和谐观，往往是甲病治好却出现了乙病，治标不治本，尤其外科手术表现最为明显。这完全不符合二元对立统一道的运行规律。老子曰：道生一，一生二，二生三，三生万物。而西方文化的价值观则是二生一，二不能生三，所以西方文化的西药，在说明书上写明：肝肾功能不全者慎用。

西医百年的发展已经散布在中国每一个角落，乡村卫生所的一排排吊瓶，人们在抗生素的作用下维护生命的健康，西医人才已经普及到每一个乡村诊所，药水如何配比、如何消炎是他们的特长与技术。西医人才从研究生、博士到院士，可谓是人才济济，这个师那个师，还有教授、专家、院士等职称。西医的分科也让你眼花缭乱，眼科、牙科、神经科、脑外科等，仿佛深入人体的每一个神经细胞。西医的高科技仪器就不用提了。西医院不仅西医化，而且现在的中医院也是西医化，大学或学院为西医培养了一批批人才与专家，西医的产业迎来了空前发展的黄金机遇。

三、从道的高度透析中西医之争

中西医本来不是一对矛盾，不是非此即彼的水火不相容，中西医本应优势互补，共容共存，相互促进与发展，才是道的内涵与使命，中西医百年之争的根源，是人类社会的本身矛盾不可调和刻意地嫁祸的载体，中西医成为争斗的焦点。

近代以来，除了传教士将西医带到中国外，当时国内一些所谓的文化学者对西方文化的推崇膜拜，盲目地崇洋媚外，打着"反思"的旗帜，对传统文化的否定尤其是对中医的诋毁与打压，充当宣传西方文化的旗手。西方列强的大炮不仅打开了当时中国的大门，而且冲击了中国的传统文化，将中医冠以不科学的替罪羊。文化的不同，可以坐下来商讨与交流，取长补短，携手合作，共同为人类生命提供健康的保障，这才是正确的发展之道。中西文化的差异是世界观与价值观的博弈，中国文化是道家文化，一贯坚持对立不对抗，和平共处，求同存异的基本策略，而西方文化秉持对立就是对抗，奉行单边主义霸权主义，习惯了武力威慑，给世界和平带来不安。两种不同文化体系是价值观的不相容，直接导致了中西医文化之争。

中西医之别的理论基础不同，其药理不同，优劣势不同，在不同的疾病治疗中所产生的效果当然也不同。中医的中草药来自大自然的赐予，与人体阴阳五行的相克相生进行配伍，实现治病养生的目的，采取预防为主与治疗为辅相结合的原则，主张修行养生上医治未病的健康理念。中医治病的手段很多，如排、泄、补、养、扶等，正气于内，邪不可干，扶正祛邪。而西医正是下医治已病的代表，有病才医，其西药大部分是人工化学合成，建立对抗相克的治病理念，面对疾病要么用抗生素杀死，要么手术去除。如果一种疾病找不到有效的抗生素，那么西医就无计可施。中西医谁好谁坏，疗效如何，可以针对同一种病症进行治疗，对照才能决定胜负，不能以优势比人家的短处。中医治内，西医主外，互补才是最好的选择。从道的角度中医相生为和符合道的自然法则，西医相克为亡是极端的手段，通常的情况下则不可取。

面对此次疫情，中医不辱使命，勇于担当，迅速地取得了重大疗效。信息显示中药的应用治愈率达到90%以上，轻症患者无一例转向重症。江西935例中只有1例死亡，这就是中药的神奇。而在西方国家由于对中医文化的抵触与认识不足，在疫情到来之际显得力不从心，办法不多，无法用中医来扼制疫情的发生。历史上发生了三百多次疫情，那时还没有西医都是中医的智慧，让中华民族度过了一次次灾难，尤其是2003年非典的发生已经有了答案，中医治疗非典零死亡零感染零后遗症。在治疗内科性疾病面前，中医无疑是最佳的选择。只有中医为主，西医为辅，中西医结合的治疗原则，方能为人类社会送去健康的福音。

中西医文化之争归根结底是利益之争，人类社会的争斗都是为了自身利益而发动的。西医的西药与医疗器械都是西方大公司制造与生产，这里面的利益不言而喻；如果没有医院的推销与病患的消费，利益从何而来？看不起病，生不起病，一生的储蓄都交给医院，昂贵的医药费让人们难以承受，说的就是西医。人们生病选择西药说明西医文化已经影响到人们的世界观，扎根于人们的习惯思维中，其重要因素之一是西医的快捷方便适合人们快捷的生活方式，而中草药的煎熬，消耗人们宝贵的时间，再加上诋毁中医的思潮传播，很多人在西医治不好的情况下才会无奈地选择中医，所以中医的发展状况令人担忧。中医以中草药为主，一服中草药最贵的上百元，会有谁看不起病呢？如果医院赚不到钱，庞大的医疗人员与设备就不能正常运转，这就是现实，多开药开贵药多检查等赚钱途径或许是无奈之举。中医处境堪忧除有西医竞争外，也是市场经济带来的后遗症。

中西医面对这次疫情的暴发，西医又一次经受现实无情的打击，抗生素与激素不是灵丹妙药，所期待的特效药并不特效，而且给人体所造成的损伤出乎人们的预料之外。从信息资料上看，冲在前线的医生抢救病患，是最值得尊敬的人，但医生也因此感染牺牲在抗疫一线，写下了英雄般的史诗。从中医的角度来分析疫情的发生，是病毒感染导致干咳、发烧、发热，肺部大面积感染产生呼吸不畅，肺炎一号汤在电视上介绍有很好的医疗效果，说明中医药的独特优势。《人民日报》刊文：凡是中医介入早，参与度高的地方，患者的病亡率都相对较低。金银花、黄芩、连翘、水牛角等中草药对肺炎病毒有很好的疗效。金银花清热解毒，性甘芳香，清热而不伤胃，芳香可祛邪；黄芩，主入肺经，善清肺火及上焦实热，可治肺热所致咳嗽痰稠、痰多、气喘等，用于瘟病发热、肺热咳嗽等症，并有抗菌、解热、降压等作用。水牛角功能清热凉血，定惊解毒，用于伤寒瘟疫、惊狂烦躁、谵妄斑疹等。这些药材是祖先留给后人宝贵的经验和财富，是几千年来从实践摸索中总结出来的，毋庸置疑。

放弃利益，遵从自然，只要对抗击疫情有利的就不要有中西医之争，有利于治病的方案就是最好的。经过这次疫情的考验，从中汲取智慧，那就是生命比财富或利益更加重要。

四、中西医的未来前景

中医是东方大国中华民族最优秀传统文化之一，其博大精深是探究天地、自然、与人体生命相互之间的关系，达到天人合一的完美融合。西医是西方文化的典型代表，与西方的价值观密不可分，森林法则衍生着零和博弈的霸道文化是西医相克文化的理论基础，其特点是人工化学的分解与合成。西方面对病毒的传播，没有找到相克的特效药，欧洲各国的应对之策，意大利的新增人数让人担心，说明西药存在严重的缺陷。如果在疫区采取中药预防，完全可以抑制感染人数的增长。西方对中医文化的陌生，不了解中医药在抗疫中的作用，这与西医过度强势挤压了中医的生存空间有关。西医是二元相克，由一方杀死另一方，病毒的发生只能借助更凶猛的抗生素来消灭它，如果抗生素不能扼制病毒，则只有等待与无奈。所以说，中医与西医不能对抗，要相生相容，要中西医相结合才能共度时艰，战胜病毒，两种医疗手段更好地服务于人类社会。

中西医文化的起源不同，但都在同一个地球，生活在共同的家园。俗话说：本是同根生，相煎何太急。人类社会的历史要从争斗与冲突中解放出来，和平和谐才是人类社会的共同目标，但价值观不同，文化相容又谈何容易，但无论遇到多少困难与挫折，构建人类社会命运共同体的梦想不能放弃，只有坚持不懈地努力才能靠近与接近梦想。老子曰：祸兮福之所倚。病毒无国界，只有团结才是人类社会唯一的选择，中国智慧所倡导的命运共同体，必将赢得世界人民的拥护与支持。中西医文化百年恩怨从此了结，优势互补，相容相生，不再纷争，不再为利益而斗，只为健康而存。

老子曰：夫唯不盈，故能敝而新成。西医若不是利益的驱动早就会盛极而衰，西医要从对人体没有副作用与损伤的角度，对原有的成果进行筛选与放弃，明确其人性化的发展方向才是道的选择。而中医近百年的停滞，祖先们的很多宝贵财富都在流失，或许民间祖传的药方与师传的手艺，还能看到原来中医的影子，而坐堂把脉探知生命密码的中医已经离我们越来越远了，这种盖世的功夫一定要拯救回来；把脉是中医的灵魂，辨知阴阳，才能开出药方，是中医人才要掌握的必经之门。中医人才要走出校门，离开实验室，去医院临床，去深山采药，只有在实践中反复磨炼，才能掌握病理，开出治病良药。中医人才的发现与培养决定中医未来的命运。

老子曰：天之道，利而不害；圣人之道，为而不争。《道德经》已经走向世界，但老子的思想是否真正地被人们所了解？凡是有利人民的而不损害人民的行为、方针、政策，就是天之道，你是否懂得？凡是一心为民不争名不争利的人，就是圣人之道，你是否明白？做事要遵循天之道，做人要有圣人之道，老子的教导就像一面镜子，组织机构或世界上的每一个人都可以对照检查自己，摸着自己的良心无愧于人生无愧于人民无愧于人类社会。

面对疫情在全球的暴发，争论中西医之别，谁好谁坏没有任何意义，中西医文化应该打破国界共享其研究成果，保障人类社会的生命健康。刚得到信息，意大利一天增加 4207 例患者，惊人的暴发后果不敢想，说明原有的科技在疫情面前如此苍白无力，应该果断地采取中医药预防。人类社会努力的方向及科技发展应该转向生命健康，那就是发展中医的生命科学。强调中医药抗击病毒的重要作用，因为中药来自于自然，但不否定西医在其他领域的特长，西药为人工合成，该如何选择一清二楚。老子曰：知我者希，则我者贵，是以圣人被褐而怀玉。人微言轻，或许是杞人忧天，如果能够激起一点浪花也算是努力没有白费，共同期待中西医协同发展共创生命健康的未来。

世界需要和平（后记）

　　老子曰：天得一以清，地得一以宁；又曰：天之道，利而不害；圣人之道，为而不争。这便是人类社会从道德的高度最早阐述关于世界和平的启蒙思想。如何实现世界和平，老子在《道德经》中做了详尽具体的重点阐述，只是世人被名利蒙蔽了眼睛而不见真理的光芒，或许世界流通的《道德经》并没有真正地传播老子的道德文化，偏离了道德的主旨精神，而失道离德的乱象频繁发生，《道德经》正本清源是当务之急。《〈道德经〉新注释》以还原非恒道的本来会让很多学者或名家难以接受认可，为非恒道还本归原将是何等艰难漫长的历程，本书赋予道、哲学、物质等名词新的内涵，对上善若水、无名之朴等哲学的解读定会刷新人们的目光。老子倾毕生之力创作《道德经》是针对当时民众之苦世界之乱皆因违背道德或没有道德之因果，为社会理想喷发出内心深处的呐喊，其道德思想的真正终极目的便是呼唤世界需要和平。老子曰：故以身观身，以家观家，以乡观乡，以邦观邦，以天下观天下。吾何以知天下然哉？以此。以己之德便知前程，以家之德便知和睦，以国之德便知兴衰，以天下之德便知和平。道德是人类社会通向和平的唯一途径，却被人类社会利益之间的争夺所抛弃所遗忘，人类社会追求和平的梦想始终在路上，风雨交加、电闪雷鸣。人类社会缺乏的不是财富而是道德，只有全世界拥有道德，重视道德的培育与建设，才能有真正的世界和平。

一、老子关于世界和平思想的起源

自然是老子灵感的源泉，透过自然现象究其本质，天地万物的繁荣来自何方？老子曰：道生一，一生二，二生三，三生万物。万物负阴而抱阳，中气以为和。中是万物阴阳不断平衡的过程，和才是万物生长发展的目的，阴阳失衡或孤阴不存或独阳不长，离中便失和，道不和则万物灭。中和是道之根本，也是道的存在形式，通过中和认识或判断万物之道的运行状态掌握其运行方向。对自然规律的思考与探索，去反思人类社会的矛盾与冲突，便是失去了中和之道所致。写出中气以为和，是老子从道德的高度关于世界和平思想最初的起源。中和在人类社会中的运用与实践，其内涵中是平等、平均如财富分配、权力制衡等，和是和睦、和谐如友好相处、共创共赢等。如果人类社会能够在财富分配、权力制衡等方面实现平等与公正，那么就一定能够友好相处、共创共赢，这就是通过中和的途径或手段带给人类社会和平的曙光。老子提出中和之道是借万物之喻直指人类社会中的不平等、不公正，严重损害广大民众的利益，导致人类社会的矛盾与冲突从而不能和谐和平地发展。老子曰：人之所恶，唯孤、寡、不谷，而侯王以为称。这句话意义非常，鲜明地指责侯王们的不是或无耻，其所作所为是人们最厌恶、最痛恨的，再加上当时周朝之乱带给广大民众难以承受的疾苦，可知老子当时的写作心态是何等的愤慨，但不足以表达心中不满，便警告侯王们，又曰：故物或损之而益，或益之而损。其义旨是失会有得，得必然会失，因果报应就在后面等着，老子接着以严厉的语气曰：人之所教，我亦教之。强梁者不得其死，吾将以为教父。因为侯王们的贪婪与强权，百姓过着水深火热的生活，冲突与对抗代替了社会和平安宁，老子对侯王们的恨之入骨来自人类社会底层民众生活之艰难，转而对社会和谐世界和平产生了强烈的渴望。

老子曰：有余者损之，不足者补之。天之道，损有余而补不足；人之道，则不然，损不足以奉有余。老子直接指出人类社会没有遵行天之道中和的法则，违背自然不断制造贫富、权势、地位、尊严等悬殊差别，是社会矛盾与冲突的主要根源。中和是万物生长发展的根本，是道的灵魂，通过万物的中和去辨析其生长发展的规律，应用到人类社会发展中是相对的尺度与法则；在人类社会发展中如果失去了中和，世界便会混乱不堪，打架斗殴、尔虞我诈、你争我夺、经济与政治博弈、宗教冲突、武力战争等导致世界和平遥不可及。两千五百年前的周朝到当今世界，人类社会一直在期待和平却未能真正地实现和平，明争暗斗阴魂不散的原因在于失道离德。德为人之道，是道的存在形式，通过德的行为及关系展示在人们面前，如善良、处下、不争、公正、平等、平均等都是中和之道的具体体现。老子曰：善者吾善之，不善者吾亦善之，德善。信者吾信之，不信者吾亦信之，德信。这句话正是中和之道尺度与法则的实践运用，告诉人们如何处理对待错综复杂的社会关系，自己的品德及态度是关键因素，公正平等地对待一切，做好自己方可影响他人，才能改变世界。世界上的一切纷争与冲突皆因失道离德，远离中和之道的尺度与法则，如两极分化与贫富不均，发达国家与发展中国家的差距，价值观与世界观的相互对抗都是客观存在的现实。和平需要道德，用道德维护人类社会的公平正义，以道德处理人与人、群体与群体、国与国之间的相互关系是当今世界应当共同遵循的价值标准。

老子曰：以道佐人主者，不以兵强天下。又曰：夫兵者，不祥之器，物或恶之，故有道者不处。春秋战国时期，战争频发，社会混乱，民不聊生，是谁之过？直接原因无疑是侯王们之间利益与权力的争夺。老子旗帜鲜明地反对战争，主张和平，如果以先进武器来赢得战争，不是道者之所为，也是令人厌恶的。老子曰：用兵有言：吾不敢为主而为客，吾不敢进寸而退尺。即是正义的战争老子也不愿意主动而为之，以静制动，静观其变，避其锋芒，趁其不备，减少伤亡，方可战而胜之。又曰：杀人之众，以悲哀莅之，战胜以丧礼处之。老子以人文关怀的慈悲大爱对待战争中死难的将士，何况战争的实质是用普通民众的生命为代价以维护或获得侯王集团利益。两次世界大战，成千上万牺牲将士的热血喷洒，谁是受益者与最终的赢家？老子曰：夫乐杀人者，则不可得志于天下矣。西方近代的穷兵黩武以及世界格局的剑拔弩张，军事对抗一旦失控，世界和平岌岌可危或引发全球性的灾难。霸权主义的最终命运，第二次世界大战德国与日本的战车之教训已经给出了答案，不要重复失败之痛，只看眼前而不见未来，一叶障目只会自食苦果。其实老子早已做出判断：兵强则灭，木强则折。东方大国所倡导的和平共处五项原则，平等合作、互惠互利、和平共处等凝聚着中和之道的智慧，是世界各国处理国与国之间关系的应用典范。

老子曰：执大象，天下往。往而不害，安平太。这是老子心中描绘的一幅人类社会的理想蓝图，无论是虚幻还是梦想，是两千五百年前最初直接对人类社会世界和平的语言表达或寄托，不管离梦想有多远，哪怕长久不能实现，就像一座灯塔闪烁在前方永远是奋斗的方向。天下人向往和平，和睦共处，互不伤害，交流合作，平安快乐，但要实现这个目标人们必须做到或满足如下条件，老子接着说：乐与饵，过客止。道之出口，淡乎其无味，视之不足见，听之不足闻，用之不足既。世人必须要有知足常乐、知止不殆的人生理念，防止五色令人目盲、五音令人耳聋、五味令人口爽的物质侵蚀，要有虚其心、实其腹、弱其志、强其骨的健康生活态度，人类社会若能放下争斗与武器，远离欲望与贪婪，人人献出一点情与爱，世界和平就不再遥远。

二、老子关于实现世界和平的基本构想

世人的道德素质是实现和平最基本的因素，而人类社会是由不同阶层但主要可分为领导者与被领导者两大群体组成的社会及国家，其中领导者的道德素质是社会和平发展的关键因素。老子就是从世人的道德素质与领导者的道德素质找到实现社会和平的二元切入点，阐述自己关于世界和平的基本构想。五千年的人类社会，从长矛大刀到坦克大炮再到飞机航空母舰，用于战争的武器越来越先进、尖端，炫耀其杀伤力成为其骄傲霸权的资本；与此同时，贫穷在世界蔓延，疫情在扩散，争斗在继续，人类社会所谓的智慧与文明应该反省深思。人类社会的相互对抗与不相容性，利益相争与资本贪婪，信仰的冲突与政

治结盟等无疑是阻止世界和平的最大障碍。人离开了本性善良就走向凶神恶煞，人选择了奢华淫秽就没有谦虚纯朴，人染上了自私自利就会厚颜无耻，人善于打架斗殴就没有和平共处，人类社会的道德素质决定着世界和平的走向及未来。老子曰：见素抱朴，少私寡欲；绝学无忧。人性若能回到纯洁、善良、少私、寡欲的本来与初心，复归于婴儿或无名之朴的道德高度，那么这个世界除了幸福与安宁还有什么忧愁呢！世界是以每一个人为单元组成，后组成家庭，工作后就有了团体，又共同生活在一片区域，便有了自己的国家。人是社会发展中的关键主体，其道德素质决定着一个人的命运，一个家庭的幸福，一个团体的前程，一个国家的兴衰。老子曰：修之于身，其德乃真；修之于家，其德乃余；修之于乡，其德乃长；修之于邦，其德乃丰；修之于天下，其德乃博。人要从修身开始，是道德的起点，守诚信、去私欲、除名利、遵道德，为百姓求幸福，为天下谋和平。但现实生活中的人们有多少人守住了道德的底线法律的红线，有多少人在为自己的名利而阿谀奉承、千方百计、辗转难眠、宠辱若惊，有多少人能舍弃自己的权力与利益，有多少人能做到问心无愧，有多少人读懂《道德经》而有余以奉天下呢？

修身做人是人生的关键基石，是通向社会的名片，老子在《道德经》中关于人性的方方面面反反复复地说过很多，只是世人只顾赚钱而忘记了读经受益，或下士闻道大笑之，或天下人莫能知，莫能行等，主要阐述如下：一、宠辱若惊，贵大患若身。何谓宠辱若惊？宠为下，得之若惊，失之若惊。宠辱若惊是人们生活中常遇见的事，或喜或忧，或甜或苦，或宠或辱，老子究其因明其果警告世人则贵大患若身。长恨人心不如水，等闲平地起波澜，人心因名利得失而起起伏伏，或激情澎湃，或垂头丧气，或举杯庆贺，或借酒消愁等，人们面对物质的诱惑七情六欲难以自控，一失足成千古恨，或泪流满面，或忏悔万千。二、自见者不明，自是者不彰，自伐者无功，自矜者不长。人性有很多弱点难以克服，是修身悟道的障碍，老子洞察得十分清楚有谁明白否？人总是被自己的知识所束缚，被私欲所迷惑，看不明自己的缺点；人有点本事或成绩，便夜郎自大自以为是，看不见他人的优点；人有专长或比他人强一点的能力，便会居功自傲反而令人厌恶；人容易故步自封，不愿意进取，便是不进则退。人性的弱点要经常地反思自身，老子曰：夫唯病病，是以不病。三、名与身孰亲？身与货孰多？得与亡孰病？甚爱必大费，多藏必厚亡。这一章老子直截了当说得十分通俗明白，为什么世人在名利与财富的问题上始终看不透想不通做不到，甚至离道失德违法乱纪乃至付出犯罪入狱的代价而在所不惜呢？人性的弱点导致人们不能和平相处，争斗、对抗、冲突便会自然发生。

何谓道？人之道究竟是什么？若肖久矣其细也夫！我有三宝，持而保之：一曰慈，二曰俭，三曰不敢为天下先。老子接着曰：慈故能勇，俭故能广，不敢为天下先故能成器长。那么这人生三宝世人能否做到呢？在现实生活中人们喜欢炫富，珠宝、名车、地位都是用来标榜自己的身份证，没有俭的品德；加班加点，克扣农民、工人的工资，总是把财富想办法弄进自己的口袋，没有慈的胸怀；在利益面前人们争先恐后，争名夺利，生怕自己吃亏，没有不敢为天下先的格局。种种人性弱点不能克服与改正反而变本加厉就是人类社会冲突的爆发点，那么社会及世界和平从哪儿来？和平来自人们诚信、友善、无私、奉献、互助、团结等道德素质的构成，家庭的和睦、集体的团结、国家的兴旺，都离不开世界上每一个人道德的沉淀与培养。

在人类社会治理体系中，处在领导或管理阶层的人称为领导者、统治者，是社会和谐世界和平的关键因素，老子在《道德经》中着重强调侯王等上层统治者要有"我无为而民自化，我好静而民自正，我无事而民自富，我无欲而民自朴"等以民为本的服务理念，更是鲜明地指出：治大国，若烹小鲜。以道莅天下，其鬼不神。老子反复刻画与塑造圣人的形象，作为一个标杆与榜样，让领导或管理阶层的人们去学习、去效仿、去践行，努力实现社会和谐世界和平。一、道恒无为而无不为，侯王若能守之，万物将自化。化而欲作，吾将镇之以无名之朴。镇之以无名之朴，夫将不欲。不欲以静，天下将自定。这一章是老子针对当时社会混乱的现状从中观察到侯王们的无道与昏庸及广大百姓的灾难与痛苦；侯王们的发号施令、苛政杂税、骄横欺压等道德败坏使社会两极分化与对抗，武力争斗与流血冲突经常发生，触发老子内心深处对广大民众的同情与关怀，便会大声疾呼：道恒无为而无不为，侯王若能守之，万物将自化。只有侯王们率先遵守法律品德优良道法自然而不乱为、妄为，百姓自然会感而化之，如果还有人不遵守道德与法则，将用无名之朴教育之，使其改邪归正，那么天下就会变得和平安定。二、是以圣人欲上民，必以言下之；欲先民，必以身后之。是以圣人处上而民不重，处前而民不害，故天下人乐推而不厌。做一个合格的领导者，必须要谦虚处下，问政于民，倾听民众的心声，关心民众的冷暖，制定符合民众利益的方针政策，使民众感受到政府的支持与服务而不是加重民众的重负，也不能损害民众的切身利益。老子用圣人作为理想中的人物，主要说给侯王们听，如何治国理政尤其是处理与广大民众的关系，给出了一个标准与答案，望处在领导或管理阶层的人们认真学习领会与对照执行。三、民之饥，以其上食税之多，是以饥。民之难治，以其上之有为，是以难治。民之轻死，以其上求生之厚，是以轻死。民之饥，不是民众好吃懒做，也不是年景不好，而是"其上"的税重所致；民之难治，不是民众蛮横无理，也不是抗令不从，而是"其上"朝令夕改法令滋彰胡乱作为；民之轻死，不是民众不珍惜生命以死相争，而是"其上"贪得无厌奢侈无度，使民众揭竿而起。这里的"其上"老子很明显是指处在领导或管理阶层的人们，或称之为领导者、统治者。以上三点老子笔下的圣人或侯王实指领导者、统治者，旗帜鲜明地阐述其在社会治理中要以身作则、榜样示范、带头苦干、问政于民，要以百姓之心为心，社会才能健康发展和平安宁。

　　在人类社会发展历史进程中的主要关系是领导者与被领导者（尤其是广大民众）之间的相互关系，体现在权势与利益的分配平衡，权势制约与利益平衡是中和之道的要求，而要实现两者之间的中和就要靠人们的道德素质不断地维护社会发展的公平与平等，防止社会分化与差别过度悬殊偏离中和之道。中和不是绝对的，公平与平等也不是绝对的，相反，保持相对有限的贫富差距与权势大小是社会运行的动力，也是道的运行要求，老子曰：道冲而用之，有弗盈也。世界上的每一个人包括担任社会发展的领导者、统治者的道德素质是世界和平的决定因素。老子曰：治人事天，莫若啬。夫唯啬，是谓早服，早服谓之重积德，重积德则无不克，无不克则莫知其极。就是阐述道德素质在社会治理中会产生重大的力量与不可估量的作用。老子所处的春秋战国正是王权争斗之乱，百姓流离失所，他超越残酷现实，畅想未来和平，以哲学的智慧为人类社会的发展绘制了一幅美丽的前景，写下天下第一书《道德经》。老子从自然界的万物负阴而抱阳、中气以为和的灵感中触发世界和平思想的起源，人类社会的和平也应该以中和为准则，实现公正与平等的社会制度，而实现社会和谐世界和平的基本构想便是道德素质，一是世界上每一个人的道德，二是社会领导者的道德，当两者道德的力量合而为一，世界才会迎来永久的和平。

从世界和平思想的起源到实现世界和平的构想，阐述道德素质是人类社会走向世界和平的决定因素，闪烁着老子无人能及极其高深的哲学思想。跨越五千年的人类社会，尤其近代史的战争触目惊心，日本与德国的战车给世界人民带来极为惨痛的记忆，但这种惨痛的记忆并没有为世界和平提供有力的经验借鉴，世界性的冲突与局部战争，还有大国之间的明争暗斗，擦枪走火可能随时发生，灾难会在你开心散步或睡觉做梦时来临。从两千五百年前春秋战国到当今的大国结盟与博弈，人类社会期盼永久的和平还是在冲突与战火中前行。老子曰：故大国以下小国，则取小国；小国以下大国，则取大国。故或下以取，或下而取。处下谦和不仅是人与人相处的优秀品德，也是国与国交往的基本道德。然而世界强权政治其霸凌行为以大欺小、以强欺弱仍然是世界和平的绊脚石，这种不道德的行为以自己国家利益为借口，打着维护世界和平的幌子，干涉他国主权、损害他国利益，迟早要付出衰败的代价，只有和平相处、与邻为善的道德高度才是通向世界和平的唯一选择，别无其他。

老子曰：夫唯不争，故无尤。世人不争，便是和平。世界和平，方有国家的安宁；国家的强大，方有家的幸福；家的和谐，方有人生的追求与快乐。甘其食，美其服，安其居，乐其俗。老子要求人们各自做好自己享受生活、知足常乐、知止不殆，但愿这个世界不再有争斗与战争、流血与冲突，期望我们这个世界里不再听到枪声，不再看见哭泣，不再有仇视的目光。面对道德的拷问，是自利还是无私、是索取还是奉献、是邪恶还是公正？世界上的每一个人都应该做出有力的回答。不做贪图享乐、腐化堕落、自私自利、充满低级趣味的人，做一个有利于家庭和谐、有利于社会安宁、有利于人民幸福、有利于世界和平的人。两千五百前老子《道德经》关于世界和平的思想基于道德的标准，有什么样道德就有什么样的世界，没有道德便没有和平，这本来极其简单易懂的真理千百年来人类社会总是视而不见，和平在利益与枪炮声中被轻易地击碎。《〈道德经〉新注释》再次重复老子对世界和平的渴望，呼唤道德的回归与对道德内涵的重新溯源与正名，还原老子无为而无不为、以民为本的道德思想，阐述处下不争和平共处的道德精神，用道德的力量来捍卫世界正义反对霸权，迎接伟大的道德时代，实现人类社会持久永恒的和平。希望你或你身边的人或世界上的每一个人都能切身地自觉地遵守道德、维护道德，做道德的榜样，为世界和平做出自己的奉献。老子曰：天下有道，却走马以粪。天下无道，戎马生于郊。世界需要道德，世界需要和平。以道治国，以德养民，善行天下，弘扬《道德经》文化，开创人类社会道德文明的伟大时代。

二○二一年农历九月初五